丛书主编：缪树权

刑法常见罪名立案追诉标准
与疑难指导
丛书

侵犯公民人身权利罪

立案追诉标准
与疑难指导

国家检察官学院职务犯罪研究所
编
朱丽欣　王翠杰　著

中国法制出版社
CHINA LEGAL PUBLISHING HOUSE

“刑法常见罪名立案追诉标准与疑难指导”丛书

总 序

2020年11月16日至17日，中央全面依法治国工作会议在北京召开。这次会议的一个重要成果，就是首次提出了习近平法治思想。习近平法治思想内涵丰富、论述深刻、逻辑严密、系统完备，深刻回答了新时代为什么实行全面依法治国、怎样实行全面依法治国等一系列重大问题，是全面依法治国的根本遵循和行动指南。当前，国际形势发生了复杂深刻的变化，我国经济发展进入新常态，社会结构发生新变化，违法犯罪也表现出一些新形式、新特点，政法工作面临许多前所未有的新情况、新问题，给政法队伍提出新的时代课题、赋予新的历史使命。面对形势任务新变化、党和人民新要求，政法队伍建设面临许多亟待解决的问题。习近平总书记强调，全面推进依法治国，建设一支德才兼备的高素质法治队伍至关重要。[①] 坚持建设德才兼备的高素质法治队伍是习近平法治思想的重要内容。为深入学习贯彻习近平法治思想、引导司法实务人员正确理解《中华人民共和国刑法》（以下简称刑法）和相关规定的真实内涵、分析解答司法实务人员在适用刑法当中遇到的疑难问题、提升司法实务人员办案的能力和素质，同时为了激发专家学者及司法实务人员对刑法理论和实务的研究热情、为广大读者提供学习参考，我们组织了相关领域兼具理论造诣和实践经验的专家和学者编写了这套“刑法常见罪名立案追诉标准与疑难指导”丛书。

本套丛书的设计和撰写着力体现三个特点：

一是聚焦刑法常见罪名，重点解决疑难问题。根据司法办案实际，本丛书重

① 习近平：《加快建设社会主义法治国家》，载《求是》2015年第1期。

点选择了近些年来司法实践中多发、高发、新增的罪名为研究对象，使丛书的研究更具针对性和实用性。同时，丛书坚持以问题为导向，全面梳理刑事案件在司法认定中常见的争议和疑难问题，分析观点要义、解读办案依据、提出解决方案或倾向性意见，切实提升司法实务人员办理疑难案件的能力和水平、开拓刑法学理论研究的深度和广度。

二是反映刑事立法的新发展，全面梳理各罪办案依据。丛书紧跟新时代刑事立法和司法工作的发展，结合新颁布的刑法修正案、司法解释、最高人民法院指导性案例、最高人民检察院指导性案例和其他司法文件编写，并将这些办案依据按罪名进行了全面、集中的梳理和列举，方便司法实务人员和法学研究人员查询参考，是很实用的桌边工具书。

三是注重理论实践密切结合，呈现刑法研究新成果。本丛书既不同于一般的教材讲义，也不同于法律法规汇编。丛书在阐明各罪一般理论、梳理办案依据的同时，将解决司法疑难问题作为写作的重点和亮点；在强调解决司法实务问题的同时，又着力进行刑事政策、刑法理论的分析解读，从而全面提升办案人员的政治素养、理论素养、业务能力，也使刑法研究更加贴近实务、有的放矢。

我们希望通过编写、出版本丛书，与广大司法实务人员和法学研究人员一道，促进对习近平法治思想的学习理解和贯彻落实，不断提升办案和研究能力，助力高素质法治队伍的建设，切实履行好维护国家安全、社会安定、人民安宁的重大责任，让人民群众切实感受到公平正义就在身边，为建设更高水平的平安中国、法治中国做出积极贡献。

缪树权

2022 年 7 月

前 言

法律的生命力在于应用，这一点在部门法方面的体现尤为突出。因此，本书立足于服务刑事司法实践的初衷，在体例和内容上均聚焦于实务的需求，突出实用性，为读者在准确认定犯罪和正确适用法律方面提供尽可能的帮助，同时提供便捷的、现行有效的适用法律依据的汇集。

在内容上，本书并没有逐个罪名进行分析，而是选取刑法分则第四章中侵犯公民人身权利的重点罪名，书中各章的顺序按照刑法条文的顺序进行排列。各罪解析中，并非教科书式的按部就班的写作，而是重点探寻罪名适用中的难点和疑点问题，不回避司法适用中的争议性问题，力图就具体罪名的认定问题展开讨论；又因为近年来随着刑事司法改革的不断深化，最高人民法院、最高人民检察院均强调指导性案例的参照适用，明确办案中的案例检索制度等要求，并且更加科学化地开展指导性案例的发布工作，所以在本书中将最高人民法院、最高人民检察院发布的指导性案例收入，方便读者查找使用。在体例上，对相关罪名的司法解释、司法解释性质的文件、会议纪要、指导性案例进行归类汇总，使得本书具有解析疑难问题与查找相关依据的双重功能。

目 录

Contents

第一章　故意杀人罪

【立案追诉标准】

故意杀人案（刑法[①]第 232 条）

涉嫌故意杀人的，应予立案。

【犯罪构成及刑事责任】

故意杀人罪，是指故意非法剥夺他人生命的行为。构成故意杀人罪需要具备以下四个要件：

1. 客体要件。故意杀人罪侵犯的客体是他人的生命权，犯罪对象是有生命的特定自然人。生命的权利始于出生、终于死亡，我国法律没有规定自然人出生和死亡的标准。根据刑法通说，自然人的生命始于独立呼吸，终于心脏跳动停止，在此期间故意非法剥夺他人生命的行为构成故意杀人罪。在我国，自杀行为不构成犯罪，故意杀人罪的侵害对象是行为人以外的其他自然人。故意杀人罪属于侵犯公民人身权利犯罪，侵害对象限定为特定自然人，不特定多数人的生命安全不是故意杀人罪的侵害对象。

2. 客观要件。故意杀人罪的客观方面表现为非法剥夺他人生命的行为。具体包括如下三个要素：

---

① 《中华人民共和国刑法》简称为刑法，以下不再标注。

（1）具有剥夺他人生命的行为

故意杀人罪在客观方面必须具有剥夺他人生命或者致人死亡危险的行为，行为方式上既可以作为方式实施，也可以不作为方式实施。但无论以何种方式实施，行为都应当对他人的生命权具有现实危险。画符、扎木偶等迷信方式，不具有致人死亡的可能性和现实危险性，不符合故意杀人罪的实行行为。

（2）行为针对生命权

故意杀人罪的客观行为具有类型特征，行为指向和危险都应当针对他人的生命权，是否出现死亡结果只是区分犯罪既、未遂的标准，并不影响故意杀人罪成立。相对应的是，如果行为指向和危险针对的是他人的身体健康，即使出现死亡结果也不符合故意杀人罪的客观表现，而应当认定为故意伤害罪的结果加重情形。

（3）行为具有非法性

故意杀人罪要求行为人实施的杀人行为具有非法性，因正当防卫、战时、执行死刑命令等原因实施的杀人行为属于合法行为，不属于故意杀人罪的客观行为。

3. 主体要件。故意杀人罪的犯罪主体为年满 14 周岁，具有刑事责任能力的自然人。

已满 12 周岁不满 14 周岁的人，犯故意杀人罪，致人死亡或者以特别残忍手段致人重伤造成严重残疾，情节恶劣，经最高人民检察院核准追诉的，也应当负刑事责任。

4. 主观要件。故意杀人罪要求具有非法剥夺他人生命的主观故意，即行为人明知自己的行为可能发生致人死亡的后果，仍然希望或者放任结果发生，包括直接故意和间接故意。犯罪动机如何不影响主观故意认定。

根据刑法第 232 条的规定，故意杀人的，处死刑、无期徒刑或者 10 年以上有期徒刑；情节较轻的，处 3 年以上 10 年以下有期徒刑。

【疑难指导】

一、刑法意义上生命开始和终止的认定标准

故意杀人罪侵害的是有生命的自然人。生命的权利始于出生，终于死亡。如何确定自然人生命的起始和终止，直接影响部分杀害行为是否构成故意杀人罪。

（一）刑法意义上生命开始的认定标准

对于刑法意义上自然人生命的开始，各国有不同标准，日本刑法通说和判例都支持部分露出说，德国学术界采取的是分娩阵痛开始、医生动刀开始剖宫产手术之时，或者自然分娩无阵痛而有羊膜囊破裂等情况开始出现之时等。[①] 我国通说认为，刑法意义上人出生的认定标准是独立呼吸说，这一标准对应我国没有堕胎罪的立法现状，是基于刑事司法体系化考量的认定标准。

（二）刑法意义上生命终止的认定标准

关于生命的终止分别存在脉搏停止说，呼吸停止说，基于脉搏、呼吸停止和瞳孔放大的综合判断说以及脑死亡说。[②] 我国医学界和司法鉴定部门采取的是综合判断的方法，即根据脉搏、呼吸和瞳孔三方面综合判断是否死亡。对于脑死亡的标准，目前其科学性在医学上越来越被接受。但当前在伦理层面，脑死亡标准还存在质疑，而且随着器官移植技术不断发达，脑死亡标准适用可能造成死亡宣告权被滥用，器官移植存在非法操作等风险。[③] 目前，脑死亡标准对于生命的终止还仅有医学意义，不能对刑法意义上生命终止的界定产生影响，基于脉搏、呼吸停止、结合瞳孔放大的判断方法，仍然是刑法意义上判断生命终止的标准。

二、自杀行为及与自杀关联行为的司法认定

（一）刑法意义上自杀行为的认定标准

在我国，故意杀人罪的犯罪对象不包括本人，自杀行为不构成犯罪。但是，无论理论还是司法实务，对于刑法意义上自杀行为的判断还存在模糊视域。刑法意义上的自杀不仅要求行为人实施结束生命的行为，而且要求符合主、客观两个方面的要求。主观方面，被害人认识会发生死亡的结果，具有结束生命的意志因素，同时还应当具有主观上的自愿性，即被害人自主决定选择死亡。客观方面，自杀被害人应当在客观上事实性支配直接导致死亡的行为，特别是在即将出现死亡结果的最后关键时刻，应该由被害人自己控制事态发展。[④] 只有同时符合主、客

---

① 林山田：《刑法各罪论》（上册）（修订五版），北京大学出版社2012年版，第19~20页。

② ［日］大谷实：《刑法各论》，黎宏译，法律出版社2003年版，第9页。

③ 周光权：《刑法各论》（第四版），中国人民大学出版社2021年版，第13页。

④ 王钢：《自杀的认定及其相关行为的刑法评价》，载《法学研究》2012年第4期。

观要件要求，才能认定被害人的死亡属于刑法意义上的自杀，才能在此基础上判断与自杀相关联的行为是否应当定罪处罚。

但是，实践中还存在行为人以他人的自杀为手段实现非法目的的情形，对此应当注意，区分其与典型自杀行为的不同，对于触犯法律的应当依照相关规定处罚。2017 年 2 月 1 日起施行的《最高人民法院、最高人民检察院关于办理组织、利用邪教组织破坏法律实施等刑事案件适用法律若干问题的解释》第 12 条规定，邪教组织人员以自焚、自爆或者其他危险方法危害公共安全的，依照刑法第 114 条、第 115 条的规定，以放火罪、爆炸罪、以危险方法危害公共安全罪等定罪处罚。上述规定中的情形并非典型的自杀行为，行为人为了达到引发关注等目的，采取在特定场合杀害或伤害自己的行为，其中自杀是手段，对公共安全的危害是自杀行为衍生的后果，也是行为人主观放任的结果，应当根据情节后果追究责任。

（二）与自杀相关联行为的司法认定

与自杀关联的行为包括教唆、帮助自杀，诱骗、逼迫自杀，对自杀者不予救助或者过失导致他人自杀等，对于上述关联行为如何认定，是否应当受到刑事处罚，理论和实务均存在争议，争议的焦点在于上述行为是否应当受到刑事处罚，争议的基础在于对自杀行为的法律评价。

1. 教唆、帮助自杀的行为

（1）教唆、帮助自杀认定的理论争议

自杀行为在刑法意义上的评价，目前有自杀违法性说、自杀合法性说和法外空间说。[①] 基于上述对自杀性质的不同法律评价，对教唆、帮助等关联行为是否应受刑事处罚也存在不同观点。一部分观点认为，教唆或者帮助他人自杀的行为与自杀者死亡之间存在因果关系，具有社会危害性，侵害了他人的生命法益，并且违反社会伦理规范，原则上按照故意杀人罪[②]处罚或者通过增设教唆、帮助自杀罪

---

① 张明楷：《刑法学》（下）（第六版），法律出版社 2021 年版，第 1111 页；王钢：《自杀行为违法性之否定》，载《清华法学》2013 年第 3 期；周光权：《刑法各论》，中国人民大学出版社 2021 年版，第 18 页。

② 高铭暄、马克昌主编：《刑法学》，北京大学出版社 2010 年版，第 514 页。

处罚[①]。另一部分观点认为，反对教唆、帮助自杀行为的刑事处罚，主要理由在于：从共犯理论出发，自杀本身不是犯罪，并不符合故意杀人罪的构成要件。因此，由于欠缺不法的主行为，教唆和帮助他人自杀也不是可罚的共犯行为；又由于我国没有特别规定教唆、帮助自杀罪，只能根据罪刑法定原则认定教唆和帮助自杀行为不具有刑事可罚性。[②] 而对自杀持法外空间说的观点也认为，自杀不是合法行为，也不属于确定无疑的违法行为，而是处于法所不予评价的空间，在刑法并未规定专门自杀关联犯罪时，断然肯定自杀违法性，将教唆、帮助他人自杀的参与者以故意杀人罪论处与共犯从属性相悖，并不合适。[③]

综合上述观点，笔者认为，教唆、帮助自杀等行为对生命的危险与一般故意杀人的共犯具有实质区别，我国刑法并未规定类似教唆、帮助自杀罪的罪名，而自杀行为在刑法意义上的定位和评价还存在模糊视域，基于共犯从属性原理和罪刑法定原则，不宜对教唆、帮助自杀等关联行为以故意杀人罪定罪处罚。

（2）教唆、帮助自杀行为的司法认定

司法实践中，相约自杀过程中发生教唆、帮助自杀的情形较多，应当区分情况分别认定。例如，甲、乙相约自杀，双方各自独立实施自杀行为，后甲因自杀行为不彻底或及时获救未死亡。那么就需要根据甲在乙自杀决意形成和死亡进程中的实质作用，确定甲应否承担刑事责任。

如果甲对乙形成自杀决意有促进作用，但乙仍自主决定死亡，并自主控制死亡进程，那么乙属于刑法意义上的自杀，甲的教唆对于乙的死亡不具有实质作用，不构成犯罪。

再如，甲、乙相约自杀，甲在自杀过程提供帮助，如买药等行为，乙利用了甲的帮助自杀身亡，甲自杀未得逞。如果甲只实施了买药的帮助行为，乙虽然利用了药物，但一直自主支配并主导自杀进程，包括即将出现死亡结果的关键时刻。那么，甲虽然提供了帮助，但是对于乙的死亡不具有实质作用，不构成犯罪。

---

① 钟文彬：《教唆他人自杀定性新探》，载《现代法学》1988 年第 4 期。

② 陈兴良：《判例刑法学》（下册），中国人民大学出版社 2009 年版，第 162 页。

③ 周光权：《教唆、帮助自杀行为的定性——“法外空间说”的展开》，载《中外法学》2014 年第 5 期。

但是，如果甲、乙相约自杀，同时为排除乙的顾虑，甲表示会一同自杀，后乙自杀死亡，而甲自杀未得逞。此类情形中，乙的自杀故意系因甲教唆产生，乙在自杀意志上不具有自主决定性，乙的行为不是刑法意义上的自杀，甲也不是教唆自杀行为，而是借助乙的自身行为实现杀害的目的，应当对甲以故意杀人罪追究刑事责任。

又如，甲、乙相约自杀，约定一方杀死另一方后自杀，甲受嘱托杀死乙后自杀未得逞。在此情形下，乙的死亡原因不是自杀，甲客观上实施了杀害行为、支配并主导了乙的死亡进程，属于受嘱托的故意杀人，对甲应当以故意杀人罪追究刑事责任。

2. 诱骗、逼迫自杀的行为

诱骗自杀是指行为人使用欺骗手段致使被害人陷入错误认识而自杀，逼迫自杀是行为人采取威胁、逼迫的手段，制造不利于被害人的恶劣环境，使被害人丧失意志自由，迫使被害人自杀。例如，《最高人民法院、最高人民检察院关于办理组织、利用邪教组织破坏法律实施等刑事案件适用法律若干问题的解释》第 11 条规定，组织、利用邪教组织，制造、散布迷信邪说，组织、策划、煽动、教唆、帮助其成员或者他人实施自杀的，以故意杀人罪定罪处罚。上述规定中，邪教组织人员因为受到邪教组织的迷惑和欺骗，对于死亡的目的、意义产生认识错误，意志因素受到干扰而不自由，实施了并非刑法意义上的“自杀”行为，客观上邪教组织利用被害人自身行为实施杀害，实质上决定邪教组织人员的死亡进程，属于故意杀人罪的间接正犯，应当对组织、策划、煽动、教唆、帮助的人员以故意杀人罪定罪处罚。

此外，行为人教唆、帮助缺乏自由意志的人“自杀”，因直接影响自杀者意志自由，也应当承担刑事责任。特别是当教唆、帮助自杀的对象为精神病人或未成年人时，被教唆、帮助对象的认知和理解能力欠缺，对自杀行为和后果缺乏正确认知和合理控制，其死亡原因并非源于自主意志，不是刑法意义上的自杀，行为人应当以故意杀人罪承担刑事处罚。

3. 对自杀者不予救助的行为

对自杀者不予救助的行为属于刑法上的不作为，是否构成不作为犯罪还需要从作为义务和因果关系两方面考察认定。如前所述：甲、乙相约自杀，双方各自独立实施自杀行为，后甲因自杀不彻底或者及时获救而未死亡。在此过程中，甲对乙形成自杀决意有促进作用，但乙的死亡决意仍主要在于自主意志，死亡流程也系自主控制，属于刑法意义上的自杀，甲不承担刑事责任。但是，如果甲、乙相约自杀，乙实行自杀行为并未即时死亡，而甲放弃自杀。在此过程中，甲对乙形成自杀决意有促进作用，那么甲产生基于先行行为的救助义务。再结合具体情境，如果甲对乙获得救助具有排他支配性，却故意不予救助或者阻止他人救助，导致乙死亡的，应当确定甲不予救助与导致乙死亡之间具有因果关系，甲的行为构成不作为故意杀人罪。

三、不作为故意杀人罪作为义务来源认定

不作为故意杀人罪是不纯正不作为犯罪，成立前提是行为人具有避免死亡结果的作为义务。传统的刑法理论将作为义务来源分为四种：法律规定产生的作为义务、职务或者义务要求的作为义务、法律行为引起的作为义务和先行行为引起的作为义务。

（一）法律规定产生的作为义务

例如，父母对于子女具有抚养义务，这是民法典、未成年人保护法明确规定的法律义务，父母不履行抚养义务，且由于其不作为导致子女死亡的，构成不作为的故意杀人罪。

（二）职务或者义务要求的作为义务

例如，医生对于病人有合理治疗的义务，如果病人处于濒危状态，且无法得到其他救助，医生不予救护，放任死亡结果发生，因此导致病人死亡的应当以故意杀人罪定罪处罚。

（三）法律行为引起的作为义务

例如，受委托照护幼儿的成年人，因为民事委托产生对幼儿临时照护的义务。如果在幼儿陷入危险状态时，行为人不采取救助措施，因此导致幼儿死亡的，受委托的人构成不作为故意杀人罪。

（四）先行行为产生的作为义务

先行行为产生的作为义务涉及广泛，缺乏合理限定不仅对实践指导不足，也

可能造成实务泛化适用。为防止不纯正不作为犯的泛化适用，不当扩大不作为故意杀人罪的适用范围，刑法理论上先后提出紧迫危险说、客观归责说、支配行为说、排他支配说等学说。[①] 这些学说虽然具体标准有所区别，但都是以实质作为义务论为基础，体现了对作为义务实质化理解与适用的立场。实质作为义务的立场在部分犯罪行为的司法解释和规范意见中也有体现。

1. 交通肇事相关行为中实质作为义务的立场体现

2000年最高人民法院《关于审理交通肇事刑事案件具体应用法律若干问题的解释》（以下简称《解释》）第6条规定，行为人在交通肇事后为逃避法律追究，将被害人带离事故现场后隐藏或者遗弃，致使被害人无法得到救助而死亡或者严重残疾的，应当分别依照刑法第232条、第234条第2款的规定，以故意杀人罪或者故意伤害罪定罪处罚。根据规定，行为人交通肇事后，因先行行为产生了救助的作为义务，但是行为人却将被害人带离事故现场后隐藏或者遗弃，排除了被害人获得及时救助的机会，造成被害人对行为人高度依赖，行为人由此排他性地支配了致死进程，并最终导致被害人死亡，其不作为与被害人死亡具有因果关系，构成不作为的故意杀人罪。

2. 家庭关系相关行为中实质作为义务的立场体现

2015年《最高人民法院、最高人民检察院、公安部、司法部关于依法办理家庭暴力犯罪案件的意见》中指出，准确区分遗弃罪与故意杀人罪的界限，要根据被告人的主观故意、所实施行为的时间与地点、是否立即造成被害人死亡，以及被害人对被告人的依赖程度等进行综合判断。对于只是为了逃避扶养义务，并不

---

① 张明楷：《不作为犯中的先前行为》，载《法学研究》2011年第6期；温登平：《先前行为作为义务来源否定说批判》，载陈兴良主编：《刑事法评论》（第41卷），北京大学出版社2018年版，第59页；王莹：《先行行为作为义务之理论谱系规整及其界定》，载《中外法学》2013年第2期；孙运梁：《以客观归责理论限定不作为犯的先行行为》，载《中外法学》2017年第5期；李川：《不作为因果关系的理论流变与研究进路》，载《法律科学》2016年第1期；冯军：《刑事责任论》，法律出版社1996年版，第47页；陈兴良：《不作为犯论的生成》，载《中外法学》2012年第4期；郑泽善：《不纯正不作为犯新论》，载《求索》2016年第2期；谢绍华：《作为义务来源的实质化》，载《政法论坛》2008年第2期；刘士心：《不纯正不作为犯的等价性问题研究》，载《法商研究》2004年第3期；黎宏：《排他支配设定：不真正不作为犯论的困境与出路》，载《中外法学》2014年第6期。

希望或者放任被害人死亡，将生活不能自理的被害人弃置在福利院、医院、派出所等单位或者广场、车站等行人较多的场所，希望被害人得到他人救助的，一般以遗弃罪定罪处罚。对于希望或者放任被害人死亡，不履行必要的扶养义务，致使被害人因缺乏生活照料而死亡，或者将生活不能自理的被害人带至荒山野岭等人迹罕至的场所扔弃，使被害人难以得到他人救助的，应当以故意杀人罪定罪处罚。上述对于遗弃罪与故意杀人罪的认定区分，对于行为人是否致使被害人处于无人救助的境地，是否排他支配致死因果进程进行了区别认定，体现了不同境况下对行为人救助义务实质区分的立场。

3. 避免家庭成员之间作为义务判断的形式化立场

对于作为义务判断，特别需要注意避免对于家庭成员之间作为义务判断的形式化立场。以夫妻关系为例：我国婚姻法规定“夫妻之间有互相扶养的义务”，那么夫妻一方在意欲自杀处于危险状态时，另一方是否具有特定的救助义务，见死不救的行为是否构成故意杀人罪？对此，理论上存在不同观点。构成故意杀人罪的观点认为，我国婚姻法规定了夫妻之间具有相互扶养的义务，扶养既包括一般生活上的相互照料，也包括在一方生命处于危险状态时予以帮助。[①] 反对的观点认为，我国婚姻法规定了家庭成员间互相帮助和夫妻之间互相扶养的义务，这是以财产或劳动为基本内容的，意义在于保障配偶的正常家庭生活。“扶养”是与经济上的援助或生活上的扶助相联系的，与保障生命安全意义上的“救援”“救助”有本质区别，并不能因此引申出夫妻之间的救助义务。[②]

笔者同意“扶养”义务不能引申出救助义务的观点，以“扶养”义务判断作为义务的观点其实是对不作为犯罪作为义务的形式化理解，缺乏根据具体情况进行的实质判断。这种依据法律的相关规定进行的比照适用，其实是对作为义务的适用泛化，也有悖罪刑法定原则。对于夫妻之间发生一方自杀的情况，应当具体考察另一方是否具有因先行行为引发的救助义务，只有在先行行为引发的救助义务符合实质性作为义务的情况下，不作为行为排他性造成死亡结果，支配因果流

---

① 陈兴良主编：《刑事法评论》（第3卷），中国政法大学出版社1998年版，第264~265页。

② 马克昌主编：《百罪通论》（上卷），北京大学出版社2015年版，第511页。

程，才可以追究不作为故意杀人罪的刑事责任。

四、如何认定故意杀人罪的刑事责任年龄

（一）刑事责任法定年龄的规定

刑事责任的法定年龄是行为人构成犯罪，承担刑事责任能力的基础条件。人的认识和控制能力发展具有渐进性和差异性，根据实际情况，对最低刑事责任法定年龄差别化规定，是各国刑法的通行做法。我国刑法规定承担刑事责任的法定年龄呈阶梯式分布：16周岁为完全刑事责任的法定年龄，已满16周岁的人犯罪应当负刑事责任；14周岁至16周岁是相对刑事责任的法定年龄，已满14周岁不满16周岁的人仅对故意杀人、故意伤害致人死亡、强奸、抢劫、贩卖毒品、放火、爆炸、投放危险物质罪承担刑事责任；12周岁至14周岁是特殊刑事责任的法定年龄，已满12周岁不满14周岁的人，犯故意杀人、故意伤害罪，致人死亡或者以特别残忍手段致人重伤造成严重残疾，情节恶劣，经最高人民检察院核准追诉的，应当负刑事责任。

（二）相对刑事责任年龄行为人实施故意杀人行为的认定

刑法规定，已满14周岁不满16周岁的人对故意杀人、故意伤害致人死亡、强奸、抢劫、贩卖毒品、放火、爆炸、投放危险物质罪承担刑事责任。实践中，已满14周岁不满16周岁实施或者参与绑架等犯罪，其间致人死亡或者故意杀人的，是否应当承担刑事责任，如何承担刑事责任？《最高人民法院关于审理未成年人刑事案件具体应用法律若干问题的解释》也规定，已满14周岁不满16周岁的人实施刑法第17条第2款规定以外的行为，如果同时触犯了刑法第17条第2款规定的，应当依照刑法第17条第2款的规定确定罪名、定罪量刑。因此，司法实践中已满14周岁不满16周岁的人绑架人质后杀害被绑架人、拐卖妇女、儿童而故意造成被拐卖妇女、儿童重伤或死亡等情形的，行为人故意实施杀人、伤害行为并且造成致人重伤、死亡后果的，应当以故意杀人罪承担刑事责任。

（三）如何理解“已满12周岁不满14周岁应当负刑事责任”的规定

1. 如何理解“犯故意杀人、故意伤害罪”

刑法修正案（十一）针对低龄严重犯罪，规定刑事责任年龄个别下调至12周岁。规定的“犯故意杀人、故意伤害罪”是指罪名还是罪行？也即12周岁至14

周岁的人在实施其他犯罪过程中，实行故意杀人和故意伤害行为，并符合其他要求的，是否应当承担刑事责任？对此，应当与14周岁至16周岁行为人实施故意杀人等行为的认定标准一致，即“犯故意杀人、故意伤害罪”是指罪行，而不是罪名。具体理由见上。

2. 如何理解“致人死亡或者以特别残忍手段致人重伤造成严重残疾”

刑法规定“致人死亡或者以特别残忍手段致人重伤造成严重残疾”，其中致人死亡是法律后果，但“以特别残忍手段致人重伤造成严重残疾”，则同时包含行为手段与法律后果。重伤和严重残疾的评价标准，应当依据最高人民法院、最高人民检察院、公安部、国家安全部、司法部于2013年8月发布的《人体损伤程度鉴定标准》，对于“特别残忍手段”则需要根据具体个案综合评价。从审判实践看，将那些采用锐器、剧烈腐蚀物等毁人容貌、挖人眼睛、割人耳鼻、砍人手足等残损他人身体的行为，认定为“特别残忍手段”是合乎立法本意的。①

3. 如何理解“情节恶劣”

已满14周岁不满16周岁的人犯故意伤害、故意杀人罪，只要出现致人重伤或者死亡即可追究刑事责任，而已满12周岁不满14周岁的人犯故意伤害罪、故意杀人罪，除了要求出现致人死亡或者以特别残忍手段致人重伤造成严重残疾的后果外，还要求达到“情节恶劣”的程度。“情节恶劣”是独立的评价因素，不能等同于死亡、重伤或者严重残疾的后果，对于“情节恶劣”的评价不仅要考虑行为人的主观恶性、犯罪手段、情节后果、责任大小和社会危害性，也要结合人身危险性、再犯可能性等综合评定。

五、如何认定故意杀人罪的主观故意

主观故意是行为人实施犯罪时的心理状态，包括认识因素和意志因素。行为人主观上对剥夺他人生命的结果具有预见与认知，符合认识因素要求；希望或者放任死亡结果发生，符合意志要素要求，只有同时符合认识因素和意志因素要求，才能认定具有故意杀人罪的主观故意。

---

① 劳东燕主编：《刑法修正案（十一）条文要义》，中国法制出版社2021年版，第8页。

（一）如何区别故意杀人罪与故意伤害罪

1. 故意杀人罪与故意伤害罪的区分标准

故意杀人罪与故意伤害罪的区分关键在于行为人的主观故意，而认识因素是故意杀人罪与故意伤害罪的主要区分标准。故意杀人罪侵害他人的生命安全，行为人认知到行为会造成他人死亡的后果，仍然积极实施，希望或者放任死亡结果发生的，应当以故意杀人罪定罪处罚。故意伤害罪侵害的是他人的身体健康，行为人认知到行为会伤害他人身体健康，仍然实施，希望或者放任伤害结果发生，主观上对伤害结果出于故意，对死亡结果属于过失，应当以故意伤害致人死亡定罪处罚。

2. 如何判断行为人的主观故意

主观故意属于思维意识范畴，实践中如何判断行为人的认识因素是他人的身体健康还是生命安全，是出于伤害故意还是杀人故意？主观故意虽然囿于思维意识范畴，但可根据客观表现分析评价。实践中，一般综合案发原因、行为发展、犯罪工具、行凶手段、打击部位、打击强度、行凶情节、作案时间、地点、环境、行为人与被害人平时关系、致人死亡及未死亡的原因、行为人一贯表现、归案后态度和供述等综合分析。此外，还需要注意的是，认定主观故意不能只依据个体心理，还要结合一般人认识因素综合评价。对于长时间勒颈、持利器多次击打要害部位，一般人会认识到可能造成他人死亡的后果。那么，无论是否出现死亡结果，也无论行为人是否否认故意杀人，都不能影响故意杀人的认定。与此相应，行为人并非针对要害部位，但由于空间移动、打击偏差等原因形成致命伤且造成死亡结果的，应当认定行为人的认识因素限于对身体健康的侵害，主观上具有伤害故意，以故意伤害罪追究刑事责任。

（二）如何区别故意杀人罪与过失致人死亡罪

1. 故意杀人罪与过失致人死亡罪的区分标准

间接故意杀人与过于自信过失致人死亡都造成了致人死亡的后果，主观上也都对死亡后果具有认知和预见，两罪的区分标准在于意志因素的差异。在意志因素上，如果行为人轻信死亡结果可以避免，对死亡结果持排斥心态，属于主观上的过于自信，应当评价为过失致人死亡罪；如果行为人对死亡结果漠不关心，持放任的心态，属于主观上的间接故意，应当评价为间接故意杀人罪。

2. 如何判断行为人的主观内容

判断行为人主观意志因素的内容，除根据行为人的自我陈述外，还要结合案发的时空状况、行为手段、是否采取结果避免措施等综合分析。无论是间接故意的放任，还是主观过失的过于轻信，都应当以客观表现作为判断依据，如行为人自身能力、技术、经验、知识、体力、他人预防措施、客观条件或自然方面的有利因素等。如果行为人采取一定避免结果的措施，评价行为人具有放任的故意则不具有合理性；相反，如果缺乏客观因素的凭借，主观上直接认定行为人轻信死亡结果不会发生，也脱离客观实际，不是适当的法律评价。

六、"情节较轻"的理解与适用

（一）"情节较轻"的规定和适用

刑法第 232 条第 2 款规定了故意杀人罪"情节较轻"，并设置 3 年至 10 年有期徒刑的较低刑罚。司法实践中，"情节较轻"的正确适用需要结合具体个案，参照主观恶性，被害人过错，犯罪手段，危害后果以及社会评价等因素综合考量。

（二）"情节较轻"的具体适用

一般而言，"情节较轻"较多适用于如下情形：一是亲戚邻里间发生且被害人有过错的案件。行为人在家庭成员、亲戚邻里等关系中长期被虐待、受欺负，后针对施虐者实施故意杀人行为，此类案件需要考虑案发前和案发过程中的各类因素，是否适用"情节较轻"也需要综合考虑社会效果。二是溺婴案件。这类案件中，行为人多系缺乏生理知识意外怀孕、缺乏自护意识的年轻女性，因为恐惧、无知等原因，未予堕胎，而是将刚刚出生的婴儿杀害。此类案件无论主观故意还是社会危害性，都与一般故意杀人罪有明显区别。实践中往往会根据具体案情认定为"情节较轻"，特别是未成年女性实施上述行为的，一般会认定为"情节较轻"，判处较轻刑罚。但是，实践中也有行为人有抚养能力，具有足够的社会常识，出于重男轻女、恶意规避抚养义务等原因，杀害新生婴儿的，与一般溺婴案件的主观恶性和社会危害均不同，不能适用"情节较轻"。三是与自杀关联构成犯罪的案件。这类案件中，行为人认定为故意杀人罪，但其主观恶性、行为手段和社会危害，都与一般故意杀人罪有区别，一般应当认定为"情节较轻"，判处较轻刑罚。

七、故意杀人罪量刑情节的理解与适用

（一）防卫因素的理解与适用

故意杀人罪是严重暴力犯罪，犯罪进程中可能出现各类影响因素，其中防卫因素是重要影响因素之一。根据刑法第 20 条第 3 款的规定，对正在进行行凶、杀人、抢劫、强奸、绑架以及其他严重危及人身安全的暴力犯罪，采取防卫行为，造成不法侵害人伤亡的，不属于防卫过当，这是行为人在特殊情况下，因无过当防卫权而免除刑事责任的规定。除此之外，如果行为人属于防卫过当，应当以故意杀人罪追究刑事责任的，根据刑法规定“应当减轻或者免除处罚”。对于防卫过当的故意杀人行为，是否适用“情节较轻”存在争议。[①] 实践做法是一般不适用“情节较轻”，而是认定为故意杀人罪的一般情形后，因具有防卫因素减轻处罚至 3 年以上 10 年以下有期徒刑，在此量刑幅度根据具体情节调整量刑。

（二）被害人过错的理解与适用

被害人过错在刑事犯罪中常见，也是刑事司法的酌定量刑情节，直接影响刑罚裁量。被害人过错是衡量犯罪行为的社会危害性、犯罪人的主观恶性和人身危险性的重要因素，具有刑罚意义上的否定价值，会导致在法定刑量刑幅度内相对较轻的宣告刑。对于被害人过错的认定，具体论述见故意伤害罪章。

我国刑法没有对于被害人过错的专门规定，关于故意杀人案件中被害人过错如何适用，在法律文件中有所体现。例如，《全国法院维护农村稳定刑事审判工作座谈会纪要》规定，对因婚姻家庭、邻里纠纷等民间矛盾激化引发的故意杀人案件，如被害人存在明显过错或对矛盾激化负有直接责任的，应慎用死刑。《最高人民法院关于适用〈中华人民共和国刑事诉讼法〉的解释》第 276 条规定：“……人民法院除应当审查被告人是否具有法定量刑情节外，还应当根据案件情况审查以下影响量刑的情节：（一）案件起因；（二）被害人有无过错及过错程度，是否对矛盾激化负有责任及责任大小……”在故意杀人案件办理中，应当准确界定并适用被害人过错，实现刑罚的合理适用。

---

① 张明楷：《刑法学》（第六版），法律出版社 2021 年版，第 1113 页。

（三）如何确定雇凶杀人共同犯罪的刑事责任

确定共同犯罪各行为人的罪责和刑罚，一般要考虑行为人在共同犯罪中的地位、作用、犯罪后果、主观恶性和人身危险性等，故意杀人共同犯罪中行为人的责任确定也是如此。在故意杀人的共同犯罪中，雇凶杀人是较为特殊的一类犯罪形态。对于各行为人刑事责任的承担，司法实践中曾有“造意为首”的认定倾向，这一认定方法忽略雇凶案件的不同表现，在有的案件中难以实现罪责相当，此种认定思路也逐渐被纠正。例如，有的案件中，雇凶者只是笼统提出犯意，并没有实施具体组织、指挥行为，其对故意杀人结果的影响低于实行者，就不能因雇用和提议而承担最重刑责；有的案件中，雇凶者不仅雇用、提议，而且参与犯罪策划、组织、指挥，当属罪行最严重的主犯，承担最重刑事责任；而有的案件中，多名受雇者地位、作用相当，责任分散，甚至责任难以分清，对此也应当认定雇凶者承担最重刑事责任。此外，如果受雇者明显超出雇凶者授意范围，实施故意杀人等过限行为，雇凶者对于过限行为不承担刑事责任。

八、故意杀人罪的罪数认定和转化规定

（一）故意杀人罪的罪数认定

实践中，存在行为人在其他犯罪过程的同时实施杀人行为的情形，此类情形涉及罪数认定，应当根据刑法规定决定是否数罪并罚。

根据刑法第120条第2款的规定，犯组织、领导、参加恐怖活动组织罪并实施杀人、爆炸、绑架等犯罪的，依照数罪并罚的规定处罚。因此，对组织、领导、参加恐怖活动组织过程中的故意杀人行为，应以组织、领导、参加恐怖活动组织罪和故意杀人罪实行数罪并罚。

根据刑法第198条第2款的规定，投保人、受益人故意造成被保险人死亡、伤残或者疾病，骗取保险金，进行保险诈骗活动的，同时构成其他犯罪的，依照数罪并罚的规定处罚。因此，对保险诈骗行为过程中的故意杀人行为，应以保险诈骗罪、故意杀人罪实行数罪并罚。

根据刑法第239条的规定，致使被绑架人死亡或者杀害被绑架人的，处死刑，并处没收财产。因此，绑架罪包容故意杀人行为，对绑架行为过程中实施的故意杀人行为不实行数罪并罚。

根据《最高人民法院关于抢劫过程中故意杀人行为案件如何定罪问题的批复》，行为人为劫取财物而预谋故意杀人的，或者在劫取财物过程中，为制服被害人反抗而故意杀人的，以抢劫罪定罪处罚；行为人实施抢劫后，为灭口而故意杀人的，以抢劫罪和故意杀人罪定罪，实行数罪并罚。因此，抢劫罪包容故意杀人行为，对为实施抢劫或抢劫过程中的故意杀人行为不实行数罪并罚，对抢劫罪实施完成后的故意杀人行为则需数罪并罚。

根据刑法第 294 条第 4 款的规定，犯组织、领导、参加黑社会性质组织罪，入境发展黑社会组织罪又有其他犯罪行为的，依照数罪并罚的规定处罚。因此，对组织、领导、参加黑社会性质组织，入境发展黑社会组织过程中的故意杀人行为，应以组织、领导、参加黑社会性质组织罪，入境发展黑社会性质组织罪和故意杀人罪实行数罪并罚。

根据刑法第 318 条第 2 款的规定，组织他人偷越国（边）境过程中，对被组织人有杀害、伤害、强奸、拐卖等犯罪行为，或者对检查人员有杀害、伤害等犯罪行为的，依照数罪并罚的规定处罚。因此，对于组织他人偷越国（边）境过程中对被组织人、检查人员的伤害行为，应以组织他人偷越国（边）境罪和故意杀人罪实行数罪并罚。

（二）故意杀人罪的转化犯规定

刑法条文规定了转化为故意杀人罪的情形，这些规定属于注意规定。司法实践中，需要注意：相关犯罪转化为故意杀人罪时，行为人的行为应当符合故意杀人罪主、客观方面的构成要件要求。

根据《最高人民法院关于审理交通肇事刑事案件具体应用法律若干问题的解释》第 6 条的规定，行为人在交通肇事后为逃避法律追究，将被害人带离事故现场后隐藏或者遗弃，致使被害人得不到救助而死亡的，以故意杀人罪定罪处罚。

根据《最高人民法院关于审理偷税抗税刑事案件具体应用法律若干问题的解释》第 6 条的规定，实施抗税行为，致人死亡的，依照故意杀人罪定罪处罚。

根据刑法第 238 条的规定，实施非法拘禁行为，使用暴力致人死亡的，依照故意杀人罪定罪处罚。

根据刑法第247条的规定，实施刑讯逼供行为，致人死亡的，依照故意杀人罪定罪处罚。

根据刑法第247条的规定，实施暴力取证行为，致人死亡的，依照故意杀人罪定罪处罚。

根据刑法第248条的规定，实施虐待被监管人行为，致人死亡的，依照故意杀人罪定罪处罚。

根据刑法第289条的规定，聚众“打砸抢”，致人死亡的，依照故意杀人罪定罪处罚。同时依据《最高人民法院、最高人民检察院关于办理妨害预防、控制突发传染病疫情等灾害的刑事案件具体应用法律若干问题的解释》第9条的规定，在预防、控制突发传染病疫情等灾害期间，聚众“打砸抢”，致人死亡的，依照刑法第289条、第232条，以故意杀人罪定罪处罚。

根据刑法第292条第2款的规定，聚众斗殴，致人死亡的，依照故意杀人罪定罪处罚。

【办案依据】

一、刑法规定

第二百三十二条　故意杀人的，处死刑、无期徒刑或者十年以上有期徒刑；情节较轻的，处三年以上十年以下有期徒刑。

二、司法解释

（一）《最高人民法院关于审理交通肇事刑事案件具体应用法律若干问题的解释》（2000年11月15日　法释〔2000〕33号）①

第六条　行为人在交通肇事后为逃避法律追究，将被害人带离事故现场后隐藏或者遗弃，致使被害人无法得到救助而死亡或者严重残疾的，应当分别依照刑法第二百三十二条、第二百三十四条第二款的规定，以故意杀人罪或者故意伤害罪定罪处罚。

---

① 本书“办案依据”部分所标规范性文件的日期为该文件的通过、发布、最后一次修订后公布、实施日期之一，文件内容均为节选，以下不再标注。

（二）《最高人民法院、最高人民检察院关于办理组织、利用邪教组织破坏法律实施等刑事案件适用法律若干问题的解释》（2017年2月1日　法释〔2017〕3号）

第十一条　组织、利用邪教组织，制造、散布迷信邪说，组织、策划、煽动、胁迫、教唆、帮助其成员或者他人实施自杀、自伤的，依照刑法第二百三十二条、第二百三十四条的规定，以故意杀人罪或者故意伤害罪定罪处罚。

（三）《最高人民法院、最高人民检察院关于办理危害生产安全刑事案件适用法律若干问题的解释》（2015年12月14日　法释〔2015〕22号）

第十条　在安全事故发生后，直接负责的主管人员和其他直接责任人员故意阻挠开展抢救，导致人员死亡或者重伤，或者为了逃避法律追究，对被害人进行隐藏、遗弃，致使被害人因无法得到救助而死亡或者重度残疾的，分别依照刑法第二百三十二条、第二百三十四条的规定，以故意杀人罪或者故意伤害罪定罪处罚。

三、司法文件

（一）《最高人民法院、最高人民检察院、公安部关于依法办理“碰瓷”违法犯罪案件的指导意见》（2020年9月22日　公通字〔2020〕12号）

七、为实施“碰瓷”而故意杀害、伤害他人或者过失致人重伤、死亡，符合刑法第二百三十二条、第二百三十四条、第二百三十三条、第二百三十五条规定的，分别以故意杀人罪、故意伤害罪、过失致人死亡罪、过失致人重伤罪定罪处罚。

（二）《最高人民法院、最高人民检察院、公安部关于依法惩治袭警违法犯罪行为的指导意见》（2020年1月10日）

三、驾车冲撞、碾轧、拖拽、剐蹭民警，或者挤别、碰撞正在执行职务的警用车辆，危害公共安全或者民警生命、健康安全，符合刑法第一百一十四条、第一百一十五条、第二百三十二条、第二百三十四条规定的，应当以以危险方法危害公共安全罪、故意杀人罪或者故意伤害罪定罪，酌情从重处罚。

暴力袭警，致使民警重伤、死亡，符合刑法第二百三十四条、第二百三十二条规定的，应当以故意伤害罪、故意杀人罪定罪，酌情从重处罚。

六、在民警非执行职务期间，因其职务行为对其实施暴力袭击、拦截、恐吓等行为，符合刑法第二百三十四条、第二百三十二条、第二百九十三条等规定的，应当以故意伤害罪、故意杀人罪、寻衅滋事罪等定罪，并根据袭警的具体情节酌情从重处罚。

（三）《最高人民法院、最高人民检察院、公安部、司法部关于依法办理家庭暴力犯罪案件的意见》（2015年3月2日　法发〔2015〕4号）

一、基本原则

3. **尊重被害人意愿**。办理家庭暴力犯罪案件，既要严格依法进行，也要尊重被害人的意愿。在立案、采取刑事强制措施、提起公诉、判处刑罚、减刑、假释时，应当充分听取被害人意见，在法律规定的范围内作出合情、合理的处理。对法律规定可以调解、和解的案件，应当在当事人双方自愿的基础上进行调解、和解。

三、定罪处罚

16. **依法准确定罪处罚**。对故意杀人、故意伤害、强奸、猥亵儿童、非法拘禁、侮辱、暴力干涉婚姻自由、虐待、遗弃等侵害公民人身权利的家庭暴力犯罪，应当根据犯罪的事实、犯罪的性质、情节和对社会的危害程度，严格依照刑法的有关规定判处。对于同一行为同时触犯多个罪名的，依照处罚较重的规定定罪处罚。

17. **依法惩处虐待犯罪**。采取殴打、冻饿、强迫过度劳动、限制人身自由、恐吓、侮辱、谩骂等手段，对家庭成员的身体和精神进行摧残、折磨，是实践中较为多发的虐待性质的家庭暴力。根据司法实践，具有虐待持续时间较长、次数较多；虐待手段残忍；虐待造成被害人轻微伤或者患较严重疾病；对未成年人、老年人、残疾人、孕妇、哺乳期妇女、重病患者实施较为严重的虐待行为等情形，属于刑法第二百六十条第一款规定的虐待"情节恶劣"，应当依法以虐待罪定罪处罚。

准确区分虐待犯罪致人重伤、死亡与故意伤害、故意杀人犯罪致人重伤、死亡的界限，要根据被告人的主观故意、所实施的暴力手段与方式、是否立即或者直接造成被害人伤亡后果等进行综合判断。对于被告人主观上不具有侵害被害人健康或者剥夺被害人生命的故意，而是出于追求被害人肉体和精神上的痛苦，长期或者多次实施虐待行为，逐渐造成被害人身体损害，过失导致被害人重伤或者死亡的；或者因虐待致使被害人不堪忍受而自残、自杀，导致重伤或者死亡的，属于刑法第二百六十条第二款规定的虐待“致使被害人重伤、死亡”，应当以虐待罪定罪处罚。对于被告人虽然实施家庭暴力呈现出经常性、持续性、反复性的特点，但其主观上具有希望或者放任被害人重伤或者死亡的故意，持凶器实施暴力，暴力手段残忍，暴力程度较强，直接或者立即造成被害人重伤或者死亡的，应当以故意伤害罪或者故意杀人罪定罪处罚。

依法惩处遗弃犯罪。负有扶养义务且有扶养能力的人，拒绝扶养年幼、年老、患病或者其他没有独立生活能力的家庭成员，是危害严重的遗弃性质的家庭暴力。根据司法实践，具有对被害人长期不予照顾、不提供生活来源；驱赶、逼迫被害人离家，致使被害人流离失所或者生存困难；遗弃患严重疾病或者生活不能自理的被害人；遗弃致使被害人身体严重损害或者造成其他严重后果等情形，属于刑法第二百六十一条规定的遗弃“情节恶劣”，应当依法以遗弃罪定罪处罚。

准确区分遗弃罪与故意杀人罪的界限，要根据被告人的主观故意、所实施行为的时间与地点、是否立即造成被害人死亡，以及被害人对被告人的依赖程度等进行综合判断。对于只是为了逃避扶养义务，并不希望或者放任被害人死亡，将生活不能自理的被害人弃置在福利院、医院、派出所等单位或者广场、车站等行人较多的场所，希望被害人得到他人救助的，一般以遗弃罪定罪处罚。对于希望或者放任被害人死亡，不履行必要的扶养义务，致使被害人因缺乏生活照料而死亡，或者将生活不能自理的被害人带至荒山野岭等人迹罕至的场所扔弃，使被害人难以得到他人救助的，应当以故意杀人罪定罪处罚。

18. **切实贯彻宽严相济刑事政策**。对于实施家庭暴力构成犯罪的，应当根据罪刑法定、罪刑相适应原则，兼顾维护家庭稳定、尊重被害人意愿等因素综合考虑，宽严并用，区别对待。根据司法实践，对于实施家庭暴力手段残忍或者造成严重后果；出于恶意侵占财产等卑劣动机实施家庭暴力；因酗酒、吸毒、赌博等恶习而长期或者多次实施家庭暴力；曾因实施家庭暴力受到刑事处罚、行政处罚；或者具有其他恶劣情形的，可以酌情从重处罚。对于实施家庭暴力犯罪情节较轻，或者被告人真诚悔罪，获得被害人谅解，从轻处罚有利于被扶养人的，可以酌情从轻处罚；对于情节轻微不需要判处刑罚的，人民检察院可以不起诉，人民法院可以判处免予刑事处罚。

对于实施家庭暴力情节显著轻微危害不大不构成犯罪的，应当撤销案件、不起诉，或者宣告无罪。

人民法院、人民检察院、公安机关应当充分运用训诫，责令施暴人保证不再实施家庭暴力，或者向被害人赔礼道歉、赔偿损失等非刑罚处罚措施，加强对施暴人的教育与惩戒。

19. **准确认定对家庭暴力的正当防卫。**为了使本人或者他人的人身权利免受不法侵害，对正在进行的家庭暴力采取制止行为，只要符合刑法规定的条件，就应当依法认定为正当防卫，不负刑事责任。防卫行为造成施暴人重伤、死亡，且明显超过必要限度，属于防卫过当，应当负刑事责任，但是应当减轻或者免除处罚。

认定防卫行为是否“明显超过必要限度”，应当以足以制止并使防卫人免受家庭暴力不法侵害的需要为标准，根据施暴人正在实施家庭暴力的严重程度、手段的残忍程度，防卫人所处的环境、面临的危险程度、采取的制止暴力的手段、造成施暴人重大损害的程度，以及既往家庭暴力的严重程度等进行综合判断。

20. **充分考虑案件中的防卫因素和过错责任。**对于长期遭受家庭暴力后，在激愤、恐惧状态下为了防止再次遭受家庭暴力，或者为了摆脱家庭暴力而故意杀害、伤害施暴人，被告人的行为具有防卫因素，施暴人在案件起因上具有明显过错或者直接责任的，可以酌情从宽处罚。对于因遭受严重家庭暴力，身体、精神受到重大损害而故意杀害施暴人；或者因不堪忍受长期家庭暴力而故意杀害施暴人，犯罪情节不是特别恶劣，手段不是特别残忍的，可以认定为刑法第二百三十二条规定的故意杀人“情节较轻”。在服刑期间确有悔改表现的，可以根据其家庭情况，依法放宽减刑的幅度，缩短减刑的起始时间与间隔时间；符合假释条件的，应当假释。被杀害施暴人的近亲属表示谅解的，在量刑、减刑、假释时应当予以充分考虑。

（四）《最高人民法院、最高人民检察院、公安部、司法部、国家卫生和计划生育委员会关于依法惩处涉医违法犯罪维护正常医疗秩序的意见》（2014年4月22日　法发〔2014〕5号）

二、严格依法惩处涉医违法犯罪

对涉医违法犯罪行为，要依法严肃追究、坚决打击。公安机关要加大对暴力杀医、伤医、扰乱医疗秩序等违法犯罪活动的查处力度，接到报警后应当及时出警、快速处置，需要追究刑事责任的，及时立案侦查，全面、客观地收集、调取证据，确保侦查质量。人民检察院应当及时依法批捕、起诉，对于重大涉医犯罪案件要加强法律监督，必要时可以对收集证据、适用法律提出意见。人民法院应当加快审理进度，在全面查明案件事实的基础上依法准确定罪量刑，对于犯罪手段残忍、主观恶性深、人身危险性大的被告人或者社会影响恶劣的涉医犯罪行为，要依法从严惩处。

（一）在医疗机构内殴打医务人员或者故意伤害医务人员身体、故意损毁公私财物，尚未造成严重后果的，分别依照治安管理处罚法第四十三条、第四十九条的规定处罚；故意杀害医务人员，或者故意伤害医务人员造成轻伤以上严重后果，或者随意殴打医务人员情节恶劣、任意损毁公私财物情节严重，构成故意杀人罪、故意伤害罪、故意毁坏财物罪、寻衅滋事罪的，依照刑法的有关规定定罪处罚。

（五）《最高人民法院、最高人民检察院、公安部、司法部关于依法惩治性侵害未成年人犯罪的意见》（2013 年 10 月 23 日　法发〔2013〕12 号）

22. 实施猥亵儿童犯罪，造成儿童轻伤以上后果，同时符合刑法第二百三十四条或者第二百三十二条的规定，构成故意伤害罪、故意杀人罪的，依照处罚较重的规定定罪处罚。

对已满十四周岁的未成年男性实施猥亵，造成被害人轻伤以上后果，符合刑法第二百三十四条或者第二百三十二条规定的，以故意伤害罪或者故意杀人罪定罪处罚。

（六）《最高人民法院关于抢劫过程中故意杀人案件如何定罪问题的批复》（2001 年 5 月 26 日　法释〔2001〕16 号）

上海市高级人民法院：

你院沪高法〔2000〕117 号《关于抢劫过程中故意杀人案件定性问题的请示》收悉。经研究，答复如下：

行为人为劫取财物而预谋故意杀人，或者在劫取财物过程中，为制服被害人反抗而故意杀人的，以抢劫罪定罪处罚。

行为人实施抢劫后，为灭口而故意杀人的，以抢劫罪和故意杀人罪定罪，实行数罪并罚。

五、会议纪要

《全国法院维护农村稳定刑事审判工作座谈会纪要》（1999 年 10 月 27 日　法〔1999〕217 号）

（一）关于故意杀人、故意伤害案件

要准确把握故意杀人犯罪适用死刑的标准。对故意杀人犯罪是否判处死刑，不仅要看是否造成了被害人死亡结果，还要综合考虑案件的全部情况。对于因婚姻家庭、邻里纠纷等民间矛盾激化引发的故意杀人犯罪，适用死刑一定要十分慎重，应当与发生在社会上的严重危害社会治安的其他故意杀人犯罪案件有所区别。对于被害人一方有明显过错或对矛盾激化负有直接责任，或者被告人有法定从轻处罚情节的，一般不应判处死刑立即执行。

要注意严格区分故意杀人罪与故意伤害罪的界限。在直接故意杀人与间接故意杀人案件中，犯罪人的主观恶性程度是不同的，在处刑上也应有所区别。间接故意杀人与故意伤害致人死亡，虽然都造成了死亡的后果，但行为人故意的性质和内容是截然不同的。不注意区分犯罪的性质和故意的内容，只要有死亡后果就判处死刑的做法是错误的，这在今后的工作中，应当予以纠正。对于故意伤害致人死亡，手段特别残忍，情节特别恶劣的，才可以判处死刑。

要准确把握故意伤害致人重伤造成“严重残疾”的标准。参照 1996 年国家技术监督局颁布的《职工工伤与职业病致残程度鉴定标准》（以下简称“工伤标准”），刑法第二百三十四条第二款规定的“严重残疾”是指下列情形之一：被害人身体器官大部缺损、器官明显畸形、身体器官有中等功能障碍、造成严重并发症等。残疾程度可以分为一般残疾（十至七级）、严重残疾（六至三级）、特别严重残疾（二至一级），六级以上视为“严重残疾”。在有关司法解释出台前，可统一参照“工伤标准”确定残疾等级。实践中，并不是只要达到“严重残疾”就判处死刑，还要根据伤害致人“严重残疾”的具体情况，综合考虑犯罪情节和危害后果来决定刑罚。故意伤害致人重伤造成严重残疾，只有犯罪手段特别残忍，后果特别严重的，才能考虑适用死刑（包括死刑，缓期二年执行）。

……

（一）关于正确处理干群关系矛盾引发的刑事案件问题

开庭审理此类案件，一般要深入发案地，认真查清事实，了解案件发生的真实原因，分清双方责任，合情、合理、合法地予以处理。

对利用手中掌握的权力欺压百姓、胡作非为，严重损害群众和集体利益，构成犯罪的，要依法严惩；对只是因工作方法简单粗暴构成犯罪的，要做好工作，取得群众谅解后，酌情予以处理。

对抗拒基层组织正常管理，纯属打击报复农村干部的犯罪分子，一定要依法严惩；对事出有因而构成犯罪的农民被告人，则要体现从宽政策。群体事件中，处罚的应只是构成犯罪的极少数为首者和组织者；对于其他一般参与的群众，要以教育为主，不作犯罪处理。

要充分依靠当地党委和政府，充分征求有关部门对此类案件判决的意见。对当地政府强烈要求判处死刑的案件，要了解有关背景。对于依法应当判处死刑的，不能因为担心被告方人多势众会闹事而不判处死刑；相反，对不应当判处死刑的，也不能因为被害方闹事就判处死刑。要依靠党政部门努力做好法制宣传教育工作，在未做好群众思想工作的情况下，不要急于下判。

（二）关于对农民被告人依法判处缓刑、管制、免予刑事处罚问题

对农民被告人适用刑罚，既要严格遵循罪刑相适应的原则，又要充分考虑到农民犯罪主体的特殊性。要依靠当地党委做好相关部门的工作，依法适当多适用非监禁刑罚。对于已经构成犯罪，但不需要判处刑罚的，或者法律规定有管制刑的，应当依法免予刑事处罚或判处管制刑。对于罪行较轻且认罪态度好，符合宣告缓刑条件的，应当依法适用缓刑。

要努力配合有关部门落实非监禁刑的监管措施。在监管措施落实问题上可以探索多种有效的方式，如在城市应加强与适用缓刑的犯罪人原籍的政府和基层组织联系落实帮教措施；在农村应通过基层组织和被告人亲属、家属、好友做好帮教工作等等。

（三）关于村委会和村党支部成员利用职务便利侵吞集体财产犯罪的定性问题

为了保证案件的及时审理，在没有司法解释规定之前，对于已起诉到法院的这类案件，原则上以职务侵占罪定罪处罚。

（四）关于财产刑问题

凡法律规定并处罚金或者没收财产的，均应当依法并处，被告人的执行能力不能作为是否判处财产刑的依据。确实无法执行或不能执行的，可以依法执行终结或者减免。对法律规定主刑有死刑、无期徒刑和有期徒刑，同时并处没收财产或罚金的，如决定判处死刑，只能并处没收财产；判处无期徒刑的，可以并处没收财产，也可以并处罚金；判处有期徒刑的，只能并处罚金。

对于法律规定有罚金刑的犯罪，罚金的具体数额应根据犯罪的情节确定。刑法和司法解释有明确规定的，按规定判处；没有规定的，各地可依照法律规定的原则和具体情况，在总结审判经验的基础上统一规定参照执行的数额标准。

对自由刑与罚金刑均可选择适用的案件，如盗窃罪，在决定刑罚时，既要避免以罚金刑代替自由刑，又要克服机械执法只判处自由刑的倾向。对于可执行财产刑且罪行又不严重的初犯、偶犯、从犯等，可单处罚金刑。对于应当并处罚金刑的犯罪，如被告人能积极缴纳罚金，认罪态度较好，且判处的罚金数量较大，自由刑可适当从轻，或考虑宣告缓刑。这符合罪刑相适应原则，因为罚金刑也是刑罚。

被告人犯数罪的，应避免判处罚金刑的同时，判处没收部分财产。对于判处没收全部财产，同时判处罚金刑的，应决定执行没收全部财产，不再执行罚金刑。

（五）关于刑事附带民事诉讼问题

人民法院审理附带民事诉讼案件的受案范围，应只限于被害人因人身权利受到犯罪行为侵犯和财物被犯罪行为损毁而遭受的物质损失，不包括因犯罪分子非法占有、处置被害人财产而使其遭受的物质损失。对因犯罪分子非法占有、处置被害人财产而使其遭受的物质损失，应当根据刑法第六十四条的规定处理，即应通过追缴赃款赃物、责令退赔的途径解决。如赃款赃物尚在的，应一律追缴；已被用掉、毁坏或挥霍的，应责令退赔。无法退赃的，在决定刑罚时，应作为酌定从重处罚的情节予以考虑。

关于附带民事诉讼的赔偿范围，在没有司法解释规定之前，应注意把握以下原则：一是要充分运用现有法律规定，在法律许可的范围内最大限度地补偿被害人因被告人的犯罪行为而遭受的物质损失。物质损失应包括已造成的损失，也包括将来必然遭受的损失。二是赔偿只限于犯罪行为直接造成的物质损失，不包括精神损失和间接造成的物质损失。三是要适当考虑被告人的赔偿能力。被告人的赔偿能力包括现在的赔偿能力和将来的赔偿能力，对未成年被告人还应考虑到其监护人的赔偿能力，以避免数额过大的空判引起的负面效应，被告人的民事赔偿情况可作为量刑的酌定情节。四是要切实维护被害人的合法权益。附带民事原告人提出起诉的，对于没有构成犯罪的共同致害人，也要追究其民事赔偿责任。未成年致害人由其法定代理人或者监护人承担赔偿责任。但是，在逃的同案犯不应列为附带民事诉讼的被告人。关于赔偿责任的分担：共同致害人应当承担连带赔偿责任；在学校等单位内部发生犯罪造成受害人损失，在管理上有过错责任的学校等单位有赔偿责任，但不承担连带赔偿责任；交通肇事犯罪的车辆所有人（单位）在犯罪分子无赔偿能力的情况下，承担代为赔偿或者垫付的责任。

【指导性案例】

（一）最高人民检察院指导性案例第25号于某生申诉案[①]

（最高人民检察院检察委员会讨论通过，2016年5月31日发布）

【关键词】

刑事申诉　再审检察建议　改判无罪

【要旨】

坚守防止冤假错案底线，是保障社会公平正义的重要方面。检察机关既要依法监督纠正确有错误的生效刑事裁判，又要注意在审查逮捕、审查起诉等环节有效发挥监督制约作用，努力从源头上防止冤假错案发生。在监督纠正冤错案件方面，要严格把握纠错标准，对于被告人供述反复，有罪供述前后矛盾，且有罪供述的关键情节与其他在案证据存在无法排除的重大矛盾，不能排除有其他人作案可能的，应当依法进行监督。

---

① 《第七批指导性案例——于某生申诉案（检例第25号）》，载最高人民检察院网站，https：//www.spp.gov.cn/zxjy/qwfb/201608/t20160811_362936.shtml，2022年3月15日访问。

【基本案情】

于某生，男，1962 年 3 月生。1996 年 12 月 2 日，于某生的妻子韩某在家中被人杀害。安徽省蚌埠市中市区公安分局侦查认为于某生有重大犯罪嫌疑，于 1996 年 12 月 12 日将其刑事拘留。1996 年 12 月 21 日，蚌埠市中市区人民检察院以于某生涉嫌故意杀人罪，将其批准逮捕。在侦查阶段的审讯中，于某生供认了杀害妻子的主要犯罪事实。蚌埠市中区公安分局侦查终结后，移送蚌埠市中市区人民检察院审查起诉。蚌埠市中市区人民检察院审查后，依法移送蚌埠市人民检察院审查起诉。1997 年 12 月 24 日，蚌埠市人民检察院以涉嫌故意杀人罪对于某生提起公诉。蚌埠市中级人民法院一审判决认定以下事实：1996 年 12 月 1 日，于某生一家三口在逛商场时，韩某将 2800 元现金交给于某生让其存入银行，但却不愿告诉这笔钱的来源，引起于某生的不满。12 月 2 日 7 时 20 分，于某生送其子去上学，回家后再次追问韩某 2800 元现金是哪来的。因韩某坚持不愿说明来源，二人发生争吵厮打。厮打过程中，于某生见韩某声音越来越大，即恼羞成怒将其推倒在床上，然后从厨房拿了一根塑料绳，将韩某的双手拧到背后捆上。接着又用棉被盖住韩某头面部并隔着棉被用双手紧捂其口鼻，将其捂昏迷后匆忙离开现场到单位上班。约 9 时 50 分，于某生从单位返回家中，发现韩某已经死亡，便先解开捆绑韩某的塑料绳，用菜刀对韩某的颈部割了数刀，然后将其内衣向上推至胸部、将其外面穿的毛线衣拉平，并将尸体翻成俯卧状。接着又将屋内家具的柜门、抽屉拉开，将物品翻乱，造成家中被抢劫、韩某被奸杀的假象。临走时，于某生又将液化气打开并点燃一根蜡烛放在床头柜上的烟灰缸里，企图使液化气排放到一定程度，烛火引燃液化气，达到烧毁现场的目的。后因被及时发现而未引燃。经法医鉴定：死者韩某口、鼻腔受暴力作用，致机械性窒息死亡。

【诉讼过程】

1998 年 4 月 7 日，蚌埠市中级人民法院以故意杀人罪判处于某生死刑，缓期二年执行。于某生不服，向安徽省高级人民法院提出上诉。

1998 年 9 月 14 日，安徽省高级人民法院以原审判决认定于某生故意杀人的部分事实不清，证据不足为由，裁定撤销原判，发回重审。被害人韩某的父母提起附带民事诉讼。

1999年9月16日，蚌埠市中级人民法院以故意杀人罪判处于某生死刑，缓期二年执行。于某生不服，再次向安徽省高级人民法院提出上诉。

2000年5月15日，安徽省高级人民法院以原审判决事实不清，证据不足为由，裁定撤销原判，发回重审。

2000年10月25日，蚌埠市中级人民法院以故意杀人罪判处于某生无期徒刑。于某生不服，向安徽省高级人民法院提出上诉。2002年7月1日，安徽省高级人民法院裁定驳回上诉，维持原判。

2002年12月8日，于某生向安徽省高级人民法院提出申诉。2004年8月9日，安徽省高级人民法院驳回于某生的申诉。后于某生向安徽省人民检察院提出申诉。

安徽省人民检察院经复查，提请最高人民检察院按照审判监督程序提出抗诉。最高人民检察院经审查，于2013年5月24日向最高人民法院提出再审检察建议。

【建议再审理由】

最高人民检察院审查认为，原审判决、裁定认定于某生故意杀人的事实不清，证据不足，案件存在的矛盾和疑点无法得到合理排除，案件事实结论不具有唯一性。

一、原审判决认定事实的证据不确实、不充分。一是根据安徽省人民检察院复查调取的公安机关侦查内卷中的手写“现场手印检验报告”及其他相关证据，能够证实现场存在的2枚指纹不是于某生及其家人所留，但侦查机关并未将该情况写入检验报告。原审判决依据该“现场手印检验报告”得出“没有发现外人进入现场的痕迹”的结论与客观事实不符。二是关于于某生送孩子上学以及到单位上班的时间，缺少明确证据支持，且证人证言之间存在矛盾。原审判决认定于某生9时50分回家伪造现场，10时20分回到单位，而于某生辩解其在10时左右回到单位，后接到传呼并用办公室电话回此传呼，并在侦查阶段将传呼机提交侦查机关。安徽省人民检察院复查及最高人民检察院审查时，相关人员证实侦查机关曾对有关人员及传呼机信息问题进行了调查，并调取了通话记录，但案卷中并没有相关调查材料及通话记录，于某生关于在10时左右回到单位的辩解不能合理排除。因此依据现有证据，原审判决认定于某生具有20分钟作案时间和30分钟伪造现场时间的证据不足。

二、原审判决定罪的主要证据之间存在矛盾。原审判决认定于某生有罪的证据主要是现场勘查笔录、尸检报告以及于某生曾作过的有罪供述。而于某生在侦查阶段虽曾作过有罪供述，但其有罪供述不稳定，时供时翻，供述前后矛盾。且其有罪供述与现场勘查笔录、尸检报告等证据亦存在诸多不一致的地方，如于某生曾作有罪供述中有关菜刀放置的位置、拽断电话线、用于点燃蜡烛的火柴梗丢弃在现场以及与被害人发生性行为等情节与现场勘查笔录、尸检报告等证据均存在矛盾。

三、原审判决认定于某生故意杀人的结论不具有唯一性。根据从公安机关侦查内卷中调取的手写“手印检验报告”以及DNA鉴定意见，现场提取到外来指纹，被害人阴道提取的精子也不是于某生的精子，因此存在其他人作案的可能。同时，根据侦查机关蜡烛燃烧试验反映的情况，该案存在杀害被害人并伪造现场均在8时之前完成的可能。原审判决认定于某生故意杀害韩某的证据未形成完整的证据链，认定的事实不能排除合理怀疑。

【案件结果】

2013年6月6日，最高人民法院将最高人民检察院再审检察建议转安徽省高级人民法院。2013年6月27日，安徽省高级人民法院对该案决定再审。2013年8月5日，安徽省高级人民法院不公开开庭审理了该案。安徽省高级人民法院审理认为，原判决、裁定根据于某生的有罪供述、现场勘查笔录、尸体检验报告、刑事科学技术鉴定、证人证言等证据，认定原审被告人于某生杀害了韩某。但于某生供述中部分情节与现场勘查笔录、尸体检验报告、刑事科学技术鉴定等证据存在矛盾，且韩某阴道擦拭纱布及三角内裤上的精子经DNA鉴定不是于某生的，安徽省人民检察院提供的侦查人员从现场提取的没有比对结果的他人指纹等证据没有得到合理排除，因此原审判决、裁定认定于某生犯故意杀人罪的事实不清、证据不足，指控的犯罪不能成立。2013 年 8 月 8 日，安徽省高级人民法院作出再审判决：撤销原审判决裁定，原审被告人于某生无罪。

【指导意义】

1. 对案件事实结论应当坚持“唯一性”证明标准。刑事诉讼法第一百九十五条第一项规定：“案件事实清楚，证据确实、充分，依据法律认定被告人有罪的，应当作出有罪判决。”刑事诉讼法第五十三条第二款对于认定“证据确实、充分”的条件进行了规定：“（一）定罪量刑的事实都有证据证明；（二）据以定案的证据均经法定程序查证属实；（三）综合全案证据，对所认定的案件事实已排除合理怀疑。”排除合理怀疑，要求对于认定的案件事实，从证据角度已经没有符合常理的、有根据的怀疑，特别在是否存在犯罪事实和被告人是否实施了犯罪等关键问题上，确信证据指向的案件结论具有唯一性。只有坚持对案件事实结论的唯一性标准，才能够保证裁判认定的案件事实与客观事实相符，最大限度避免冤假错案的发生。

2. 坚持全面收集证据，严格把握纠错标准。在复查刑事申诉案件过程中，除全面审查原有证据外，还应当注意补充收集、调取能够证实被告人有罪或者无罪、犯罪情节轻重的新证据，通过正向肯定与反向否定，检验原审裁判是否做到案件事实清楚，证据确实、充分。要坚持疑罪从无原则，严格把握纠错标准，对于被告人有罪供述出现反复且前后矛盾，关键情节与其他在案证据存在无法排除的重大矛盾，不能排除有其他人作案可能的，应当认为认定主要案件事实的结论不具有唯一性。人民法院据此判决被告人有罪的，人民检察院应当按照审判监督程序向人民法院提出抗诉，或者向同级人民法院提出再审检察建议。

（二）最高人民检察院指导性案例第26号陈某申诉案[①]

（最高人民检察院检察委员会讨论通过，2016年5月31日发布）

【关键词】

刑事申诉　刑事抗诉　改判无罪

【基本案情】

陈某，男，1963年2月生。1992年12月25日19时30分许，海南省海口市振东区上坡下村109号发生火灾。19时58分，海口市消防中队接警后赶到现场救火，并在灭火过程中发现室内有一具尸体，立即向公安机关报案。20时30分，海口市公安局接报警后派员赴现场进行现场勘查及调查工作。经走访调查后确定，死者是居住在109号的钟某，曾经在此处租住的陈某有重大作案嫌疑。同年12月28日凌晨，公安机关将犯罪嫌疑人陈某抓获。1993年9月25日，海口市人民检察院以陈某涉嫌故意杀人罪，将其批准逮捕。1993年11月29日，海口市人民检察院以涉嫌故意杀人罪对陈某提起公诉。海口市中级人民法院一审判决认定以下事实：1992年1月，被告人陈某搬到海口市上坡下村109号钟某所在公司的住房租住。期间，陈某因未交房租等，与钟某发生矛盾，钟某声称要向公安机关告发陈某私刻公章帮他人办工商执照之事，并于同年12月17日要陈某搬出上坡下村109号房。陈某怀恨在心，遂起杀害钟某的歹念。同年12月25日19时许，陈某发现上坡下村停电并得知钟某要返回四川老家，便从宁屯大厦窜至上坡下村109号，见钟某正在客厅喝酒，便与其聊天，随后从厨房拿起一把菜刀，趁钟某不备，向其头部、颈部、躯干部等处连砍数刀，致钟某当即死亡。后陈某将厨房的煤气罐搬到钟某卧室门口，用打火机点着火焚尸灭迹。大火烧毁了钟某卧室里的床及办公桌等家具，消防队员及时赶到，才将大火扑灭。经法医鉴定：被害人钟某身上

---

① 《第七批指导性案例——陈某申诉案（检例第26号）》，载最高人民检察院网站，https：//www.spp.gov.cn/jczdal/201608/t20160811_163240.shtml，2022年3月15日访问。

有多处锐器伤、颈动脉被割断造成失血性休克死亡。

【诉讼过程】

1994年11月9日，海口市中级人民法院以故意杀人罪判处陈某死刑，缓期二年执行，剥夺政治权利终身；以放火罪，判处有期徒刑九年，决定执行死刑，缓期二年执行，剥夺政治权利终身。

1994年11月13日，海口市人民检察院以原审判决量刑过轻，应当判处死刑立即执行为由提出抗诉。1999年4月15日，海南省高级人民法院驳回抗诉，维持原判。判决生效后，陈某的父母提出申诉。

2001年11月8日，海南省高级人民法院经复查驳回申诉。陈某的父母仍不服，向海南省人民检察院提出申诉。2013年4月9日，海南省人民检察院经审查，认为申诉人的申诉理由不成立，不符合立案复查条件。陈某不服，向最高人民检察院提出申诉。

2015年2月10日，最高人民检察院按照审判监督程序向最高人民法院提出抗诉。

【抗诉理由】

最高人民检察院复查认为，原审判决据以定案的证据不确实、不充分，认定原审被告人陈某故意杀人、放火的事实不清，证据不足。

一、原审裁判认定陈某具有作案时间与在案证据证明的案件事实不符。原审裁判认定原审被告人陈某于1992年12月25日19时许，在海口市振东区上坡下村109号房间持刀将钟某杀死。根据证人杨某春、刘某生、章某胜的证言，能够证实在当日19时左右陈某仍在宁屯大厦，而根据证人何某庆、刘某清的证言，19时多一点听到109号传出上气不接下气的“啊啊”声，大约过了30分钟看见109号起火。据此，有证据证明陈某案发时仍然在宁屯大厦，不可能在同一时间出现在案发现场，原审裁判认定陈某在19时许进入109号并实施杀人、放火行为与证人提供的情况不符。

二、原审裁判认定事实的证据不足，部分重要证据未经依法查证属实。原审裁判认定原审被告人陈某实施杀人、放火行为的主要证据，除陈某有罪供述为直接证据外，其他如公安机关火灾原因认定书、现场勘查笔录、现场照片、物证照片、法医检验报告书、物证检验报告书、刑事科学技术鉴定书等仅能证明被害人钟某被人杀害，现场遭到人为纵火；在案证人证言只是证明了发案时的相关情况、案发前后陈某的活动情况以及陈某与被害人的关系等情况，但均不能证实犯罪行为系陈某所为。而在现场提取的带血白衬衫、黑色男西装等物品在侦查阶段丢失，没有在原审法院庭审中出示并接受检验，因此不能作为定案的根据。

三、陈某有罪供述的真实性存在疑问。陈某在侦查阶段虽曾作过有罪供述，但其有罪供述不稳定，时供时翻，且与现场勘查笔录、法医检验报告等证据存在矛盾。如陈某供述杀人后厨房水龙头没有关，而现场勘查时，厨房水龙头呈关闭状，而是卫生间的水龙头没有关；陈某供述杀人后菜刀扔到被害人的卧室中，而现场勘查时，该菜刀放在厨房的砧板上，且在菜刀上未发现血迹、指纹等痕迹；陈某供述将“工作证”放在被害人身上，是为了制造自己被烧死假象的说法，与案发后其依然正常工作、并未逃避侦查的实际情况相矛盾。

【案件结果】

2015年4月24日，最高人民法院作出再审决定，指令浙江省高级人民法院再审。2015年12月29日，浙江省高级人民法院公开开庭审理了本案。法院经过审理认为，原审裁判据以定案的主要证据即陈某的有罪供述及辨认笔录的客观性、真实性存疑，依法不能作为定案依据；本案除原被告人陈某有罪供述外无其他证据指向陈某作案。因此，原审裁判认定原审被告人陈某故意杀人并放火焚尸灭迹的事实不清、证据不足，指控的犯罪不能成立。2016年1月25日，浙江省高级人民法院作出再审判决：撤销原审判决裁定，原审被告人陈某无罪。

【要旨】

证据是刑事诉讼的基石，认定案件事实，必须以证据为根据。证据未经当庭出示、辨认、质证等法庭调查程序查证属实，不能作为定案的根据。对于在案发现场提取的物证等实物证据，未经鉴定，且在诉讼过程中丢失或者毁灭，无法在庭审中出示、质证，有罪供述的主要情节又得不到其他证据印证，而原审裁判认定被告人有罪的，应当依法进行监督。

【指导意义】

1. 切实强化证据裁判和证据审查意识。证据裁判原则是现代刑事诉讼的一项基本原则，是正确惩治犯罪，防止冤假错案的重要保障。证据裁判原则不仅要求认定案件事实必须以证据为依据，而且所依据的证据必须客观真实、合法有效。我国刑事诉讼法第四十八条第三款规定："证据必须经过查证属实，才能作为定案的根据。"这是证据使用的根本原则，违背这一原则就有可能导致冤假错案，放纵罪犯或者侵犯公民的合法权利。检察机关审查逮捕、审查起诉和复查刑事申诉案件，都必须注意对证据的客观性、合法性进行审查，及时防止和纠正冤假错案。对于刑事申诉案件，经审查，如果原审裁判据以定案的有关证据，在原审过程中未经法定程序证明其真实性、合法性，而人民法院据此认定被告人有罪的，人民检察院应当依法进行监督。

2. 坚持综合审查判断证据规则。刑事诉讼法第一百九十五条第一项规定："案件事实清楚，证据确实、充分，依据法律认定被告人有罪的，应当作出有罪判决。"证据确实、充分，不仅是对单一证据的要求，而且是对审查判断全案证据的要求。只有使各项证据相互印证，合理解释消除证据之间存在的矛盾，才能确保查明案件事实真相，避免出现冤假错案。特别是在将犯罪嫌疑人、被告人有罪供述作为定罪主要证据的案件中，尤其要重视以客观性证据检验补强口供等言词证据。只有口供而没有其他客观性证据，或者口供与其他客观性证据相互矛盾、不能相互印证，对所认定的事实不能排除合理怀疑的，应当坚持疑罪从无原则，不能认定被告人有罪。

（三）最高人民法院指导案例第4号王某才故意杀人案①

（最高人民法院审判委员会讨论通过，2011年11月20日发布）

【关键词】

刑事　故意杀人罪　婚恋纠纷引发　坦白悔罪　死刑缓期执行　限制减刑

【裁判要点】

因恋爱、婚姻矛盾激化引发的故意杀人案件，被告人犯罪手段残忍，论罪应当判处死刑，但被告人具有坦白悔罪、积极赔偿等从轻处罚情节，同时被害人亲属要求严惩的，人民法院根据案件性质、犯罪情节、危害后果和被告人的主观恶性及人身危险性，可以依法判处被告人死刑，缓期二年执行，同时决定限制减刑，以有效化解社会矛盾，促进社会和谐。

【相关法条】

《中华人民共和国刑法》第五十条第二款

【基本案情】

被告人王某才与被害人赵某某（女，殁年26岁）在山东省潍坊市科技职业学院同学期间建立恋爱关系。2005年，王某才毕业后参加工作，赵某某考入山东省曲阜师范大学继续专升本学习。2007年赵某某毕业参加工作后，王某才与赵某某商议结婚事宜，因赵某某家人不同意，赵某某多次提出分手，但在王某才的坚持下二人继续保持联系。2008年10月9日中午，王某才在赵某某的集体宿舍再次谈及婚恋问题，因赵某某明确表示二人不可能在一起，王某才感到绝望，愤而产生杀死赵某某然后自杀的念头，即持赵某某宿舍内的一把单刃尖刀，朝赵的颈部、

① 《指导案例4号：王某才故意杀人案》，载最高人民法院网站，https：//www. court. gov. cn/shenpan-xiangqing-4217. html，2022年5月16日访问。

胸腹部、背部连续捅刺，致其失血性休克死亡。次日 8 时 30 分许，王某才服农药自杀未遂，被公安机关抓获归案。王某才平时表现较好，归案后如实供述自己罪行，并与其亲属积极赔偿，但未与被害人亲属达成赔偿协议。

【裁判结果】

山东省潍坊市中级人民法院于 2009 年 10 月 14 日以（2009）潍刑一初字第 35 号刑事判决，认定被告人王某才犯故意杀人罪，判处死刑，剥夺政治权利终身。宣判后，王某才提出上诉。山东省高级人民法院于 2010 年 6 月 18 日以（2010）鲁刑四终字第 2 号刑事裁定，驳回上诉，维持原判，并依法报请最高人民法院核准。最高人民法院根据复核确认的事实，以（2010）刑三复 22651920 号刑事裁定，不核准被告人王某才死刑，发回山东省高级人民法院重新审判。山东省高级人民法院经依法重新审理，于 2011 年 5 月 3 日作出（2010）鲁刑四终字第 2-1 号刑事判决，以故意杀人罪改判被告人王某才死刑，缓期二年执行，剥夺政治权利终身，同时决定对其限制减刑。

【裁判理由】

山东省高级人民法院经重新审理认为：被告人王某才的行为已构成故意杀人罪，罪行极其严重，论罪应当判处死刑。鉴于本案系因婚恋纠纷引发，王某才求婚不成，恼怒并起意杀人，归案后坦白悔罪，积极赔偿被害方经济损失，且平时表现较好，故对其判处死刑，可不立即执行。同时考虑到王某才故意杀人手段特别残忍，被害人亲属不予谅解，要求依法从严惩处，为有效化解社会矛盾，依照《中华人民共和国刑法》第五十条第二款等规定，判处被告人王某才死刑，缓期二年执行，同时决定对其限制减刑。

（四）最高人民法院指导案例第 12 号李某故意杀人案[①]

（最高人民法院审判委员会讨论通过，2012 年 9 月 18 日发布）

【关键词】

刑事 故意杀人罪 民间矛盾引发 亲属协助抓捕 累犯 死刑缓期执行 限制减刑

【裁判要点】

对于因民间矛盾引发的故意杀人案件，被告人犯罪手段残忍，且系累犯，论罪应当判处死刑，但被告人亲属主动协助公安机关将其抓捕归案，并积极赔偿的，人民法院根据案件具体情节，从尽量化解社会矛盾角度考虑，可以依法判处被告人死刑，缓期二年执行，同时决定限制减刑。

【相关法条】

《中华人民共和国刑法》第五十条第二款

【基本案情】

2006 年 4 月 14 日，被告人李某因犯盗窃罪被判处有期徒刑二年，2008 年 1 月 2 日刑满释放。2008 年 4 月，经他人介绍，李某与被害人徐某某（女，殁年 26 岁）建立恋爱关系。同年 8 月，二人因经常吵架而分手。8 月 24 日，当地公安机关到李某的工作单位给李某建立重点人档案时，其单位得知李某曾因犯罪被判刑一事，并以此为由停止了李某的工作。李某认为其被停止工作与徐某某有关。

同年 9 月 12 日 21 时许，被告人李某拨打徐某某的手机，因徐某某外出，其表妹王某某（被害人，时年 16 岁）接听了李某打来的电话，并告知李某，徐某某已

① 《指导案例 12 号：李某故意杀人案》，载最高人民法院网站，https：//www. court. gov. cn/shenpan-xiangqing-13317. html，2022 年 3 月 15 日访问。

外出。后李某又多次拨打徐某某的手机，均未接通。当日23时许，李某到哈尔滨市呼兰区徐某某开设的“小天使形象设计室”附近，再次拨打徐某某的手机，与徐某某在电话中发生吵骂。后李某破门进入徐某某在“小天使形象设计室”内的卧室，持室内的铁锤多次击打徐某某的头部，击打徐某某表妹王某某头部、双手数下。稍后，李某又持铁锤先后再次击打徐某某、王某某的头部，致徐某某当场死亡、王某某轻伤。为防止在场的“小天使形象设计室”学徒工佟某报警，李某将徐某某、王某某及佟某的手机带离现场抛弃，后潜逃。同月23日22时许，李某到其姑母李某某家中，委托其姑母转告其母亲梁某某送钱。梁某某得知此情后，及时报告公安机关，并于次日晚协助公安机关将来姑母家取钱的李某抓获。在本案审理期间，李某的母亲梁某某代为赔偿被害人亲属4万元。

【裁判结果】

黑龙江省哈尔滨市中级人民法院于2009年4月30日以（2009）哈刑二初字第51号刑事判决，认定被告人李某犯故意杀人罪，判处死刑，剥夺政治权利终身。宣判后，李某提出上诉。黑龙江省高级人民法院于2009年10月29日以（2009）黑刑三终字第70号刑事裁定，驳回上诉，维持原判，并依法报请最高人民法院核准。最高人民法院根据复核确认的事实和被告人母亲协助抓捕被告人的情况，以（2010）刑五复66820039号刑事裁定，不核准被告人李某死刑，发回黑龙江省高级人民法院重新审判。黑龙江省高级人民法院经依法重新审理，于2011年5月3日作出（2011）黑刑三终字第63号刑事判决，以故意杀人罪改判被告人李某死刑，缓期二年执行，剥夺政治权利终身，同时决定对其限制减刑。

【裁判理由】

黑龙江省高级人民法院经重新审理认为：被告人李某的行为已构成故意杀人罪，罪行极其严重，论罪应当判处死刑。本案系因民间矛盾引发的犯罪；案发后李某的母亲梁某某在得知李某杀人后的行踪时，主动、及时到公安机关反映情况，并积极配合公安机关将李某抓获归案；李某在公安机关对其进行抓捕时，顺从归案，没有反抗行为，并在归案后始终如实供述自己的犯罪事实，认罪态度好；在本案审理期间，李某的母亲代为赔偿被害方经济损失；李某虽系累犯，但此前所犯盗窃罪的情节较轻。综合考虑上述情节，可以对李某酌情从宽处罚，对其可不判处死刑立即执行。同时，鉴于其故意杀人手段残忍，又系累犯，且被害人亲属不予谅解，故依法判处被告人李某死刑，缓期二年执行，同时决定对其限制减刑。

第二章　过失致人死亡罪

【立案追诉标准】

过失致人死亡案（刑法第 233 条）

涉嫌过失致人死亡的，应予立案。

过失致人死亡罪是结果犯，只有出现死亡结果，才达到立案追诉标准。

【犯罪构成及刑事责任】

过失致人死亡，是指行为人因疏忽大意没有预见或者已经预见到而轻信能够避免造成他人死亡的行为。构成过失致人死亡罪需要具备以下四个方面要件：

1. 客体要件。过失致人死亡罪侵犯的客体是他人生命权，犯罪对象是有生命的自然人。

2. 客观要件。过失致人死亡罪客观方面表现为因过失导致他人死亡，应当具备三个方面的要素：

（1）发生致死后果。过失致人死亡罪是结果犯，发生死亡结果是构成犯罪的前提。

（2）实施了过失致人死亡的行为，包括作为的过失致人死亡行为和不作为的过失致人死亡行为。

（3）过失行为和死亡结果之间具有因果关系。对于出现介入因素阻断因果关系的情形，不能认定构成过失致人死亡罪。

3. 主体要件。过失致人死亡罪的主体是一般主体，年满 16 周岁、具备刑事责任能力的自然人都能构成过失致人死亡罪。

4. 主观要件。过失致人死亡罪主观方面表现为过失，包括疏忽大意的过失和过于自信的过失。对于因不能预见的原因引起死亡结果的，属于意外事件，不成立过失致人死亡罪。

根据刑法第233条的规定，过失致人死亡的，处3年以上7年以下有期徒刑；情节较轻的，处3年以下有期徒刑。本法另有规定的，依照规定。

【疑难指导】

一、如何认定过失致人死亡罪的实行行为

（一）过失犯罪实行行为的特点

刑法上，实行行为是指符合构成要件，对侵害客体具有实质、紧迫危险的行为。[①] 这一概念不仅适用于故意犯罪，同样适用于过失犯罪。故意犯罪的实行行为要求不仅符合构成要件要求，而且对犯罪客体具有实质性、紧迫性危险。与此相同，针对过失致人死亡罪的实行行为，应当更加注重其实质性、紧迫性的特点，实行行为应当对于他人生命安全具有实质性、紧迫性的危险。此外，过失犯罪实行行为与不作为的关系，实践中还存在模糊认识。过失犯罪的实行行为是产生现实、紧迫、危险的行为，不作为是不履行应当义务的行为，是当为而不为的行为，二者并不相同，实践中应当防止将过失犯罪与不作为混淆甚至等同。

（二）如何判断过失致人死亡罪的实行行为

前已述及，过失犯罪的实行行为不仅需要符合构成要件要求，而且应当对犯罪对象具有实质性、紧迫性的危险。因此，是否具有实质性、紧迫性的危险，就成为行为是否属于实行行为的重要判断标准。以实践多发的过失犯罪交通肇事为例，交通事故发生，是否构成交通肇事罪不仅需要依据危害后果，也需要回溯是否存在违反交通规则的行为，这是交通肇事罪构成要件要求。并非所有违反交通规则的行为都可认定为交通肇事罪的实行行为，司机承担刑事责任的前提是实施了刑法意义上的实行行为。在因超速行驶造成交通事故致人死亡的情形下，超速

① 陈兴良主编：《刑法各论精释》（上），人民法院出版社2018年版，第53页。

行驶的行为不仅违反交通规则，符合构成要件要求，同时也对他人生命安全具有实质、紧迫危险，如果出现应当刑事追究的严重后果，则应当认定超速行驶是交通肇事的实行行为。但是，如果司机还存在超载、不系安全带等违反交通规则的行为，这些行为虽然违反交通规则，但对于危险后果不具有实质性、紧迫性，不能认定为实行行为。由此，交通肇事罪的实行行为不仅是违反交通规则的行为，也是对他人的人身、财产产生实质、紧迫危险的行为。同理，作为过失犯罪的过失致人死亡罪，回溯事实也会发现行为人可能存在多个对他人生命安全具有危害的行为，但只有与致人死亡的危险后果具有实质性、紧迫性影响的行为，才具有刑法评价意义，也才是过失致人死亡罪的实行行为。

二、如何判断过失致人死亡案件的因果关系

（一）如何判断过失致人死亡案件的因果关系

过失行为人对结果负责的前提是因果关系成立。过失致人死亡罪的认定思路是由果及因，过失行为和致人死亡结果之间因果关系的意义更加凸显。我国因果关系判断的理论通说是相当因果关系说，根据相当因果关系说，因果关系判断需要考察实行行为和犯罪结果之间是否符合经验法则的通常性、高度盖然性。如果存在介入因素，则需要结合先行行为导致危害结果可能性、介入因素异常性大小以及介入因素对于结果发生的作用力大小等综合判断因果关系是否中断。如果介入因素异常且对结果发生具有很大作用，一般会阻断先行行为与犯罪结果之间的因果关系。

（二）因果关系判断应考虑结果避免可能性

过失致人死亡案件中，出现死亡结果是追究刑事责任的逻辑起点，但确定行为与结果的归属还需要一个前提，就是致人死亡结果具有避免可能性。死亡结果可能避免，由于过失行为没能避免，则肯定行为与致死结果具有因果关系，应当承担刑事责任。死亡结果本身不具有避免可能性，即使没有过失行为，死亡结果也会发生，那么就无法认定过失行为与结果之间的因果关系，不能要求行为人承担刑事责任。需要注意的是，结果避免可能性的判断时点不是危险导致结果的临

界之时，而是危险产生之时。[①] 例如，照护人将被照护婴儿单独留在车内，造成婴儿因为无人看管而导致过热死亡。判断是否具有结果避免可能性应当以照护人离开车辆，将婴儿锁在车里时为标准，因此此时致使婴儿死亡的危险就已经产生。照护人因为疏忽大意或者过于自信而将婴儿单独留在车内，致死结果本身具有避免可能性，但因为行为人疏忽致使婴儿死亡，因果关系成立，应当认定为过失致人死亡罪。

三、过失致人死亡罪主观内容的理解与适用

（一）过失致人死亡罪中疏忽大意的过失的理解与适用

1. 疏忽大意的过失的认定结构

疏忽大意的过失是指应当预见自己行为可能发生危害社会的结果，因为疏忽大意而没有预见，以致发生危害结果。疏忽大意过失的认定结构是：应当预见→疏忽大意→没有预见→发生危害结果。在上述结构中，过失产生的流程是本应当预见却没有预见，刑法对行为人的疏忽大意予以处罚，不仅因为疏忽大意导致危害结果，也因为疏忽大意的过失是对结果预见义务的违反。针对过失致人死亡罪，预见义务指向的是致人死亡的具体结果。行为人承担过失致人死亡罪刑事责任源于主观上的疏忽大意，源于对致人死亡结果预见义务的违反。此外，结果预见义务针对的并非抽象概括的对象，而应当根据罪名确定义务的具体指向，具体在过失致人死亡罪中的预见义务指向的就是死亡结果。

2. 疏忽大意中“应当预见”前提的理解与适用

法律不强人所难，判断行为人是否存在疏忽大意的过失，要求行为人“应当预见”（即具有结果预见义务），而在结果预见义务具备的情况下，判断行为人是否应当预见则需要结合行为人是否具有预见能力。只有行为人既有预见义务，又具备预见能力，才可能因疏忽大意承担过失犯罪刑事责任，二者是疏忽大意“应当预见”的前提。实践中，对于预见能力应当注重从主、客观两方面综合判断，即根据主观预见能力和客观环境条件综合判断。具体而言，应先将案发环境进行全面、客观考察，分析行为人在特定时空下对于危害结果是否有预见能力。需要

---

① 陈兴良主编：《刑法各论精释》（上），人民法院出版社 2018 年版，第 58 页。

注意的是，能力判断的基准不能囿于行为人个人，而应当以一般人的认知范围和预见能力为基准，结合行为人个体条件综合认定。如果从一般人的预见能力出发，行为人不可能预见到自己的行为会发生致人死亡的结果，一般不能认定行为人存在过失。但在特殊情况下，行为人个体具有特殊性，则应当充分考虑一般规律和个体特性作出正确判断。例如，专业的拳击、武术运动员，对于普通人的攻击效果与一般人员有很大不同，对于行为可能造成后果的预见能力也应当超过一般人，如果因为过失造成他人死亡的，应当以高于一般人的预见能力为判断基准。

3. 如何区分疏忽大意的过失致人死亡案件与无法预见的意外事件

如前所述，过失致人死亡罪的主观流程是应当预见而没有预见。行为人具有预见可能，对致人死亡的结果应当预见，具有结果避免的应然义务。但是一旦出现致人死亡的已然事实，则说明行为人没有预见，没有预见的原因是疏忽大意，是对应然义务的违反，应当承担刑事责任。但是，同样发生致人死亡的已然事实，但行为人对死亡结果不可预知，不具有预见可能，那么即使出现致人死亡结果也只能认定为意外事件。需要注意的是，判断行为人是否具有预见可能，应当以致人死亡危险产生时间为判断时点，结合主、客观因素全面衡量，而不是以危害结果的发生作为判断时点，从死亡结果进行倒推。特别是在行为人存在不道德、违法或其他犯罪行为的情况下，行为人预见能力的判断也要严格依照判断标准，防止简单臆断。

（二）如何认定过于自信的过失致人死亡罪

1. 过于自信的过失的认定结构

过于自信的过失是指行为人已经预见自己的行为可能发生危害结果，但轻信能够避免，以致发生危害结果。过于自信过失犯罪的案件中，过失产生的流程是已经预见但轻信能够避免，认定结构是：已经预见→轻信能够避免→发生危害结果。刑法对行为人的过于自信的过失予以处罚，是因为行为人本能够避免结果发生，却过于自信而没有避免，违反了结果避免义务。

2. 如何区分过于自信过失致人死亡案件与不可抗力意外事件

结果回避可能性是区别过于自信过失致人死亡与不可抗力意外事件的关键。在前种情形下，行为人已经预见结果，但是因为在过于自信过失的犯罪过程中，如果采取合理措施本可以避免死亡结果发生，但行为人轻信能够避免，以致发生死亡结果，行为人因此承担过失犯罪的刑事责任。但是，在不可抗力的意外事件中，死亡结果本身不具有回避可能性，行为人即使不存在过于自信、措施不当的情形，死亡结果依然发生，属于不可抗力的意外事件，行为人不承担刑事责任。其中，结果回避可能性是区分二者的关键，对于结果回避可能性的判断，应当结合行为人的回避能力和客观条件，以一般人回避能力为基准，结合行为人个体状况综合判断。

3. 如何区分过失致人死亡和故意伤害致人死亡案件

故意伤害致人死亡对于死亡结果是过失，过失致人死亡对于死亡结果也是过失，二者如何区分是实践中的难题。而二者混淆的根本原因则在于，故意伤害的实行行为缺乏科学界定。实务中，故意伤害案件的处理往往是依据结果认定伤害行为，只要行为人的行为造成轻伤的伤害结果，即认定行为人实施的是轻伤害行为；只要行为人的行为造成重伤的伤害结果，即认定行为人实施的是重伤害行为。这种由结果倒推行为的认定思路，忽略了对故意伤害实行行为应当根据行为时具体行为判断的原则，造成行为和结果倒序评价。而一味根据结果来认定行为危险，也违背责任主义甚至客观归责。因此，有必要对故意伤害罪的实行行为进行细致划分。日常轻微殴打行为，并不能对他人的生理机能产生实质性危险，不属于故意伤害罪的实行行为。当轻微殴打行为偶然引起致死后果，应当考虑行为人缺乏故意伤害罪的实行行为，不构成故意伤害罪致人死亡，而应当以过失致人死亡罪定罪处罚。

过于自信的过失致人死亡罪与间接故意的故意杀人罪的区分，已经在故意杀人罪一章论述，在此不再重复。

四、“本法另有规定”的理解与适用

刑法第 233 条规定，行为人过失致人死亡应当以过失致人死亡罪定罪处罚，但是“本法另有规定的，依照规定”。刑法多处规定中含有“致人死亡”的情形，这些规定与第 233 条形成法条竞合，根据特别法条优先原则，当行为人的行为同时符合第 233 条和其他规定时，应当依照特别法条定罪处罚。

【办案依据】

一、刑法规定

第二百三十三条 过失致人死亡的，处三年以上七年以下有期徒刑；情节较轻的，处三年以下有期徒刑。本法另有规定的，依照规定。

二、司法解释

《最高人民法院关于审理交通肇事刑事案件具体应用法律若干问题的解释》（2000年11月15日 法释〔2000〕33号）

第八条 在实行公共交通管理的范围内发生重大交通事故的，依照刑法第一百三十三条和本解释的有关规定办理。

在公共交通管理的范围外，驾驶机动车辆或者使用其他交通工具致人伤亡或者致使公共财产或者他人财产遭受重大损失，构成犯罪的，分别依照刑法第一百三十四条、第一百三十五条、第二百三十三条等规定定罪处罚。

三、司法文件

（一）《最高人民法院、最高人民检察院、公安部关于依法办理“碰瓷”违法犯罪案件的指导意见》（2020年9月22日 公通字〔2020〕12号）

七、为实施“碰瓷”而故意杀害、伤害他人或者过失致人重伤、死亡，符合刑法第二百三十二条、第二百三十四条、第二百三十三条、第二百三十五条规定的，分别以故意杀人罪、故意伤害罪、过失致人死亡罪、过失致人重伤罪定罪处罚。

（二）《最高人民法院关于依法妥善审理高空抛物、坠物案件的意见》（2019年10月21日 法发〔2019〕25号）

7. 准确认定高空坠物犯罪。过失导致物品从高空坠落，致人死亡、重伤，符合刑法第二百三十三条、第二百三十五条规定的，依照过失致人死亡罪、过失致人重伤罪定罪处罚。在生产、作业中违反有关安全管理规定，从高空坠落物品，发生重大伤亡事故或者造成其他严重后果的，依照刑法第一百三十四条第一款的规定，以重大责任事故罪定罪处罚。

第三章 故意伤害罪

【立案追诉标准】

故意伤害案（刑法第 234 条）

涉嫌故意伤害，造成轻伤以上后果的，应予立案。

【犯罪构成及刑事责任】

故意伤害罪，是指故意非法伤害他人身体健康的行为。构成故意伤害罪需要具备以下四个要件：

1. 客体要件。故意伤害罪侵害的客体是他人的身体健康机能。

（1）侵害对象是“他人”的身体健康机能

侵害自己身体的行为，不构成故意伤害罪。对于伤害胎儿的情形，由于刑法意义上“人”起始于独立呼吸，针对胎儿伤害不属于对“他人”身体的伤害行为，不构成故意伤害罪。

（2）侵害的是他人的身体健康，不包括精神损害

广义上身体健康不仅包括生理上的健康，也包括心理上和精神上的健康。但是刑法意义上，故意伤害罪的侵害仅指对他人生理健康的侵害，不包括对精神和心理的侵害。

（3）对身体健康的损害不是对身体外形完整性的损害

故意伤害罪侵害他人的身体健康机能，而不是他人的身体完整性。单纯伤害他人头发、指甲的行为，虽然对身体完整性有损害，但对身体健康机能没有影响，

不构成故意伤害罪。

2. 客观要件。故意伤害罪的客观方面表现为非法损害他人身体健康的行为，包括作为和不作为。

（1）具有非法伤害他人身体健康的行为

关于伤害的定义，我国刑法理论通说认为，伤害是引起人的生理机能的损害（或恶化），即生理机能损害说。刑法意义上的伤害行为，则是指造成他人的生理机能损害的行为。

（2）伤害行为是非法的

正当防卫、紧急避险、职务行为等属于合法行为，不构成故意伤害罪。竞技体育中身体存在冲撞，有可能造成伤害结果。对于竞技体育中的伤害行为，如果是在社会容许的危险范围内的伤害行为，即使造成伤害结果，但可以因正常业务范围或被害人同意而阻却行为违法，不构成故意伤害罪；但是如果超过社会容许危险，故意违背比赛规则损害他人，如行为人恶意利用规则对他人的身体进行侵害，则可以构成故意伤害罪。[①]

（3）伤害结果须达到一定程度

根据刑法规定，故意伤害的结果包括三种程度：轻伤、重伤、致人死亡或者以特别残忍手段致人重伤造成严重残疾。故意伤害是结果犯，行为人实施伤害行为，造成人他人身体伤害，构成故意伤害犯罪的以轻伤为起点。伤害结果认定应当按照司法鉴定程序，由专业鉴定机构和鉴定人员确定，伤害结果的确定以行为时的伤势为主，结合治疗和恢复后的伤势综合认定。

3. 主体要件。故意伤害罪的主体是一般主体，即年满16周岁的具有刑事责任能力的自然人。已满14周岁不满16周岁的人，犯故意伤害罪致人重伤或者死亡的，应当负刑事责任。已满12周岁不满14周岁的人，犯故意伤害罪，致人死亡或者以特别残忍手段致人重伤造成严重残疾，情节恶劣，经最高人民检察院核准追诉的，也应当负刑事责任。

4. 主观要件。故意伤害罪的主观方面是故意，即行为人对造成他人生理机能

---

① 林亚刚、赵慧：《竞技体育中伤害行为的刑法评价》，载《政治与法律》2005年第2期。

损害的结果持希望或者放任的态度。认定故意伤害的主观故意，不需要行为人对于伤害程度具有明确认知，只要行为人认识到其行为可能造成轻伤以上的后果，并对这一后果持希望或者放任的态度，就可以成立。故意伤害致人重伤或者死亡属于结果加重犯，要求行为人具有故意伤害的主观故意，对加重结果应当具有预见可能性和主观过失。

根据刑法第234条的规定，犯故意伤害罪，处3年以下有期徒刑、拘役或者管制。故意伤害致人重伤的，处3年以上10年以下有期徒刑；致人死亡或者以特别残忍手段致人重伤造成严重残疾的，处10年以上有期徒刑、无期徒刑或者死刑。本法另有规定的，依照规定。

【疑难指导】

一、如何区分一般殴打行为与故意伤害行为

（一）区分殴打行为与伤害行为的实践意义

故意伤害罪是故意非法伤害他人身体健康的行为，刑法意义上故意伤害的客观行为具有类型意义，不同于生活中的一般殴打。殴打不等于伤害，一般生活意义上的“故意”也不等于刑法上的故意。[①] 但在司法实践中，对于故意伤害的客观行为缺乏细致界定，不区分一般殴打和伤害行为，根据伤害结果由果溯因，可能出现客观归责的结果，也可能混淆了故意伤害与过失致人死亡等相关犯罪。

（二）如何区分一般殴打行为与伤害行为

殴打行为一般是指只造成他人暂时性肉体疼痛，或者使他人精神受到轻微刺激，没有破坏他人生理机能和人体器官正常机能的行为；伤害是对他人生理机能损害具有现实危险或者造成实害结果的行为，这是伤害行为与一般殴打行为的区别所在。实践中区分伤害行为和一般殴打行为，应当以行为时为判断时点，以外部环境、矛盾起因、事态发展为判断背景，以一般人的认识能力和水平为标准，结合行为方式、行为指向、行为力度、行为频率、是否使用工具、双方身体力量对比等因素综合判断。需要注意的是，行为人的行为性质在具体个案中的表现影

---

① 张明楷：《故意伤害罪探疑》，载《中国法学》2001年第3期。

响可能不同，评价判断不仅以一般人认知为判断标准，也需要立足个体状况和时空环境，考虑行为人个体特征和行为特征。

1. 持械攻击行为的分析评价

如果行为人手持棍棒、砖头或者其他具有很强损伤功能的物体击打他人，行为造成伤害后果有很大现实可能性，应当认定行为人主观上具有伤害故意，行为属于故意伤害行为。

2. 身体状况不对等攻击行为的分析评价

争斗双方身体状况明显不对等，处于优势的人攻击另一方的行为一般属于伤害行为。例如身体强壮的中年男人殴打年老体弱或幼小孩童、受过特殊训练（如武术、拳击等）的人殴打普通人等，一般可以推定行为人主观上具有伤害故意，相应的攻击行为属于伤害行为。

3. 拳打脚踢行为的分析评价

在斗殴过程中，有行为人不顾对方的身体随意拳打脚踢，这反映了对身体健康的损害持放任态度，具有伤害的主观故意，客观行为也是伤害行为，应以故意伤害罪论处。[①] 但是，在一般工作生活中，因口角纠纷引发冲突，推搡、掌掴等攻击行为后及时停止，行为人对造成身体伤害的后果没有预知的，一般认定为殴打行为。

二、如何认定故意伤害罪的主观故意

故意伤害罪中的故意具有特定的内容，具体表现为行为人对自己实施的伤害行为及伤害结果持希望或者放任的态度，包括直接故意和间接故意。故意的前提是行为人已经预见到自己的行为会发生伤害结果。不要求行为人认识伤害的具体程度，只要行为人认识到自己的行为会发生轻伤以上结果并且希望或者放任结果发生即可。

（一）刑法意义上“伤害故意”的界定

刑法意义上，故意伤害罪的伤害故意具有特定内容，不仅要求行为人对伤害结果具有认识，并且要求对伤害结果积极追求或者放任。而一般生活意义上，殴打只是表明行为人有意识地实施某种行为，往往是旨在造成被害人暂时肉体疼痛

---

① 曾宇、胡军旸：《对故意伤害罪主观故意的理解与推定》，载《中国检察官》2009年第3期。

或轻微神经刺激的行为，行为人对于伤害结果缺乏预知。例如，同事之间因为口角发生推搡，后一方摔倒致死，行为人在实施推搡的行为时，从行为背景、行为手段、行为力度分析，对于造成伤害甚至死亡的后果缺乏认识，更不是积极追求或者放任，其实施的是一般殴打行为，不是故意伤害行为。行为人具体刑事责任如何承担，还应当结合是否具有预见可能、是否存在过失具体判断。

（二）打击错误不影响伤害故意的认定

打击错误也称方法错误，属于事实认识错误的一种，是指由于行为本身的误差，导致行为人所欲攻击的对象与实际受害的对象不一致，但这种不一致没有超出同一构成要件。[①] 打击错误是故意杀人和故意伤害犯罪中常见的错误类型。对于如何认定事实认识错误，我国刑法的理论通说采取法定符合说，即行为人所认识的事实与实际发生的事实，只要在构成要件范围内是一致的，就成立犯罪的既遂。在打击错误情况下，行为人针对错误对象实施了伤害行为，无论是行为人意欲伤害的对象，还是实际伤害的对象，都是故意伤害罪的犯罪对象，具有同等的法律价值，行为人的错误是行为过程中的偏差，不影响故意内容，符合故意伤害罪的构成要件要求，应当认定为故意伤害罪既遂。

三、如何认定轻微暴力致人死亡的案件

（一）轻微暴力致人死亡案件的总体认定

轻微暴力致人死亡的案件，是指行为人实施较小力度的一般殴打或者对被害人推搡、掌推、强力转身、甩手、拍打等行为，这些行为作用于正常体质或者特殊体质的被害人，导致被害人死亡的案件。对于这类案件，司法实务中存在认定故意伤害（致人死亡）、过失致人死亡罪、意外事件三种认定，不同的认定对应不同的量刑幅度，差别很大。此类案件应当结合案件的具体情形，根据行为人的主观故意，即主观上是伤害故意还是一般殴打故意综合分析判断。

（二）轻微暴力致人死亡案件的区别认定

1. 认定为故意伤害罪的情形

行为人具有伤害的故意，实施轻微暴力导致被害人死亡的，一般认定为故意

---

① 张明楷：《刑法学》（第六版），法律出版社 2021 年版，第 353 页。

伤害罪。例如，行为人对被害人殴打胸、腹部、掐颈部等行为，导致被害人胃内食物反流到呼吸道，因异物堵塞气管窒息而亡。行为人主观上伤害故意明显，暴力虽然轻微但属于伤害罪的类型行为，且与被害人死亡具有直接因果关系，应当认定为故意伤害罪。在轻微暴力导致被害人因疾病发作死亡等情形下，如果行为人的客观行为在一般人看来具有高度危险，行为人伤害的主观故意明显的，也可以根据具体情形认定为故意伤害罪。

2. 认定为过失致人死亡罪的情形

实践中，存在轻微暴力耦合介入因素致使被害人死亡的情形。例如，轻微殴打行为，导致被害人摔倒磕碰死亡或者原有病症发作死亡。此种情况下，应当根据行为造成人身伤害的危险性程度区别认定。对于行为人暴力行为轻微，难以评价为某类型伤害行为，从客观行为判断行为人也不具有伤害故意，但对于死亡结果具有预见可能的，根据罪刑相当和结果加重犯理论，应当认定为过失致人死亡罪。

3. 认定为意外事件的情形

对于行为人实施轻微暴力，导致被害人因为摔倒磕碰死亡或者原有病症发作死亡等情形，如果即使行为人履行注意义务，死亡结果也不在行为人能够预见的范围之内，即不具有预见可能性的，应当认定为意外事件。

四、如何认定因被害人承诺而伤害他人身体健康的行为

被害人承诺是侵犯公民个体权利类犯罪的违法阻却事由。在故意伤害的情形下，经被害人承诺伤害他人身体的行为是否构成故意伤害罪，存在争议。争论的基础在于对被害人自我决定权的理解和认识，即对被害人个体自我决定权是否应有必要的限制。当前能够达成共识的是，公民个体的自我决定权应当给予尊重，但是考虑公共利益和公序良俗，从社会政策的角度出发，有必要对于事实上有效、达到一定伤害程度的被害人承诺加以限制，即被害人承诺的伤害阻却违法的情形应当限于轻伤后果，对于重伤以上后果，被害人承诺不能阻却违法。需要注意的是，被害人承诺真实有效是构成违法阻却事由的基础，应当立足个案结合具体情形分析判断，办案中应当着重审查被害人的承诺是否真实有效。

五、如何区分防卫与相殴

防卫是正对不正，互殴是不正对不正，二者在性质上存在本质差别。正当防卫不承担刑事责任，互殴可能构成故意伤害等犯罪。正当防卫与相互斗殴在外观上相似，但在性质上存在本质差异，二者的区别与适用，既是司法实践的难点也是公众关注的焦点。

（一）防卫与互殴的区分标准

正当防卫是公民行使权利的正当行为，互殴双方都是不法行为，起因性质是防卫与互殴区分的重要判断因素，区别防卫与互殴应当首先判断行为人事先是否具有斗殴合意。只有双方事先经过约定，具有互殴合意，此后的相互打斗行为才能认定为互殴，双方都不具有防卫的性质。在互殴的情况下，挑起事端的一方属于不法，其应当具有对招致反击行为的忍受义务。反之，面对他人的无端侵害，被侵害人则没有忍受的义务而有防卫的权利。[①] 如果一方首先对另一方进行侵害，另一方予以反击，则应当认定为防卫而不是斗殴行为。对此，陈兴良教授总结斗殴与防卫区分的关键点为：基于斗殴意图的反击行为不能认定为防卫，对不法侵害及时进行的反击行为不能认定为互殴。[②] 需要注意的是，在一方的侵害完成以后，不能简单地认为侵害完成就没有防卫余地。实务中需要结合个案考虑，侵害是一次性还是具有连续性。在侵害具有连续性的情况下，一次侵害结束不等于全部侵害完成，如果不能排除后续仍有侵害的可能，仍然存在防卫适用的空间。只有在侵害结束以后，侵害人不再具有侵害的现实可能性，被侵害人的人身安全已经得到保障的情况下，仍然采取暴力进行报复的，才不具有防卫性质。[③]

（二）正当防卫司法适用的反思

近年来，正当防卫条款被激活，一系列防卫案件得以认定，反映出司法实践对正当防卫的适用误区，应当重点从如下方面反思：一是防卫并非只能针对暴力行为。司法实践中，暴力侵害与非暴力侵害往往夹杂在一起，非暴力侵害也可能对人身安全造成严重威胁，如非法拘禁、非法侵入住宅、入室盗窃等严重侵害人身权利，无论暴力侵害还是非暴力侵害，如果对人身安全具有现实危险，都可以作为防卫前提。二是对于不法侵害“正在进行”的认定不应仅限于暴力发生的时

---

① 陈兴良：《正当防卫如何才能避免沦为僵尸条款》，载《法学家》2017 年第 5 期。

② 陈兴良：《防卫与互殴的界限》，载《法学》2015 年第 6 期。

③ 陈兴良：《正当防卫如何才能避免沦为僵尸条款》，载《法学家》2017 年第 5 期。

刻。不法侵害的发生具有过程性，对“正在进行”的认定也应当从整体考察。从侵害的起始时间看，只要发现对方具有侵害的现实可能性，就可以对之实行防卫。对于不法侵害的结束，应当考察是否存在再次侵害的可能，只要危险没有排除就可以防卫。三是双方打斗并不等于互殴。四是对防卫过当的判断不应苛求。防卫判断应当以行为时为标准，防卫限度判断不仅考虑防卫与侵害行为客观上的相当性，也要考虑侵害行为对防卫人心理及其行为的影响。五是要防止法律适用中的矫枉过正，防止将不是正当防卫的作为正当防卫处理，违背立法本意，也对社会治安秩序造成严重影响。

六、被害人过错的理解和适用

（一）如何理解被害人过错

被害人过错是故意伤害等暴力犯罪中的常见情形，也是影响被告人量刑的重要情节。被害人过错认定的基础，理论上有责任分担说、非难可能性降低说、自我答责理论、社会相当性理论、期待可能性理论等。上述观点虽然有别，但普遍承认被害人过错是衡量犯罪行为的社会危害性、犯罪人的主观恶性和人身危险性的重要因素，被害人过错在刑法意义上具有否定价值，应当在法定量刑幅度内予以从轻考量。

（二）被害人过错相关的法律规定

我国现行刑法没有被害人过错的专门规定，但被害人过错也在法律法规中多有体现。刑法第 20 条规定，在被害人过错达到不法侵害程度时被告人责任减轻，即在正当防卫和无过当防卫情形下，被告人不负刑事责任；在防卫过当情形下，对被告人应当减轻或者免除处罚。2000 年《最高人民法院关于审理交通肇事刑事案件具体应用法律若干问题的解释》第 2 条、第 4 条等将被害人对发生交通事故有无责任、责任程度作为影响被害人刑事责任大小的因素之一。《最高人民法院关于适用〈中华人民共和国刑事诉讼法〉的解释》第 276 条规定：“……人民法院除应当审查被告人是否具有法定量刑情节外，还应当根据案件情况审查以下影响量刑的情节：（一）案件起因；（二）被害人有无过错及过错程度，是否对矛盾激化负有责任及责任大小……”

（三）如何适用被害人过错

不同于普通语境下的过错，刑法意义上的被害人过错具有自身特定的含义。刑法意义上的被害人过错，行为的实施者是被害人，行为或者违反法律规定，或者违背社会公序良俗、伦理规范，本身就应当受到否定性评价，具有社会可谴责性，受谴责性应达到一定的程度，轻微过错行为不构成刑法上的被害人过错。对于案件源于矛盾纠纷，而被害人对矛盾发生具有重要作用或者被害人负有同等责任，且尚未上升至被害人过错程度的，实务中也往往认为“事出有因”，并在司法裁判中表述为“被害人对案件起因负有一定责任”，以此酌情从轻处罚。此外，量刑情节应当适用自由证明，被害人过错是影响量刑的事实，应当适用自由证明，不受证明方法和证明手段的限制，采行优势证明标准。

七、如何区分故意伤害罪与虐待罪

虐待是发生于家庭成员特定主体间的暴力行为，虐待行为可能造成被害人重伤、死亡，这和家庭成员间的故意伤害行为可能混淆。

（一）虐待罪和故意伤害罪的关系

对于家庭暴力犯罪，虐待罪与故意伤害罪在犯罪构成上具有相似性。两罪都是发生于家庭主体之间，故意实施的人身侵害行为，客观上表现为打骂等行为。但是二者具有明显区别：一是故意伤害罪侵害的对象不止家庭成员，范围广于虐待罪；二是在主观上，虐待罪是对肉体和精神折磨的希望或放任，而故意伤害罪是追求或者放任对人身健康的损害；三是在客观上，虐待具有长期性和连续性，故意伤害往往是一次行为；四是致人重伤或者死亡的加重结果的原因不同，虐待罪致人重伤或死亡往往是日积月累、长期虐待行为的结果，而故意伤害造成的重伤或者死亡的结果，往往都是一次行为造成的。

（二）如何区分故意伤害罪和虐待罪

虐待罪无论在故意内容、实行行为还是侵害客体上，均与故意伤害罪不同，而且行为人实施的虐待行为和故意伤害行为发生于不同时空之下，并非同一行为，实践中需要区分情境，分别认定。如果行为人经常实施虐待行为，但在某一次或者某几次中，行为人明知自己行为可能造成伤害身体机能的后果，仍然实施伤害行为，造成轻伤以上后果的。那么针对此次或者几次行为，行为人单独构成故意伤害罪。在单独评价之后，其余的虐待行为如果符合虐待罪的构成要件，仍然应当评价为虐待罪，与故意伤害罪数罪并罚。如果其余历次行为达不到虐待罪的构成要件要求，则单独以故意伤害罪定罪处罚；如果行为人长期实施虐待行为，同时伴随单次的伤害行为，但由于取证困难，无法证明重伤或者死亡结果是由伤害行为引起，则只能依据罪疑惟轻的原则，以虐待致人重伤或者虐待致人死亡定罪处罚。此外，根据刑法规定，虐待致死、致伤案件法定刑明显低于故意伤害案件，容易造成罪责失当，衍生实践困扰，建议推动刑法修改，解决罚不当罪的问题。

八、故意伤害罪的罪数认定和转化规定

（一）故意伤害罪的罪数认定

实践中，存在行为人在其他犯罪过程中实施伤害行为的情形，此类情形涉及罪数认定，应当根据刑法规定决定是否数罪并罚。

根据刑法第 198 条第 2 款的规定，投保人、受益人故意造成被保险人死亡、伤残或者疾病，骗取保险金，进行保险诈骗活动的，同时构成其他犯罪的，依照数罪并罚的规定处罚。因此，对保险诈骗行为过程中的故意伤害行为，应以保险诈骗罪、故意伤害罪实行数罪并罚。

根据刑法第 239 条的规定，以勒索财物为目的，或者绑架他人作为人质的，处 10 年以上有期徒刑或者无期徒刑，并处罚金或者没收财产；致使被绑架人死亡或者杀害被绑架人的，处死刑，并处没收财产。因此，绑架罪包容故意伤害行为，对绑架行为实施过程中的故意伤害行为不实行数罪并罚。

根据刑法的规定，收买被拐卖的妇女、有伤害犯罪行为的，依照收买被拐卖的妇女罪和故意伤害罪实行数罪并罚。

根据刑法第 318 条第 2 款的规定，组织他人偷越国（边）境过程中，对被组织人有杀害、伤害、拐卖等犯罪行为，或者对检查人员有杀害、伤害等犯罪行为的，依照数罪并罚的规定处罚。因此，对于组织他人偷越国（边）境过程中对被组织人、检查人员的伤害行为，应当以组织他人偷越国（边）境罪和故意伤害罪数罪并罚。

（二）故意伤害罪转化犯的规定

刑法条文规定了转化为故意伤害罪的情形，这些规定属于注意规定。司法实践中，需要注意：相关犯罪转化为故意伤害罪时，行为人的行为应当符合故意伤害罪的主、客观要件。

根据《最高人民法院关于审理交通肇事刑事案件具体应用法律若干问题的解释》第6条的规定，行为人在交通肇事后为逃避法律追究，将被害人带离事故现场后隐藏或者遗弃，致使被害人得不到救助而严重残疾的，以故意伤害罪定罪处罚。

根据《最高人民法院关于审理偷税抗税刑事案件具体应用法律若干问题的解释》第6条的规定，实施抗税行为，致人重伤的，以故意伤害罪定罪处罚。

根据刑法第238条第2款的规定，实施非法拘禁行为，使用暴力致人伤残的，以故意伤害罪定罪处罚。

根据刑法第247条的规定，实施刑讯逼供行为，致人伤残的，以故意伤害罪定罪处罚。

根据刑法第247条的规定，实施暴力取证行为，致人伤残的，以故意伤害罪定罪处罚。

根据刑法第248条的规定，实施虐待被监管人行为，致人伤残的，以故意伤害罪定罪处罚。

根据刑法第289条的规定，聚众"打砸抢"，致人伤残的，以故意伤害罪定罪处罚。同时，根据《最高人民法院、最高人民检察院关于办理妨害预防、控制突发传染病疫情等灾害的刑事案件具体应用法律若干问题的解释》第9条的规定，在预防、控制突发传染病疫情等灾害期间，聚众"打砸抢"，致人伤残的，依照刑法第289条、第234条的规定，以故意伤害罪定罪处罚。

根据刑法第292条第2款的规定，聚众斗殴，致人重伤的，以故意伤害罪定罪处罚。

根据刑法第333条第2款的规定，实施非法组织卖血、强迫卖血行为，对他人造成伤害的，以故意伤害罪定罪处罚。

【办案依据】

一、刑法规定

第二百三十四条 故意伤害他人身体的，处三年以下有期徒刑、拘役或者管制。

犯前款罪，致人重伤的，处三年以上十年以下有期徒刑；致人死亡或者以特别残忍手段致人重伤造成严重残疾的，处十年以上有期徒刑、无期徒刑或者死刑。本法另有规定的，依照规定。

二、司法解释

（一）《最高人民法院关于审理交通肇事刑事案件具体应用法律若干问题的解释》（2000年11月15日　法释〔2000〕33号）

第六条　行为人在交通肇事后为逃避法律追究，将被害人带离事故现场后隐藏或者遗弃，致使被害人无法得到救助而死亡或者严重残疾的，应当分别依照刑法第二百三十二条、第二百三十四条第二款的规定，以故意杀人罪或者故意伤害罪定罪处罚。

（二）《最高人民法院、最高人民检察院关于办理组织、强迫、引诱、容留、介绍卖淫刑事案件适用法律若干问题的解释》（2017年7月21日　法释〔2017〕13号）

第十二条　明知自己患有艾滋病或者感染艾滋病病毒而卖淫、嫖娼的，依照刑法第三百六十条的规定，以传播性病罪定罪，从重处罚。

具有下列情形之一，致使他人感染艾滋病病毒的，认定为刑法第九十五条第三项"其他对于人身健康有重大伤害"所指的"重伤"，依照刑法第二百三十四条第二款的规定，以故意伤害罪定罪处罚：

（一）明知自己感染艾滋病病毒而卖淫、嫖娼的；

（二）明知自己感染艾滋病病毒，故意不采取防范措施而与他人发生性关系的。

（三）《最高人民法院、最高人民检察院关于办理组织、利用邪教组织破坏法律实施等刑事案件适用法律若干问题的解释》（2017年2月1日　法释〔2017〕3号）

第十一条　组织、利用邪教组织，制造、散布迷信邪说，组织、策划、煽动、胁迫、教唆、帮助其成员或者他人实施自杀、自伤的，依照刑法第二百三十二条、第二百三十四条的规定，以故意杀人罪或者故意伤害罪定罪处罚。

三、司法文件

（一）《最高人民法院、最高人民检察院、公安部关于依法办理“碰瓷”违法犯罪案件的指导意见》（2020年9月22日 公通字〔2020〕12号）

七、为实施“碰瓷”而故意杀害、伤害他人或者过失致人重伤、死亡，符合刑法第二百三十二条、第二百三十四条、第二百三十三条、第二百三十五条规定的，分别以故意杀人罪、故意伤害罪、过失致人死亡罪、过失致人重伤罪定罪处罚。

（二）《最高人民法院、最高人民检察院、公安部关于办理涉窨井盖相关刑事案件的指导意见》（2020年3月16日 高检发〔2020〕3号）

一、盗窃、破坏正在使用中的社会机动车通行道路上的窨井盖，足以使汽车、电车发生倾覆、毁坏危险，尚未造成严重后果的，依照刑法第一百一十七条的规定，以破坏交通设施罪定罪处罚；造成严重后果的，依照刑法第一百一十九条第一款的规定处罚。

过失造成严重后果的，依照刑法第一百一十九条第二款的规定，以过失损坏交通设施罪定罪处罚。

二、盗窃、破坏人员密集往来的非机动车道、人行道以及车站、码头、公园、广场、学校、商业中心、厂区、社区、院落等生产生活、人员聚集场所的窨井盖，足以危害公共安全，尚未造成严重后果的，依照刑法第一百一十四条的规定，以以危险方法危害公共安全罪定罪处罚；致人重伤、死亡或者使公私财产遭受重大损失的，依照刑法第一百一十五条第一款的规定处罚。

过失致人重伤、死亡或者使公私财产遭受重大损失的，依照刑法第一百一十五条第二款的规定，以过失以危险方法危害公共安全罪定罪处罚。

三、对于本意见第一条、第二条规定以外的其他场所的窨井盖，明知会造成人员伤亡后果而实施盗窃、破坏行为，致人受伤或者死亡的，依照刑法第二百三十四条、第二百三十二条的规定，分别以故意伤害罪、故意杀人罪定罪处罚。

过失致人重伤或者死亡的，依照刑法第二百三十五条、第二百三十三条的规定，分别以过失致人重伤罪、过失致人死亡罪定罪处罚。

（三）《最高人民法院、最高人民检察院、公安部关于依法惩治袭警违法犯罪行为的指导意见》（2020年1月10日）

三、驾车冲撞、碾轧、拖拽、剐蹭民警，或者挤别、碰撞正在执行职务的警用车辆，危害公共安全或者民警生命、健康安全，符合刑法第一百一十四条、第一百一十五条、第二百三十二条、第二百三十四条规定的，应当以以危险方法危害公共安全罪、故意杀人罪或者故意伤害罪定罪，酌情从重处罚。

暴力袭警，致使民警重伤、死亡，符合刑法第二百三十四条、第二百三十二条规定的，应当以故意伤害罪、故意杀人罪定罪，酌情从重处罚。

六、在民警非执行职务期间，因其职务行为对其实施暴力袭击、拦截、恐吓等行为，符合刑法第二百三十四条、第二百三十二条、第二百九十三条等规定的，应当以故意伤害罪、故意杀人罪、寻衅滋事罪等定罪，并根据袭警的具体情节酌情从重处罚。

（四）《最高人民法院、最高人民检察院、公安部、司法部关于办理恶势力刑事案件若干问题的意见》（2019年2月28日　法发〔2019〕10号）

二、恶势力、恶势力犯罪集团的认定标准

8. 恶势力实施的违法犯罪活动，主要为强迫交易、故意伤害、非法拘禁、敲诈勒索、故意毁坏财物、聚众斗殴、寻衅滋事，但也包括具有为非作恶、欺压百姓特征，主要以暴力、威胁为手段的其他违法犯罪活动。

恶势力还可能伴随实施开设赌场、组织卖淫、强迫卖淫、贩卖毒品、运输毒品、制造毒品、抢劫、抢夺、聚众扰乱社会秩序、聚众扰乱公共场所秩序、交通秩序以及聚众“打砸抢”等违法犯罪活动，但仅有前述伴随实施的违法犯罪活动，且不能认定具有为非作恶、欺压百姓特征的，一般不应认定为恶势力。

（五）《最高人民法院、最高人民检察院、公安部、司法部关于依法办理家庭暴力犯罪案件的意见》（2015年3月2日　法发〔2015〕4号）

16. 依法准确定罪处罚。对故意杀人、故意伤害、强奸、猥亵儿童、非法拘禁、侮辱、暴力干涉婚姻自由、虐待、遗弃等侵害公民人身权利的家庭暴力犯罪，应当根据犯罪的事实、犯罪的性质、情节和对社会的危害程度，严格依照刑法的有关规定判处。对于同一行为同时触犯多个罪名的，依照处罚较重的规定定罪处罚。

17. **依法惩处虐待犯罪**。采取殴打、冻饿、强迫过度劳动、限制人身自由、恐吓、侮辱、谩骂等手段，对家庭成员的身体和精神进行摧残、折磨，是实践中较为多发的虐待性质的家庭暴力。根据司法实践，具有虐待持续时间较长、次数较多；虐待手段残忍；虐待造成被害人轻微伤或者患较严重疾病；对未成年人、老年人、残疾人、孕妇、哺乳期妇女、重病患者实施较为严重的虐待行为等情形，属于刑法第二百六十条第一款规定的虐待“情节恶劣”，应当依法以虐待罪定罪处罚。

准确区分虐待犯罪致人重伤、死亡与故意伤害、故意杀人犯罪致人重伤、死亡的界限，要根据被告人的主观故意、所实施的暴力手段与方式、是否立即或者直接造成被害人伤亡后果等进行综合判断。对于被告人主观上不具有侵害被害人健康或者剥夺被害人生命的故意，而是出于追求被害人肉体和精神上的痛苦，长期或者多次实施虐待行为，逐渐造成被害人身体损害，过失导致被害人重伤或者死亡的；或者因虐待致使被害人不堪忍受而自残、自杀，导致重伤或者死亡的，属于刑法第二百六十条第二款规定的虐待“致使被害人重伤、死亡”，应当以虐待罪定罪处罚。对于被告人虽然实施家庭暴力呈现出经常性、持续性、反复性的特点，但其主观上具有希望或者放任被害人重伤或者死亡的故意，持凶器实施暴力，暴力手段残忍，暴力程度较强，直接或者立即造成被害人重伤或者死亡的，应当以故意伤害罪或者故意杀人罪定罪处罚。

依法惩处遗弃犯罪。负有扶养义务且有扶养能力的人，拒绝扶养年幼、年老、患病或者其他没有独立生活能力的家庭成员，是危害严重的遗弃性质的家庭暴力。根据司法实践，具有对被害人长期不予照顾、不提供生活来源；驱赶、逼迫被害人离家，致使被害人流离失所或者生存困难；遗弃患严重疾病或者生活不能自理的被害人；遗弃致使被害人身体严重损害或者造成其他严重后果等情形，属于刑法第二百六十一条规定的遗弃“情节恶劣”，应当依法以遗弃罪定罪处罚。

准确区分遗弃罪与故意杀人罪的界限，要根据被告人的主观故意、所实施行为的时间与地点、是否立即造成被害人死亡，以及被害人对被告人的依赖程度等进行综合判断。对于只是为了逃避扶养义务，并不希望或者放任被害人死亡，将生活不能自理的被害人弃置在福利院、医院、派出所等单位或者广场、车站等行人较多的场所，希望被害人得到他人救助的，一般以遗弃罪定罪处罚。对于希望或者放任被害人死亡，不履行必要的扶养义务，致使被害人因缺乏生活照料而死亡，或者将生活不能自理的被害人带至荒山野岭等人迹罕至的场所扔弃，使被害人难以得到他人救助的，应当以故意杀人罪定罪处罚。

（六）《最高人民法院关于执行〈人体损伤程度鉴定标准〉有关问题的通知》（2014年1月2日　法〔2014〕3号）

各省、自治区、直辖市高级人民法院，解放军军事法院，新疆维吾尔自治区高级人民法院生产建设兵团分院：

《最高人民法院、最高人民检察院、公安部、国家安全部、司法部关于发布〈人体损伤程度鉴定标准〉的公告》已于2013年8月30日发布，《人体损伤程度鉴定标准》（以下简称《损伤标准》）自2014年1月1日起施行。《人体重伤鉴定标准》（司发［1990］070号）、《人体轻伤鉴定标准（试行）》（法（司）发［1990］6号）和《人体轻微伤的鉴定》（GA/T146-1996）同时废止。为正确适用《损伤标准》，做好涉人体损伤案件审判工作，现就执行《损伤标准》有关问题通知如下：

一、致人损伤的行为发生在2014年1月1日之前，尚未审判或者正在审判的案件，需要进行损伤程度鉴定的，适用原鉴定标准。但按照《损伤标准》不构成损伤或者损伤程度较轻的，适用《损伤标准》。

二、致人损伤的行为发生在2014年1月1日之后，需要进行损伤程度鉴定的，适用《损伤标准》。

三、2014年1月1日前已发生法律效力的判决、裁定，按照当时的法律和司法解释，认定事实和适用法律没有错误的，不再变动。当事人及其法定代理人、近亲属以《损伤程度》的相关规定发生变更为由申请再审的，人民法院不予受理。

四、对于正在审理案件需要进行损伤程度鉴定的，司法技术部门应做好前期技术审核工作，在对外委托时应明确向鉴定机构提出适用标准。

五、各级人民法院应认真组织开展《损伤标准》学习培训，在执行过程中发现问题，应及时报告请示最高人民法院。

特此通知。

（七）《最高人民法院、最高人民检察院、公安部、司法部、国家卫生和计划生育委员会关于依法惩处涉医违法犯罪维护正常医疗秩序的意见》（2014年4月22日 法发〔2014〕5号）

二、严格依法惩处涉医违法犯罪

对涉医违法犯罪行为，要依法严肃追究、坚决打击。公安机关要加大对暴力杀医、伤医、扰乱医疗秩序等违法犯罪活动的查处力度，接到报警后应当及时出警、快速处置，需要追究刑事责任的，及时立案侦查，全面、客观地收集、调取证据，确保侦查质量。人民检察院应当及时依法批捕、起诉，对于重大涉医犯罪案件要加强法律监督，必要时可以对收集证据、适用法律提出意见。人民法院应当加快审理进度，在全面查明案件事实的基础上依法准确定罪量刑，对于犯罪手段残忍、主观恶性深、人身危险性大的被告人或者社会影响恶劣的涉医犯罪行为，要依法从严惩处。

（一）在医疗机构内殴打医务人员或者故意伤害医务人员身体、故意损毁公私财物，尚未造成严重后果的，分别依照治安管理处罚法第四十三条、第四十九条的规定处罚；故意杀害医务人员，或者故意伤害医务人员造成轻伤以上严重后果，或者随意殴打医务人员情节恶劣、任意损毁公私财物情节严重，构成故意杀人罪、故意伤害罪、故意毁坏财物罪、寻衅滋事罪的，依照刑法的有关规定定罪处罚。

（八）《最高人民法院、最高人民检察院、公安部、司法部关于依法惩治性侵害未成年人犯罪的意见》（2013年10月23日 法发〔2013〕12号）

22. 实施猥亵儿童犯罪，造成儿童轻伤以上后果，同时符合刑法第二百三十四条或者第二百三十二条的规定，构成故意伤害罪、故意杀人罪的，依照处罚较重的规定定罪处罚。

对已满十四周岁的未成年男性实施猥亵，造成被害人轻伤以上后果，符合刑法第二百三十四条或者第二百三十二条规定的，以故意伤害罪或者故意杀人罪定罪处罚。

（九）《最高人民法院关于审理抢劫、抢夺刑事案件适用法律若干问题的意见》（2005年6月8日 法发〔2005〕8号）

5. 抢劫罪与故意伤害罪的界限

行为人为索取债务，使用暴力、暴力威胁等手段的，一般不以抢劫罪定罪处罚。构成故意伤害等其他犯罪的，依照刑法第二百三十四条等规定处罚。

【指导性案例】

（一）最高人民检察院指导性案例第 45 号陈某正当防卫案[①]

（最高人民检察院检察委员会讨论通过，2018 年 12 月 18 日发布）

【关键词】

未成年人　故意伤害　正当防卫　不批准逮捕

【要旨】

在被人殴打、人身权利受到不法侵害的情况下，防卫行为虽然造成了重大损害的客观后果，但是防卫措施并未明显超过必要限度的，不属于防卫过当，依法不负刑事责任。

【基本案情】

陈某，未成年人，某中学学生。

2016 年 1 月初，因陈某在甲的女朋友的网络空间留言示好，甲纠集乙等人，对陈某实施了殴打。

1 月 10 日中午，甲、乙、丙等 6 人（均为未成年人），在陈某就读的中学门口，见陈某从大门走出，有人提议陈某向老师告发他们打架，要去问个说法。甲等人尾随一段路后拦住陈某质问，陈某解释没有告状，甲等人不肯罢休，抓住并围殴陈某。乙的 3 位朋友（均为未成年人）正在附近，见状加入围殴陈某。其中，有人用膝盖顶击陈某的胸口、有人持石块击打陈某的手臂、有人持钢管击打陈某的背部，其他人对陈某或勒脖子或拳打脚踢。陈某掏出随身携带的折叠式水果刀（刀身长 8.5 厘米，不属于管制刀具），乱挥乱刺后逃脱。部分围殴人员继续追打并从后投掷石块，击中陈某的背部和腿部。陈某逃进学校，追打人员被学校保安

---

① 《第十二批指导性案例——陈某正当防卫案（检例第 45 号）》，载最高人民检察院网站，https：//www. spp. gov. cn/zxjy/qwfb/201812/t20181219_402917. shtml，2022 年 3 月 16 日访问。

拦住。陈某在反击过程中刺中了甲、乙和丙，经鉴定，该3人的损伤程度均构成重伤二级。陈某经人身检查，见身体多处软组织损伤。

案发后，陈某所在学校向司法机关提交材料，证实陈某遵守纪律、学习认真、成绩优秀，是一名品学兼优的学生。

公安机关以陈某涉嫌故意伤害罪立案侦查，并对其采取刑事拘留强制措施，后提请检察机关批准逮捕。检察机关根据审查认定的事实，依据刑法第二十条第一款的规定，认为陈某的行为属于正当防卫，不负刑事责任，决定不批准逮捕。公安机关将陈某释放同时要求复议。检察机关经复议，维持原决定。

检察机关在办案过程中积极开展释法说理工作，甲等人的亲属在充分了解事实经过和法律规定后，对检察机关的处理决定表示认可。

【不批准逮捕的理由】

公安机关认为，陈某的行为虽有防卫性质，但已明显超过必要限度，属于防卫过当，涉嫌故意伤害罪。检察机关则认为，陈某的防卫行为没有明显超过必要限度，不属于防卫过当，不构成犯罪。主要理由如下：

第一，陈某面临正在进行的不法侵害，反击行为具有防卫性质。任何人面对正在进行的不法侵害，都有予以制止、依法实施防卫的权利。本案中，甲等人借故拦截陈某并实施围殴，属于正在进行的不法侵害，陈某的反击行为显然具有防卫性质。

第二，陈某随身携带刀具，不影响正当防卫的认定。对认定正当防卫有影响的，并不是防卫人携带了可用于自卫的工具，而是防卫人是否有相互斗殴的故意。陈某在事前没有与对方约架斗殴的意图，被拦住后也是先解释退让，最后在遭到对方围打时才被迫还手，其随身携带水果刀，无论是日常携带还是事先有所防备，都不影响对正当防卫作出认定。

第三，陈某的防卫措施没有明显超过必要限度，不属于防卫过当。陈某的防卫行为致实施不法侵害的3人重伤，客观上造成了重大损害，但防卫措施并没有明显超过必要限度。陈某被9人围住殴打，其中有人使用了钢管、石块等工具，双方实力相差悬殊，陈某借助水果刀增强防卫能力，在手段强度上合情合理。并且，对方在陈某逃脱时仍持续追打，共同侵害行为没有停止，所以就制止整体不法侵害的实际需要来看，陈某持刀挥刺也没有不相适应之处。综合来看，陈某的防卫行为虽有致多人重伤的客观后果，但防卫措施没有明显超过必要限度，依法不属于防卫过当。

【指导意义】

刑法第二十条第一款规定，“为了使国家、公共利益、本人或者他人的人身、财产和其他权利免受正在进行的不法侵害，而采取的制止不法侵害的行为，对不法侵害人造成损害的，属于正当防卫，不负刑事责任”。司法实践通常称这种正当防卫为“一般防卫”。

一般防卫有限度要求，超过限度的属于防卫过当，需要负刑事责任。刑法规定的限度条件是“明显超过必要限度造成重大损害”，具体而言，行为人的防卫措施虽明显超过必要限度但防卫结果客观上并未造成重大损害，或者防卫结果虽客观上造成重大损害但防卫措施并未明显超过必要限度，均不能认定为防卫过当。本案中，陈某为了保护自己的人身安全而持刀反击，就所要保护的权利性质以及与侵害方的手段强度比较来看，不能认为防卫措施明显超过了必要限度，所以即使防卫结果在客观上造成了重大损害，也不属于防卫过当。

正当防卫既可以是为了保护自己的合法权益，也可以是为了保护他人的合法权益。《中华人民共和国未成年人保护法》第六条第二款也规定，“对侵犯未成年人合法权益的行为，任何组织和个人都有权予以劝阻、制止或者向有关部门提出检举或者控告”。对于未成年人正在遭受侵害的，任何人都有权介入保护，成年人更有责任予以救助。但是，冲突双方均为未成年人的，成年人介入时，应当优先选择劝阻、制止的方式；劝阻、制止无效的，在隔离、控制或制服侵害人时，应当注意手段和行为强度的适度。

检察机关办理正当防卫案件遇到争议时，应当根据《最高人民检察院关于实行检察官以案释法制度的规定》，适时、主动进行释法说理工作。对事实认定、法律适用和办案程序等问题进行答疑解惑，开展法治宣传教育，保障当事人和其他诉讼参与人的合法权利，努力做到案结事了。

人民检察院审查逮捕时，应当严把事实关、证据关和法律适用关。根据查明的事实，犯罪嫌疑人的行为属于正当防卫，不负刑事责任的，应当依法作出不批准逮捕的决定，保障无罪的人不受刑事追究。

（二）最高人民检察院指导性案例第46号朱某山故意伤害（防卫过当）案①

（最高人民检察院检察委员会讨论通过，2018年12月18日发布）

【关键词】

民间矛盾　故意伤害　防卫过当　二审检察

【要旨】

在民间矛盾激化过程中，对正在进行的非法侵入住宅、轻微人身侵害行为，可以进行正当防卫，但防卫行为的强度不具有必要性并致不法侵害人重伤、死亡的，属于明显超过必要限度造成重大损害，应当负刑事责任，但是应当减轻或者免除处罚。

【基本案情】

朱某山，男，1961年5月6日出生，农民。

朱某山之女朱某与齐某系夫妻，朱某于2016年1月提起离婚诉讼并与齐某分居，朱某带女儿与朱某山夫妇同住。齐某不同意离婚，为此经常到朱某山家吵闹。4月4日，齐某在吵闹过程中，将朱某山家门窗玻璃和朱某的汽车玻璃砸坏。朱某山为防止齐某再进入院子，将院子一侧的小门锁上并焊上铁窗。5月8日22时许，齐某酒后驾车到朱某山家，欲从小门进入院子，未得逞后在大门外叫骂。朱某不在家中，仅朱某山夫妇带外孙女在家。朱某山将情况告知齐某，齐某不肯作罢。

---

① 《第十二批指导性案例——朱某山故意伤害（防卫过当）案（检例第46号）》，载最高人民检察院网站，https://www.spp.gov.cn/zxjy/qwfb/201812/t20181219_402917.shtml，2022年3月16日访问。

朱某山又分别给邻居和齐某的哥哥打电话，请他们将齐某劝离。在邻居的劝说下，齐某驾车离开。23时许，齐某驾车返回，站在汽车引擎盖上摇晃、攀爬院子大门，欲强行进入，朱某山持铁叉阻拦后报警。齐某爬上院墙，在墙上用瓦片掷砸朱某山。朱某山躲到一边，并从屋内拿出宰羊刀防备。随后齐某跳入院内徒手与朱某山撕扯，朱某山刺中齐某胸部一刀。朱某山见齐某受伤把大门打开，民警随后到达。齐某因主动脉、右心房及肺脏被刺破致急性大失血死亡。朱某山在案发过程中报警，案发后在现场等待民警抓捕，属于自动投案。

一审阶段，辩护人提出朱某山的行为属于防卫过当，公诉人认为朱某山的行为不具有防卫性质。一审判决认定，根据朱某山与齐某的关系及具体案情，齐某的违法行为尚未达到朱某山必须通过持刀刺扎进行防卫制止的程度，朱某山的行为不具有防卫性质，不属于防卫过当；朱某山自动投案后如实供述主要犯罪事实，系自首，依法从轻处罚，朱某山犯故意伤害罪，判处有期徒刑十五年，剥夺政治权利五年。

朱某山以防卫过当为由提出上诉。河北省人民检察院二审出庭认为，根据查明的事实，依据《中华人民共和国刑法》第二十条第二款的规定，朱某山的行为属于防卫过当，应当负刑事责任，但是应当减轻或者免除处罚，朱某山的上诉理由成立。河北省高级人民法院二审判决认定，朱某山持刀致死被害人，属防卫过当，应当依法减轻处罚，对河北省人民检察院的出庭意见予以支持，判决撤销一审判决的量刑部分，改判朱某山有期徒刑七年。

【检察机关二审审查和出庭意见】

检察机关二审审查认为，朱某山及其辩护人所提防卫过当的意见成立，一审公诉和判决对此未作认定不当，属于适用法律错误，二审应当作出纠正，并据此发表了出庭意见。主要意见和理由如下：

第一，齐某的行为属于正在进行的不法侵害。齐某与朱某已经分居，齐某当晚的行为在时间、方式上也显然不属于探视子女，故在朱某山拒绝其进院后，其摇晃、攀爬大门并跳入院内，属于非法侵入住宅。齐某先用瓦片掷砸随后进行撕扯，侵犯了朱某山的人身权利。齐某的这些行为，均属于正在进行的不法侵害。

第二，朱某山的行为具有防卫的正当性。齐某的行为从吵闹到侵入住宅、侵犯人身，呈现升级趋势，具有一定的危险性。齐某经人劝离后再次返回，执意在深夜时段实施侵害，不法行为具有一定的紧迫性。朱某山先是找人规劝，继而报警求助，始终没有与齐某斗殴的故意，提前准备工具也是出于防卫的目的，因此其反击行为具有防卫的正当性。

第三，朱某山的防卫行为明显超过必要限度造成重大损害，属于防卫过当。齐某上门闹事、滋扰的目的是不愿离婚，希望能与朱某和好继续共同生活，这与离婚后可能实施报复的行为有很大区别。齐某虽实施了投掷瓦片、撕扯的行为，但整体仍在闹事的范围内，对朱某山人身权利的侵犯尚属轻微，没有危及朱某山及其家人的健康或生命的明显危险。朱某山已经报警，也有继续周旋、安抚、等待的余地，但却选择使用刀具，在撕扯过程中直接捅刺齐某的要害部位，最终造成了齐某伤重死亡的重大损害。综合来看，朱某山的防卫行为，在防卫措施的强度上不具有必要性，在防卫结果与所保护的权利对比上也相差悬殊，应当认定为明显超过必要限度造成重大损害，属于防卫过当，依法应当负刑事责任，但是应当减轻或者免除处罚。

【指导意义】

刑法第二十条第二款规定，“正当防卫明显超过必要限度造成重大损害的，应当负刑事责任，但是应当减轻或者免除处罚”。司法实践通常称本款规定的情况为“防卫过当”。

防卫过当中，重大损害是指造成不法侵害人死亡、重伤的后果，造成轻伤及以下损伤的不属于重大损害；明显超过必要限度是指，根据所保护的权利性质、不法侵害的强度和紧迫程度等综合衡量，防卫措施缺乏必要性，防卫强度与侵害程度对比也相差悬殊。司法实践中，重大损害的认定比较好把握，但明显超过必要限度的认定相对复杂，对此应当根据不法侵害的性质、手段、强度和危害程度，以及防卫行为的性质、手段、强度、时机和所处环境等因素，进行综合判断。本案中，朱某山为保护住宅安宁和免受可能的一定人身侵害，而致侵害人丧失生命，就防卫与侵害的性质、手段、强度和结果等因素的对比来看，既不必要也相差悬殊，属于明显超过必要限度造成重大损害。

民间矛盾引发的案件极其复杂，涉及防卫性质争议的，应当坚持依法、审慎的原则，准确作出判断和认定，从而引导公民理性平和解决争端，避免在争议纠纷中不必要地使用武力。针对实践当中的常见情形，可注意把握以下几点：一是应作整体判断，即分清前因后果和是非曲直，根据查明的事实，当事人的行为具有防卫性质的，应当依法作出认定，不能惟结果论，也不能因矛盾暂时没有化解等因素而不去认定或不敢认定；二是对于近亲属之间发生的不法侵害，对防卫强度必须结合具体案情作出更为严格的限制；三是对于被害人有无过错与是否正在进行的不法侵害，应当通过细节的审查、补查，作出准确的区分和认定。

人民检察院办理刑事案件，必须高度重视犯罪嫌疑人、被告人及其辩护人所提正当防卫或防卫过当的意见，对于所提意见成立的，应当及时予以采纳或支持，依法保障当事人的合法权利。

（三）最高人民检察院指导性案例第 47 号于某明正当防卫案①

（最高人民检察院检察委员会讨论通过，2018 年 12 月 18 日发布）

【关键词】

行凶　正当防卫　撤销案件

【要旨】

对于犯罪故意的具体内容虽不确定，但足以严重危及人身安全的暴力侵害行为，应当认定为刑法第二十条第三款规定的“行凶”。行凶已经造成严重危及人身安全的紧迫危险，即使没有发生严重的实害后果，也不影响正当防卫的成立。

---

① 《第十二批指导性案例——于某明正当防卫案（检例第 47 号）》，载最高人民检察院网站，https：//www.spp.gov.cn/zxjy/qwfb/201812/t20181219_402917.shtml，2022 年 3 月 16 日访问。

【基本案情】

于某明，男，1977 年 3 月 18 日出生，某酒店业务经理。

2018 年 8 月 27 日 21 时 30 分许，于某明骑自行车在江苏省昆山市震川路正常行驶，刘某醉酒驾驶小轿车（经检测，血液酒精含量 87mg/100ml），向右强行闯入非机动车道，与于某明险些碰擦。刘某的一名同车人员下车与于某明争执，经同行人员劝解返回时，刘某突然下车，上前推搡、踢打于某明。虽经劝解，刘某仍持续追打，并从轿车内取出一把砍刀（系管制刀具），连续用刀面击打于某明颈部、腰部、腿部。刘某在击打过程中将砍刀甩脱，于某明抢到砍刀，刘某上前争夺，在争夺中于某明捅刺刘某的腹部、臀部，砍击其右胸、左肩、左肘。刘某受伤后跑向轿车，于某明继续追砍 2 刀均未砍中，其中 1 刀砍中轿车。刘某跑离轿车，于某明返回轿车，将车内刘某的手机取出放入自己口袋。民警到达现场后，于某明将手机和砍刀交给处警民警（于某明称，拿走刘某的手机是为了防止对方打电话召集人员报复）。刘某逃离后，倒在附近绿化带内，后经送医抢救无效，因腹部大静脉等破裂致失血性休克于当日死亡。于某明经人身检查，见左颈部条形挫伤 1 处、左胸季肋部条形挫伤 1 处。

8 月 27 日当晚公安机关以“于某明故意伤害案”立案侦查，8 月 31 日公安机关查明了本案的全部事实。9 月 1 日，江苏省昆山市公安局根据侦查查明的事实，依据《中华人民共和国刑法》第二十条第三款的规定，认定于某明的行为属于正当防卫，不负刑事责任，决定依法撤销于某明故意伤害案。其间，公安机关依据相关规定，听取了检察机关的意见，昆山市人民检察院同意公安机关的撤销案件决定。

【检察机关的意见和理由】

检察机关的意见与公安机关的处理意见一致，具体论证情况和理由如下：

第一，关于刘某的行为是否属于“行凶”的问题。在论证过程中有意见提出，刘某仅使用刀面击打于某明，犯罪故意的具体内容不确定，不宜认定为行凶。论证后认为，对行凶的认定，应当遵循刑法第二十条第三款的规定，以“严重危及人身安全的暴力犯罪”作为把握的标准。刘某开始阶段的推搡、踢打行为不属于“行凶”，但从持砍刀击打后，行为性质已经升级为暴力犯罪。刘某攻击行为凶狠，所持凶器可轻易致人死伤，随着事态发展，接下来会造成什么样的损害后果难以预料，于某明的人身安全处于现实的、急迫的和严重的危险之下。刘某具体抱持杀人的故意还是伤害的故意不确定，正是许多行凶行为的特征，而不是认定的障碍。因此，刘某的行为符合“行凶”的认定标准，应当认定为“行凶”。

第二，关于刘某的侵害行为是否属于“正在进行”的问题。在论证过程中有意见提出，于某明抢到砍刀后，刘某的侵害行为已经结束，不属于正在进行。论证后认为，判断侵害行为是否已经结束，应看侵害人是否已经实质性脱离现场以及是否还有继续攻击或再次发动攻击的可能。于某明抢到砍刀后，刘某立刻上前争夺，侵害行为没有停止，刘某受伤后又立刻跑向之前藏匿砍刀的汽车，于某明此时作不间断的追击也符合防卫的需要。于某明追砍两刀均未砍中，刘某从汽车旁边跑开后，于某明也未再追击。因此，在于某明抢得砍刀顺势反击时，刘某既未放弃攻击行为也未实质性脱离现场，不能认为侵害行为已经停止。

第三，关于于某明的行为是否属于正当防卫的问题。在论证过程中有意见提出，于某明本人所受损伤较小，但防卫行为却造成了刘某死亡的后果，二者对比不相适应，于某明的行为属于防卫过当。论证后认为，不法侵害行为既包括实害行为也包括危险行为，对于危险行为同样可以实施正当防卫。认为“于某明与刘某的伤情对比不相适应”的意见，只注意到了实害行为而忽视了危险行为，这种意见实际上是要求防卫人应等到暴力犯罪造成一定的伤害后果才能实施防卫，这不符合及时制止犯罪、让犯罪不能得逞的防卫需要，也不适当地缩小了正当防卫的依法成立范围，是不正确的。本案中，在刘某的行为因具有危险性而属于“行凶”的前提下，于某明采取防卫行为致其死亡，依法不属于防卫过当，不负刑事责任，于某明本人是否受伤或伤情轻重，对正当防卫的认定没有影响。公安机关认定于某明的行为系正当防卫，决定依法撤销案件的意见，完全正确。

【指导意义】

刑法第二十条第三款规定，“对正在进行行凶、杀人、抢劫、强奸、绑架以及其他严重危及人身安全的暴力犯罪，采取防卫行为，造成不法侵害人伤亡的，不属于防卫过当，不负刑事责任”。司法实践通常称这种正当防卫为“特殊防卫”。

刑法作出特殊防卫的规定，目的在于进一步体现“法不能向不法让步”的秩序理念，同时肯定防卫人以对等或超过的强度予以反击，即使造成不法侵害人伤亡，也不必顾虑可能成立防卫过当因而构成犯罪的问题。司法实践中，如果面对不法侵害人“行凶”性质的侵害行为，仍对防卫人限制过苛，不仅有违立法本意，也难以取得制止犯罪，保护公民人身权利不受侵害的效果。

适用本款规定，“行凶”是认定的难点，对此应当把握以下两点：一是必须是暴力犯罪，对于非暴力犯罪或一般暴力行为，不能认定为行凶；二是必须严重危及人身安全，即对人的生命、健康构成严重危险。在具体案件中，有些暴力行为的主观故意尚未通过客观行为明确表现出来，或者行为人本身就是持概括故意予以实施，这类行为的故意内容虽不确定，但已表现出多种故意的可能，其中只要有现实可能造成他人重伤或死亡的，均应当认定为“行凶”。

正当防卫以不法侵害正在进行为前提。所谓正在进行，是指不法侵害已经开始但尚未结束。不法侵害行为多种多样、性质各异，判断是否正在进行，应就具体行为和现场情境作具体分析。判断标准不能机械地对刑法上的着手与既遂作出理解、判断，因为着手与既遂侧重的是侵害人可罚性的行为阶段问题，而侵害行为正在进行，侧重的是防卫人的利益保护问题。所以，不能要求不法侵害行为已经加诸被害人身上，只要不法侵害的现实危险已经迫在眼前，或者已达既遂状态但侵害行为没有实施终了的，就应当认定为正在进行。

需要强调的是，特殊防卫不存在防卫过当的问题，因此不能作宽泛的认定。对于因民间矛盾引发、不法与合法对立不明显以及夹杂泄愤报复成分的案件，在认定特殊防卫时应当十分慎重。

（四）最高人民检察院指导性案例第48号侯某秋正当防卫案[①]

（最高人民检察院检察委员会讨论通过，2018年12月18日发布）

【关键词】

聚众斗殴　故意伤害　正当防卫　不起诉

【要旨】

单方聚众斗殴的，属于不法侵害，没有斗殴故意的一方可以进行正当防卫。单方持械聚众斗殴，对他人的人身安全造成严重危险的，应当认定为刑法第二十条第三款规定的“其他严重危及人身安全的暴力犯罪”。

【基本案情】

侯某秋，男，1981年5月18日出生，务工人员。

侯某秋系葛某经营的养生会所员工。2015年6月4日22时40分许，某足浴店股东沈某因怀疑葛某等人举报其店内有人卖淫嫖娼，遂纠集本店员工雷某、柴某等4人持棒球棍、匕首赶至葛某的养生会所。沈某先行进入会所，无故推翻大堂盆栽挑衅，与葛某等人扭打。雷某、柴某等人随后持棒球棍、匕首冲入会所，殴打店内人员，其中雷某持匕首两次刺中侯某秋右大腿。其间，柴某所持棒球棍掉落，侯某秋捡起棒球棍挥打，击中雷某头部致其当场倒地。该会所员工报警，公安人员赶至现场，将沈某等人抓获，并将侯某秋、雷某送医救治。雷某经抢救无效，因严重颅脑损伤于6月24日死亡。侯某秋的损伤程度构成轻微伤，该会所另有2人被打致轻微伤。

公安机关以侯某秋涉嫌故意伤害罪，移送检察机关审查起诉。浙江省杭州市人民检察院根据审查认定的事实，依据《中华人民共和国刑法》第二十条第

① 《第十二批指导性案例——侯某秋正当防卫案（检例第48号）》，载最高人民检察院网站，https：//www.spp.gov.cn/zxjy/qwfb/201812/t20181219_402917.shtml，2022年3月16日访问。

三款的规定，认为侯某秋的行为属于正当防卫，不负刑事责任，决定对侯某秋不起诉。

【不起诉的理由】

检察机关认为，本案沈某、雷某等人的行为属于刑法第二十条第三款规定的“其他严重危及人身安全的暴力犯罪”，侯某秋对此采取防卫行为，造成不法侵害人之一雷某死亡，依法不属于防卫过当，不负刑事责任。主要理由如下：

第一，沈某、雷某等人的行为属于“其他严重危及人身安全的暴力犯罪”。判断不法侵害行为是否属于刑法第二十条第三款规定的“其他”犯罪，应当以本款列举的杀人、抢劫、强奸、绑架为参照，通过比较暴力程度、危险程度和刑法给予惩罚的力度等综合作出判断。本案沈某、雷某等人的行为，属于单方持械聚众斗殴，构成犯罪的法定最低刑虽然不重，与一般伤害罪相同，但刑法第二百九十二条同时规定，聚众斗殴，致人重伤、死亡的，依照刑法关于故意伤害致人重伤、故意杀人的规定定罪处罚。刑法作此规定表明，聚众斗殴行为常可造成他人重伤或者死亡，结合案件具体情况，可以判定聚众斗殴与故意致人伤亡的犯罪在暴力程度和危险程度上是一致的。本案沈某、雷某等共 5 人聚众持棒球棍、匕首等杀伤力很大的工具进行斗殴，短时间内已经打伤 3 人，应当认定为“其他严重危及人身安全的暴力犯罪”。

第二，侯某秋的行为具有防卫性质。侯某秋工作的养生会所与对方的足浴店，尽管存在生意竞争关系，但侯某秋一方没有斗殴的故意，本案打斗的起因系对方挑起，打斗的地点也系在本方店内，所以双方攻击与防卫的关系清楚明了。沈某纠集雷某等人聚众斗殴属于正在进行的不法侵害，没有斗殴故意的侯某秋一方可以进行正当防卫，因此侯某秋的行为具有防卫性质。

第三，侯某秋的行为不属于防卫过当，不负刑事责任。本案沈某、雷某等人的共同侵害行为，严重危及他人人身安全，侯某秋为保护自己和本店人员免受暴力侵害，而采取防卫行为，造成不法侵害人之一雷某死亡，依据刑法第二十条第三款的规定，不属于防卫过当，不负刑事责任。

【指导意义】

刑法第二十条第三款规定的“其他严重危及人身安全的暴力犯罪”的认定，除了在方法上，以本款列举的四种罪行为参照，通过比较暴力程度、危险程度和刑法给予惩罚的力度作出判断以外，还应当注意把握以下几点：一是不法行为侵害的对象是人身安全，即危害人的生命权、健康权、自由权和性权利。人身安全之外的财产权利、民主权利等其他合法权利不在其内，这也是特殊防卫区别于一般防卫的一个重要特征；二是不法侵害行为具有暴力性，且应达到犯罪的程度。对本款列举的杀人、抢劫、强奸、绑架应作广义的理解，即不仅指这四种具体犯罪行为，也包括以此种暴力行为作为手段，而触犯其他罪名的犯罪行为，如以抢劫为手段的抢劫枪支、弹药、爆炸物的行为，以绑架为手段的拐卖妇女、儿童的行为，以及针对人的生命、健康而采取的放火、爆炸、决水等行为；三是不法侵害行为应当达到一定的严重程度，即有可能造成他人重伤或死亡的后果。需要强调的是，不法侵害行为是否已经造成实际伤害后果，不必然影响特殊防卫的成立。此外，针对不法侵害行为对他人人身安全造成的严重危险，可以实施特殊防卫。

在共同不法侵害案件中，“行凶”与“其他严重危及人身安全的暴力犯罪”，在认定上可以有一定交叉，具体可结合全案行为特征和各侵害人的具体行为特征作综合判定。另外，对于寻衅滋事行为，不宜直接认定为“其他严重危及人身安全的暴力犯罪”，寻衅滋事行为暴力程度较高、严重危及他人人身安全的，可分别认定为刑法第二十条第三款规定中的行凶、杀人或抢劫。需要说明的是，侵害行为最终成立何种罪名，对防卫人正当防卫的认定没有影响。

人民检察院审查起诉时，应当严把事实关、证据关和法律适用关。根据查明的事实，犯罪嫌疑人的行为属于正当防卫，不负刑事责任的，应当依法作出不起诉的决定，保障无罪的人不受刑事追究。

（五）最高人民检察院指导性案例第82号钱某故意伤害案[①]

（最高人民检察院检察委员会讨论通过，2020年11月24日发布）

【关键词】

认罪认罚 律师参与协商 量刑建议说理 司法救助

【要旨】

检察机关应当健全量刑协商机制，规范认罪认罚案件量刑建议的形成过程。依法听取犯罪嫌疑人、辩护人或者值班律师的意见，通过出示有关证据、释法说理等方式，结合案件事实和情节开展量刑协商，促进协商一致。注重运用司法救助等制度措施化解矛盾，提升办案质效。

【基本案情】

被告人钱某，1982年5月生，浙江嵊州人，嵊州市某工厂工人。

2019年9月28日晚，钱某应朋友邀请在嵊州市长乐镇某餐馆与被害人马某某等人一起吃饭。其间，钱某与马某某因敬酒发生争吵，马某某不满钱某喝酒态度持玻璃酒杯用力砸向钱某头部，致其额头受伤流血。钱某随后从餐馆门口其电瓶车内取出一把折叠刀，在厮打过程中刺中马某某胸部、腹部。马某某随即被送往医院救治，经医治无效于同年11月27日死亡。案发后，钱某即向公安机关主动投案，如实供述了自己的犯罪行为。案件移送检察机关审查起诉后，钱某表示愿意认罪认罚，在辩护人见证下签署了《认罪认罚具结书》。案发后，被告人钱某向被害人亲属进行了民事赔偿，取得被害人亲属谅解。

绍兴市人民检察院以钱某犯故意伤害罪于2020年5月15日向绍兴市中级人民法院提起公诉，提出有期徒刑十二年的量刑建议。绍兴市中级人民法院经开

---

① 《第二十二批指导性案例——钱某故意伤害案（检例第82号）》，载最高人民检察院网站，https：//www. spp. gov. cn/jczdal/202012/t20201208_488442. shtml，2022年3月16日访问。

庭审理，当庭判决采纳检察机关指控的罪名和量刑建议。被告人未上诉，判决已生效。

【检察履职情况】

1. 依法听取意见，开展量刑协商。本案被告人自愿认罪认罚，检察机关在依法审查证据、认定事实基础上，围绕如何确定量刑建议开展了听取意见、量刑协商等工作。根据犯罪事实和量刑情节，检察机关初步拟定有期徒刑十五年的量刑建议。针对辩护人提出钱某有正当防卫性质，属防卫过当的辩护意见，检察机关结合证据阐明被告人激愤之下报复伤害的犯罪故意明显，不属于针对不法侵害实施的防卫行为，辩护人表示认同，同时提交了钱某与被害人亲属达成的调解协议及被害人亲属出具的谅解书。检察机关审查并听取被害方意见后予以采纳，经与被告人及其辩护人沟通协商，将量刑建议调整为有期徒刑十二年，控辩双方达成一致意见。

2. 量刑建议说理。被告人签署具结书前，检察机关向被告人和辩护人详细阐释了本案拟起诉认定的事实、罪名、情节，量刑建议的理由和依据，自首、认罪认罚、赔偿损失及取得谅解等情节的量刑从宽幅度等。被告人表示接受，并在辩护人见证下签署了《认罪认罚具结书》。检察机关提起公诉时随案移送《量刑建议说理书》。

3. 开展司法救助。检察机关受理案件后，检察官多次到被害人家中慰问，了解到被害人家中仅有年迈的父亲和年幼的儿子二人，无力支付被害人医疗费和丧葬费，被告人也家境困难，虽然尽力赔付但不足以弥补被害方的损失。检察机关积极为被害人家属申请了司法救助金，帮助其解决困难，促进双方矛盾化解。

【指导意义】

1. 有效保障辩护人或者值班律师参与量刑协商。办理认罪认罚案件，检察机关应当与被告人、辩护人或者值班律师进行充分有效的量刑协商。检察机关组织开展量刑协商时，应当充分听取被告人、辩护人或者值班律师的意见。检察机关可以通过向被告人出示证据、释法说理等形式，说明量刑建议的理由和依据，保障协商的充分性。被告人及其辩护人或者值班律师提出新的证据材料或者不同意见的，应当重视并认真审查，及时反馈是否采纳并说明理由，需要核实或一时难以达成一致的，可以在充分准备后再开展协商。检察机关应当听取被害方及其诉讼代理人的意见，促进和解谅解，并作为对被告人从宽处罚的重要因素。

2. 运用司法救助促进矛盾化解。对于因民间矛盾纠纷引发，致人伤亡的案件，被告人认罪悔罪态度好，但因家庭经济困难没有赔偿能力或者赔偿能力有限，而被害方又需要救助的，检察机关应当积极促使被告人尽力赔偿被害方损失，争取被害方谅解，促进矛盾化解。同时要积极开展司法救助，落实帮扶措施，切实为被害方纾解困难提供帮助，做实做细化解矛盾等社会治理工作。

（六）最高人民法院指导案例第 93 号于某故意伤害案[①]

（最高人民法院审判委员会讨论通过，2018 年 6 月 20 日发布）

【裁判要点】

1. 对正在进行的非法限制他人人身自由的行为，应当认定为刑法第二十条第一款规定的“不法侵害”，可以进行正当防卫。

2. 对非法限制他人人身自由并伴有侮辱、轻微殴打的行为，不应当认定为刑法第二十条第三款规定的“严重危及人身安全的暴力犯罪”。

3. 判断防卫是否过当，应当综合考虑不法侵害的性质、手段、强度、危害程度，以及防卫行为的性质、时机、手段、强度、所处环境和损害后果等情节。对非法限制他人人身自由并伴有侮辱、轻微殴打，且并不十分紧迫的不法侵害，进行防卫致人死亡重伤的，应当认定为刑法第二十条第二款规定的“明显超过必要限度造成重大损害”。

4. 防卫过当案件，如系因被害人实施严重贬损他人人格尊严或者亵渎人伦的不法侵害引发的，量刑时对此应予充分考虑，以确保司法裁判既经得起法律检验，也符合社会公平正义观念。

---

① 《指导案例 93 号：于某故意伤害案》，载最高人民法院网站，https：//www. court. gov. cn/shenpan-xiangqing-104262. html，2022 年 3 月 16 日访问。

【基本案情】

被告人于某的母亲苏某在山东省冠县工业园区经营山东源大工贸有限公司（以下简称源大公司），于某系该公司员工。2014年7月28日，苏某及其丈夫于某1向吴某、赵某1借款100万元，双方口头约定月息10%。至2015年10月20日，苏某共计还款154万元。其间，吴某、赵某1因苏某还款不及时，曾指使被害人郭某1等人采取在源大公司车棚内驻扎、在办公楼前支锅做饭等方式催债。2015年11月1日，苏某、于某1再向吴某、赵某1借款35万元。其中10万元，双方口头约定月息10%；另外25万元，通过签订房屋买卖合同，用于某1名下的一套住房作为抵押，双方约定如逾期还款，则将该住房过户给赵某1。2015年11月2日至2016年1月6日，苏某共计向赵某1还款29.8万元。吴某、赵某1认为该29.8万元属于偿还第一笔100万元借款的利息，而苏某夫妇认为是用于偿还第二笔借款。吴某、赵某1多次催促苏某夫妇继续还款或办理住房过户手续，但苏某夫妇未再还款，也未办理住房过户。

2016年4月1日，赵某1与被害人杜某2、郭某1等人将于某1上述住房的门锁更换并强行入住，苏某报警。赵某1出示房屋买卖合同，民警调解后离去。同月13日上午，吴某、赵某1与杜某2、郭某1、杜某7等人将上述住房内的物品搬出，苏某报警。民警处警时，吴某称系房屋买卖纠纷，民警告知双方协商或通过诉讼解决。民警离开后，吴某责骂苏某，并将苏某头部按入座便器接近水面位置。当日下午，赵某1等人将上述住房内物品搬至源大公司门口。其间，苏某、于某1多次拨打市长热线求助。当晚，于某1通过他人调解，与吴某达成口头协议，约定次日将住房过户给赵某1，此后再付30万元，借款本金及利息即全部结清。

4月14日，于某1、苏某未去办理住房过户手续。当日16时许，赵某1纠集郭某2、郭某1、苗某、张某3到源大公司讨债。为找到于某1、苏某，郭某1报警称源大公司私刻财务章。民警到达源大公司后，苏某与赵某1等人因还款纠纷发生争吵。民警告知双方协商解决或到法院起诉后离开。李某3接赵某1电话后，伙同么某、张某2和被害人严某、程某到达源大公司。赵某1等人先后在办公楼前呼喊，在财务室内、餐厅外盯守，在办公楼门厅外烧烤、饮酒，催促苏某还款。

其间，赵某1、苗某离开。20时许，杜某2、杜某7赶到源大公司，与李某3等人一起饮酒。20时48分，苏某按郭某1要求到办公楼一楼接待室，于某及公司员工张某1、马某陪同。21时53分，杜某2等人进入接待室讨债，将苏某、于某的手机收走放在办公桌上。杜某2用污秽言语辱骂苏某、于某及其家人，将烟头弹到苏某胸前衣服上，将裤子褪至大腿处裸露下体，朝坐在沙发上的苏某等人左右转动身体。在马某、李某3劝阻下，杜某2穿好裤子，又脱下于某的鞋让苏某闻，被苏某打掉。杜某2还用手拍打于某面颊，其他讨债人员实施了揪抓于某头发或按压于某肩部不准其起身等行为。22时07分，公司员工刘某打电话报警。22时17分，民警朱某带领辅警宋某、郭某3到达源大公司接待室了解情况，苏某和于某指认杜某2殴打于某，杜某2等人否认并称系讨债。22时22分，朱某警告双方不能打架，然后带领辅警到院内寻找报警人，并给值班民警徐某打电话通报警情。于某、苏某想随民警离开接待室，杜某2等人阻拦，并强迫于某坐下，于某拒绝。杜某2等人卡于某颈部，将于某推拉至接待室东南角。于某持刃长15.3厘米的单刃尖刀，警告杜某2等人不要靠近。杜某2出言挑衅并逼近于某，于某遂捅刺杜某2腹部一刀，又捅刺围逼在其身边的程某胸部、严某腹部、郭某1背部各一刀。22时26分，辅警闻声返回接待室。经辅警连续责令，于某交出尖刀。杜某2等四人受伤后，被杜某7等人驾车送至冠县人民医院救治。次日2时18分，杜某2经抢救无效，因腹部损伤造成肝固有动脉裂伤及肝右叶创伤导致失血性休克死亡。严某、郭某1的损伤均构成重伤二级，程某的损伤构成轻伤二级。

【裁判结果】

山东省聊城市中级人民法院于2017年2月17日作出（2016）鲁15刑初33号刑事附带民事判决，认定被告人于某犯故意伤害罪，判处无期徒刑，剥夺政治权利终身，并赔偿附带民事原告人经济损失。

宣判后，被告人于某及部分原审附带民事诉讼原告人不服，分别提出上诉。山东省高级人民法院经审理于2017年6月23日作出（2017）鲁刑终151号刑事附带民事判决：驳回附带民事上诉，维持原判附带民事部分；撤销原判刑事部分，以故意伤害罪改判于某有期徒刑五年。

【裁判理由】

法院生效裁判认为：被告人于某持刀捅刺杜某2等四人，属于制止正在进行的不法侵害，其行为具有防卫性质；其防卫行为造成一人死亡、二人重伤、一人轻伤的严重后果，明显超过必要限度造成重大损害，构成故意伤害罪，依法应负刑事责任。鉴于于某的行为属于防卫过当，于某归案后如实供述主要罪行，且被害方有以恶劣手段侮辱于某之母的严重过错等情节，对于某依法应当减轻处罚。原判认定于某犯故意伤害罪正确，审判程序合法，但认定事实不全面，部分刑事判项适用法律错误，量刑过重，遂依法改判于某有期徒刑五年。

本案在法律适用方面的争议焦点主要有两个方面：一是于某的捅刺行为性质，即是否具有防卫性、是否属于特殊防卫、是否属于防卫过当；二是如何定罪处罚。

一、关于于某的捅刺行为性质

《中华人民共和国刑法》（以下简称《刑法》）第二十条第一款规定："为了使国家、公共利益、本人或者他人的人身、财产和其他权利免受正在进行的不法侵害，而采取的制止不法侵害的行为，对不法侵害人造成损害的，属于正当防卫，不负刑事责任。"由此可见，成立正当防卫必须同时具备以下五项条件：一是防卫起因，不法侵害现实存在。不法侵害是指违背法律的侵袭和损害，既包括犯罪行为，又包括一般违法行为；既包括侵害人身权利的行为，又包括侵犯财产及其他权利的行为。二是防卫时间，不法侵害正在进行。正在进行是指不法侵害已经开始并且尚未结束的这段时期。对尚未开始或已经结束的不法侵害，不能进行防卫，否则即是防卫不适时。三是防卫对象，即针对不法侵害者本人。正当防卫的对象只能是不法侵害人本人，不能对不法侵害人之外的人实施防卫行为。在共同实施不法侵害的场合，共同侵害具有整体性，可对每一个共同侵害人进行正当防卫。四是防卫意图，出于制止不法侵害的目的，有防卫认识和意志。五是防卫限度，尚未明显超过必要限度造成重大损害。这就是说正当防卫的成立条件包括客观条件、主观条件和限度条件。客观条件和主观条件是定性条件，确定了正当防卫"正"的性质和前提条件，不符合这些条件的不是正当防卫；限度条件是定量条件，确定了正当防卫"当"的要求和合理限度，不符合该条件的虽然仍有防卫性质，但不是正当防卫，属于防卫过当。防卫过当行为具有防卫的前提条件和制止不法侵害的目的，只是在制止不法侵害过程中，没有合理控制防卫行为的强度，明显超过正当防卫必要限度，并造成不应有的重大损害后果，从而转化为有害于社会的违法犯罪行为。根据本案认定的事实、证据和我国刑法有关规定，于某的捅刺行为虽然具有防卫性，但属于防卫过当。

首先，于某的捅刺行为具有防卫性。案发当时杜某2等人对于某、苏某持续实施着限制人身自由的非法拘禁行为，并伴有侮辱人格和对于某推搡、拍打等行为；民警到达现场后，于某和苏某想随民警走出接待室时，杜某2等人阻止二人离开，并对于某实施推拉、围堵等行为，在于某持刀警告时仍出言挑衅并逼近，实施正当防卫所要求的不法侵害客观存在并正在进行；于某是在人身自由受到违法侵害、人身安全面临现实威胁的情况下持刀捅刺，且捅刺的对象都是在其警告后仍向其靠近围逼的人。因此，可以认定其是为了使本人和其母亲的人身权利免受正在进行的不法侵害，而采取的制止不法侵害行为，具备正当防卫的客观和主观条件，具有防卫性质。

其次，于某的捅刺行为不属于特殊防卫。《刑法》第二十条第三款规定：“对正在进行行凶、杀人、抢劫、强奸、绑架以及其他严重危及人身安全的暴力犯罪，采取防卫行为，造成不法侵害人伤亡的，不属于防卫过当，不负刑事责任。”根据这一规定，特殊防卫的适用前提条件是存在严重危及本人或他人人身安全的暴力犯罪。本案中，虽然杜某2等人对于某母子实施了非法限制人身自由、侮辱、轻微殴打等人身侵害行为，但这些不法侵害不是严重危及人身安全的暴力犯罪。其一，杜某2等人实施的非法限制人身自由、侮辱等不法侵害行为，虽然侵犯了于某母子的人身自由、人格尊严等合法权益，但并不具有严重危及于某母子人身安全的性质；其二，杜某2等人按肩膀、推拉等强制或者殴打行为，虽然让于某母子的人身安全、身体健康权遭受了侵害，但这种不法侵害只是轻微的暴力侵犯，既不是针对生命权的不法侵害，又不是发生严重侵害于某母子身体健康权的情形，因而不属于严重危及人身安全的暴力犯罪。其三，苏某、于某1系主动通过他人协调、担保，向吴某借贷，自愿接受吴某所提10%的月息。既不存在苏某、于某1

被强迫向吴某高息借贷的事实，又不存在吴某强迫苏某、于某1借贷的事实，与司法解释以借贷为名采用暴力、胁迫手段获取他人财物以抢劫罪论处的规定明显不符。可见杜某2等人实施的多种不法侵害行为，符合可以实施一般防卫行为的前提条件，但不具备实施特殊防卫的前提条件，故于某的捅刺行为不属于特殊防卫。

最后，于某的捅刺行为属于防卫过当。《刑法》第二十条第二款规定："正当防卫明显超过必要限度造成重大损害的，应当负刑事责任，但是应当减轻或者免除处罚。"由此可见，防卫过当是在具备正当防卫客观和主观前提条件下，防卫反击明显超越必要限度，并造成致人重伤或死亡的过当结果。认定防卫是否"明显超过必要限度"，应当从不法侵害的性质、手段、强度、危害程度，以及防卫行为的性质、时机、手段、强度、所处环境和损害后果等方面综合分析判定。本案中，杜某2一方虽然人数较多，但其实施不法侵害的意图是给苏某夫妇施加压力以催讨债务，在催债过程中未携带、使用任何器械；在民警朱某等进入接待室前，杜某2一方对于某母子实施的是非法限制人身自由、侮辱和对于某拍打面颊、揪抓头发等行为，其目的仍是逼迫苏某夫妇尽快还款；在民警进入接待室时，双方没有发生激烈对峙和肢体冲突，当民警警告不能打架后，杜某2一方并无打架的言行；在民警走出接待室寻找报警人期间，于某和讨债人员均可透过接待室玻璃清晰看见停在院内的警车警灯闪烁，应当知道民警并未离开；在于某持刀警告不要逼过来时，杜某2等人虽有出言挑衅并向于某围逼的行为，但并未实施强烈的攻击行为。因此，于某面临的不法侵害并不紧迫和严重，而其却持刃长15.3厘米的单刃尖刀连续捅刺四人，致一人死亡、二人重伤、一人轻伤，且其中一人系被背后捅伤，故应当认定于某的防卫行为明显超过必要限度造成重大损害，属于防卫过当。

二、关于定罪量刑

首先，关于定罪。本案中，于某连续捅刺四人，但捅刺对象都是当时围逼在其身边的人，未对离其较远的其他不法侵害人进行捅刺，对不法侵害人每人捅刺一刀，未对同一不法侵害人连续捅刺。可见，于某的目的在于制止不法侵害并离开接待室，在案证据不能证实其具有追求或放任致人死亡危害结果发生的故意，故于某的行为不构成故意杀人罪，但他为了追求防卫效果的实现，对致多人伤亡的过当结果的发生持听之任之的态度，已构成防卫过当情形下的故意伤害罪。认定于某的行为构成故意伤害罪，既是严格司法的要求，又符合人民群众的公平正义观念。

其次，关于量刑。《刑法》第二十条第二款规定："正当防卫明显超过必要限度造成重大损害的，应当负刑事责任，但是应当减轻或者免除处罚。"综合考虑本案防卫权益的性质、防卫方法、防卫强度、防卫起因、损害后果、过当程度、所处环境等情节，对于某应当减轻处罚。

被害方对引发本案具有严重过错。本案案发前，吴某、赵某1指使杜某2等人实施过侮辱苏某、干扰源大公司生产经营等逼债行为，苏某多次报警，吴某等人的不法逼债行为并未收敛。案发当日，杜某2等人对于某、苏某实施非法限制人身自由、侮辱及对于某间有推搡、拍打、卡颈部等行为，于某及其母亲苏某连日来多次遭受催逼、骚扰、侮辱，导致于某实施防卫行为时难免带有恐惧、愤怒等因素。尤其是杜某2裸露下体侮辱苏某对引发本案有重大过错。案发当日，杜某2当着于某之面公然以裸露下体的方式侮辱其母亲苏某。虽然距于某实施防卫行为已间隔约二十分钟，但于某捅刺杜某2等人时难免带有报复杜某2辱母的情绪，故杜某2裸露下体侮辱苏某的行为是引发本案的重要因素，在刑罚裁量上应当作为对于某有利的情节重点考虑。

杜某2的辱母行为严重违法、亵渎人伦，应当受到惩罚和谴责，但于某在民警尚在现场调查，警车仍在现场闪烁警灯的情形下，为离开接待室摆脱围堵而持刀连续捅刺四人，致一人死亡、二人重伤、一人轻伤，且其中一重伤者系于某从背部捅刺，损害后果严重，且除杜某2以外，其他三人并未实施侮辱于某母亲的行为，其防卫行为造成损害远远大于其保护的合法权益，防卫明显过当。于某及其母亲的人身自由和人格尊严应当受到法律保护，但于某的防卫行为明显超过必要限度并造成多人伤亡严重后果，超出法律所容许的限度，依法也应当承担刑事责任。

根据我国刑法规定，故意伤害致人死亡的，处十年以上有期徒刑、无期徒刑或者死刑；防卫过当的，应当减轻或者免除处罚。如上所述，于某的防卫行为明显超过必要限度造成重大伤亡后果，减轻处罚依法应当在三至十年有期徒刑的法定刑幅度内量刑。鉴于于某归案后如实供述主要罪行，且被害方有以恶劣手段侮辱于某之母的严重过错等可以从轻处罚情节，综合考虑于某犯罪的事实、性质、情节和危害后果，遂判处于某有期徒刑五年。

第四章　组织出卖人体器官罪

【立案追诉标准】

组织出卖人体器官案（刑法第 234 条之一）

涉嫌组织出卖人体器官的，应予立案。

【犯罪构成及刑事责任】

组织出卖人体器官罪，是组织他人出卖人体器官的行为。构成组织出卖人体器官罪需要具备以下四个要件：

1. 客体要件。组织出卖人体器官罪侵犯的客体是他人的身体健康权、生命权。

2. 客观要件。组织出卖人体器官罪在客观上表现为组织他人出卖人体器官的行为。

（1）人体器官的范围。组织出卖人体器官罪的人体器官包括心脏、肺脏、肾脏、肝脏、胰腺等器官，不包括人体细胞和角膜、骨髓等人体组织。

（2）组织是指以领导、策划、招募、雇佣、引诱等方式组织他人实施出卖人体器官的行为。实践中供养活供体的“中介”，是出卖人体器官的组织者。

（3）组织出卖人体器官罪的客观方面包括组织出卖人体器官的行为，不包括出卖本人器官和收买人体器官的行为。

3. 主体要件。组织出卖人体器官罪的主体是一般主体，年满 16 周岁、具备刑事责任能力的自然人都可以构成组织出卖人体器官罪。

4. 主观要件。组织出卖人体器官罪主观方面表现为故意，行为人明知组织出卖的是人体器官而有意为之。

根据刑法第234条之一第1款的规定，组织他人出卖人体器官的，处5年以下有期徒刑，并处罚金；情节严重的，处5年以上有期徒刑，并处罚金或者没收财产。

【疑难指导】

一、如何认定组织出卖人体器官的行为

（一）如何理解出卖器官人的自愿和承诺

组织出卖人体器官罪侵犯的是公民的身体健康权和生命权，被组织者提供器官供组织者出卖。其中被组织者对于本体器官出卖出于自愿，对于自身伤害存在承诺。基于被害人承诺原则，对于被害人承诺造成轻伤害应当认为有效，实施伤害者不构成犯罪。在本罪中，被组织者的自愿和承诺是否阻却违法，影响组织者犯罪性质认定？应当看到，本罪的被组织者虽然自愿，被害人承诺有效，但是提供器官对于人体的危害未知而不确定，不仅存在重伤甚至死亡的高度危险，而且对于被害人未来生活的潜在影响也难以估量。这和被害人承诺针对外在肢体等伤害具有本质不同，而且供体的自愿和承诺无论是出于生活压力还是其他原因，承诺出卖器官的意志受组织者影响的盖然性都很高。我国法律不禁止个人捐献器官，也认可他人经本人同意后摘取器官，但是捐献者承诺和自愿的程度，与向他人提供并出卖者的自愿存在本质不同。

（二）如何认定组织出卖人体器官的行为

我国相关法律、法规严禁人体器官买卖，国务院颁布的《人体器官移植条例》明确规定，任何组织或个人不得以任何形式买卖人体器官，不得从事与买卖人体器官有关的活动。组织出卖人体器官行为针对的被害供体一般是多数，对多数人身体健康和生命安全造成的影响也更甚于非法买卖个体行为的危害。而且，在组织出卖人体器官的犯罪中，还存在组织者利用被害者急需用钱、生活困难等状况，采取招募供体，统一看管，甚至采取轻度精神强制等手段完成组织出卖的行为，存在妨害社会管理秩序的危害，也可能衍生其他犯罪。组织出卖人体器官作为单独犯罪，实践中应当正确认定，精准打击此类行为。

二、如何认定被组织出卖、收买人体器官的行为

组织出卖人体器官罪的犯罪形成，需要组织者组织他人出卖并收买器官。从行为之间的自然关联看，组织者和出卖者、收买者共同完成器官买卖行为。那么，如何认定被组织出卖和收买人体器官的行为，相应实行者是否与组织者形成共犯？首先，组织出卖人体器官罪仅处罚组织者，出卖方和收买方不在处罚范围；其次，器官出卖和收买虽然是对向关系，但是刑法处罚出卖方是源于组织出卖器官的行为操纵人体器官买卖市场，刑法规制旨在切断人体器官的非法来源，处罚范围并未扩展到买卖链条；最后，出卖器官的人本质上是组织出卖器官犯罪的被害人，而收买器官的人也往往因为治疗疾病等原因购买器官，可责性低，二者都不应当接受刑法处罚，更不具有和组织者依据共犯而共同处罚的刑罚基础。

三、如何认定组织出卖人体器官“情节严重”

根据刑法第 234 条之一的规定，组织出卖人体器官情节严重的，处 5 年以上有期徒刑，并处罚金或者没收财产。如何认定“情节严重”，法律和司法解释并未明确。根据组织出卖人体器官罪的犯罪形态、对他人身体健康的影响和社会危害程度，一般认定“情节严重”应当考虑如下情形：组织 3 人以上出卖人体器官的；组织出卖人体器官 3 次以上的；组织出卖人体器官 3 件以上的；交易金额巨大的；在移植后除必然导致的损伤之外，还造成死亡后果的；跨国或者跨境组织出卖人体器官等。[①]

四、组织出卖人体器官的转化犯

根据刑法第 234 条之一的规定，未经本人同意摘取其器官，或者摘取不满 18 周岁的人的器官，或者强迫、欺骗他人捐献器官的，依照本法第 234 条、第 232 条的规定定罪处罚。违背本人生前意愿摘取其尸体器官，或者本人生前未表示同意，违反国家规定，违背其近亲属意愿摘取其尸体器官的，依照本法第 302 条的规定定罪处罚。上述规定的主要考虑在于：一是未经本人同意摘取器官的情形，不存在被害人承诺的违法阻却事由，摘取器官的行为是对他人身体健康机能、生命安全的严重侵害，应当根据行为结果分别认定为故意伤害罪、故意杀人罪；二是精

① 周光权：《刑法各论》，中国人民大学出版社 2021 年版，第 27 页。

神病人和未成年人行为能力不足，缺乏足够的辨认和控制能力，对于承诺的事项和内容不具有成熟的理解能力，承诺不具有效力，摘取精神病人和未成年人的器官同样不存在被害人承诺的违法阻却事由，摘取行为根据结果分别认定为故意伤害罪、故意杀人罪；三是在强迫、欺骗他人摘取器官的情形下，被害人陷入认识错误或者自主意志存在障碍，承诺行为无效，摘取行为应当转化为故意伤害罪或者故意杀人罪；四是行为人违背本人生前意愿摘取尸体器官，或者本人生前未表示同意，违反国家规定，违背其近亲属意愿摘取其尸体器官，不属于组织出卖人体器官的行为。但该行为亵渎了死者的人格尊严，给死者近亲属造成伤害，符合侮辱尸体罪的构成要件要求，应当认定为侮辱尸体罪。

【办案依据】

刑法规定

第二百三十四条之一 组织他人出卖人体器官的，处五年以下有期徒刑，并处罚金；情节严重的，处五年以上有期徒刑，并处罚金或者没收财产。

未经本人同意摘取其器官，或者摘取不满十八周岁的人的器官，或者强迫、欺骗他人捐献器官的，依照本法第二百三十四条、第二百三十二条的规定定罪处罚。

违背本人生前意愿摘取其尸体器官，或者本人生前未表示同意，违反国家规定，违背其近亲属意愿摘取其尸体器官的，依照本法第三百零二条的规定定罪处罚。

第五章 强 奸 罪

【立案追诉标准】

强奸案（刑法第 236 条）

涉嫌强奸妇女或奸淫幼女的，应予立案。

【犯罪构成及刑事责任】

强奸罪是指以暴力、胁迫或者其他手段，违背妇女意志，强行与其发生性交，或者奸淫幼女的行为。构成强奸罪需要具备以下四个要件：

1. 客体要件。强奸罪侵犯的客体是女性的性自主权和身心健康。男性不能成为强奸罪的对象。

2. 客观要件。客观上表现为以暴力、胁迫或者其他手段，违背妇女意志，强行与其发生性行为，或者奸淫幼女的行为。

3. 主体要件。主体为年满 14 周岁，具有刑事责任能力的男性。女性在参加强奸犯罪手段行为的情况下可以构成强奸罪的共同正犯，在实施教唆、帮助男子强奸妇女的情况下可以成为强奸罪共犯。特殊情况下，女性也可以构成强奸罪的间接正犯。

4. 主观要件。强奸罪主观上是直接故意，并且要求具有奸淫目的。奸淫的目的是指意图与女性发生性关系，这也是强奸罪与强制猥亵罪区分的标准之一。

根据刑法第 236 条的规定，以暴力、胁迫或者其他手段强奸妇女的，处 3 年以上 10 年以下有期徒刑。奸淫不满 14 周岁的幼女的，以强奸论，从重处罚。强奸妇女、奸淫幼女，有下列情形之一的，处 10 年以上有期徒刑、无期徒刑或者死刑：（1）强奸妇女、奸淫幼女情节恶劣的；（2）强奸妇女、奸淫幼女多人的；（3）在公共场所当众强奸妇女、奸淫幼女的；（4）二人以上轮奸的；（5）奸淫不满 10 周岁的幼女或者造成幼女伤害的；（6）致使被害人重伤、死亡或者造成其他严重后果的。

【疑难指导】

一、如何界定强奸罪的“性行为”

强奸罪是指违反我国刑法规定，违背他人意愿，采用暴力、威胁、伤害或其他手段强迫进行“性行为”。我国刑法没有明文规定“性行为”，实务办案中发现多种与性交有关的行为，有些已经超出传统观念中性行为的范围，如口交、手淫等。这些行为在性犯罪中并不少见，是否可以界定为法律意义上的“性行为”，直接影响行为人罪与非罪的认定？当前，理论和实务都认为，无论对被害人人格尊严、性羞耻心，还是对公众观念的认可，都已经达到与发生性关系可以同等认同的程度，应当界定为“性行为”。此类界定，也得到很多国家和地区刑事司法的接受，不存在刑法适用的障碍，司法实务中需要注意的是观念转变。

二、如何认定违背妇女意志

（一）违背妇女意志的判断标准和判断方法

1. 违背妇女意志的判断标准

违背妇女意志是构成强奸罪的基础要件。暴力、胁迫和其他手段是行为人强制发生性关系的手段，也是判断行为人是否违背妇女意志的评判依据。暴力手段是行为人以暴力手段形成的有形强制，排除女性抗拒；胁迫手段则是以精神胁迫为手段形成的无形强制，使女性不敢抗拒。胁迫手段实务中多发的是威胁、恐吓，以报复、危害亲属、揭发隐私等为要挟，从而促使女性就范，上述行为明显具有违背妇女意志的特征。此外，利用教养、从属、职权等形成的地位优势，胁迫女性发生性关系也是明显违背妇女意志的行为。

2. 违背妇女意志的判断方法

强奸案件行为人往往避重就轻，回避犯罪事实，针对行为人否认违背妇女意志的，办案中应当注意审查行为人陈述疑点，审查是否合乎情理，符合客观实际。判断是否违背妇女意志，不能仅仅以双方当事人的陈述为标准，更不能以被害人的陈述为唯一判断依据。例如，有的行为人在事后通过各种手段，对成年被害人施加影响，促成其改变陈述否定违背意志。对此，应当注意审查、甄别并进行必要的调查、合理排除。再例如，有的被害人出于对名声等的顾虑，言词证据前后反复、回避客观事实。对此，一方面，应当查清事实，帮助被害人打消顾虑、正常作证。另一方面，办案中也应结合案件客观情境合理分析、综合判断。特别重要的是依据行为当时的情境，结合性关系发生的时间、地点、周围环境、被害人性格、双方体质等因素，综合判断是否违背妇女意志。

3. 违背妇女意志的特殊情形判断

强奸的行为对象不同，违背妇女意志的判断方法也不同。不满 14 周岁的幼女和存在精神障碍的病人，认识能力和辨认能力不足，法律推定不具有性自主决定权。行为人与明知是不满 14 周岁幼女、处于发病期的间歇性精神病人或者完全的精神病人的，无论被害人是否同意，也无论行为人是否采用强制手段，均应当认定违背妇女意志。但是，如果行为人确实不明知女性存在精神障碍，在得到女性同意甚至女性主动发生性关系的，则不符合强奸罪的构成要件要求，不构成强奸罪。实践中，存在女性精神障碍程度较低，但是具有性防卫能力且自愿发生性关系的，对此也不宜认定行为人构成强奸罪。

（二）如何区分违背意志的胁迫型强奸与互相利用型性关系

强奸罪具有复行为犯的特征，行为人以奸淫为目的，实行的是奸淫行为，采取的手段既包括暴力、胁迫也包括其他手段。暴力是利用有形强制手段，胁迫则是利用精神胁迫的无形手段，最终都达到使女性不敢抗拒的结果。胁迫手段多表现为威胁、恐吓，以报复、危害亲属、揭发隐私等行为，也包括利用教养、从属、职权等形成的地位优势，胁迫女性与之发生性关系的行为。但是，如果行为人利用职权等地位优势不是进行胁迫，而仅仅是施以职位、金钱等利诱，女性出于升值、获利等目的发生性关系。对此，虽然行为人的利诱可能真实也可能虚假，被害人可能对是否获利产生错误认识，但对发生性关系的行为性质并未认识错误，性行为并不违背妇女意志，不符合“违背妇女意志”的构成要件，不能认定行为人构成强奸罪。

（三）如何判断其他手段是否违背妇女意志

强奸罪规定的“其他手段”是指行为人采用除暴力、胁迫以外，其他使女性不知抗拒、不敢反抗或者不能抗拒的手段，也包括利用女性不知反抗、不能反抗、不敢反抗的状况，上述手段以及利用状况在致使与女性发生性关系的结果影响上，具有与暴力、胁迫同等的作用。实务中，常见的其他手段包括灌醉酒、药物麻醉、利用女性熟睡之机、冒充女性丈夫或情人、利用妇女患重病、利用女性酒醉、组织和利用会道门、邪教组织或者利用迷信等，受这些手段影响，女性或者对行为性质产生错误认识，如误认为夫妻性关系、合法性关系、治疗方法等不知反抗；或者在无从觉察、孤立无援的境况下不能反抗。上述情境下，被害人均不具有性自主权，属于在违背意志的情况下与行为人发生性关系，因此应当认定行为人构成强奸罪。

（四）如何区别“半推半就”与“违背妇女意志”

男女双方关系暧昧、行为暧昧后发生性关系，男方认为“半推半就”，女方则认为违背意志而报案，对于此种“半推半就”的情形，能否认定违背妇女意志，是否构成强奸罪往往为司法实务所困惑。对于所谓“半推半就”的情形，是否违背妇女意志不能一概肯定也不能一概否定，应当结合案情细致分析。判断是否“违背妇女意志”，关键要看女性对于发生性行为的态度，为此不仅需要考察双方交往，也需要考察过程中双方的行为表现。首先，考察案发前双方关系亲疏、见面地点、双方对事件进展的推动作用，有的案件中女方主动邀约，积极饮酒、吸毒，一般可以推断对之后性行为具有心理预期。但在后续进展中，如果女方有明确拒绝性行为的表示，则仍然不排除认定违背妇女意志的可能。行为过程中，则应当注意考察行为人是否采用了暴力、胁迫等强制性手段，以及强制手段的程度，避免将推搡、拉扯等影响较小的行为直接认定为“暴力、胁迫”，混淆“半推半就”与“违背妇女意志”；对被害女性抗拒行为不明显的，应当注意考察其真实意图。具体以女性认知能力和抗拒能力为基础，考察女性的年龄、智力、精神状况，女性对所处环境的认知、未作明显抗拒的原因，对行为人的心态等。其次，还需考察女性事后反应及态度。在综合上述因素的基础上，判断行为人在案发过程中是否对被害女性形成心理强制，被害女性是否在意志受限的情况下被迫发生性关系，从而确定行为人是否构成强奸罪。如果有证据证明，被害人在发生性关系时态度不明，足以造成行为人认识错误，如男方提出性主张，女性仅仅言语拒绝，男方继续以平和手段纠缠，女性有条件呼救而不呼救，也未采取有效方法抗拒的，男方有理由认为女性“半推半就”的，则不宜认定性行为违背妇女意志，行为人不构成强奸罪。

三、丈夫可否成为强奸罪主体

夫妻关系存续期间，丈夫强行与妻子发生性关系的情形，并不少见。实践中，针对在提起离婚诉讼或者分居期间，丈夫采用暴力、胁迫等手段强行与妻子发生性关系的，也有认定为强奸罪的案例。对于丈夫能否成为强奸罪的主体，理论上存在肯定说、否定说和区别定性说。相关争议在于，女性是否有权利拒绝与仍是其合法配偶的男子进行性生活。肯定丈夫可能成为强奸罪主体的，在理论上更有利于保护妻子的性自主权；否定者则认为这可能破坏建立在婚姻关系之上的家庭秩序，甚至动摇以家庭为基础的社会秩序等后果。而从判处案例分析，对于女性自主权应当在婚内受限的观点，实践中采取了根据个案情况区别对待的原则。我国女性自主意识正在调整之中，对于婚内性自主权利的范围和界限应当综合考虑我国传统观念和女性权利保护的方向，对丈夫强行与妻子发生性关系的，应当尽可能采取民法、行政法或者法律之外的方式解决。对于正处于离婚期间，或者因丈夫拒绝致使离婚受阻等情形，婚姻关系已经名存实亡，夫妻实质上没有共同生活，丈夫此时强行与妻子发生性关系，侵犯了女性的性自主权，存在适用强奸罪的空间，实践中可以谨慎认定。在一般情形下，妻子的性自主权在婚姻存续期间，还应当在一定程度上受到婚姻本身限制，不宜认定为强奸罪，构成其他犯罪的应当分情况处理。例如，如果丈夫行为符合虐待罪构成要件的，可以虐待罪定罪处罚；或者丈夫强行与妻子发生性关系，造成妻子轻伤以上伤害后果的，可以故意伤害罪定罪处罚；丈夫教唆他人、帮助他人强行和妻子发生性关系的，或者丈夫伙同他人轮奸妻子的，对丈夫应当根据共同犯罪原理认定构成强奸罪。

四、强奸不满14周岁幼女如何认定主观“明知”

奸淫幼女是强奸罪的特殊情形。不满14周岁幼女性自主意识尚未形成，应当受到法律特别保护。行为人与不满14周岁幼女发生性关系，无论是否采取强制手段，无论幼女是否同意，均成立强奸罪。不可否认，当前个别未成年人发育较早，生活方式和外貌特征类似一般成年人，容易让外界对其年龄产生错误判断，认定行为人明知幼女更增加现实难度。《最高人民法院、最高人民检察院、公安部、司法部关于依法惩治性侵害未成年人犯罪的意见》规定，知道或者应当知道对方是不满14周岁的幼女，而实施奸淫等性侵害行为的，应当认定行为人“明知”对方是幼女。对于不满12周岁的被害人实施奸淫等性侵害行为的，应当认定行为人“明知”对方是幼女。对于已满12周岁不满14周岁的被害人，从其身体发育状况、言谈举止、衣着特征、生活作息规律等观察可能是幼女，而实施奸淫等性侵害行为的，应当认定行为人“明知”对方是幼女。上述规定中，对行为人与不满12周岁幼女发性关系规定拟制“明知”，而对于12周岁至14周岁幼女规定推定“明知”。即根据被害人身体发育、言谈举止、衣着特征、作息规律等观察可能是幼女，应当认定行为人“明知”对方是幼女。只有在行为人有足够的事实依据，才能推翻其“明知”幼女的推定。如果客观上被害人确实发育成熟，不存在能使人推断不满14周岁的明显特征，一般人均判断为成年女性，而女方又主动要求与之发生性关系的，对行为人不能认定强奸罪。

五、强奸“致使被害人重伤、死亡或者造成其他严重后果”的理解与适用

（一）强奸“致使被害人重伤、死亡或者造成其他严重后果”的理解

强奸致使被害人重伤、死亡或者造成其他严重后果，是强奸罪的结果加重犯。认定结果加重犯，一方面需要注意加重结果与基本行为的关联判断，另一方面则需要考察行为是否存在对加重结果的单独故意。针对强奸致使被害人重伤、死亡或者造成其他严重后果的加重结果，应当一方面考察暴力、胁迫、奸淫等实行行为是否与重伤、死亡等严重后果具有直接关联；另一方面考察行为人是否具有独立于强奸故意的杀人、伤害等犯罪故意。

（二）强奸“致使被害人重伤、死亡或者造成其他严重后果”的适用

行为人出于奸淫目的，对加重结果存在过失，而加重结果与强奸实行行为紧密关联，是实行行为的附随效应，强奸“致使被害人重伤、死亡或者造成其他严重后果”的严重后果并未超出强奸罪评价范围的，应当以强奸罪加重处罚。行为人在强奸完成后，另外产生杀人故意并实施杀人行为的，杀人行为不能为强奸罪涵盖，对行为人应当以故意杀人罪与强奸罪数罪并罚；行为人在故意杀人之后，当场“强奸”的，不符合强奸罪的构成要件，应当以故意杀人罪与侮辱尸体罪数罪并罚；但行为人为了强奸，以杀人的故意对妇女实施足以致人死亡的暴力，在妇女死亡后奸尸或者对尸体实施其他侮辱行为，前行为是故意杀人罪与强奸（未遂）的想象竞合犯，后行为成立侮辱尸体罪，应当数罪并罚。此外，暴力是压制妇女意志的手段，必须直接针对被强奸的妇女实施，针对他人的暴力行为不能包含于强奸罪的构成要件。行为人为了强奸妇女，不仅对被害妇女实施暴力，而且对阻止其实施强奸行为的第三者实施暴力，则不仅构成强奸罪，而且构成另一独立的犯罪，一般为故意伤害罪。

（三）如何认定因介入因素导致“被害人重伤、死亡或者造成其他严重后果”

在强奸造成严重后果的过程中，有可能存在来自被害人的介入因素，表现为因为被害人过失或者被害人自杀而导致被害人重伤、死亡等情形。对此，应当结合相当因果关系判断规则，结合被害人行为是否异常以及异常程度，根据个案特殊的情境综合判断。对于强奸过程中，被害人因惊慌、情绪等原因采取特殊行为方式，造成自身重伤或者死亡的，如果被害人以异乎寻常的危险行为导致加重结果，则应当以欠缺相当性而否认因果流程，行为人不对重伤、死亡等加重结果承担刑事责任。如果被害人的介入行为符合强奸后的一般进程，异常程度和影响指数都相对较小，则应当在肯定因果关系的基础上，结合行为人对加重结果是否具有预见可能，判断行为人是否对加重结果承担刑事责任。

六、如何认定与未达刑事责任年龄人共同强奸的情形

轮奸是强奸犯罪的加重情节，行为人与他人共同强奸，应当以轮奸加重处罚。但实践中，有行为人与不满 14 周岁、未达刑事责任年龄的未成年人共同强奸，对成年人是否以轮奸加重处罚？成年人与不满 14 周岁未达刑事责任年龄的未成年人

共同强奸，二人具有奸淫女性的共同故意，实施的也是奸淫女性共同的实行行为，未满 14 周岁的未成年人具有基于年龄的责任阻却事由，因而不构成犯罪，成年人不具有责任阻却，应当承担刑事责任。虽然未成年人不承担刑事责任，但是在犯罪行为上，二人的客观表现与其他轮奸犯罪并无不同，对于被害人造成超乎单独强奸的伤害也是一样的，因此对成年人行为评价不受未成年人的影响，仍然应当认定为轮奸加重处罚。

七、如何认定强奸罪共同犯罪的既遂、未遂

（一）共同犯罪中刑事责任承担的基本原则

“部分行为全部责任”是共同犯罪承担刑事责任的基本原则。根据共同犯罪人之间是否存在实行行为与非实行行为的分工，共同犯罪划分为简单共同犯罪和复杂共同犯罪。简单共同犯罪，简称共同正犯，也可称为共同实行犯，指各共同犯罪人都直接实行刑法分则规定的某一具体犯罪客观方面行为的共同犯罪。复杂共同犯罪，简称复杂共犯，指各共同犯罪人之间存在实行行为与非实行行为分工的共同犯罪，非实行行为具体包括教唆行为、组织行为和帮助行为。在复杂的共同犯罪中，强奸犯罪的既、未遂认定依据共同犯罪刑事责任的基本原理不存争议，即实行犯的既遂、未遂认定与组织犯、帮助犯与教唆犯相同，遵循一人既遂、全部既遂的基本原理。对于没有实施奸淫行为的帮助犯、教唆犯，可以根据具体情节，决定是否构成从犯等认定从轻或减轻处罚。

（二）如何认定强奸罪中轮奸行为的既遂、未遂

1. 强奸罪中轮奸情节既遂、未遂认定争议

如前所述，在复杂共同犯罪的情形下，强奸罪刑事责任依据“部分行为全部责任”的共同犯罪处理原则并无争议。但是，在简单共同犯罪的情形下，共同正犯的既遂、未遂不仅涉及强奸基本犯既遂、未遂认定，也关系到轮奸加重情节认定，如何认定理论和实务界均存在争议。轮奸是强奸罪的简单共同正犯，要求各行为人以共同奸淫为目的，采取暴力、胁迫等强制手段，在同一时空下，接续与被害女性发生性关系。简单共同正犯中，如果参与轮奸的行为人一人既遂、其他人未遂，依照部分行为全部责任的理论，全部行为人均应当认定为轮奸既遂，在 10 年以上有期徒刑的量刑幅度内量刑，未遂的行为人没有与被害人发生性关系，

认定为轮奸有违一般观念，也难免罪责刑不适应，实践认定并不统一。

2. 亲手犯理论对轮奸刑事责任认定的影响

亲手犯是指主体和行为不可分离，必须由正犯直接实施实行行为的犯罪形态。亲手犯的概念产生于20世纪初的德国，经过发展已经成为德日等大陆法系国家的通说，在间接正犯和身份犯论证中多有涉及。我国刑法中没有规定亲手犯，刑法理论中多有涉及。根据亲手犯理论，刑法中的共同正犯可以进一步划分为非亲手犯和亲手犯，在亲手犯的共同犯罪中，各个实行犯只能完成自己的犯罪行为，共同实行犯的行为不可替代。在刑罚处罚上，对完成犯罪的以既遂处罚，对未完成犯罪的以未遂处罚，典型如强奸罪、越狱罪；在非亲手犯的共同犯罪中，各个行为人都可以直接造成犯罪结果或危险状态，任何一个实行犯的行为都可以直接造成犯罪结果或危险状态。因此，“一人既遂全体既遂”，各行为人全部承担既遂的刑事责任，典型的如盗窃罪。

3. 如何认定强奸共同犯罪中轮奸情节的既遂、未遂

强奸罪是以强制手段与妇女发生性关系的行为，强奸犯罪的主体和行为不可分离，实行行为只能由正犯实施，不可替代。轮奸是多人相互协助和利用，共同实施强奸行为的情形，此种情形与一人实行、他人协助的共同强奸并不相同。因此，依据复杂共同犯罪的处理原则，判断各行为人的刑事责任，并不能满足轮奸犯罪责任承担的要求。对此，应当充分考虑强奸犯罪亲手犯罪的特点，借鉴亲手犯理论，区分共同正犯的既遂、未遂，对轮奸行为人合理量刑。具体则针对多人共同参与轮奸，其中一人既遂、他人未得逞的情况，仍然整体上评价为轮奸加重情节，但针对各行为人，则考虑各自的犯罪形态，对既遂者认定轮奸加重情节并依据强奸既遂规定予以处罚，对未得逞者适用轮奸加重情节但以强奸未遂的规定予以处罚。

【办案依据】

一、刑法规定

第二百三十六条 以暴力、胁迫或者其他手段强奸妇女的，处三年以上十年以下有期徒刑。

奸淫不满十四周岁的幼女的，以强奸论，从重处罚。

强奸妇女、奸淫幼女，有下列情形之一的，处十年以上有期徒刑、无期徒刑或者死刑：

（一）强奸妇女、奸淫幼女情节恶劣的；

（二）强奸妇女、奸淫幼女多人的；

（三）在公共场所当众强奸妇女、奸淫幼女的；

（四）二人以上轮奸的；

（五）奸淫不满十周岁的幼女或者造成幼女伤害的；

（六）致使被害人重伤、死亡或者造成其他严重后果的。

二、司法解释

《最高人民法院关于审理未成年人刑事案件具体应用法律若干问题的解释》（2006年1月11日　法释〔2006〕1号）

第六条　已满十四周岁不满十六周岁的人偶尔与幼女发生性行为，情节轻微、未造成严重后果的，不认为是犯罪。

三、司法文件

（一）《最高人民法院、最高人民检察院、公安部、司法部关于依法办理家庭暴力犯罪案件的意见》（2015年3月2日　法发〔2015〕4号）

16. 依法准确定罪处罚。对故意杀人、故意伤害、强奸、猥亵儿童、非法拘禁、侮辱、暴力干涉婚姻自由、虐待、遗弃等侵害公民人身权利的家庭暴力犯罪，应当根据犯罪的事实、犯罪的性质、情节和对社会的危害程度，严格依照刑法的有关规定判处。对于同一行为同时触犯多个罪名的，依照处罚较重的规定定罪处罚。

（二）《最高人民法院、最高人民检察院、公安部、司法部关于依法惩治性侵害未成年人犯罪的意见》（2013年10月23日　法发〔2013〕12号）

1. 本意见所称性侵害未成年人犯罪，包括刑法第二百三十六条、第二百三十七条、第三百五十八条、第三百五十九条、第三百六十条第二款规定的针对未成年人实施的强奸罪，强制猥亵、侮辱妇女罪，猥亵儿童罪，组织卖淫罪，强迫卖淫罪，引诱、容留、介绍卖淫罪，引诱幼女卖淫罪，嫖宿幼女罪等。

2. 对于性侵害未成年人犯罪，应当依法从严惩治。

3. 办理性侵害未成年人犯罪案件，应当充分考虑未成年被害人身心发育尚未成熟、易受伤害等特点，贯彻特殊、优先保护原则，切实保障未成年人的合法权益。

4. 对于未成年人实施性侵害未成年人犯罪的，应当坚持双向保护原则，在依法保护未成年被害人的合法权益时，也要依法保护未成年犯罪嫌疑人、未成年被告人的合法权益。

5. 办理性侵害未成年人犯罪案件，对于涉及未成年被害人、未成年犯罪嫌疑人和未成年被告人的身份信息及可能推断出其身份信息的资料和涉及性侵害的细节等内容，审判人员、检察人员、侦查人员、律师及其他诉讼参与人应当予以保密。

对外公开的诉讼文书，不得披露未成年被害人的身份信息及可能推断出其身份信息的其他资料，对性侵害的事实注意以适当的方式叙述。

6. 性侵害未成年人犯罪案件，应当由熟悉未成年人身心特点的审判人员、检察人员、侦查人员办理，未成年被害人系女性的，应当有女性工作人员参与。

人民法院、人民检察院、公安机关设有办理未成年人刑事案件专门工作机构或者专门工作小组的，可以优先由专门工作机构或者专门工作小组办理性侵害未成年人犯罪案件。

7. 各级人民法院、人民检察院、公安机关和司法行政机关应当加强与民政、教育、妇联、共青团等部门及未成年人保护组织的联系和协作，共同做好性侵害未成年人犯罪预防和未成年被害人的心理安抚、疏导工作，从有利于未成年人身心健康的角度，对其给予必要的帮助。

8. 上级人民法院、人民检察院、公安机关和司法行政机关应当加强对下指导和业务培训。各级人民法院、人民检察院、公安机关和司法行政机关要增强对未成年人予以特殊、优先保护的司法理念，完善工作机制，提高办案能力和水平。

9. 对未成年人负有监护、教育、训练、救助、看护、医疗等特殊职责的人员（以下简称负有特殊职责的人员）以及其他公民和单位，发现未成年人受到性侵害的，有权利也有义务向公安机关、人民检察院、人民法院报案或者举报。

10. 公安机关接到未成年人被性侵害的报案、控告、举报，应当及时受理，迅速进行审查。经审查，符合立案条件的，应当立即立案侦查。

公安机关发现可能有未成年人被性侵害或者接报相关线索的，无论案件是否属于本单位管辖，都应当及时采取制止违法犯罪行为、保护被害人、保护现场等紧急措施，必要时，应当通报有关部门对被害人予以临时安置、救助。

11. 人民检察院认为公安机关应当立案侦查而不立案侦查的，或者被害人及其法定代理人、对未成年人负有特殊职责的人员据此向人民检察院提出异议的，人民检察院应当要求公安机关说明不立案的理由。人民检察院认为不立案理由不成立的，应当通知公安机关立案，公安机关接到通知后应当立案。

12. 公安机关侦查未成年人被性侵害案件，应当依照法定程序，及时、全面收集固定证据。及时对性侵害犯罪现场进行勘查，对未成年被害人、犯罪嫌疑人进行人身检查，提取体液、毛发、被害人和犯罪嫌疑人指甲内的残留物等生物样本，指纹、足迹、鞋印等痕迹，衣物、纽扣等物品；及时提取住宿登记表等书证，现场监控录像等视听资料；及时收集被害人陈述、证人证言和犯罪嫌疑人供述等证据。

13. 办案人员到未成年被害人及其亲属、未成年证人所在学校、单位、居住地调查取证的，应当避免驾驶警车、穿着制服或者采取其他可能暴露被害人身份、影响被害人名誉、隐私的方式。

14. 询问未成年被害人，审判人员、检察人员、侦查人员和律师应当坚持不伤害原则，选择未成年人住所或者其他让未成年人心理上感到安全的场所进行，并通知其法定代理人到场。无法通知、法定代理人不能到场或者法定代理人是性侵害犯罪嫌疑人、被告人的，也可以通知未成年被害人的其他成年亲属或者所在学校、居住地基层组织、未成年人保护组织的代表等有关人员到场，并将相关情况记录在案。

询问未成年被害人，应当考虑其身心特点，采取和缓的方式进行。对与性侵害犯罪有关的事实应当进行全面询问，以一次询问为原则，尽可能避免反复询问。

15. 人民法院、人民检察院办理性侵害未成年人案件，应当及时告知未成年被害人及其法定代理人或者近亲属有权委托诉讼代理人，并告知其如果经济困难，可以向法律援助机构申请法律援助。对需要申请法律援助的，应当帮助其申请法律援助。法律援助机构应当及时指派熟悉未成年人身心特点的律师为其提供法律帮助。

16. 人民法院、人民检察院、公安机关办理性侵害未成年人犯罪案件，除有碍案件办理的情形外，应当将案件进展情况、案件处理结果及时告知被害人及其法定代理人，并对有关情况予以说明。

17. 人民法院确定性侵害未成年人犯罪案件开庭日期后，应当将开庭的时间、地点通知未成年被害人及其法定代理人。未成年被害人的法定代理人可以陪同或者代表未成年被害人参加法庭审理，陈述意见，法定代理人是性侵害犯罪被告人的除外。

18. 人民法院开庭审理性侵害未成年人犯罪案件，未成年被害人、证人确有必要出庭的，应当根据案件情况采取不暴露外貌、真实声音等保护措施。有条件的，可以采取视频等方式播放未成年人的陈述、证言，播放视频亦应采取保护措施。

19. 知道或者应当知道对方是不满十四周岁的幼女，而实施奸淫等性侵害行为的，应当认定行为人“明知”对方是幼女。

对于不满十二周岁的被害人实施奸淫等性侵害行为的，应当认定行为人“明知”对方是幼女。

对于已满十二周岁不满十四周岁的被害人，从其身体发育状况、言谈举止、衣着特征、生活作息规律等观察可能是幼女，而实施奸淫等性侵害行为的，应当认定行为人“明知”对方是幼女。

20. 以金钱财物等方式引诱幼女与自己发生性关系的；知道或者应当知道幼女被他人强迫卖淫而仍与其发生性关系的，均以强奸罪论处。

21. 对幼女负有特殊职责的人员与幼女发生性关系的，以强奸罪论处。

对已满十四周岁的未成年女性负有特殊职责的人员，利用其优势地位或者被害人孤立无援的境地，迫使未成年被害人就范，而与其发生性关系的，以强奸罪定罪处罚。

22. 实施猥亵儿童犯罪，造成儿童轻伤以上后果，同时符合刑法第二百三十四条或者第二百三十二条的规定，构成故意伤害罪、故意杀人罪的，依照处罚较重的规定定罪处罚。

对已满十四周岁的未成年男性实施猥亵，造成被害人轻伤以上后果，符合刑法第二百三十四条或者第二百三十二条规定的，以故意伤害罪或者故意杀人罪定罪处罚。

23. 在校园、游泳馆、儿童游乐场等公共场所对未成年人实施强奸、猥亵犯罪，只要有其他多人在场，不论在场人员是否实际看到，均可以依照刑法第二百三十六条第三款、第二百三十七条的规定，认定为在公共场所“当众”强奸妇女，强制猥亵、侮辱妇女，猥亵儿童。

24. 介绍、帮助他人奸淫幼女、猥亵儿童的，以强奸罪、猥亵儿童罪的共犯论处。

25. 针对未成年人实施强奸、猥亵犯罪的，应当从重处罚，具有下列情形之一的，更要依法从严惩处：

（1）对未成年人负有特殊职责的人员、与未成年人有共同家庭生活关系的人员、国家工作人员或者冒充国家工作人员，实施强奸、猥亵犯罪的；

（2）进入未成年人住所、学生集体宿舍实施强奸、猥亵犯罪的；

（3）采取暴力、胁迫、麻醉等强制手段实施奸淫幼女、猥亵儿童犯罪的；

（4）对不满十二周岁的儿童、农村留守儿童、严重残疾或者精神智力发育迟滞的未成年人，实施强奸、猥亵犯罪的；

（5）猥亵多名未成年人，或者多次实施强奸、猥亵犯罪的；

（6）造成未成年被害人轻伤、怀孕、感染性病等后果的；

（7）有强奸、猥亵犯罪前科劣迹的。

26. 组织、强迫、引诱、容留、介绍未成年人卖淫构成犯罪的，应当从重处罚。强迫幼女卖淫、引诱幼女卖淫的，应当分别按照刑法第三百五十八条第一款第（二）项、第三百五十九条第二款的规定定罪处罚。

对未成年人负有特殊职责的人员、与未成年人有共同家庭生活关系的人员、国家工作人员，实施组织、强迫、引诱、容留、介绍未成年人卖淫等性侵害犯罪的，更要依法从严惩处。

27. 已满十四周岁不满十六周岁的人偶尔与幼女发生性关系，情节轻微、未造成严重后果的，不认为是犯罪。

28. 对于强奸未成年人的成年犯罪分子判处刑罚时，一般不适用缓刑。

对于性侵害未成年人的犯罪分子确定是否适用缓刑，人民法院、人民检察院可以委托犯罪分子居住地的社区矫正机构，就对其宣告缓刑对所居住社区是否有重大不良影响进行调查。受委托的社区矫正机构应当及时组织调查，在规定的期限内将调查评估意见提交委托机关。

对于判处刑罚同时宣告缓刑的，可以根据犯罪情况，同时宣告禁止令，禁止犯罪分子在缓刑考验期内从事与未成年人有关的工作、活动，禁止其进入中小学校区、幼儿园园区及其他未成年人集中的场所，确因本人就学、居住等原因，经执行机关批准的除外。

29. 外国人在我国领域内实施强奸、猥亵未成年人等犯罪的，应当依法判处，在判处刑罚时，可以独立适用或者附加适用驱逐出境。对于尚不构成犯罪但构成违反治安管理行为的，或者因实施性侵害未成年人犯罪不适宜在中国境内继续停留居留的，公安机关可以依法适用限期出境或者驱逐出境。

30. 对于判决已生效的强奸、猥亵未成年人犯罪案件，人民法院在依法保护被害人隐私的前提下，可以在互联网公布相关裁判文书，未成年人犯罪的除外。

31. 对于未成年人因被性侵害而造成的人身损害，为进行康复治疗所支付的医疗费、护理费、交通费、误工费等合理费用，未成年被害人及其法定代理人、近亲属提出赔偿请求的，人民法院依法予以支持。

32. 未成年人在幼儿园、学校或者其他教育机构学习、生活期间被性侵害而造成人身损害，被害人及其法定代理人、近亲属据此向人民法院起诉要求上述单位承担赔偿责任的，人民法院依法予以支持。

33. 未成年人受到监护人性侵害，其他具有监护资格的人员、民政部门等有关单位和组织向人民法院提出申请，要求撤销监护人资格，另行指定监护人的，人民法院依法予以支持。

34. 对未成年被害人因性侵害犯罪而造成人身损害，不能及时获得有效赔偿，生活困难的，各级人民法院、人民检察院、公安机关可会同有关部门，优先考虑予以司法救助。

【指导性案例】

最高人民检察院指导性案例第42号齐某强奸、猥亵儿童案①

（最高人民检察院检察委员会讨论通过，2018年11月17日发布）

【关键词】

强奸罪　猥亵儿童罪　情节恶劣　公共场所当众

【基本案情】

被告人齐某，男，1969年1月出生，原系某县某小学班主任。

2011年夏天至2012年10月，被告人齐某在担任班主任期间，利用午休、晚自习及宿舍查寝等机会，在学校办公室、教室、洗澡堂、男生宿舍等处多次对被害女童A（10岁）、B（10岁）实施奸淫、猥亵，并以带A女童外出看病为由，将其带回家中强奸。齐某还在女生集体宿舍等地多次猥亵被害女童C（11岁）、D（11岁）、E（10岁），猥亵被害女童F（11岁）、G（11岁）各一次。

【要旨】

1. 性侵未成年人犯罪案件中，被害人陈述稳定自然，对于细节的描述符合正常记忆认知、表达能力，被告人辩解没有证据支持，结合生活经验对全案证据进行审查，能够形成完整证明体系的，可以认定案件事实。

2. 奸淫幼女具有《最高人民法院、最高人民检察院、公安部、司法部关于依法惩治性侵害未成年人犯罪的意见》规定的从严处罚情节，社会危害性与刑法第二百三十六条第三款第二至四项规定的情形相当的，可以认定为该款第一项规定的“情节恶劣”。

---

① 《第十一批指导性案例——齐某强奸、猥亵儿童案（检例第42号）》，载最高人民检察院网站，https://www.spp.gov.cn/zxjy/qwfb/201811/t20181118_399378.shtml，2022年3月16日访问。

3. 行为人在教室、集体宿舍等场所实施猥亵行为，只要当时有多人在场，即使在场人员未实际看到，也应当认定犯罪行为是在“公共场所当众”实施。

【指控与证明犯罪】

（一）提起公诉及原审判决情况

2013 年 4 月 14 日，某市人民检察院以齐某犯强奸罪、猥亵儿童罪对其提起公诉。5 月 9 日，某市中级人民法院依法不公开开庭审理本案。9 月 23 日，该市中级人民法院作出判决，认定齐某犯强奸罪，判处死刑缓期二年执行，剥夺政治权利终身；犯猥亵儿童罪，判处有期徒刑四年六个月；决定执行死刑，缓期二年执行，剥夺政治权利终身。被告人未上诉，判决生效后，报某省高级人民法院复核。

2013 年 12 月 24 日，某省高级人民法院以原判认定部分事实不清为由，裁定撤销原判，发回重审。

2014 年 11 月 13 日，某市中级人民法院经重新审理，作出判决，认定齐某犯强奸罪，判处无期徒刑，剥夺政治权利终身；犯猥亵儿童罪，判处有期徒刑四年六个月；决定执行无期徒刑，剥夺政治权利终身。齐某不服提出上诉。

2016 年 1 月 20 日，某省高级人民法院经审理，作出终审判决，认定齐某犯强奸罪，判处有期徒刑六年，剥夺政治权利一年；犯猥亵儿童罪，判处有期徒刑四年六个月；决定执行有期徒刑十年，剥夺政治权利一年。

（二）提起审判监督程序及再审改判情况

某省人民检察院认为该案终审判决确有错误，提请最高人民检察院抗诉。最高人民检察院经审查，认为该案适用法律错误，量刑不当，应予纠正。2017 年 3 月 3 日，最高人民检察院依照审判监督程序向最高人民法院提出抗诉。

2017 年 12 月 4 日，最高人民法院依法不公开开庭审理本案，最高人民检察院指派检察员出席法庭，辩护人出庭为原审被告人进行辩护。

法庭调查阶段，针对原审被告人不认罪的情况，检察员着重就齐某辩解与在案证据是否存在矛盾，以及有无其他证据或线索支持其辩解进行发问和举证，重点核实以下问题：案发前齐某与被害人及其家长关系如何，是否到女生宿舍查寝，是否多次单独将女生叫出教室，是否带女生回家过夜。齐某当庭供述与被害人及其家长没有矛盾，承认曾到女生宿舍查寝，为女生揉肚子，单独将女生叫出教室问话，带女生外出看病以及回家过夜。通过当庭讯问，进一步印证了被害人陈述细节的真实性、客观性。

法庭辩论阶段，检察员发表出庭意见：

首先，原审被告人齐某犯强奸罪、猥亵儿童罪的犯罪事实清楚，证据确实充分。1. 各被害人及其家长和齐某在案发前没有矛盾。报案及时，无其他介入因素，可以排除诬告的可能。2. 各被害人陈述内容自然合理，可信度高，且有同学的证言予以印证。被害人对于细节的描述符合正常记忆认知、表达能力，如齐某实施性侵害的大致时间、地点、方式、次数等内容基本一致。因被害人年幼、报案及作证距案发时间较长等客观情况，具体表达存在不尽一致之处，完全正常。3. 各被害人陈述的基本事实得到本案其他证据印证，如齐某卧室勘验笔录、被害人辨认现场的笔录、现场照片、被害人生理状况诊断证明等。

其次，原审被告人齐某犯强奸罪情节恶劣，且在公共场所当众猥亵儿童，某省高级人民法院判决对此不予认定，属于适用法律错误，导致量刑畸轻。1. 齐某奸淫幼女“情节恶劣”。齐某利用教师身份，多次强奸二名幼女，犯罪时间跨度长。本案发生在校园内，对被害人及其家人伤害非常大，对其他学生造成了恐惧。齐某的行为具备《最高人民法院、最高人民检察院、公安部、司法部关于依法惩治性侵害未成年人犯罪的意见》第 25 条规定的多项“更要依法从严惩处”的情节，综合评判应认定为“情节恶劣”，判处十年有期徒刑以上刑罚。2. 本案中齐某的行为属于在“公共场所当众”猥亵儿童。公共场所系供社会上多数人从事工作、学习、文化、娱乐、体育、社交、参观、旅游和满足部分生活需求的一切公用建筑物、场所及其设施的总称，具备由多数人进出、使用的特征。基于对未成年人保护的需要，《最高人民法院、最高人民检察院、公安部、司法部关于依法惩治性侵害未成年人犯罪的意见》第 23 条明确将“校园”这种除师生外，其他人不能随便进出的场所认定为公共场所。司法实践中也已将教室这种相对封闭的场所认定为公共场所。本案中女生宿舍是 20 多人的集体宿舍，和教室一样属于校园的重要组成部分，具有相对涉众性、公开性，应当是公共场所。《最高人民法院、最高人民检察院、公安部、司法部关于依法惩治性侵害未成年人犯罪的意见》第 23

条规定，在公共场所对未成年人实施猥亵犯罪，“只要有其他多人在场，不论在场人员是否实际看到”，均可认定为当众猥亵。本案中齐某在熄灯后进入女生集体宿舍，当时就寝人数较多，床铺之间没有遮挡，其猥亵行为易被同寝他人所感知，符合上述规定“当众”的要求。

原审被告人及其辩护人坚持事实不清、证据不足的辩护意见，理由是：一是认定犯罪的直接证据只有被害人陈述，齐某始终不认罪，其他证人证言均是传来证据，没有物证，证据链条不完整。二是被害人陈述前后有矛盾，不一致。且其中一个被害人在第一次陈述中只讲到被猥亵，第二次又讲到被强奸，前后有重大矛盾。

针对辩护意见，检察员答辩：一是被害人陈述的一些细节，如强奸的地点、姿势等，结合被害人年龄及认知能力，不亲身经历，难以编造。二是齐某性侵次数多、时间跨度长，被害人年龄小，前后陈述有些细节上的差异和模糊是正常的，恰恰符合被害人的记忆特征。且被害人对基本事实和情节的描述是稳定的。有的被害人虽然在第一次询问时没有陈述被强奸，但在此后对没有陈述的原因做了解释，即当时学校老师在场，不敢讲。这一理由符合孩子的心理。三是被害人同学证言虽然是传来证据，但其是在犯罪发生之后即得知有关情况，因此证明力较强。四是齐某及其辩护人对其辩解没有提供任何证据或者线索的支持。

2018 年 6 月 11 日，最高人民法院召开审判委员会会议审议本案，最高人民检察院检察长列席会议并发表意见：一是最高人民检察院抗诉书认定的齐某犯罪事实、情节符合客观实际。性侵害未成年人案件具有客观证据、直接证据少，被告人往往不认罪等特点。本案中，被害人家长与原审被告人之前不存在矛盾，案发过程自然。被害人陈述及同学证言符合案发实际和儿童心理，证明力强。综合全案证据看，足以排除合理怀疑，能够认定原审被告人强奸、猥亵儿童的犯罪事实。二是原审被告人在女生宿舍猥亵儿童的犯罪行为属于在“公共场所当众”猥亵。考虑本案具体情节，原审被告人猥亵儿童的犯罪行为应当判处十年有期徒刑以上刑罚。三是某省高级人民法院二审判决确有错误，依法应当改判。

2018 年 7 月 27 日，最高人民法院作出终审判决，认定原审被告人齐某犯强奸罪，判处无期徒刑，剥夺政治权利终身；犯猥亵儿童罪，判处有期徒刑十年；决定执行无期徒刑，剥夺政治权利终身。

【指导意义】

（一）准确把握性侵未成人犯罪案件证据审查判断标准

对性侵未成年人犯罪案件证据的审查，要根据未成年人的身心特点，按照有别于成年人的标准予以判断。审查言词证据，要结合全案情况予以分析。根据经验和常识，未成年人的陈述合乎情理、逻辑，对细节的描述符合其认知和表达能力，且有其他证据予以印证，被告人的辩解没有证据支持，结合双方关系不存在诬告可能的，应当采纳未成年人的陈述。

（二）准确适用奸淫幼女“情节恶劣”的规定

刑法第二百三十六条第三款第一项规定，奸淫幼女“情节恶劣”的，处十年以上有期徒刑、无期徒刑或者死刑。《最高人民法院、最高人民检察院、公安部、司法部关于依法惩治性侵害未成年人犯罪的意见》第25条规定了针对未成年人实施强奸、猥亵犯罪“更要依法从严惩处”的七种情形。实践中，奸淫幼女具有从严惩处情形，社会危害性与刑法第二百三十六条第三款第二至四项相当的，可以认为属于该款第一项规定的“情节恶劣”。例如，该款第二项规定的“奸淫幼女多人”，一般是指奸淫幼女三人以上。本案中，被告人具备教师的特殊身份，奸淫二名幼女，且分别奸淫多次，其危害性并不低于奸淫幼女三人的行为，据此可以认定符合“情节恶劣”的规定。

（三）准确适用“公共场所当众”实施强奸、猥亵未成年人犯罪的规定

刑法对“公共场所当众”实施强奸、猥亵未成年人犯罪，作出了从重处罚的规定。《最高人民法院、最高人民检察院、公安部、司法部关于依法惩治性侵害未成年人犯罪的意见》第23条规定了在“校园、游泳馆、儿童游乐场等公共场所”对未成年人实施强奸、猥亵犯罪，可以认定为在“公共场所当众”实施犯罪。适用这一规定，是否属于“当众”实施犯罪至为关键。对在规定列举之外的场所实施强奸、猥亵未成年人犯罪的，只要场所具有相对公开性，且有其他多人在场，有被他人感知可能的，就可以认定为在“公共场所当众”犯罪。最高人民法院对本案的判决表明：学校中的教室、集体宿舍、公共厕所、集体洗澡间等，是不特定未成年人活动的场所，在这些场所实施强奸、猥亵未成年人犯罪的，应当认定为在“公共场所当众”实施犯罪。

第六章　负有照护职责人员性侵罪

【立案追诉标准】

负有照护职责人员性侵案（刑法第 236 条之一）

涉嫌对已满 14 周岁不满 16 周岁的未成年女性负有监护、收养、看护、教育、医疗等特殊职责的人员，与该未成年女性发生性关系的，应予立案。

【犯罪构成及刑事责任】

负有照护职责人员性侵罪，是指对已满 14 周岁不满 16 周岁的未成年女性负有监护、收养、看护、教育、医疗等特殊职责的人员，与该未成年女性发生性关系的行为。构成负有照护职责人员性侵罪要求符合如下四个要件：

1. 客体要件。负有照护职责人员性侵罪侵犯的客体是基于照护职责的信赖关系和未成年女性的身心健康，侵害对象是已满 14 周岁不满 16 周岁的未成年女性。

2. 客观要件。负有照护职责人员性侵罪在客观上表现为，负有照护职责的人员在未以暴力、猥亵等其他手段强制的情况下，与被照护的未成年女性发生性关系，或者未成年女性主动或者同意与其发生性关系的情形。其中“性关系”是指狭义的性交行为。

3. 主体要件。负有照护职责人员性侵罪的主体为特殊主体，要求行为人不仅年满 16 周岁、具有完全刑事责任，还应当符合对已满 14 周岁不满 16 周岁的未成年女性负有监护、收养、看护、教育、医疗等特殊职责。

4. 主观要件。负有照护职责人员性侵罪主观上是故意，要求明知被侵害女性未满 16 周岁。

根据刑法第 236 条之一的规定，构成负有照护职责人员性侵罪的，处 3 年以下有期徒刑；情节恶劣的，处 3 年以上 10 年以下有期徒刑。

【疑难指导】

一、如何认定负有照护职责人员性侵罪的保护客体

一般情形下，性侵犯罪侵犯的客体是女性的性自主权。但是在负有照护职责人员性侵犯罪中，无论被照护未成年女性是否自愿发生性关系，都不影响行为人犯罪性质认定。因此，应当如何认定本罪的保护客体。

刑法对负有照护职责人员性侵犯罪单独规定，是基于此类犯罪中双方当事人的特殊地位和身份，以及这种地位和身份对双方当事人的影响。此类案件中，双方当事人地位并不对等，未成年人女性处于明显弱势，生理和心理上都对负有照护职责的人严重依赖。具有照护职责的行为人容易对被害人进行欺骗、利诱，未成年女性的真实思想难以辨明，更难以判断是否违背性自主意志。未成年女性即使并非自愿，也可能是源于特殊关系而忍气吞声，其性自主权必然受到限制。刑法上的性自主权应当只赋予"具有成熟判断能力的人"，对于没有这种能力的人（包括无责任能力的人以及责任能力受到限制的人），从缓和的刑法家长主义立场出发，为了保护其本人的利益，在一定范围内可以用公权力对其自主权进行某种有限的干涉。① 所以有观点认为，关于性自主决定权，也要根据具有成熟的判断能力者的意思而作出决定，这种自己决定的自由在面对完全平等的对方时，是完全的自由决定权利，但在面对具有监护关系的强势者时，该自主决定权被否定。因此，本罪保护的是未成年女性的身心健康，而不是未成年女性的性自主决定权。②

考虑此类案件中行为人和未成年女性的特殊地位，未成年女性特殊的身心

---

① ［日］曾根威彦：《刑法学基础》，黎宏译，法律出版社 2005 年版，第 58 页。

② 周光权：《刑法各论》，中国人民大学出版社 2021 年版，第 39 页。

特点，笔者认为，应当将未成年女性的身心健康，而不是性自主权确定为本罪的犯罪客体。明确上述客体不仅有利于对未成年女性的特殊保护，也有利于防止对未成年女性自愿行为的错误评价，有利于防止对行为人的定罪量刑产生不当影响。

二、如何理解负有照护职责人员性侵罪对被害人的特殊保护

对已满14周岁不满16周岁的未成年女性负有监护、收养、看护、教育、医疗等特殊职责的人员，即便在对方同意的情形下，与该未成年女性发生性关系，行为人的行为也构成本罪。这一规定是对处于弱势地位未成年女性的特殊保护，这一保护原则也体现在刑法其他规定中。例如，刑法第236条规定，奸淫幼女认定为强奸罪，其中奸淫幼女的行为人无论是否采取暴力、哄骗等手段，无论幼女是否同意，只要发生性关系都构成强奸罪。刑法规定体现了对特定年龄幼女的特殊保护，也确定了我国性同意年龄为14周岁。而在负有照护职责人员性侵罪中，刑法基于负有照护职责人员的特殊身份，和对被照护未成年女性心理和身体的特殊影响，采用了与奸淫幼女行为同样的入罪标准，体现了对被照护未成年人的特殊保护，实际上也明确了在此类特殊情形下个别降低性同意年龄。

三、如何理解负有照护职责人员性侵罪的客观表现

负有照护职责人员性侵罪的客观表现是负有特殊职责人员与已满14周岁不满16周岁未成年女性发生性关系，此处的性关系是指狭义的性交行为，不包括猥亵行为。因为本罪基于对被照护未成年女性的特殊保护，对性同意年龄予以个别提高。但是，考虑到已满14周岁不满16周岁的未成年女性具有一定的性自主意志，刑法并没有作出严格的绝对保护。如果已满14周岁不满16周岁未成年女性同意，负有特殊职责的人员对其仅实施猥亵行为的，仍然肯定未成年女性的部分性自主权，不认定行为人构成犯罪。

四、如何认定负有照护职责人员性侵罪的犯罪主体

负有照护职责人员性侵罪的主体是负有监护、收养、看护、教育、医疗等特殊职责的人员，这些人在与被照护未成年女性的相处过程中处于优势地位，其身份、地位容易对被照护未成年人的身体和心理产生控制，需要特别立法限制。负有照护职责人员属于特殊职责人员，主体身份的认定应当注重从形式和实质两个方面理解。

（一）对职责的判断依据

刑法规定的监护、收养、看护、教育、医疗五类情形，是典型负有特殊职责的人员，对职责的判断应当注意有所依据。特殊职责的认定应当对应法律、法规规定的监护关系、教育关系，法律和事实上的收养关系，合同约定形成的看护关系，等等。判断的重点在于是否形成上述关系，是否存在事实照护，是否对女性形成信赖影响。需要注意的是，关系形成是否合法属于形式要件，并不能直接否定实质关系的存在。

（二）照护关系应当相对持续、稳定，对形成信赖有影响

刑法规定的监护、收养、看护、教育、医疗五类情形属于注意规定，而不是限制规定。对于特殊职责的理解应当以行为人是否具有基于照护的优势地位、是否与未成年女性形成信赖关系为判断标准，具体到个案，需要考察行为人的照护是否相对持续、稳定，是否形成必要的信赖关系影响。例如，未成年女性在参加培训班期间与培训人员发生性关系，由于参加培训并不具有长期性，行为人缺乏实质照护，与未成年女性之间不足以形成信赖，不符合特殊主体身份的要求。此外，行为人受托短期内照护未成年女性的，尚不构成实质性照护职责，不符合主体身份要求，同样不能构成负有照护职责人员性侵罪。

五、如何区分负有照护职责人员性侵罪与强奸罪

负有照护职责人员性侵罪在客观上不要求违背女性意志。但是，如果行为人采用暴力、胁迫或者采取其他手段，违背女性意志，与14周岁至16周岁未成年女性发生性关系，则同时符合本罪与强奸罪的客观表现，构成负有照护职责人员性侵罪和强奸罪的想象竞合，从一重（即强奸罪）罪定罪量刑。如果行为人与不满14周岁被照护未成年女性发生性关系，符合强奸罪中奸淫幼女情形的构成要件要求的，也应当以强奸罪定罪处罚。

【办案依据】

刑法规定

第二百三十六条之一 对已满十四周岁不满十六周岁的未成年女性负有监护、

收养、看护、教育、医疗等特殊职责的人员，与该未成年女性发生性关系的，处三年以下有期徒刑；情节恶劣的，处三年以上十年以下有期徒刑。

有前款行为，同时又构成本法第二百三十六条规定之罪的，依照处罚较重的规定定罪处罚。

第七章 强制猥亵罪

【立案追诉标准】

强制猥亵案（刑法第237条）

涉嫌强制猥亵他人的，应予立案。

【犯罪构成及刑事责任】

强制猥亵罪，是指以暴力、胁迫或者其他方法强制猥亵他人的行为。构成强制猥亵罪应当符合如下四个要件：

1. 客体要件。强制猥亵罪侵害的客体是他人的性行为自主权。强制猥亵罪的犯罪对象不仅包括女性，也包括14周岁以上的男性。

2. 客观要件。强制猥亵罪要求行为人采取暴力、胁迫等方法，使被害人不能反抗、不敢反抗，从而实施强制行为。

3. 主体要件。强制猥亵罪的主体是一般主体，年满16周岁、具备刑事责任能力的自然人都可以构成强制猥亵罪。

4. 主观要件。强制猥亵罪在主观上是故意。是否具有满足性刺激、满足性欲等目的，不影响强制猥亵罪主观故意的认定。

根据刑法第237条的规定，强制猥亵的，处5年以下有期徒刑或者拘役。聚众或者在公共场所当众犯前款罪的，或者有其他恶劣情节的，处5年以上有期徒刑。

【疑难指导】

一、如何认定猥亵行为

猥亵的现代含义包括淫乱、下流的言语或行为、作下流的动作等①。刑法意义上的猥亵行为是指直接发生身体接触，在奸淫目的以外满足性刺激的行为。实践中多发的猥亵行为包括：抚摸他人与性有关的器官、将异物插入女性肛门等。除此之外，一些非典型性、与性刺激有关的行为也可以认定为猥亵行为。例如，强迫他人观看性行为，虽然没有发生身体接触，但在这种情形下，被害人的人格尊严、性羞耻心都受到很大侵害，与一般猥亵行为对客体的侵害实质相同，也应当认定为猥亵行为；针对男性的强奸行为，强奸罪的犯罪对象不包括男性，强奸罪是强制猥亵罪的特殊条款，根据罪刑法定原则和法条竞合原理，应当认定此种行为是猥亵行为；口交、手淫等是强奸罪的实行行为，根据特殊法条优先适用的原则，不再认定为猥亵行为。

二、如何认定强制猥亵罪的强制性

强制性是强制猥亵罪的重要特征，仅有猥亵行为、缺乏强制手段的行为不构成强制猥亵罪。强制猥亵罪的强制性一般表现为暴力、胁迫等方式，但其暴力、胁迫的程度，并不需要像抢劫罪中相应行为一样达到足以压制被害人反抗的程度，只要使被害人反抗存在显著困难即为足矣。② 相较于强奸罪，强制猥亵罪的强制程度也相对较低，而且有时强制手段本身就是猥亵行为。例如，在深夜偏僻之处，行为人对单身年轻女性，利用搭话之机搂抱、抚摸其胸部，致使女性不敢反抗，行为人的行为对女性心理形成强制，达到令被害人不敢反抗的程度，符合强制猥亵罪构成要件要求。再如，行为人趁女性不备，突然伸手抓摸女性胸部，女性呼救随机逃离，行为人的猥亵行为本身就是暴力行为，属于利用被害人来不及反抗实施猥亵行为，符合强制猥亵罪的构成要件要求。但如果行为人只是单纯向女性裸露性器官、偷拍女性裙底，发送淫秽信息等，其行为虽然侵犯了性自主权，但

---

① 商务印书馆辞书研究中心编：《古今汉语词典》，商务印书馆 2000 年版，第 1528 页。

② 周光权：《刑法各论》，中国人民大学出版社 2021 年版，第 40 页；转引自［日］团藤重光：《刑法纲要各论》（第三版），创文社 1990 年版，第 490 页。

因其不具有强制性，不符合强制猥亵罪的构成要件，不能认定为强制猥亵罪。

三、“公共场所当众”的理解与适用

性活动具有私密性，刑法将“公共场所当众”实施猥亵犯罪作为加重处罚的特别规定，体现了此类犯罪行为对被害人伤害叠加的客观评价，司法实践中应当准确适用、确保罪责相当。

（一）“公共场所”的理解与适用

强制猥亵的“公共场所”是加重处罚的场所要求，法律之所以对公共场所强制猥亵的行为特殊评价，原因在于性行为具有私密性，而公共场所具有非私密性特征，被害人在公共场所被猥亵，人格尊严受到双重侵害。实践中，有些场所的公开性并不明显，有的只具有相对公开的特性，对此如何认定存在争议。2013 年《最高人民法院、最高人民检察院、公安部、司法部关于依法惩治性侵害未成年人犯罪的意见》对此予以明确，其中第 23 条规定，在“校园、游泳馆、儿童游乐场等公共场所”对未成年人实施强奸、猥亵犯罪，可以认定为在“公共场所”实施犯罪。司法判例也表明，对该意见列举之外的场所，只要场所具有相对公开性，且有其他多人在场，有被他人感知可能的，就可以认定为在“公共场所当众”。学校中的教室、集体宿舍、公共厕所、集体洗澡间等，是不特定未成年人活动的场所，也应当认定为在“公共场所”。由此可见，公共、相对公开，足以打破性行为私密空间限制等场所特征，是认定公共场所的重要考虑因素，在这些场所实施强制猥亵行为的，根据刑法规定，应当适用 5 年以上量刑幅度。

（二）“当众”的理解与适用

对于“当众”的理解，实践中存在“众”是否为多数，“当”是否要求他人实际看到等争议。对此需要从强制猥亵的犯罪类别出发予以厘清，强制猥亵罪属于侵犯公民人身权利犯罪，客体是他人人身权利，而不是性道德观念、性风俗等公共秩序。加重处罚“当众”源于对被害人心理受害叠加的法律评价，而不是基于对公众心理和社会秩序的影响，因此是否被实际看见不是认定“当众”的标准。只要强制猥亵行为是在公共场所当众实施，具有被他人看见的可能性，就足以对被害人的心理伤害叠加，理应得到加重的法律评价。《最高人民法院、最高人民检察院、公安部、司法部关于依法惩治性侵害未成年人犯罪的意见》也明确，在校

园、游泳馆、儿童游乐场等公共场所对未成年人实施强奸、猥亵犯罪，只要有其他多人在场，不论在场人员是否实际看到，均可以依照刑法第236条第3款、第237条的规定，认定为在公共场所“当众”强奸妇女，强制猥亵、侮辱妇女，猥亵儿童。

（三）“情节恶劣”的理解和适用

在“公众场所当众”强制猥亵是强制猥亵罪的加重处罚情节，依据法律规定应当判处5年以上有期徒刑。实践中，有的在公共场所实施的猥亵行为轻微，强制力也有限，一律以5年以上有期徒刑处罚难免罪责不符。因此，实务中有的将“公众场所当众”作为加重处罚的情节，有的作为入罪情节，适用标准不一。为厘清实务适用混乱，刑法修正案（十一）在强制猥亵罪原规定的基础上，增加了“情节恶劣”的限制条件。对于“情节恶劣”如何适用，司法实践需要结合具体案件的时空状况、猥亵情节和强制程度、对被害人心理伤害程度等综合评价，以确保罪责相当。

四、“咸猪手”入刑的法律适用

“咸猪手”事件是城市公共交通工具的“恶疾”，侵害女性的性自主权、危害公众安全感。在一般的强制猥亵犯罪中，行为人采取暴力、胁迫等手段，对被害人心理形成强制，在创设的情境下实施强制猥亵行为，属于“创设型”强制猥亵。而在“咸猪手”事件中，在公共交通工具的特殊时空下，被害人往往不能反抗、不敢反抗，行为人正是利用了被害人的反抗障碍实施猥亵行为，属于“利用型”强制猥亵。根据刑法第237条的规定，强制猥亵手段包括暴力、胁迫以及其他方法，“咸猪手”事件中行为人的手段应当认定为“其他方法”。那么，对于利用被害人反抗困难强制猥亵的行为，客观上对被害人的伤害较小，法律适用有必要严格掌握。实践中，应当结合个案衡量猥亵持续时间、对被害人影响、是否多次猥亵等因素，在严格刑法适用的基础上谨慎入刑。猥亵情节一般，对被害人影响有限的“咸猪手”事件，应当适用行政处罚。

五、如何区别强制猥亵罪与强奸罪未遂

猥亵属于广义性行为，是性交以外与性有关的行为，强制猥亵罪与强奸罪未遂在客观表现上具有相似性，实践中往往难以区分。比较强制猥亵罪与强奸罪的构成要件，二者在客观表现上有相似之处，但是在主观故意上根本不同。在主观上，强制猥亵罪的行为人为寻求与性相关的感官刺激，并不具有性交目的，而强奸罪的目的在于强行与被害人性交或者奸淫被害人。因此，主观上是否欲强行发生性关系是区分两罪的关键。具体如何判断行为人主观故意的内容，应当结合行为人实施性犯罪的场合、手段等综合判断。如果行为人最初具有猥亵故意，在强制猥亵过程中又临时起意，产生奸淫故意，并进一步强行发生性关系的，无论既遂与否，都应当认为主观故意发生了转化，以转化后的强奸罪论处。

【办案依据】

一、刑法规定

第二百三十七条 以暴力、胁迫或者其他方法强制猥亵他人或者侮辱妇女的，处五年以下有期徒刑或者拘役。

聚众或者在公共场所当众犯前款罪的，或者有其他恶劣情节的，处五年以上有期徒刑。

猥亵儿童的，处五年以下有期徒刑；有下列情形之一的，处五年以上有期徒刑：

（一）猥亵儿童多人或者多次的；

（二）聚众猥亵儿童的，或者在公共场所当众猥亵儿童，情节恶劣的；

（三）造成儿童伤害或者其他严重后果的；

（四）猥亵手段恶劣或者有其他恶劣情节的。

二、司法文件

（一）《最高人民法院、最高人民检察院、公安部、司法部关于依法办理家庭暴力犯罪案件的意见》（2015 年 3 月 2 日　法发〔2015〕4 号）

16. 依法准确定罪处罚。对故意杀人、故意伤害、强奸、猥亵儿童、非法拘禁、侮辱、暴力干涉婚姻自由、虐待、遗弃等侵害公民人身权利的家庭暴力犯罪，应当根据犯罪的事实、犯罪的性质、情节和对社会的危害程度，严格依照刑法的有关规定判处。对于同一行为同时触犯多个罪名的，依照处罚较重的规定定罪处罚。

（二）《最高人民法院、最高人民检察院、公安部、司法部关于依法惩治性侵害未成年人犯罪的意见》（2013年10月23日　法发〔2013〕12号）

1. 本意见所称性侵害未成年人犯罪，包括刑法第二百三十六条、第二百三十七条、第三百五十八条、第三百五十九条、第三百六十条第二款规定的针对未成年人实施的强奸罪，强制猥亵、侮辱妇女罪，猥亵儿童罪，组织卖淫罪，强迫卖淫罪，引诱、容留、介绍卖淫罪，引诱幼女卖淫罪，嫖宿幼女罪等。

2. 对于性侵害未成年人犯罪，应当依法从严惩治。

3. 办理性侵害未成年人犯罪案件，应当充分考虑未成年被害人身心发育尚未成熟、易受伤害等特点，贯彻特殊、优先保护原则，切实保障未成年人的合法权益。

4. 对于未成年人实施性侵害未成年人犯罪的，应当坚持双向保护原则，在依法保护未成年被害人的合法权益时，也要依法保护未成年犯罪嫌疑人、未成年被告人的合法权益。

5. 办理性侵害未成年人犯罪案件，对于涉及未成年被害人、未成年犯罪嫌疑人和未成年被告人的身份信息及可能推断出其身份信息的资料和涉及性侵害的细节等内容，审判人员、检察人员、侦查人员、律师及其他诉讼参与人应当予以保密。

对外公开的诉讼文书，不得披露未成年被害人的身份信息及可能推断出其身份信息的其他资料，对性侵害的事实注意以适当的方式叙述。

6. 性侵害未成年人犯罪案件，应当由熟悉未成年人身心特点的审判人员、检察人员、侦查人员办理，未成年被害人系女性的，应当有女性工作人员参与。

人民法院、人民检察院、公安机关设有办理未成年人刑事案件专门工作机构或者专门工作小组的，可以优先由专门工作机构或者专门工作小组办理性侵害未成年人犯罪案件。

7. 各级人民法院、人民检察院、公安机关和司法行政机关应当加强与民政、教育、妇联、共青团等部门及未成年人保护组织的联系和协作，共同做好性侵害未成年人犯罪预防和未成年被害人的心理安抚、疏导工作，从有利于未成年人身心健康的角度，对其给予必要的帮助。

8. 上级人民法院、人民检察院、公安机关和司法行政机关应当加强对下指导和业务培训。各级人民法院、人民检察院、公安机关和司法行政机关要增强对未成年人予以特殊、优先保护的司法理念，完善工作机制，提高办案能力和水平。

9. 对未成年人负有监护、教育、训练、救助、看护、医疗等特殊职责的人员（以下简称负有特殊职责的人员）以及其他公民和单位，发现未成年人受到性侵害的，有权利也有义务向公安机关、人民检察院、人民法院报案或者举报。

10. 公安机关接到未成年人被性侵害的报案、控告、举报，应当及时受理，迅速进行审查。经审查，符合立案条件的，应当立即立案侦查。

公安机关发现可能有未成年人被性侵害或者接报相关线索的，无论案件是否属于本单位管辖，都应当及时采取制止违法犯罪行为、保护被害人、保护现场等紧急措施，必要时，应当通报有关部门对被害人予以临时安置、救助。

11. 人民检察院认为公安机关应当立案侦查而不立案侦查的，或者被害人及其法定代理人、对未成年人负有特殊职责的人员据此向人民检察院提出异议的，人民检察院应当要求公安机关说明不立案的理由。人民检察院认为不立案理由不成立的，应当通知公安机关立案，公安机关接到通知后应当立案。

12. 公安机关侦查未成年人被性侵害案件，应当依照法定程序，及时、全面收集固定证据。及时对性侵害犯罪现场进行勘查，对未成年被害人、犯罪嫌疑人进行人身检查，提取体液、毛发、被害人和犯罪嫌疑人指甲内的残留物等生物样本，指纹、足迹、鞋印等痕迹，衣物、纽扣等物品；及时提取住宿登记表等书证，现场监控录像等视听资料；及时收集被害人陈述、证人证言和犯罪嫌疑人供述等证据。

13. 办案人员到未成年被害人及其亲属、未成年证人所在学校、单位、居住地调查取证的，应当避免驾驶警车、穿着制服或者采取其他可能暴露被害人身份、影响被害人名誉、隐私的方式。

14. 询问未成年被害人，审判人员、检察人员、侦查人员和律师应当坚持不伤害原则，选择未成年人住所或者其他让未成年人心理上感到安全的场所进行，并通知其法定代理人到场。无法通知、法定代理人不能到场或者法定代理人是性侵害犯罪嫌疑人、被告人的，也可以通知未成年被害人的其他成年亲属或者所在学校、居住地基层组织、未成年人保护组织的代表等有关人员到场，并将相关情况记录在案。

询问未成年被害人，应当考虑其身心特点，采取和缓的方式进行。对与性侵害犯罪有关的事实应当进行全面询问，以一次询问为原则，尽可能避免反复询问。

15. 人民法院、人民检察院办理性侵害未成年人案件，应当及时告知未成年被害人及其法定代理人或者近亲属有权委托诉讼代理人，并告知其如果经济困难，可以向法律援助机构申请法律援助。对需要申请法律援助的，应当帮助其申请法律援助。法律援助机构应当及时指派熟悉未成年人身心特点的律师为其提供法律帮助。

16. 人民法院、人民检察院、公安机关办理性侵害未成年人犯罪案件，除有碍案件办理的情形外，应当将案件进展情况、案件处理结果及时告知被害人及其法定代理人，并对有关情况予以说明。

17. 人民法院确定性侵害未成年人犯罪案件开庭日期后，应当将开庭的时间、地点通知未成年被害人及其法定代理人。未成年被害人的法定代理人可以陪同或者代表未成年被害人参加法庭审理，陈述意见，法定代理人是性侵害犯罪被告人的除外。

18. 人民法院开庭审理性侵害未成年人犯罪案件，未成年被害人、证人确有必要出庭的，应当根据案件情况采取不暴露外貌、真实声音等保护措施。有条件的，可以采取视频等方式播放未成年人的陈述、证言，播放视频亦应采取保护措施。

19. 知道或者应当知道对方是不满十四周岁的幼女，而实施奸淫等性侵害行为的，应当认定行为人“明知”对方是幼女。

对于不满十二周岁的被害人实施奸淫等性侵害行为的，应当认定行为人“明知”对方是幼女。

对于已满十二周岁不满十四周岁的被害人，从其身体发育状况、言谈举止、衣着特征、生活作息规律等观察可能是幼女，而实施奸淫等性侵害行为的，应当认定行为人“明知”对方是幼女。

20. 以金钱财物等方式引诱幼女与自己发生性关系的；知道或者应当知道幼女被他人强迫卖淫而仍与其发生性关系的，均以强奸罪论处。

21. 对幼女负有特殊职责的人员与幼女发生性关系的，以强奸罪论处。

对已满十四周岁的未成年女性负有特殊职责的人员，利用其优势地位或者被害人孤立无援的境地，迫使未成年被害人就范，而与其发生性关系的，以强奸罪定罪处罚。

22. 实施猥亵儿童犯罪，造成儿童轻伤以上后果，同时符合刑法第二百三十四条或者第二百三十二条的规定，构成故意伤害罪、故意杀人罪的，依照处罚较重的规定定罪处罚。

对已满十四周岁的未成年男性实施猥亵，造成被害人轻伤以上后果，符合刑法第二百三十四条或者第二百三十二条规定的，以故意伤害罪或者故意杀人罪定罪处罚。

23. 在校园、游泳馆、儿童游乐场等公共场所对未成年人实施强奸、猥亵犯罪，只要有其他多人在场，不论在场人员是否实际看到，均可以依照刑法第二百三十六条第三款、第二百三十七条的规定，认定为在公共场所"当众"强奸妇女，强制猥亵、侮辱妇女，猥亵儿童。

24. 介绍、帮助他人奸淫幼女、猥亵儿童的，以强奸罪、猥亵儿童罪的共犯论处。

25. 针对未成年人实施强奸、猥亵犯罪的，应当从重处罚，具有下列情形之一的，更要依法从严惩处：

（1）对未成年人负有特殊职责的人员、与未成年人有共同家庭生活关系的人员、国家工作人员或者冒充国家工作人员，实施强奸、猥亵犯罪的；

（2）进入未成年人住所、学生集体宿舍实施强奸、猥亵犯罪的；

（3）采取暴力、胁迫、麻醉等强制手段实施奸淫幼女、猥亵儿童犯罪的；

（4）对不满十二周岁的儿童、农村留守儿童、严重残疾或者精神智力发育迟滞的未成年人，实施强奸、猥亵犯罪的；

（5）猥亵多名未成年人，或者多次实施强奸、猥亵犯罪的；

（6）造成未成年被害人轻伤、怀孕、感染性病等后果的；

（7）有强奸、猥亵犯罪前科劣迹的。

26. 组织、强迫、引诱、容留、介绍未成年人卖淫构成犯罪的，应当从重处罚。强迫幼女卖淫、引诱幼女卖淫的，应当分别按照刑法第三百五十八条第一款第（二）项、第三百五十九条第二款的规定定罪处罚。

对未成年人负有特殊职责的人员、与未成年人有共同家庭生活关系的人员、国家工作人员，实施组织、强迫、引诱、容留、介绍未成年人卖淫等性侵害犯罪的，更要依法从严惩处。

27. 已满十四周岁不满十六周岁的人偶尔与幼女发生性关系，情节轻微、未造成严重后果的，不认为是犯罪。

28. 对于强奸未成年人的成年犯罪分子判处刑罚时，一般不适用缓刑。

对于性侵害未成年人的犯罪分子确定是否适用缓刑，人民法院、人民检察院可以委托犯罪分子居住地的社区矫正机构，就对其宣告缓刑对所居住社区是否有重大不良影响进行调查。受委托的社区矫正机构应当及时组织调查，在规定的期限内将调查评估意见提交委托机关。

对于判处刑罚同时宣告缓刑的，可以根据犯罪情况，同时宣告禁止令，禁止犯罪分子在缓刑考验期内从事与未成年人有关的工作、活动，禁止其进入中小学校区、幼儿园园区及其他未成年人集中的场所，确因本人就学、居住等原因，经执行机关批准的除外。

29. 外国人在我国领域内实施强奸、猥亵未成年人等犯罪的，应当依法判处，在判处刑罚时，可以独立适用或者附加适用驱逐出境。对于尚不构成犯罪但构成违反治安管理行为的，或者因实施性侵害未成年人犯罪不适宜在中国境内继续停留居留的，公安机关可以依法适用限期出境或者驱逐出境。

30. 对于判决已生效的强奸、猥亵未成年人犯罪案件，人民法院在依法保护被害人隐私的前提下，可以在互联网公布相关裁判文书，未成年人犯罪的除外。

31. 对于未成年人因被性侵害而造成的人身损害，为进行康复治疗所支付的医疗费、护理费、交通费、误工费等合理费用，未成年被害人及其法定代理人、近亲属提出赔偿请求的，人民法院依法予以支持。

32. 未成年人在幼儿园、学校或者其他教育机构学习、生活期间被性侵害而造成人身损害，被害人及其法定代理人、近亲属据此向人民法院起诉要求上述单位承担赔偿责任的，人民法院依法予以支持。

33. 未成年人受到监护人性侵害，其他具有监护资格的人员、民政部门等有关单位和组织向人民法院提出申请，要求撤销监护人资格，另行指定监护人的，人民法院依法予以支持。

34. 对未成年被害人因性侵害犯罪而造成人身损害，不能及时获得有效赔偿，生活困难的，各级人民法院、人民检察院、公安机关可会同有关部门，优先考虑予以司法救助。

第八章　猥亵儿童罪

【立案追诉标准】

猥亵儿童案（刑法第 237 条）

涉嫌猥亵儿童的，应予立案。

【犯罪构成及刑事责任】

猥亵儿童罪是指猥亵不满 14 周岁儿童的行为。构成猥亵儿童罪需要具备以下四个要件：

1. 客体要件。猥亵儿童罪侵犯的是儿童的身心健康。猥亵儿童罪的对象是不满 14 周岁的儿童，包括男性儿童和女性儿童。

2. 客观要件。猥亵儿童罪的客观表现是行为人猥亵不满 14 周岁儿童。构成猥亵儿童罪不要求以暴力、胁迫等为手段，儿童的同意行为在法律上无效。此外，要求儿童拍摄裸体、敏感部位的照片、视频等供其观看的行为，不仅侵犯了儿童的身心健康，也是行为人利用儿童自身行为实施猥亵的间接正犯，符合猥亵儿童罪客观方面构成要件的要求。

3. 主体要件。猥亵儿童罪的主体是一般主体，年满 16 周岁的成年人均符合主体要件要求。

4. 主观要件。猥亵儿童罪主观方面是故意，且要求明知猥亵对象是不满 14 周岁的儿童。

根据刑法第 237 条第 3 款的规定，猥亵儿童的，处 5 年以下有期徒刑；有下列情形之一的，处5年以上有期徒刑：（1）猥亵儿童多人或者多次的；（2）聚众猥亵儿童的，或者在公共场所当众猥亵儿童，情节恶劣的；（3）造成儿童伤害或者其他严重后果的；（4）猥亵手段恶劣或者有其他恶劣情节的。

【疑难指导】

一、如何认定对猥亵对象“明知”是儿童

猥亵儿童罪主观方面是故意，要求明知对方不满14周岁，这一明知包括知道和应当知道。行为人是否“明知”对象为不满14周岁的儿童，在司法实践中应当如何判断，如何具体认定，相关标准可以参照强奸罪章对奸淫幼女年龄的“明知”认定部分内容。

二、如何认定猥亵对象的年龄要求

猥亵儿童罪的犯罪对象是儿童，对儿童的年龄界定，参照《最高人民法院关于审理拐卖妇女儿童犯罪案件具体应用法律若干问题的解释》第9条的规定。婴儿、幼儿、儿童年龄划分，应以不满1岁的为婴儿，1岁以上不满6岁的为幼儿，6岁以上不满14岁的为儿童为标准。因此，不满14周岁的未成年人都符合猥亵儿童罪的对象要求，针对此类未成年人实施猥亵行为，符合猥亵儿童罪构成要件要求。

三、强制猥亵对象既包括不满14周岁未成年人也包括已满14周岁女性的如何认定

行为人实施强制猥亵行为，如果行为对象既包括不满14周岁未成年人，也包括已满14周岁女性的，则行为人的行为侵犯了儿童的身心健康和女性的性自主权，分别符合猥亵儿童罪和强制猥亵罪的构成要件要求，应当以猥亵儿童罪和强制猥亵罪数罪并罚。

四、“公共场所当众”的理解与适用

公共场所当众猥亵儿童、情节恶劣，是猥亵儿童罪的加重处罚情节，应当判处5年以上有期徒刑。对于“公共场所当众”应当严格理解、谨慎适用、准确量刑。对“公共场所当众”如何理解与适用，见强奸罪章【疑难指导】。

五、如何认定隔空猥亵行为

猥亵儿童罪的客观表现，刑法没有列举，需要根据实际情况判断和认定。一般认为，"猥亵"儿童犯罪的客观表现包括以下情形：一是直接对被害儿童实施猥亵行为，或者迫使被害儿童容忍行为人或第三人对其猥亵；二是强迫被害儿童自行实施猥亵行为；三是强迫被害儿童观看他人的猥亵行为。由此可见，只要行为人为了满足性刺激，实施了猥亵儿童的行为，侵害了特定儿童的人格尊严和身心健康，无论是否身体接触，都符合猥亵儿童罪的客观构成要件要求，应当认定为猥亵儿童罪。

网络犯罪发生于特殊的时空，与普通侵犯人身权利犯罪的表现形式存在差异。当前网络犯罪多发，行为人无需直接与被害儿童身体接触，而是在网络环境下，利用 QQ、微信等网络软件，诱使儿童自己实施猥亵行为或者传送与猥亵有关照片。实践中，较为多发的是行为人以诱骗、强迫或者其他方法要求儿童拍摄、传送暴露身体的不雅照片、视频，通过画面看到被害儿童裸体、敏感部位。这些案件中，行为人虽然利用网络隔空实施与一般猥亵相关的行为，但这些行为在实质上同样对儿童人格尊严和心理健康形成严重侵害，满足了行为人性刺激需求，与实际接触儿童身体具有相同的社会危害性，符合猥亵儿童罪客观构成要件。因此，"网络猥亵"中行为人与被害人所处的时空不同，但在客观上并没有突破"猥亵"的实质要件要求，均对儿童的身心造成伤害，侵犯被害儿童性自由权。此外，网络传播速度快、受众人数多，存在重复伤害的危险，"网络猥亵"比普通猥亵犯罪危害更大，通过网络实施猥亵儿童行为不应当成为法外空间，相应行为应当认定为猥亵儿童罪。

【办案依据】

一、刑法规定

第二百三十七条　以暴力、胁迫或者其他方法强制猥亵他人或者侮辱妇女的，处五年以下有期徒刑或者拘役。

聚众或者在公共场所当众犯前款罪的，或者有其他恶劣情节的，处五年以上有期徒刑。

猥亵儿童的，处五年以下有期徒刑；有下列情形之一的，处五年以上有期徒刑：

（一）猥亵儿童多人或者多次的；

（二）聚众猥亵儿童的，或者在公共场所当众猥亵儿童，情节恶劣的；

（三）造成儿童伤害或者其他严重后果的；

（四）猥亵手段恶劣或者有其他恶劣情节的。

二、司法文件

（一）《最高人民法院、最高人民检察院、公安部、司法部关于依法惩治性侵害未成年人犯罪的意见》（2013年10月23日 法发〔2013〕12号）

为依法惩治性侵害未成年人犯罪，保护未成年人合法权益，根据刑法、刑事诉讼法和未成年人保护法等法律和司法解释的规定，结合司法实践经验，制定本意见。

一、基本要求

1. 本意见所称性侵害未成年人犯罪，包括刑法第二百三十六条、第二百三十七条、第三百五十八条、第三百五十九条、第三百六十条第二款规定的针对未成年人实施的强奸罪，强制猥亵、侮辱妇女罪，猥亵儿童罪，组织卖淫罪，强迫卖淫罪，引诱、容留、介绍卖淫罪，引诱幼女卖淫罪，嫖宿幼女罪等。

2. 对于性侵害未成年人犯罪，应当依法从严惩治。

3. 办理性侵害未成年人犯罪案件，应当充分考虑未成年被害人身心发育尚未成熟、易受伤害等特点，贯彻特殊、优先保护原则，切实保障未成年人的合法权益。

4. 对于未成年人实施性侵害未成年人犯罪的，应当坚持双向保护原则，在依法保护未成年被害人的合法权益时，也要依法保护未成年犯罪嫌疑人、未成年被告人的合法权益。

5. 办理性侵害未成年人犯罪案件，对于涉及未成年被害人、未成年犯罪嫌疑人和未成年被告人的身份信息及可能推断出其身份信息的资料和涉及性侵害的细节等内容，审判人员、检察人员、侦查人员、律师及其他诉讼参与人应当予以保密。

对外公开的诉讼文书，不得披露未成年被害人的身份信息及可能推断出其身份信息的其他资料，对性侵害的事实注意以适当的方式叙述。

6. 性侵害未成年人犯罪案件，应当由熟悉未成年人身心特点的审判人员、检察人员、侦查人员办理，未成年被害人系女性的，应当有女性工作人员参与。

人民法院、人民检察院、公安机关设有办理未成年人刑事案件专门工作机构或者专门工作小组的，可以优先由专门工作机构或者专门工作小组办理性侵害未成年人犯罪案件。

7. 各级人民法院、人民检察院、公安机关和司法行政机关应当加强与民政、教育、妇联、共青团等部门及未成年人保护组织的联系和协作，共同做好性侵害未成年人犯罪预防和未成年被害人的心理安抚、疏导工作，从有利于未成年人身心健康的角度，对其给予必要的帮助。

8. 上级人民法院、人民检察院、公安机关和司法行政机关应当加强对下指导和业务培训。各级人民法院、人民检察院、公安机关和司法行政机关要增强对未成年人予以特殊、优先保护的司法理念，完善工作机制，提高办案能力和水平。

二、办案程序要求

9. 对未成年人负有监护、教育、训练、救助、看护、医疗等特殊职责的人员（以下简称负有特殊职责的人员）以及其他公民和单位，发现未成年人受到性侵害的，有权利也有义务向公安机关、人民检察院、人民法院报案或者举报。

10. 公安机关接到未成年人被性侵害的报案、控告、举报，应当及时受理，迅速进行审查。经审查，符合立案条件的，应当立即立案侦查。

公安机关发现可能有未成年人被性侵害或者接报相关线索的，无论案件是否属于本单位管辖，都应当及时采取制止违法犯罪行为、保护被害人、保护现场等紧急措施，必要时，应当通报有关部门对被害人予以临时安置、救助。

11. 人民检察院认为公安机关应当立案侦查而不立案侦查的，或者被害人及其法定代理人、对未成年人负有特殊职责的人员据此向人民检察院提出异议的，人民检察院应当要求公安机关说明不立案的理由。人民检察院认为不立案理由不成立的，应当通知公安机关立案，公安机关接到通知后应当立案。

12. 公安机关侦查未成年人被性侵害案件，应当依照法定程序，及时、全面收集固定证据。及时对性侵害犯罪现场进行勘查，对未成年被害人、犯罪嫌疑人进行人身检查，提取体液、毛发、被害人和犯罪嫌疑人指甲内的残留物等生物样本，指纹、足迹、鞋印等痕迹，衣物、纽扣等物品；及时提取住宿登记表等书证，现场监控录像等视听资料；及时收集被害人陈述、证人证言和犯罪嫌疑人供述等证据。

13. 办案人员到未成年被害人及其亲属、未成年证人所在学校、单位、居住地调查取证的，应当避免驾驶警车、穿着制服或者采取其他可能暴露被害人身份、影响被害人名誉、隐私的方式。

14. 询问未成年被害人，审判人员、检察人员、侦查人员和律师应当坚持不伤害原则，选择未成年人住所或者其他让未成年人心理上感到安全的场所进行，并通知其法定代理人到场。无法通知、法定代理人不能到场或者法定代理人是性侵害犯罪嫌疑人、被告人的，也可以通知未成年被害人的其他成年亲属或者所在学校、居住地基层组织、未成年人保护组织的代表等有关人员到场，并将相关情况记录在案。

询问未成年被害人，应当考虑其身心特点，采取和缓的方式进行。对与性侵害犯罪有关的事实应当进行全面询问，以一次询问为原则，尽可能避免反复询问。

15. 人民法院、人民检察院办理性侵害未成年人案件，应当及时告知未成年被害人及其法定代理人或者近亲属有权委托诉讼代理人，并告知其如果经济困难，可以向法律援助机构申请法律援助。对需要申请法律援助的，应当帮助其申请法律援助。法律援助机构应当及时指派熟悉未成年人身心特点的律师为其提供法律帮助。

16. 人民法院、人民检察院、公安机关办理性侵害未成年人犯罪案件，除有碍案件办理的情形外，应当将案件进展情况、案件处理结果及时告知被害人及其法定代理人，并对有关情况予以说明。

17. 人民法院确定性侵害未成年人犯罪案件开庭日期后，应当将开庭的时间、地点通知未成年被害人及其法定代理人。未成年被害人的法定代理人可以陪同或者代表未成年被害人参加法庭审理，陈述意见，法定代理人是性侵害犯罪被告人的除外。

18. 人民法院开庭审理性侵害未成年人犯罪案件，未成年被害人、证人确有必要出庭的，应当根据案件情况采取不暴露外貌、真实声音等保护措施。有条件的，可以采取视频等方式播放未成年人的陈述、证言，播放视频亦应采取保护措施。

三、准确适用法律

19. 知道或者应当知道对方是不满十四周岁的幼女，而实施奸淫等性侵害行为的，应当认定行为人“明知”对方是幼女。

对于不满十二周岁的被害人实施奸淫等性侵害行为的，应当认定行为人“明知”对方是幼女。

对于已满十二周岁不满十四周岁的被害人，从其身体发育状况、言谈举止、衣着特征、生活作息规律等观察可能是幼女，而实施奸淫等性侵害行为的，应当认定行为人“明知”对方是幼女。

20. 以金钱财物等方式引诱幼女与自己发生性关系的；知道或者应当知道幼女被他人强迫卖淫而仍与其发生性关系的，均以强奸罪论处。

21. 对幼女负有特殊职责的人员与幼女发生性关系的，以强奸罪论处。

对已满十四周岁的未成年女性负有特殊职责的人员，利用其优势地位或者被害人孤立无援的境地，迫使未成年被害人就范，而与其发生性关系的，以强奸罪定罪处罚。

22. 实施猥亵儿童犯罪，造成儿童轻伤以上后果，同时符合刑法第二百三十四条或者第二百三十二条的规定，构成故意伤害罪、故意杀人罪的，依照处罚较重的规定定罪处罚。

对已满十四周岁的未成年男性实施猥亵，造成被害人轻伤以上后果，符合刑法第二百三十四条或者第二百三十二条规定的，以故意伤害罪或者故意杀人罪定罪处罚。

23. 在校园、游泳馆、儿童游乐场等公共场所对未成年人实施强奸、猥亵犯罪，只要有其他多人在场，不论在场人员是否实际看到，均可以依照刑法第二百三十六条第三款、第二百三十七条的规定，认定为在公共场所“当众”强奸妇女，强制猥亵、侮辱妇女，猥亵儿童。

24. 介绍、帮助他人奸淫幼女、猥亵儿童的，以强奸罪、猥亵儿童罪的共犯论处。

25. 针对未成年人实施强奸、猥亵犯罪的，应当从重处罚，具有下列情形之一的，更要依法从严惩处：

（1）对未成年人负有特殊职责的人员、与未成年人有共同家庭生活关系的人员、国家工作人员或者冒充国家工作人员，实施强奸、猥亵犯罪的；

（2）进入未成年人住所、学生集体宿舍实施强奸、猥亵犯罪的；

（3）采取暴力、胁迫、麻醉等强制手段实施奸淫幼女、猥亵儿童犯罪的；

（4）对不满十二周岁的儿童、农村留守儿童、严重残疾或者精神智力发育迟滞的未成年人，实施强奸、猥亵犯罪的；

（5）猥亵多名未成年人，或者多次实施强奸、猥亵犯罪的；

（6）造成未成年被害人轻伤、怀孕、感染性病等后果的；

（7）有强奸、猥亵犯罪前科劣迹的。

26. 组织、强迫、引诱、容留、介绍未成年人卖淫构成犯罪的，应当从重处罚。强迫幼女卖淫、引诱幼女卖淫的，应当分别按照刑法第三百五十八条第一款第（二）项、第三百五十九条第二款的规定定罪处罚。

对未成年人负有特殊职责的人员、与未成年人有共同家庭生活关系的人员、国家工作人员，实施组织、强迫、引诱、容留、介绍未成年人卖淫等性侵害犯罪的，更要依法从严惩处。

27. 已满十四周岁不满十六周岁的人偶尔与幼女发生性关系，情节轻微、未造成严重后果的，不认为是犯罪。

四、其他事项

28. 对于强奸未成年人的成年犯罪分子判处刑罚时，一般不适用缓刑。

对于性侵害未成年人的犯罪分子确定是否适用缓刑，人民法院、人民检察院可以委托犯罪分子居住地的社区矫正机构，就对其宣告缓刑对所居住社区是否有重大不良影响进行调查。受委托的社区矫正机构应当及时组织调查，在规定的期限内将调查评估意见提交委托机关。

对于判处刑罚同时宣告缓刑的，可以根据犯罪情况，同时宣告禁止令，禁止犯罪分子在缓刑考验期内从事与未成年人有关的工作、活动，禁止其进入中小学校区、幼儿园园区及其他未成年人集中的场所，确因本人就学、居住等原因，经执行机关批准的除外。

29. 外国人在我国领域内实施强奸、猥亵未成年人等犯罪的，应当依法判处，在判处刑罚时，可以独立适用或者附加适用驱逐出境。对于尚不构成犯罪但构成违反治安管理行为的，或者因实施性侵害未成年人犯罪不适宜在中国境内继续停留居留的，公安机关可以依法适用限期出境或者驱逐出境。

30. 对于判决已生效的强奸、猥亵未成年人犯罪案件，人民法院在依法保护被害人隐私的前提下，可以在互联网公布相关裁判文书，未成年人犯罪的除外。

31. 对于未成年人因被性侵害而造成的人身损害，为进行康复治疗所支付的医疗费、护理费、交通费、误工费等合理费用，未成年被害人及其法定代理人、近亲属提出赔偿请求的，人民法院依法予以支持。

32. 未成年人在幼儿园、学校或者其他教育机构学习、生活期间被性侵害而造成人身损害，被害人及其法定代理人、近亲属据此向人民法院起诉要求上述单位承担赔偿责任的，人民法院依法予以支持。

33. 未成年人受到监护人性侵害，其他具有监护资格的人员、民政部门等有关单位和组织向人民法院提出申请，要求撤销监护人资格，另行指定监护人的，人民法院依法予以支持。

34. 对未成年被害人因性侵害犯罪而造成人身损害，不能及时获得有效赔偿，生活困难的，各级人民法院、人民检察院、公安机关可会同有关部门，优先考虑予以司法救助。

（二）《最高人民法院、最高人民检察院、公安部、司法部关于依法办理家庭暴力犯罪案件的意见》（2015年3月2日　法发〔2015〕4号）

16. 依法准确定罪处罚。对故意杀人、故意伤害、强奸、猥亵儿童、非法拘禁、侮辱、暴力干涉婚姻自由、虐待、遗弃等侵害公民人身权利的家庭暴力犯罪，应当根据犯罪的事实、犯罪的性质、情节和对社会的危害程度，严格依照刑法的有关规定判处。对于同一行为同时触犯多个罪名的，依照处罚较重的规定定罪处罚。

【指导性案例】

最高人民检察院指导性案例第43号骆某猥亵儿童案①

（最高人民检察院检察委员会讨论通过，2018年11月18日发布）

【关键词】

猥亵儿童罪　网络猥亵　犯罪既遂

【基本案情】

被告人骆某，男，1993年7月出生，无业。

2017年1月，被告人骆某使用化名，通过QQ软件将13岁女童小羽加为好友。聊天中得知小羽系初二学生后，骆某仍通过言语恐吓，向其索要裸照。在被害人拒绝并在QQ好友中将其删除后，骆某又通过小羽的校友周某对其施加压力，再次将小羽加为好友。同时骆某还虚构“李某”的身份，注册另一QQ号并添加小羽为好友。之后，骆某利用“李某”的身份在QQ聊天中对小羽进行威胁恐吓，同时利用周某继续施压。小羽被迫按照要求自拍裸照十张，通过QQ软件传送给骆某观看。后骆某又以在网络上公布小羽裸照相威胁，要求与其见面并在宾馆开房，企图实施猥亵行为。因小羽向公安机关报案，骆某在依约前往宾馆途中被抓获。

【要旨】

行为人以满足性刺激为目的，以诱骗、强迫或者其他方法要求儿童拍摄裸体、敏感部位照片、视频等供其观看，严重侵害儿童人格尊严和心理健康的，构成猥亵儿童罪。

---

① 《第十一批指导性案例——骆某猥亵儿童案（检例第43号）》，载最高人民检察院网站，https：//www. spp. gov. cn/zxjy/qwfb/201811/t20181118_399378. shtml，2022年3月16日访问。

【指控与证明犯罪】

（一）提起、支持公诉和一审判决情况

2017年6月5日，某市某区人民检察院以骆某犯猥亵儿童罪对其提起公诉。7月20日，该区人民法院依法不公开开庭审理本案。

法庭调查阶段，公诉人出示了指控犯罪的证据：被害人陈述、证人证言及被告人供述，证明骆某对小羽实施了威胁恐吓，强迫其自拍裸照的行为；QQ聊天记录截图、小羽自拍裸体照片、身份信息等，证明骆某明知小羽系儿童及强迫其拍摄裸照的事实等。

法庭辩论阶段，公诉人发表公诉意见：被告人骆某为满足性刺激，通过网络对不满14周岁的女童进行威胁恐吓，强迫被害人按照要求的动作、姿势拍摄裸照供其观看，并以公布裸照相威胁欲进一步实施猥亵，犯罪事实清楚，证据确实、充分，应当以猥亵儿童罪对其定罪处罚。

辩护人对指控的罪名无异议，但提出以下辩护意见：一是认定被告人明知被害人未满14周岁的证据不足。二是认定被告人利用小羽的校友周某对小羽施压、威胁并获取裸照的证据不足。三是被告人猥亵儿童的行为未得逞，系犯罪未遂。四是被告人归案后如实供述，认罪态度较好，可酌情从轻处罚。

针对辩护意见，公诉人答辩：一是被告人骆某供述在QQ聊天中已知小羽系初二学生，可能不满14周岁，看过其生活照、小视频，了解其身体发育状况，通过周某了解过小羽的基本信息，证明被告人骆某应当知道小羽系未满14周岁的幼女。二是证人周某二次证言均证实其被迫帮助骆某威胁小羽，能够与被害人陈述、被告人供述相互印证，同时有相关聊天记录等予以印证，足以认定被告人骆某通过周某对小羽施压、威胁的事实。三是被告人骆某前后实施两类猥亵儿童的行为，构成猥亵儿童罪。1. 骆某强迫小羽自拍裸照通过网络传输供其观看。该行为虽未直接接触被害人，但实质上已使儿童人格尊严和心理健康受到严重侵害。骆某已获得裸照并观看，应认定为犯罪既遂。2. 骆某利用公开裸照威胁小羽，要求与其见面在宾馆开房，并供述意欲实施猥亵行为。因小羽报案，该猥亵行为未及实施，应认定为犯罪未遂。

一审判决情况：法庭经审理，认定被告人骆某强迫被害女童拍摄裸照，并通过QQ软件获得裸照的行为不构成猥亵儿童罪。但被告人骆某以公开裸照相威胁，要求与被害女童见面，准备对其实施猥亵，因被害人报案未能得逞，该行为构成猥亵儿童罪，系犯罪未遂。2017年8月14日，某区人民法院作出一审判决，认定被告人骆某犯猥亵儿童罪（未遂），判处有期徒刑一年。

（二）抗诉及终审判决情况

一审宣判后，某区人民检察院认为，一审判决在事实认定、法律适用上均存在错误，并导致量刑偏轻。被告人骆某利用网络强迫儿童拍摄裸照并观看的行为构成猥亵儿童罪，且犯罪形态为犯罪既遂。2017年8月18日，该院向某市中级人民法院提出抗诉。某市人民检察院经依法审查，支持某区人民检察院的抗诉意见。

2017年11月15日，某市中级人民法院开庭审理本案。某市人民检察院指派检察员出庭支持抗诉。检察员认为：1. 关于本案的定性。一审判决认定骆某强迫被害人拍摄裸照并传输观看的行为不是猥亵行为，系对猥亵儿童罪犯罪本质的错误理解。一审判决未从猥亵儿童罪侵害儿童人格尊严和心理健康的实质要件进行判断，导致法律适用错误。2. 关于本案的犯罪形态。骆某获得并观看了儿童裸照，猥亵行为已经实施终了，应认定为犯罪既遂。3. 关于本案量刑情节。根据《最高人民法院、最高人民检察院、公安部、司法部关于依法惩治性侵害未成年人犯罪的意见》第25条的规定，采取胁迫手段猥亵儿童的，依法从严惩处。一审判决除法律适用错误外，还遗漏了应当从重处罚的情节，导致量刑偏轻。

原审被告人骆某的辩护人认为，骆某与被害人没有身体接触，该行为不构成猥亵儿童罪。检察机关的抗诉意见不能成立，请求二审法院维持原判。

某市中级人民法院经审理，认为原审被告人骆某以寻求性刺激为目的，通过网络聊天对不满14周岁的女童进行言语威胁，强迫被害人按照要求自拍裸照供其观看，已构成猥亵儿童罪（既遂），依法应当从重处罚。对于市人民检察院的抗诉意见，予以采纳。2017年12月11日，某市中级人民法院作出终审判决，认定原审被告人骆某犯猥亵儿童罪，判处有期徒刑二年。

【指导意义】

猥亵儿童罪是指以淫秽下流的手段猥亵不满14周岁儿童的行为。刑法没有对猥亵儿童的具体方式作出列举，需要根据实际情况进行判断和认定。实践中，只要行为人主观上以满足性刺激为目的，客观上实施了猥亵儿童的行为，侵害了特定儿童人格尊严和身心健康的，应当认定构成猥亵儿童罪。

网络环境下，以满足性刺激为目的，虽未直接与被害儿童进行身体接触，但是通过QQ、微信等网络软件，以诱骗、强迫或者其他方法要求儿童拍摄、传送暴露身体的不雅照片、视频，行为人通过画面看到被害儿童裸体、敏感部位的，是对儿童人格尊严和心理健康的严重侵害，与实际接触儿童身体的猥亵行为具有相同的社会危害性，应当认定构成猥亵儿童罪。

检察机关办理利用网络对儿童实施猥亵行为的案件，要及时固定电子数据，证明行为人出于满足性刺激的目的，利用网络，采取诱骗、强迫或者其他方法要求被害人拍摄、传送暴露身体的不雅照片、视频供其观看的事实。要准确把握猥亵儿童罪的本质特征，全面收集客观证据，证明行为人通过网络不接触被害儿童身体的猥亵行为，具有与直接接触被害儿童身体的猥亵行为相同的性质和社会危害性。

第九章　非法拘禁罪

【立案追诉标准】

国家机关工作人员利用职权实施的非法拘禁案（刑法第238条）

国家机关工作人员利用职权非法拘禁，涉嫌下列情形之一的，应予立案：

1. 非法剥夺他人人身自由24小时以上的；

2. 非法剥夺他人人身自由，并使用械具或者捆绑等恶劣手段，或者实施殴打、侮辱、虐待行为的；

3. 非法拘禁，造成被拘禁人轻伤、重伤、死亡的；

4. 非法拘禁，情节严重，导致被拘禁人自杀、自残造成重伤、死亡，或者精神失常的；

5. 非法拘禁3人次以上的；

6. 司法工作人员对明知是没有违法犯罪事实的人而非法拘禁的；

7. 其他非法拘禁应予追究刑事责任的情形。

《最高人民检察院关于渎职侵权犯罪案件立案标准的规定》（2006年7月26日）①

① 此处列明作者梳理立案追诉标准的主要依据，所涉条文参见【办案依据】部分，以下不再标注。

【犯罪构成及刑事责任】

非法拘禁罪是指以拘禁或者其他方法非法剥夺他人人身自由的行为。构成本罪需要同时具备以下要件：

1. 客体要件。非法拘禁罪侵犯的客体或者法益，是他人的人身自由权利。人身自由权利是非常重要的一项基本权利，是其他自由得以存在和发展的基本前提，并且受到宪法和其他法律的完整保护，我国宪法第 37 条第 1 款强调“中华人民共和国公民的人身自由不受侵犯。”2013 年 7 月 1 日施行的《中华人民共和国出境入境管理法》第 3 条第 2 款规定“在中国境内的外国人的合法权益受法律保护”。

刑法学界普遍认为，非法拘禁罪中的人身自由权利，是指身体活动自由的权利。这属于狭义上的人身自由。人身和行动受自己支配，是公民基于个人意志，为或者不为一定行为的权利。公民的人身自由非依法不得被剥夺，宪法第 37 条第 3 款规定：“禁止非法拘禁和以其他方法非法剥夺或者限制公民的人身自由……”

本罪侵犯的对象是“他人”。首先，他人是能够自由表达自己意志的人，这种表达并不限于具备完全行为能力的人，换言之，能够自由表达意志的限制民事行为能力人①、不满 8 周岁的无民事行为能力人②也可以成为非法拘禁罪侵犯的对象，如儿童、行动不便的人、醉酒的人等。其次，关于“他人”的范围，应当包括中国公民和居住在我国境内的外国人和无国籍人。最后，对于实施了违法、犯罪行为的人，其人身自由权利是否受法律保护？实施了违法、犯罪行为的人，有权的国家机关可以依法限制、剥夺其人身自由。如果行为人用拘禁的方式非法限制、剥夺这类人的人身自由，触犯了非法拘禁罪的规定，也要受到法律的追究。

2. 客观要件。非法拘禁罪在客观方面表现为非法剥夺他人人身自由的行为，刑法第 238 条规定的“拘禁或者其他非法方法”，其表现形式具体而言，结合司法

---

① 参见《中华人民共和国民法典》第 22 条的规定，不能完全辨认自己行为的成年人为限制民事行为能力人，实施民事法律行为由其法定代理人代理或者经其法定代理人同意、追认；但是，可以独立实施纯获利益的民事法律行为或者与其智力、精神健康状况相适应的民事法律行为。

② 参见《中华人民共和国民法典》第 20 条的规定，不满 8 周岁的未成年人为无民事行为能力人，由其法定代理人代理实施民事法律行为。

实务，可以表现为使他人完全无法行动的束缚捆绑等，也可以表现为以合法名义掩盖的非法逮捕扣押等，还可以表现为禁止他人离开某个房间或者指定场所，有的表面看上去是缓和的行为，如以所谓“学习、培训”等名义但是禁止他人离开指定场所，也是非法拘禁的表现形式之一，禁止的方式，通常伴随着身体强制或者控制，这种强制或者控制要能够达到使他人无法离开，或者难以离开的程度。《最高人民法院、最高人民检察院、公安部 、司法部关于办理实施“软暴力”的刑事案件若干问题的意见》规定，有组织地多次短时间非法拘禁他人的，应当认定为刑法第 238 条规定的“以其他方法非法剥夺他人人身自由”。

剥夺他人人身自由的行为有合法与非法之分。构成非法拘禁罪的行为必须具有非法性，与此相对应，合法剥夺他人人身自由的行为因不具有非法性而阻却违法。

3. 主体要件。非法拘禁罪的犯罪主体为一般主体，刑事责任年龄的起点为 16 周岁。需要特别指出的是，如果国家机关工作人员利用职权实施本罪的，要依法从重处罚，非利用职权实施的非法拘禁行为则不属于从重处罚的范围。

4. 主观要件。非法拘禁罪在主观方面表现为故意，即行为人明知自己实施的是侵犯他人人身自由的行为，并希望或者放任剥夺他人人身自由的结果发生的心理态度。行为人可基于不同的动机实施非法拘禁行为，动机是“激发和维持机体的行动，并将使行动导向某一目标的心理倾向或内部驱力”[①]。就本罪而言，激发行为人非法剥夺他人人身自由的心理倾向或内部驱力，并不影响非法拘禁罪主观方面的认定。鉴于司法实务中因“讨债”而非法扣押、拘禁他人的行为多发，所以刑法第 238 条第 3 款作了专门规定。

根据刑法第 238 条的规定，非法拘禁他人或者以其他方法非法剥夺他人人身自由的，处 3 年以下有期徒刑、拘役、管制或者剥夺政治权利。具有殴打、侮辱情节的，从重处罚。

犯前款罪，致人重伤的，处 3 年以上 10 年以下有期徒刑；致人死亡的，处 10 年以上有期徒刑。使用暴力致人伤残、死亡的，依照本法第 234 条、第 232 条的规

---

① 林崇德等编：《心理学大词典》，上海教育出版社 2003 年版，第 223 页。

定定罪处罚。

为索取债务非法扣押、拘禁他人的，依照前两款的规定处罚。

国家机关工作人员利用职权犯前三款罪的，依照前三款的规定从重处罚。

【疑难指导】

一、拘禁行为必须具有非法性

合法限制、剥夺他人人身自由的行为阻却违法。下列行为属于合法行为：

（一）司法机关、执行机关依法行使职权的行为

所谓合法剥夺他人人身自由的行为，作为司法机关、执行机关行使公权力的内容之一，必须有法律的明确授权，并且要严格按照法定程序实施。宪法第 37 条第 2 款明确加以规定："任何公民，非经人民检察院批准或者决定或者人民法院决定，并由公安机关执行，不受逮捕。"刑事诉讼法对剥夺人身自由的拘留、逮捕的条件、批准、决定和执行的程序均加以明文规定，相关司法解释也对程序进一步细化，这些法律规定和程序性规定是合法剥夺他人人身自由的法律依据。对被判处自由刑的犯罪人依法执行刑罚，也是合法剥夺他人人身自由的行为。

如果超越其法定职权，故意实施剥夺他人人身自由的行为，符合非法拘禁罪的犯罪构成的，将会构成非法拘禁罪。

（二）合法的医疗、防疫行为

基于医疗上救治疾病的需要，如对精神病人的强制医疗，或者重大传染病流行期间的防疫需要的检疫、强制隔离措施或者是治疗等限制、剥夺他人人身自由的行为，可以阻却违法。如我国刑法第 18 条第 1 款规定的不负刑事责任的精神病人"应当责令他的家属或者监护人严加看管和医疗；在必要的时候，由政府强制医疗"。再如 2013 年 6 月 29 日施行的《中华人民共和国传染病防治法》第 12 条规定："在中华人民共和国领域内的一切单位和个人，必须接受疾病预防控制机构、医疗机构有关传染病的调查、检验、采集样本、隔离治疗等预防、控制措施，如实提供有关情况……"这种医疗、隔离等对他人人身一定期限的强制，均为合法行为。但是，如果以治疗等为借口故意非法剥夺他人人身自由，则可能触犯非法拘禁罪的规定。

（三）监护人对被监护人的合法监护

刑法第17条第5款规定，因不满16周岁不予刑事处罚的，责令其父母或者其他监护人加以管教；在必要的时候，依法进行专门矫治教育，《中华人民共和国预防未成年人犯罪法》第四章是对严重不良行为专门矫治教育的规定，专门教育是国民教育体系的组成部分，是对有严重不良行为的未成年人进行教育和矫治的重要保护处分措施。如果父母或者其他监护人非法拘禁被监护人的可以成为非法拘禁罪的犯罪主体，如果非法剥夺被监护人的人身自由，甚至虐待、殴打，甚至施以更为严重的家庭暴力等，进行精神和身体的摧残的，除构成非法拘禁罪外，还有可能触犯其他罪名，如虐待罪、故意伤害罪等，当行为符合多个犯罪构成的情形下，应当择一重罪认定。

二、殴打、侮辱情节的认定及其从重处罚

（一）殴打、侮辱情节的认定

具有殴打、侮辱情节，是非法拘禁罪基本犯的从重处罚情节。具备其一即可从重处罚，现实中行为人往往既实施了殴打行为，也实施了侮辱行为。

殴打情节是指在非法拘禁过程中，行为人对被害人实施了身体击打的行为，这种击打属于对他人身体的一定程度的强制行为，殴打的后果限于给被害人造成轻伤以下的后果，包括造成轻伤、轻微伤的情形，也包括没有造成伤害后果的情形。

侮辱情节是指在非法拘禁过程中，行为人对被害人实施了贬低其人格或者侵犯其身体的行为。包括语言上的侮辱和行为上的侮辱。这种侮辱可以是在非法拘禁的私密场所实施，也可以是在公开、半公开的场所实施，如在邻居或者其他与本案无关的围观者面前实施。

对于具有殴打、侮辱情节的非法拘禁罪行为人，如何从重处罚？

（二）“从重处罚”的理解

“从重处罚”，是指在法定刑幅度内，对具有从重处罚情节的行为人，处以比没有从重情节的行为人更重的刑罚[①]。“从重处罚并不意味着在法定刑的‘中间

---

① 陈兴良：《刑法疏议》，中国人民大学出版社1997年版，第161页。

线’以上判处刑罚，从轻处罚也不意味着在法定刑的‘中间线’以下判处刑罚，因为刑法并没有以法定刑的‘中间线’为标准区分从重处罚与从轻处罚。”[①] 本罪的基本法定刑是“三年以下有期徒刑、拘役、管制或者剥夺政治权利”，从重处罚并非只能选择拘役和有期徒刑，并不排斥其他刑种的适用。针对具体案件，检察官提出量刑建议或者法官量刑时，还要结合案件的其他量刑情节，先围绕犯罪事实进行考量，确定责任刑的上限，再考虑预防刑的情节，如是否属于累犯，有无前科等，在不超过责任刑上限的范围内，进行综合分析判断，依法裁量。笔者认为，从重处罚并不必然排斥缓刑的适用，只要不属于刑法第 74 条规定的累犯和犯罪集团的首要分子，就不属于禁止适用缓刑的范畴，要根据案件的具体情况判断是否适用。

刑事司法中将“具有殴打、侮辱情节”作为增加基准刑的情节之一，2021 年量刑指导意见规定增加基准刑的 10%-20%，最高人民法院、最高人民检察院在印发 2021 年量刑指导意见的通知中明确，最高人民法院、最高人民检察院联合制定量刑指导意见是“为进一步规范量刑和量刑建议工作，落实宽严相济刑事政策和认罪认罚从宽制度，增强量刑公开性，实现量刑公正”。因此，在认罪认罚从宽制度被正式写入刑事诉讼法之后，在量刑方面，2021 年量刑指导意见对增加基准刑的比例有所降低，体现了宽严相济刑事政策和认罪认罚从宽制度要求。

三、非法拘禁时间对定罪量刑的影响

非法拘禁罪为持续犯，犯罪行为一旦实施，其危害行为与危害结果均持续处于非法状态中，司法实务中对于非法拘禁他人多长时间构成犯罪，莫衷一是。《最高人民检察院关于渎职侵权犯罪案件立案标准的规定》将“非法剥夺他人人身自由 24 小时以上的”作为国家机关工作人员实施非法拘禁的立案标准之一。对于非法拘禁持续时间少于 24 小时的，能否构成犯罪？首先，立案标准并非以非法拘禁达到 24 小时作为单一标准，除此之外的其他各项立案标准，如使用械具、捆绑或者实施殴打、侮辱、虐待行为的；造成被拘禁人轻伤、重伤、死亡的；情节严重，导致被拘禁人自杀、自残造成重伤、死亡，或者精神失常的；非法拘禁 3 人次以

① 张明楷：《刑法学》（第六版），法律出版社 2021 年版，第 751 页。

上的；司法工作人员对明知是没有违法犯罪事实的人而非法拘禁的，均不受 24 小时的限制，即非法拘禁时间少于 24 小时，也会构成非法拘禁罪。但是，如果时间过短，危害轻微，符合刑法第 13 条“但书”的规定，即“情节显著轻微危害不大的”，则不构成犯罪。其次，最高人民法院、最高人民检察院、公安部、司法部于 2019 年发布意见，明确规定对“有组织地”多次实施且每次时间较短的非法拘禁行为予以定罪处罚。自 2019 年 4 月 9 日起施行的《最高人民法院、最高人民检察院、公安部、司法部关于办理实施“软暴力”的刑事案件若干问题的意见》规定“非法拘禁他人三次以上、每次持续时间在四小时以上，或者非法拘禁他人累计时间在十二小时以上的，应当以非法拘禁罪定罪处罚”。一方面，适用上述意见需要注意，这里针对的是“软暴力”刑事案件中“有组织”实施的多次且每次短时间的非法拘禁行为，均强调犯罪行为的有组织性，重在打击有组织地实施相关犯罪的行为；另一方面，也对实务中颇有不同认识的短时间的非法拘禁行为如何认定，提供了具有可操作性的规范。最后，在量刑方面需要注意的是，非法拘禁时间的延长，会相应增加刑事责任。2021 年量刑指导意见指出，在量刑起点的基础上确定基准刑的时候，要考量非法拘禁的时间作为影响犯罪构成的犯罪事实，判断是否增加刑罚量。

四、非法拘禁罪中致人重伤、死亡及转化犯的认定

根据刑法第 238 条第 2 款的规定，犯非法拘禁罪致人重伤的，处 3 年以上 10 年以下有期徒刑；致人死亡的，处 10 年以上有期徒刑。使用暴力致人伤残、死亡的，依照本法第 234 条、第 232 条的规定定罪处罚。

这里要区分非法拘禁致人重伤、死亡，与“使用暴力致人伤残、死亡”两种不同情形。首先是罪名不同，前者仍然属于非法拘禁罪的范畴，行为人是基于非法剥夺他人人身自由的主观故意进而实施的非法拘禁行为，后者则因具备刑法规定的法定条件而转化为故意杀人罪或者故意伤害罪。其次是危害结果和刑事责任不同，前者造成的危害结果是重伤和死亡，后者造成的危害结果是伤残和死亡，伤残这一结果属于重中之重，是致人重伤且达到残疾的程度。从刑事责任的角度而言，轻重有别，后者的刑事责任明显重于前者，最高可达到死刑。最后是造成危害结果的手段上的差异，这也是区分的核心。前者必须是非法拘禁行为本身导致的被害人重伤、死亡，如捆绑过紧，被害人在逃跑过程中导致的重伤、死亡，或者因不堪忍受非法拘禁而自伤、自杀的情形等。后者的“使用暴力”，则是行为手段达到对被害人身体的强力控制，暴力手段本身即可直接导致被害人伤重致残或者死亡的。在法律后果上，则构成转化犯，由非法拘禁罪转化为故意伤害罪或者故意杀人罪，具体构成两罪中的哪一个，不能将危害结果与罪名直接挂钩进行简单判断，因为无论是故意伤害罪还是故意杀人罪，都可能造成他人伤残或者死亡的后果，因此，要运用全案证据进行综合分析判断，分析行为人使用暴力造成法定危害后果的主观故意的具体内容是什么，到底是基于非法剥夺他人生命的故意，还是基于损害他人身体健康的故意，这对准确认定非法拘禁转化犯的犯罪性质至关重要。

对于非法拘禁罪的定罪处罚，司法实务中需要注意的是从一重罪处断的规定，即 2015 年 3 月 2 日起实施的《最高人民法院、最高人民检察院、公安部、司法部关于依法办理家庭暴力犯罪案件的意见》第 16 项规定，对故意杀人、故意伤害、强奸、猥亵儿童、非法拘禁、侮辱、暴力干涉婚姻自由、虐待、遗弃等侵害公民人身权利的家庭暴力犯罪，应当根据犯罪的事实、犯罪的性质、情节和对社会的危害程度，严格依照刑法的有关规定判处。对于同一行为同时触犯多个罪名的，依照处罚较重的规定定罪处罚。该意见属于司法解释性质的文件，该项内容的准确含义是，必须是行为人的行为同时符合多个罪名的犯罪构成，即在同时触犯多个罪名的前提下，才能择一重罪处断，如果行为人的行为只符合一个罪的犯罪构成，只需按照行为人所触犯的罪名进行处罚。

五、国家机关工作人员利用职权非法拘禁的认定

国家机关工作人员，指在国家机关中从事公务的人员。2006 年 7 月 26 日公布并施行的《最高人民检察院关于渎职侵权犯罪案件立案标准的规定》附则三对国家机关工作人员作了进一步详细的规定，对“从事公务”作出了依职权属性进行实质分析的解释，包含了下列五种从事公务的人员：“国家机关工作人员”是指在国家机关中从事公务的人员，包括在各级国家权力机关、行政机关、司法机关和军事机关中从事公务的人员。在依照法律、法规规定行使国家行政管理职权的组织中从事公务的人员，或者在受国家机关委托代表国家行使职权的组织中从事公务的人员，或者虽未列入国家机关人员编制但在国家机关中从事公务的人员，在代表国家机关行使职权时，视为国家机关工作人员。在乡（镇）以上中国共产党机关、人民政协机关中从事公务的人员，视为国家机关工作人员。该立案标准采取了职权说，依照行使的职权是否属于公务认定是否属于国家机关工作人员。

另外，要特别注意，国家机关工作人员还包括各级监察委员会的工作人员，宪法第123条规定的“各级监察委员会是国家的监察机关”。前述立案标准规定在先，各级监察委员会成立在后，所以该解释中不包括监察机关。

利用职权，是指国家机关工作人员利用其职务本身所具备的权力属性，予以滥用，实施非法剥夺他人人身自由的行为。该行为因为违背了国家机关工作人员应依法行使公权力的基本要求，是背离其职务要求、不应行使而行使的滥用职权的行为，该非法拘禁行为带来的社会危害性较之非国家机关工作人员更为严重，因而需要予以从重处罚。2021年量刑指导意见规定，国家机关工作人员利用职权非法扣押、拘禁他人的，可增加基准刑的10%~20%。

关于国家机关工作人员利用职权非法拘禁“从重处罚”的理解，参考本部分二（二）中的分析。至于能否适用缓刑，正如前文所述，从重处罚并不必然排斥缓刑的适用，只要不属于刑法第74条规定的累犯和犯罪集团的首要分子，就不属于禁止适用缓刑的范畴，要根据案件的具体情况判断是否适用。实务中可以综合考虑非法拘禁的起因、时间、危害后果等犯罪事实、量刑情节，以及被告人的主观恶性、人身危险性、认罪悔罪表现等因素，决定缓刑的适用。

需要注意的是，如果国家机关工作人员虽然实施了非法拘禁的行为，但是没有利用职权，则不符合刑法第238条第4款的规定，不属于从重处罚的情形。

六、“索债型”非法拘禁罪的认定

（一）债务的性质对定罪量刑的影响

刑法第238条第3款规定，为索取债务非法扣押、拘禁他人的，按照非法拘禁罪定罪处罚。此后，司法实务中关于债务的性质颇有争论，对为索取非法债务而非法拘禁他人的情形是否追究有不同意见。最高人民法院于2000年6月30日通过司法解释的方式规范了这个问题，《最高人民法院关于对为索取法律不予保护的债务非法拘禁他人行为如何定罪问题的解释》规定：“行为人为索取高利贷、赌债等法律不予保护的债务，非法扣押、拘禁他人的，依照刑法第二百三十八条的规定定罪处罚。”该解释的出发点在于，本罪的保护法益为公民的人身自由权利，任何触犯刑法、侵犯了公民人身自由权利的犯罪行为，无论犯罪的起因如何，都应当依法予以追究。

在司法实务中要注意，在涉“软暴力”的刑事案件中，为索取债务而指使、雇佣他人实施非法拘禁的，因债务的性质不同，在涉民间矛盾这一特殊条件下，有可能导致罪与非罪的不同结果。指使、雇佣他人为追讨合法债务非法拘禁，没有造成严重后果的，有可能不构成非法拘禁罪，但并非一律不构成本罪。自 2019 年 4 月 9 日起施行的《最高人民法院、最高人民检察院、公安部、司法部关于办理实施“软暴力”的刑事案件若干问题的意见》第 11 条规定：“为强索不受法律保护的债务或者因其他非法目的，雇佣、指使他人采用‘软暴力’手段非法剥夺他人人身自由构成非法拘禁罪……的，对雇佣者、指使者，一般应当以共同犯罪中的主犯论处；因本人及近亲属合法债务……民间矛盾而雇佣、指使，没有造成严重后果的，一般不作为犯罪处理，但经有关部门批评制止或者处理处罚后仍继续实施的除外”。因民间矛盾引发的犯罪，在我国的司法实务中，通常可以作为从宽处理的一个因素，包括在严重的刑事犯罪案件中，如果是民间矛盾引发，也会考量如何化解矛盾，并作为量刑从轻考虑的方面。该意见并未简单地将所有民间矛盾所致的讨债型非法拘禁行为作为除罪化的理由，而是规定了不作为犯罪处理的例外情形，即经有关部门批评制止或者处理处罚后仍继续实施的，可以以非法拘禁罪定罪处罚。可见，保护公民的人身自由权利不受侵犯，始终是本罪的核心所在。

（二）“索债型”非法拘禁罪与催收非法债务罪的区别

2021 年 3 月 1 日起施行的刑法修正案（十一），增设了一个新的犯罪：第 293 条之一催收非法债务罪。“索债型”非法拘禁罪与催收非法债务罪都是基于故意实施的犯罪，两罪的区别主要是：

一是犯罪性质不同。非法拘禁罪是严重侵犯公民人身自由权利的犯罪，属于刑法规定的持续犯；催收非法债务罪妨害社会管理秩序罪中属于扰乱公共秩序性质的犯罪，是情节犯，其实施的非法催收行为必须要达到情节严重才能构成犯罪。

二是债务的性质有一定差别。“索债型”的非法拘禁罪中的债务既包括合法债务，也包括不受法律保护的赌债、高利贷等非法债务，催收非法债务罪中的债务只能是高利放贷等非法债务，不包括合法债务。

三是行为手段有区别。非法拘禁是以拘禁或者其他强制方法非法剥夺他人人身自由的行为，刑法的规定较为概括，使用了“其他方法”这种兜底性的文字表述。关于催收非法债务罪，刑法则采取列举式的规定，明确了该罪的具体行为手段，包括三种情形：一是使用暴力、胁迫方法，二是限制他人人身自由或者侵入住宅的方法，三是恐吓、跟踪、骚扰他人的方法。需要注意的是，刑法第 293 条之一规定的催收非法债务的行为方式，没有使用兜底性的文字，只有符合该条规定的方式才能构成该罪。其中的“限制他人人身自由”的催债行为，“限制”行为对他人人身自由的侵犯要轻于“剥夺”他人人身自由，因此，“限制他人人身自由”应当是没有达到非法拘禁罪“剥夺他人人身自由”这种严重程度的行为。

四是刑事责任的轻重不同。非法拘禁罪不仅有两个法定刑档次，最高刑为 10 年有期徒刑，而且对于使用暴力致人伤残、死亡的，转化为故意伤害罪和故意杀人罪，是侵犯公民人身自由权利的严重犯罪。催收非法债务罪只有一个法定刑档次，最高刑为 3 年有期徒刑，与非法拘禁罪相比，应属于相对较轻的犯罪。

司法实务中需要注意的是，两罪的行为手段都包含侵犯他人的人身自由权利的行为，非法拘禁罪侵犯人身自由权利的程度更为严重，是“剥夺”他人的人身自由，而对于催收非法债务罪刑法规定的是“限制”他人人身自由，行为方式的差异和侵犯人身自由权利程度上的差别，在具体办案中需要准确把握。

催收非法债务罪中的限制人身自由与非法拘禁相比，通常应表现为他人被限制自由的程度较轻或者有相对较大的活动区域，或者限制的行为方式相对较和缓，限制的时间较短等，更多的行为方式往往是威胁、恐吓、跟踪、骚扰等。催收非法债务罪的法定刑与非法拘禁罪第一档法定刑相比较，主刑完全相同。如果行为人在催收非法债务的过程中，实施的行为达到了非法剥夺他人的人身自由的程度，或者致使被害人重伤、死亡的，则应当以非法拘禁罪追究刑事责任。

七、非法拘禁罪追诉期限的计算

刑法第 89 条第 1 款规定，追诉期限从犯罪之日起计算；犯罪行为有连续或者继续状态的，从犯罪行为终了之日起计算。非法拘禁罪是典型的继续犯，也称持续犯，从犯罪行为开始着手实行起即从非法剥夺他人人身自由开始，直至犯罪行为终止之前，行为与不法状态一直处于继续状态。因此，本罪的追诉期限，从犯罪行为终了之日起计算。如果在非法拘禁过程中，停止了非法拘禁，一段时间之后对同一人再次实施非法拘禁行为，是一个非法拘禁行为的中断，还是两次实施了非法拘禁行为，本书采取后者的主张，理由是基于持续犯的构成条件，犯罪的实行行为应当是不间断地持续存在。因此，这种表面看似间断的非法拘禁行为，实则应当视为行为人实施了两次非法拘禁行为，追诉时效的计算，按照刑法第 89 条第 2 款的规定，在追诉期限内又犯罪的，前罪追诉的期限从犯后罪之日起计算。刑罚裁量时则需要考量非法拘禁的次数，综合全案犯罪情节，决定应当适用的刑罚。

八、非法拘禁案件的管辖

非法拘禁案件，按照犯罪主体的不同、是否利用职权实施，可以由以下三个机关分别管辖：

一是非国家工作人员实施的非法拘禁案件，由公安机关管辖。

二是司法工作人员以外的公职人员利用职权实施的非法拘禁案件，由监察机关依法调查，依据是自 2021 年 9 月 20 日起施行《中华人民共和国监察法实施条例》第 27 条的规定。

三是司法工作人员利用职权实施的非法拘禁案件，可以由人民检察院侦查，必要时由监察机关调查；或者监察机关在调查司法工作人员涉嫌贪污贿赂等职务犯罪中，可以对其涉嫌的非法拘禁犯罪一并调查，并在立案后及时通报同级人民检察院；或者是检察机关在办理司法工作人员实施的非法拘禁案件时，发现犯罪嫌疑人同时涉嫌监察机关管辖的其他职务犯罪，经沟通全案移送监察机关管辖。

管辖权的依据分别是：

检察机关的管辖权：根据 2018 年修订的刑事诉讼法第 19 条第 2 款之规定，人民检察院在对诉讼活动实行法律监督中发现的司法工作人员利用职权实施的非法拘禁犯罪，可以由人民检察院立案侦查。

监察机关的管辖权：需要注意的是，司法工作人员实施的非法拘禁行为，刑事诉讼法规定是“可以”由人民检察院立案侦查，而不是必须，也存在由监察机关调查的情形：一是监察机关认为必要时可以依法调查司法工作人员实施的非法拘禁案件。二是一并调查的情形：监察机关在调查司法工作人员涉嫌贪污贿赂等职务犯罪中，可以对其涉嫌的前款规定的犯罪一并调查，并及时通报同级人民检察院。三是移送调查的情形：检察机关在办理司法工作人员实施的非法拘禁案件时，发现犯罪嫌疑人同时涉嫌监察机关管辖的其他职务犯罪，经沟通全案移送监察机关管辖的。依据是《中华人民共和国监察法实施条例》第52条的规定。

【办案依据】

一、刑法规定

第二百三十二条 故意杀人的，处死刑、无期徒刑或者十年以上有期徒刑；情节较轻的，处三年以上十年以下有期徒刑。

第二百三十四条 故意伤害他人身体的，处三年以下有期徒刑、拘役或者管制。

犯前款罪，致人重伤的，处三年以上十年以下有期徒刑；致人死亡或者以特别残忍手段致人重伤造成严重残疾的，处十年以上有期徒刑、无期徒刑或者死刑。本法另有规定的，依照规定。

第二百三十八条 非法拘禁他人或者以其他方法非法剥夺他人人身自由的，处三年以下有期徒刑、拘役、管制或者剥夺政治权利。具有殴打、侮辱情节的，从重处罚。

犯前款罪，致人重伤的，处三年以上十年以下有期徒刑；致人死亡的，处十年以上有期徒刑。使用暴力致人伤残、死亡的，依照本法第二百三十四条、第二百三十二条的规定定罪处罚。

为索取债务非法扣押、拘禁他人的，依照前两款的规定处罚。

国家机关工作人员利用职权犯前三款罪的，依照前三款的规定从重处罚。

二、监察法规

《中华人民共和国监察法实施条例》（2021年7月20日国家监察委员会全体会议决定，自2021年9月20日起施行）

第二十七条 监察机关依法调查公职人员涉嫌滥用职权犯罪，包括滥用职权罪，国有公司、企业、事业单位人员滥用职权罪，滥用管理公司、证券职权罪，食品、药品监管渎职罪，故意泄露国家秘密罪，报复陷害罪，阻碍解救被拐卖、绑架妇女、儿童罪，帮助犯罪分子逃避处罚罪，违法发放林木采伐许可证罪，办理偷越国（边）境人员出入境证件罪，放行偷越国（边）境人员罪，挪用特定款物罪，非法剥夺公民宗教信仰自由罪，侵犯少数民族风俗习惯罪，打击报复会计、统计人员罪，以及司法工作人员以外的公职人员利用职权实施的非法拘禁罪、虐待被监管人罪、非法搜查罪。

第五十二条 监察机关必要时可以依法调查司法工作人员利用职权实施的涉嫌非法拘禁、刑讯逼供、非法搜查等侵犯公民权利、损害司法公正的犯罪，并在立案后及时通报同级人民检察院。

监察机关在调查司法工作人员涉嫌贪污贿赂等职务犯罪中，可以对其涉嫌的前款规定的犯罪一并调查，并及时通报同级人民检察院。人民检察院在办理直接受理侦查的案件中，发现犯罪嫌疑人同时涉嫌监察机关管辖的其他职务犯罪，经沟通全案移送监察机关管辖的，监察机关应当依法进行调查。

第六十四条 严禁以暴力、威胁、引诱、欺骗以及非法限制人身自由等非法方法收集证据，严禁侮辱、打骂、虐待、体罚或者变相体罚被调查人、涉案人员和证人。

第六十五条 对于调查人员采用暴力、威胁以及非法限制人身自由等非法方法收集的被调查人供述、证人证言、被害人陈述，应当依法予以排除。

前款所称暴力的方法，是指采用殴打、违法使用戒具等方法或者变相肉刑的恶劣手段，使人遭受难以忍受的痛苦而违背意愿作出供述、证言、陈述；威胁的方法，是指采用以暴力或者严重损害本人及其近亲属合法权益等进行威胁的方法，使人遭受难以忍受的痛苦而违背意愿作出供述、证言、陈述。

收集物证、书证不符合法定程序，可能严重影响案件公正处理的，应当予以补正或者作出合理解释；不能补正或者作出合理解释的，对该证据应当予以排除。

三、司法解释

（一）《最高人民法院关于适用〈中华人民共和国刑事诉讼法〉的解释》（2021年1月26日 法释〔2021〕1号）

第一条 人民法院直接受理的自诉案件包括：

……

（二）人民检察院没有提起公诉，被害人有证据证明的轻微刑事案件：

……

8. 刑法分则第四章、第五章规定的，可能判处三年有期徒刑以下刑罚的案件。

本项规定的案件，被害人直接向人民法院起诉的，人民法院应当依法受理。对其中证据不足，可以由公安机关受理的，或者认为对被告人可能判处三年有期徒刑以上刑罚的，应当告知被害人向公安机关报案，或者移送公安机关立案侦查。

第一百二十三条 采用下列非法方法收集的被告人供述，应当予以排除：

……

（三）采用非法拘禁等非法限制人身自由的方法收集的被告人供述。

（二）《人民检察院刑事诉讼规则》（2019 年 12 月 30 日 高检发释字〔2019〕4 号）

第十三条 人民检察院在对诉讼活动实行法律监督中发现的司法工作人员利用职权实施的非法拘禁、刑讯逼供、非法搜查等侵犯公民权利、损害司法公正的犯罪，可以由人民检察院立案侦查。

对于公安机关管辖的国家机关工作人员利用职权实施的重大犯罪案件，需要由人民检察院直接受理的，经省级以上人民检察院决定，可以由人民检察院立案侦查。

第六十七条 对采用下列方法收集的犯罪嫌疑人供述，应当予以排除：

（一）采用殴打、违法使用戒具等暴力方法或者变相肉刑的恶劣手段，使犯罪嫌疑人遭受难以忍受的痛苦而违背意愿作出的供述；

（二）采用以暴力或者严重损害本人及其近亲属合法权益等进行威胁的方法，使犯罪嫌疑人遭受难以忍受的痛苦而违背意愿作出的供述；

（三）采用非法拘禁等非法限制人身自由的方法收集的供述。

（三）《最高人民法院关于对为索取法律不予保护的债务非法拘禁他人行为如何定罪问题的解释》（2000 年 7 月 13 日 法释〔2000〕19 号）

为了正确适用刑法，现就为索取高利贷、赌债等法律不予保护的债务，非法拘禁他人行为如何定罪问题解释如下：

行为人为索取高利贷、赌债等法律不予保护的债务，非法扣押、拘禁他人的，依照刑法第二百三十八条的规定定罪处罚。

四、司法文件

（一）《最高人民法院、最高人民检察院、公安部、司法部关于办理“套路贷”刑事案件若干问题的意见》（2019年2月28日 法发〔2019〕11号）

4. 实施“套路贷”过程中，未采用明显的暴力或者威胁手段，其行为特征从整体上表现为以非法占有为目的，通过虚构事实、隐瞒真相骗取被害人财物的，一般以诈骗罪定罪处罚；对于在实施“套路贷”过程中多种手段并用，构成诈骗、敲诈勒索、非法拘禁、虚假诉讼、寻衅滋事、强迫交易、抢劫、绑架等多种犯罪的，应当根据具体案件事实，区分不同情况，依照刑法及有关司法解释的规定数罪并罚或者择一重处。

（二）《最高人民法院、最高人民检察院、公安部、司法部关于办理实施“软暴力”的刑事案件若干问题的意见》（自2019年4月9日施行）

三、行为人实施“软暴力”，具有下列情形之一，可以认定为足以使他人产生恐惧、恐慌进而形成心理强制或者足以影响、限制人身自由、危及人身财产安全或者影响正常生活、工作、生产、经营：

（一）黑恶势力实施的；

（二）以黑恶势力名义实施的；

（三）曾因组织、领导、参加黑社会性质组织、恶势力犯罪集团、恶势力以及因强迫交易、非法拘禁、敲诈勒索、聚众斗殴、寻衅滋事等犯罪受过刑事处罚后又实施的；

（四）携带凶器实施的；

（五）有组织地实施的或者足以使他人认为暴力、威胁具有现实可能性的；

（六）其他足以使他人产生恐惧、恐慌进而形成心理强制或者足以影响、限制人身自由、危及人身财产安全或者影响正常生活、工作、生产、经营的情形。

由多人实施的，编造或明示暴力违法犯罪经历进行恐吓的，或者以自报组织、头目名号、统一着装、显露纹身、特殊标识以及其他明示、暗示方式，足以使他人感知相关行为的有组织性的，应当认定为“以黑恶势力名义实施”。

由多人实施的，只要有部分行为人符合本条第一款第（一）项至第（四）项所列情形的，该项即成立。

虽然具体实施“软暴力”的行为人不符合本条第一款第（一）项、第（三）项所列情形，但雇佣者、指使者或者纠集者符合的，该项成立。

六、有组织地多次短时间非法拘禁他人的，应当认定为《刑法》第二百三十八条规定的“以其他方法非法剥夺他人人身自由”。非法拘禁他人三次以上、每次持续时间在四小时以上，或者非法拘禁他人累计时间在十二小时以上的，应当以非法拘禁罪定罪处罚。

十一、雇佣、指使他人采用“软暴力”手段强迫交易、敲诈勒索，构成强迫交易罪、敲诈勒索罪的，对雇佣者、指使者，一般应当以共同犯罪中的主犯论处。

为强索不受法律保护的债务或者因其他非法目的，雇佣、指使他人采用“软暴力”手段非法剥夺他人人身自由构成非法拘禁罪，或者非法侵入他人住宅、寻衅滋事，构成非法侵入住宅罪、寻衅滋事罪的，对雇佣者、指使者，一般应当以共同犯罪中的主犯论处；因本人及近亲属合法债务、婚恋、家庭、邻里纠纷等民间矛盾而雇佣、指使，没有造成严重后果的，一般不作为犯罪处理，但经有关部门批评制止或者处理处罚后仍继续实施的除外。

（三）《最高人民法院、最高人民检察院、公安部、司法部关于办理非法放贷刑事案件若干问题的意见》（2019年7月23日　法发〔2019〕24号）

六、为从事非法放贷活动，实施擅自设立金融机构、套取金融机构资金高利转贷、骗取贷款、非法吸收公众存款等行为，构成犯罪的，应当择一重罪处罚。

为强行索要因非法放贷而产生的债务，实施故意杀人、故意伤害、非法拘禁、故意毁坏财物、寻衅滋事等行为，构成犯罪的，应当数罪并罚。

纠集、指使、雇佣他人采用滋扰、纠缠、哄闹、聚众造势等手段强行索要债务，尚不单独构成犯罪，但实施非法放贷行为已构成非法经营罪的，应当按照非法经营罪的规定酌情从重处罚。

以上规定的情形，刑法、司法解释另有规定的除外。

（四）《人民法院办理刑事案件排除非法证据规程（试行）》（2017年11月27日　法发〔2017〕31号）

第一条　采用下列非法方法收集的被告人供述，应当予以排除：

（一）采用殴打、违法使用戒具等暴力方法或者变相肉刑的恶劣手段，使被告人遭受难以忍受的痛苦而违背意愿作出的供述；

（二）采用以暴力或者严重损害本人及其近亲属合法权益等进行威胁的方法，使被告人遭受难以忍受的痛苦而违背意愿作出的供述；

（三）采用非法拘禁等非法限制人身自由的方法收集的被告人供述。

采用刑讯逼供方法使被告人作出供述，之后被告人受该刑讯逼供行为影响而作出的与该供述相同的重复性供述，应当一并排除，但下列情形除外：

（一）侦查期间，根据控告、举报或者自己发现等，侦查机关确认或者不能排除以非法方法收集证据而更换侦查人员，其他侦查人员再次讯问时告知诉讼权利和认罪的法律后果，被告人自愿供述的；

（二）审查逮捕、审查起诉和审判期间，检察人员、审判人员讯问时告知诉讼权利和认罪的法律后果，被告人自愿供述的。

第二条　采用暴力、威胁以及非法限制人身自由等非法方法收集的证人证言、被害人陈述，应当予以排除。

（五）《最高人民法院、最高人民检察院、公安部、国家安全部、司法部关于办理刑事案件严格排除非法证据若干问题的规定》（2017年6月20日　法发〔2017〕15号）

第四条　采用非法拘禁等非法限制人身自由的方法收集的犯罪嫌疑人、被告人供述，应当予以排除。

第六条　采用暴力、威胁以及非法限制人身自由等非法方法收集的证人证言、被害人陈述，应当予以排除。

（六）《最高人民法院、最高人民检察院、公安部、司法部关于依法办理家庭暴力犯罪案件的意见》（2015年3月2日　法发〔2015〕4号）

三、定罪处罚

16. 依法准确定罪处罚。对故意杀人、故意伤害、强奸、猥亵儿童、非法拘禁、侮辱、暴力干涉婚姻自由、虐待、遗弃等侵害公民人身权利的家庭暴力犯罪，应当根据犯罪的事实、犯罪的性质、情节和对社会的危害程度，严格依照刑法的有关规定判处。对于同一行为同时触犯多个罪名的，依照处罚较重的规定定罪处罚。

【指导性案例】

最高人民检察院指导性案例第106号牛某非法拘禁案①

（最高人民检察院第十三届检察委员会第六十三次会议决定，2021年3月2日发布）

【关键词】

非法拘禁　共同犯罪　补充社会调查　附条件不起诉　异地考察帮教

【要旨】

检察机关对于公安机关移送的社会调查报告应当认真审查，报告内容不能全面反映未成年人成长经历、犯罪原因、监护教育等情况的，可以商公安机关补充调查，也可以自行或者委托其他有关组织、机构补充调查。对实施犯罪行为时系未成年人但诉讼过程中已满十八周岁的犯罪嫌疑人，符合条件的，可以适用附条件不起诉。对于外地户籍未成年犯罪嫌疑人，办案检察机关可以委托未成年人户籍所在地检察机关开展异地协作考察帮教，两地检察机关要各司其职，密切配合，确保帮教取得实效。

【基本案情】

被附条件不起诉人牛某，女，作案时17周岁，初中文化，无业。

2015年初，牛某初中三年级辍学后打工，其间经人介绍加入某传销组织，后随该组织到某市进行传销活动。2016年4月21日，被害人瞿某（男，成年人）被其女友卢某（另案处理）骗至该传销组织。4月24日上午，瞿某在听课过程中发现自己进入的是传销组织，便要求卢某与其一同离开。乔某（传销组织负责人，到案前因意外事故死亡）得知情况后，安排牛某与卢某、孙某（另案处理）等人进行阻拦。次日上午，瞿某再次开门欲离开时，在乔某指使下，牛某积极参与对

① 《第二十七批指导性案例——牛某非法拘禁案（检例第106号）》，载最高人民检察院网站，https://www.spp.gov.cn/jczdal/202103/t20210303_510511.shtml，2022年3月16日访问。

被害人瞿某实施堵门、言语威胁等行为，程某（另案处理）等人在客厅内以打牌名义进行看管。15时许，瞿某在其被拘禁的四楼房间窗户前探身欲呼救时不慎坠至一楼，经法医鉴定，瞿某为重伤二级。

因该案系八名成年人与一名未成年人共同犯罪，公安机关进行分案办理。八名成年人除乔某已死亡外，均被提起公诉，人民法院以非法拘禁罪分别判处被告人有期徒刑一年至三年不等。

【检察机关履职过程】

（一）依法对牛某作出不批准逮捕决定。公安机关对未成年犯罪嫌疑人牛某提请批准逮捕后，检察机关依法讯问牛某，听取其法定代理人、辩护人及被害人的意见。经审查，检察机关认为牛某因被骗加入传销组织后，积极参与实施了非法拘禁致被害人重伤的共同犯罪行为，已构成非法拘禁罪，但在犯罪中起次要作用，且归案后供述稳定，认罪悔罪态度好，愿意尽力赔偿被害人经济损失，采取取保候审足以防止社会危险性的发生，依法对牛某作出不批准逮捕决定，并联合司法社工、家庭教育专家、心理咨询师及其法定代理人组成帮教小组，建立微信群，开展法治教育、心理疏导、就业指导等，预防其再犯。同时，商公安机关对牛某的成长经历、家庭情况、犯罪原因等进行社会调查。

（二）开展补充社会调查。案件移送起诉后，检察机关审查认为，随案移送的社会调查报告不够全面细致。为进一步查明牛某犯罪原因、犯罪后表现等情况，检察机关遂列出详细的社会调查提纲，并通过牛某户籍所在地检察机关委托当地公安机关对牛某的成长经历、犯罪原因、平时表现、社会交往、家庭监护条件、取保候审期间的表现等进行补充社会调查。调查人员通过走访牛某父母、邻居、村委会干部及打工期间的同事了解到，牛某家庭成员共五人，家庭关系融洽，母亲常年在外打工，父亲在家务农，牛某平时表现良好，服从父母管教，村委会愿意协助家庭对其开展帮教。取保候审期间，牛某在一家烧烤店打工，同事评价良好。综合上述情况，检察机关认为牛某能够被社会接纳，具备社会化帮教条件。

（三）促成与被害人和解。本案成年被告人赔偿后，被害人瞿某要求牛某赔偿五万元医药费。牛某及家人虽有赔偿意愿，但因家庭经济困难，无法一次性支付赔偿款。检察机关向被害人详细说明牛某和家人的诚意及困难，并提出先支付部分现金，剩余分期还款的赔偿方案，引导双方减少分歧。经做工作，牛某与被害人接受了检察机关的建议，牛某当面向被害人赔礼道歉，并支付现金两万元，剩余三万元承诺按月还款，两年内付清，被害人为牛某出具了谅解书。

（四）召开听证会，依法作出附条件不起诉决定。鉴于本案涉及传销，造成被害人重伤，社会关注度较高，且牛某在诉讼过程中已满十八周岁，对是否适宜作附条件不起诉存在不同认识，检察机关举行不公开听证会，牛某及其法定代理人、辩护人和侦查人员、帮教人员等参加。听证人员结合具体案情、法律规定和现场提问情况发表意见，一致赞同对牛某附条件不起诉。2018 年 5 月 16 日，检察机关依法对牛某作出附条件不起诉决定。综合考虑其一贯表现和犯罪性质、情节、后果、认罪悔罪表现及尚未完全履行赔偿义务等因素，参考同案人员判决情况以及其被起诉后可能判处的刑期，确定考验期为一年。

（五）开展异地协作考察帮教。鉴于牛某及其家人请求回户籍地接受帮教，办案检察机关决定委托牛某户籍地检察机关开展异地考察帮教，并指派承办检察官专程前往牛某户籍地检察机关进行工作衔接。牛某户籍地检察机关牵头成立了由检察官、司法社工、法定代理人等组成的帮教小组，根据所附条件共同制定帮助牛某提升法律意识和辨别是非能力、树立正确消费观、提高就业技能等方面的个性化帮教方案，要求牛某按照方案内容接受当地检察机关的帮教，定期向帮教检察官汇报思想、生活状况，根据协议按时、足额将赔偿款汇到被害人账户。办案检察机关定期与当地检察机关帮教小组联系，及时掌握对牛某的考察帮教情况。牛某认真接受帮教，并提前还清赔偿款。考验期满，检察机关综合牛某表现，依法作出不起诉决定。经回访，目前牛某工作稳定，各方面表现良好，生活已经走上正轨。

【指导意义】

（一）办理附条件不起诉案件，应当进行社会调查，社会调查报告内容不完整的，应当补充开展社会调查。社会调查报告是检察机关认定未成年犯罪嫌疑人主观恶性大小、是否适合作附条件不起诉以及附什么样的条件、如何制定具体的帮教方案等的重要参考。社会调查报告的内容主要包括涉罪未成年人个人基本情况、家庭情况、成长经历、社会生活状况、犯罪原因、犯罪前后表现、是否具备有效监护条件、社会帮教条件等，应具有个性化和针对性。公安机关、人民检察院、人民法院办理未成年人刑事案件，根据法律规定和案件情况可以进行社会调查。公安机关侦查未成年人犯罪案件，检察机关可以商请公安机关进行社会调查。认为公安机关随案移送的社会调查报告内容不完整、不全面的，可以商请公安机关补充进行社会调查，也可以自行补充开展社会调查。

（二）对于犯罪时系未成年人但诉讼过程中已满十八周岁的犯罪嫌疑人，可以适用附条件不起诉。刑事诉讼法第二百八十二条规定，对于涉嫌刑法分则第四章、第五章、第六章规定的犯罪，可能判处一年有期徒刑以下刑罚，符合起诉条件，但有悔罪表现的未成年人刑事案件，可以作出附条件不起诉决定。未成年人刑事案件是指犯罪嫌疑人实施犯罪时系未成年人的案件。对于实施犯罪行为时未满十八周岁，但诉讼中已经成年的犯罪嫌疑人，符合适用附条件不起诉案件条件的，人民检察院可以作出附条件不起诉决定。

（三）对外地户籍未成年人，可以开展异地协作考察帮教，确保帮教效果。被附条件不起诉人户籍地或经常居住地与办案检察机关属于不同地区，被附条件不起诉人希望返回户籍地或经常居住地生活工作的，办案检察机关可以委托其户籍地或经常居住地检察机关协助进行考察帮教，户籍地或经常居住地检察机关应当予以支持。两地检察机关应当根据被附条件不起诉人的具体情况，共同制定有针对性的帮教方案并积极沟通协作。当地检察机关履行具体考察帮教职责，重点关注未成年人行踪轨迹、人际交往、思想动态等情况，定期走访被附条件不起诉人的法定代理人以及所在社区、单位，并将考察帮教情况及时反馈办案检察机关。办案检察机关应当根据考察帮教需要提供协助。考验期届满前，当地检察机关应当出具被附条件不起诉人考察帮教情况总结报告，作为办案检察机关对被附条件不起诉人是否最终作出不起诉决定的重要依据。

【相关规定】

《中华人民共和国刑法》第二百三十八条

《中华人民共和国刑事诉讼法》第二百七十九条、第二百八十二条、第二百八

十三条、第二百八十四条

《人民检察院刑事诉讼规则》第四百六十一条、第四百六十三条、第四百九十六条

《人民检察院办理未成年人刑事案件的规定》第三十条、第三十一条、第四十条、第四十四条

《未成年人刑事检察工作指引（试行）》第二十一条、第三十条、第六十九条、第一百八十一条、第一百九十四条、第一百九十六条

第十章 绑架罪

【立案追诉标准】

绑架案（刑法第239条）

涉嫌以勒索财物为目的绑架他人的，或者绑架他人作为人质的，以勒索财物为目的偷盗婴幼儿的，应予立案。

【犯罪构成及刑事责任】

绑架罪是指以暴力、胁迫或者其他手段劫持他人并以此为要挟勒索财物或者提出其他非法要求的行为。构成本罪需要同时具备以下要件：

1. 客体要件。本罪侵犯的客体[①]，本书采较为广义的理解。根据绑架罪行为方式的不同而表现复杂，根据我国刑法第239条的规定，包括他人的人身自由权利和人身安全，人身安全中包括生命权与健康权。在掳人勒赎型的绑架案件和以勒索财物为目的的偷盗婴幼儿的绑架案件中，还包括他人的财产权利。

本罪的犯罪对象是“他人”，可以指任何自然人。本罪犯罪对象中较为特殊的是“婴幼儿”，我国刑法中的婴幼儿，是指不满6周岁的人。刑法将“偷盗婴幼儿”的行为分别规定在分则第四章中的第239条绑架罪和第240条拐卖儿童罪中，

---

① 关于绑架罪侵犯的客体或者保护法益，中外刑法学界均颇多争议。张明楷老师介绍了国外刑法理论上的争议（张明楷：《外国刑法纲要》，清华大学出版社2007年版，第482页）和国内刑法理论的不同观点（张明楷：《刑法学》（第六版），法律出版社2021年版，第1158~1159页），可供学习参考。

虽然两罪均表现为“偷盗”的行为方式，但因为犯罪目的上的差别，立法者将偷盗婴幼儿的行为分置于两个不同的罪名中加以规定，目的是更加科学地认定和惩罚犯罪。关于婴幼儿年龄段的划分，《最高人民法院关于审理拐卖妇女儿童犯罪案件具体应用法律若干问题的解释》（以下简称“拐卖妇女儿童犯罪案件的解释”）第 9 条规定：“刑法第二百四十条、第二百四十一条规定的儿童，是指不满十四周岁的人。其中，不满一周岁的为婴儿，一周岁以上不满六周岁的为幼儿。”笔者认为，该司法解释中关于婴幼儿年龄的界分，虽然是专门针对刑法第 240 条拐卖儿童罪所作的解释，但因绑架罪与拐卖儿童罪在偷盗婴幼儿的情形中，行为手段一致，侵害对象完全相同，因为两罪行为表现及对象的共同特殊性，决定了该解释第 9 条的年龄划分标准同样可以适用到本罪中，在法律逻辑上可以形成自洽。

2. 客观要件。本罪在客观方面根据犯罪行为侵犯的对象不同可以表现为不同的行为方式，绑架是对被绑架人身体和精神实施的一种强力作用，通常表现为将他人掳为人质，包括使用暴力、威胁手段或者对被绑架人施以药物、毒品、酒精等麻醉的方法，以及其他方法强力控制他人，并以此为要挟，进而向第三方勒索财物或者意图实现其他非法目的的行为；也可以表现为以勒索财物为目的“偷盗婴幼儿”的行为。

需要注意的是，绑架的实施，并非被绑架人一定被从某个场所带离到另一个场所，也可以是被绑架人的身体没有发生场所的移动，但是被行为人用暴力、胁迫或者其他手段控制住，无法离开或者不敢离开其当时所在的场所，可以是家庭生活场所、居住场所，也可以是学校、单位或者其他学习、工作、娱乐等或封闭或公开的场所，被绑架者与被勒索者通常可以分离。另外，场所是否隐蔽不被知晓，不影响绑架罪的认定，在绑架案件中，被绑架人可以是被带离到一个隐蔽的场所而使得其监护人、亲友以及其他被勒索的人无法知晓或者难以知晓的场所，也可以是让被绑架人的监护人、亲友或者被勒索的人知晓的场所，甚至可以是大庭广众之下的公共场所。

关于偷盗婴幼儿的行为，本质上是使婴幼儿脱离其父母、其他监护人或者负有照护职责的看护人的行为，除趁婴幼儿父母或者其他监护人、看护人不在场或者不注意的情况下偷偷抱走、带走、掳走等，还可能是通过哄骗、利诱的方式带离。“偷盗”一词在日常生活中是一个众所周知的概念，亦有约定俗成的理解，但是作为本罪的行为方式之一，“偷盗”在绑架罪的司法实务中已经超越了字面本身的含义，司法解释也对此作出了明确规定，“拐卖妇女儿童犯罪案件的解释”第1条规定，对婴幼儿采取欺骗、利诱等手段使其脱离监护人或者看护人的，视为“偷盗婴幼儿”。该条对“视为偷盗婴幼儿”的欺骗、利诱手段的规定，同样适用于绑架罪中的此种情形。

根据刑法第239条的规定，绑架过程中杀害被绑架人的，或者故意伤害被绑架人，致人重伤、死亡的，如果行为人属于年满16周岁的完全刑事责任能力人，杀害、伤害行为则不再评价为故意杀人罪、故意伤害罪，只属于绑架罪加重法定刑的情节，仍然以绑架罪定罪处罚。如果行为人不满16周岁，符合刑法第17条第2款、第3款规定情形的，则可能构成故意杀人罪或者故意伤害罪。

如果行为人在绑架过程中又当场劫取被害人随身携带财物，同时触犯绑架罪和抢劫罪两个罪名的，应择一重罪定罪处罚。

3. 主体要件。本罪的犯罪主体为一般主体。因为本罪是社会危害性极大的犯罪行为，根据刑法第17条第2款的规定，刑事责任年龄的起点为14周岁。另外，根据2020年12月26日公布的刑法修正案（十一）的规定，自2021年3月1日起，对于已满12周岁不满14周岁的人，在实施绑架犯罪过程中，“故意伤害或者故意杀害被绑架人，致人死亡或者以特别残忍手段致人重伤造成严重残疾，情节恶劣，经最高人民检察院核准追诉的，应当负刑事责任”。司法实务中要注意，如果需要对已满12周岁不满14周岁的人追究绑架罪刑事责任，要严格把握刑法第17条第3款规定的实体构成条件和核准程序的要求，绝对不能降低入罪标准。

关于经最高人民检察院核准追诉的程序，根据2019年12月30日起施行的《人民检察院刑事诉讼规则》第323条、第327条的规定，公安机关报请核准追诉的案件，由同级人民检察院受理并层报最高人民检察院审查决定，最初受理案件的人民检察院应当监督公安机关的侦查工作。如果最高人民检察院决定不予核准追诉的，公安机关应当及时撤销案件，犯罪嫌疑人在押的，应当立即释放。同时，根据刑法第17条第5款的规定，因不满16周岁不予刑事处罚的，责令其父母或者其他监护人加以管教；在必要的时候，依法进行专门矫治教育。2020 年 12 月 26 日修订、2021 年 6 月 1 日起施行的《中华人民共和国预防未成年人犯罪法》[①] 第四章专门规定了对严重不良行为的矫治，该法的修订与刑法修正案（十一）是在同一天通过的，在对未成年人的专门矫治教育方面做到了有效衔接。

4. 主观要件。本罪在主观方面为直接故意[②]，即行为人意图通过绑架实现其勒索财物的目的或者实现其他非法目的，并且积极追求该危害结果的发生，至于其非法目的是否实现，并不影响绑架罪的成立。在绑架他人作为人质的案件中，行为人追求的“其他非法目的”范围是非常广的，可以是基于政治目的，以人质相要挟，让政府或者其中的某个部门对其提出的条件做出让步；也可以是基于其他各种个人目的，如在某绑架案中，行为人就是基于迫使对方答应同自己结婚的目的而绑架其家人的。行为人是否因绑架勒索而实际获取了财物，或者是否实现了其他非法目的，并不阻却绑架罪的成立，仅仅是属于有可能影响本罪量刑的情形之一。

对于偷盗婴幼儿这种特殊情形的绑架行为，主观方面要求“以勒索财物为目的”，如果行为人是“以出卖为目的”实施了偷盗婴幼儿的行为，则属于下一章中讨论的拐卖儿童罪的情形。

绑架罪的刑事责任划分为三档。根据刑法第 239 条的规定，犯绑架罪的，处 10 年以上有期徒刑或者无期徒刑，并处罚金或者没收财产；情节较轻的，处 5 年以上 10 年以下有期徒刑，并处罚金。犯前款罪，杀害被绑架人的，或者故意伤害被绑架人，致人重伤、死亡的，处无期徒刑或者死刑，并处没收财产。以勒索财物为目的偷盗婴幼儿的，依照前两款的规定处罚。

---

① 《中华人民共和国预防未成年人犯罪法》第 2 条规定，预防未成年人犯罪，立足于教育和保护未成年人相结合，坚持预防为主、提前干预，对未成年人的不良行为和严重不良行为及时进行分级预防、干预和矫治。

② 有观点认为，间接故意也可以构成本罪，此时行为人对侵害他人行动自由与身体安全的结果持放任的态度。张明楷：《刑法学》（第六版），法律出版社 2021 年版，第 1161 页。

【疑难指导】

一、对刑法第17条第2款、第3款规定的犯罪的理解

（一）刑法第17条第2款、第3款中的犯罪是指具体罪名还是犯罪行为

这个问题实际上涉及的是不满16周岁限制刑事责任能力的未成年人的责任范围问题。简而言之，是指具体犯罪行为，而不限于刑法第17条第2款、第3款明确列出的罪名。

早在2001年，四川省人民检察院向最高人民检察院提交了“关于已满十四周岁不满十六周岁的人承担刑事责任范围问题的请示”，最高人民检察院专门就此问题询问了全国人民代表大会常务委员会法制工作委员会，全国人民代表大会常务委员会法制工作委员会经过慎重研究，明确了刑法第17条第2款规定的犯罪不局限于罪名而是指犯罪行为，对于刑法第17条中规定的“犯故意杀人、故意伤害致人重伤或者死亡”，是指只要故意实施了杀人、伤害行为并且造成了致人重伤、死亡后果的，都应负刑事责任。而不是指只有犯故意杀人罪、故意伤害罪的，才负刑事责任，绑架撕票的，不负刑事责任。对司法实践中出现的已满14周岁不满16周岁的人绑架人质后杀害被绑架人、拐卖妇女、儿童而故意造成被拐卖妇女、儿童重伤或死亡的行为，依据刑法是应当追究其刑事责任的。对于未成年人实施的绑架而言，其行为需要同时符合故意杀人罪或者故意伤害罪的犯罪构成，才能以故意杀人罪或者故意伤害罪的罪名定罪处罚。①

刑法第17条第3款，是刑法修正案（十一）新增的内容，作为降低法定条件下刑事责任年龄起点的立法，立法者经过反复权衡，广泛征求意见，并结合现实中发生的引起社会广泛关注的低龄未成年人实施的恶性危害行为，对年满12周岁不满14周岁的未成年人实施故意杀人犯罪和故意伤害犯罪，规定了非常严格的入罪构成条件，即“致人死亡或者以特别残忍手段致人重伤造成严重残疾，情节恶劣”，另外，在程序上必须经最高人民检察院核准追诉方可追究刑事责任。这里存

---

① 《如何理解刑法第17条的相关规定》，载中国人大网，http://www.npc.gov.cn/npc/c724/200212/25dbfe4e6b6444d9b51ca28029a72061.shtml，2022年3月22日访问。

在一个与刑法第 17 条第 2 款同样的问题，即第 3 款的“犯故意杀人、故意伤害罪”，是指具体的罪名还是指犯罪行为？根据前述第 2 款的理解，刑法第 17 条中的犯罪是指犯罪行为而不是指具体罪名，无论在理论上还是在实务中均已形成共识，对第 3 款也应作同样的理解，在同一个条文中对具有同质性问题的认识，应当保持前后一致的理解。

因此，具体到绑架罪，如果已满 12 周岁不满 14 周岁的行为人绑架后杀害被绑架人或者故意伤害被绑架人，达到第 3 款规定的条件的，就可以故意杀人罪或者故意伤害罪追究刑事责任。

第 3 款适用中需要注意的是，无论是故意杀人还是故意伤害，都可能导致被害人死亡，或者以特别残忍手段致被害人重伤造成严重残疾且情节恶劣的情形。不能简单地将被害人死亡的结果等同于故意杀人行为，也不能将“特别残忍手段致人重伤造成严重残疾，情节恶劣”的情形简单等同于故意伤害行为，如此将会导致客观归罪。准确认定犯罪必须注重同时考察行为人主观方面的内容是什么，是基于非法剥夺他人生命的故意还是损害他人身体健康的故意，方可准确认定犯罪。

（二）绑架过程中触犯刑法第 17 条第 2 款、第 3 款的行为，罪名如何确定

概言之，绑架过程中触犯刑法第 17 条第 2 款、第 3 款的行为，以故意杀人罪或者故意伤害罪追究刑事责任。

最高人民法院于 2006 年 1 月 23 日通过司法解释就触犯刑法第 17 条第 2 款、第 3 款的行为，罪名如何确定进行规范。《最高人民法院关于审理未成年人刑事案件具体应用法律若干问题的解释》第 5 条规定：“已满十四周岁不满十六周岁的人实施刑法第十七条第二款规定以外的行为，如果同时触犯了刑法第十七条第二款规定的，应当依照刑法第十七条第二款的规定确定罪名，定罪处罚。”据此，如果行为人在绑架过程中故意杀害被绑架人的，或者故意伤害被绑架人，致人重伤、死亡的，应当负刑事责任，分别依照故意杀人罪、故意伤害罪定罪处罚。

同理，对于已满 12 周岁不满 14 周岁的人，绑架过程中故意杀害或者故意伤害被绑架人的，如果同时触犯刑法第 17 条第 3 款规定的，即致人死亡或者以特别残忍手段致人重伤造成严重残疾，情节恶劣，须经最高人民检察院核准追诉的，才应当负刑事责任，并应当以故意杀人罪或者故意伤害罪定罪处罚。

需要注意的是，适用刑法第 17 条第 3 款时，仅仅是出现致人重伤的危害后果还不能定罪处罚，还需要同时具备下列三个客观方面的条件：

·是手段条件，即“以特别残忍手段”，要结合犯罪手段的表现形式、针对的身体部位、持续时间、给被绑架人带来的身心痛苦程度等进行综合判断。

二是后果条件，即“致人重伤造成严重残疾”，残疾是重伤里能够形成伤残等级的情形，共十级。2011 年 1 月 1 日起施行的《工伤保险条例》第 22 条规定：“劳动能力鉴定是指劳动功能障碍程度和生活自理障碍程度的等级鉴定。劳动功能障碍分为十个伤残等级，最重的为一级，最轻的为十级。”严重残疾，司法实践中指达到六级伤残为严重残疾的起点，即伤残六级至一级的。《全国法院维护农村稳定刑事审判工作座谈会纪要》也强调要准确把握故意伤害致人重伤造成“严重残疾”的标准，“刑法第二百三十四条第二款规定的‘严重残疾’是指下列情形之一：被害人身体器官大部缺损、器官明显畸形、身体器官有中等功能障碍、造成严重并发症等。残疾程序可以分为一般残疾（十至七级）、严重残疾（六至三级）、特别严重残疾（二至一级），六级以上视为‘严重残疾’”。

三是情节条件，即要达到“情节恶劣”，通常对情节的理解，是从犯罪手段和造成的危害后果两大方面考量。此处，因为犯罪手段的残忍和严重危害后果均已经单独加以规定，所以刑法第 17 条第 3 款规定的“情节恶劣”应当是手段和危害后果之外的其他影响犯罪恶劣程度的独立要素，是与残忍手段和危害后果并列的、必备的评价要素。具体案件中需要结合行为人主观恶性的大小、是否预谋、犯罪动机、事件起因、发展过程、事后态度、悔罪表现等进行判断。

同时，要结合行为人主观故意的内容进行综合判断，主客观构成齐备的情形下，才能最终确定行为人是构成故意杀人罪，还是构成故意伤害罪。

（三）刑事责任年龄的认定

确认刑事责任年龄应坚持的原则：证据裁判原则、存疑时有利于被告原则。

司法实务中，行为人实施犯罪时是否达到刑事责任年龄决定了能否予以追诉，如何证明其实施犯罪时的准确年龄，在有的案件中确实是个难点问题。自 2021 年 3 月 1 日起施行的《最高人民法院关于适用〈中华人民共和国刑事诉讼法〉的解释》第 146 条重申了审查未成年人犯罪案件，查明被告人实施犯罪时是否达到追究刑事责任的年龄时，应当坚持“证据裁判原则”，一是明确了审查时对与年龄相关的哪些证据进行综合判断，明确列举出五项证据，并且用“等”字表明不限于列出该五项证据：即“审查被告人实施被指控的犯罪时或者审判时是否达到相应法定责任年龄，应当根据户籍证明、出生证明文件、学籍卡、人口普查登记、无利害关系人的证言等证据综合判断”。二是该条第 2 款同时规定了在认定年龄证据不足时，应坚持“存疑时有利于被告”的认定原则，即“证明被告人已满十二周岁、十四周岁、十六周岁、十八周岁或者不满七十五周岁的证据不足的，应当作出有利于被告人的认定”。上述规定有利于司法实务中秉持相关原则，依法认定。

关于周岁的起算，应当按照公历的年、月、日计算，并从周岁生日的第二天起算①。

二、不满 16 周岁的未成年人绑架同时触犯刑法第 17 条第 2 款、第 3 款的如何适用主刑

这种情形下对实施绑架的未成年人，按照故意杀人罪或者故意伤害罪追究刑事责任。

（一）一般不判处无期徒刑

在以绑架罪追究未成年人刑事责任的时候，要始终坚持未成年人犯罪从宽处罚的原则，即坚持刑法第 17 条第 4 款规定的“应当从轻或者减轻处罚”。结合 2006 年 1 月 23 日《最高人民法院关于审理未成年人刑事案件具体应用法律若干问题的解释》第 13 条规定的“未成年人犯罪只有罪行极其严重的，才可以适用无期徒刑。对已满十四周岁不满十六周岁的人犯罪一般不判处无期徒刑”。2010 年 2 月 8 日《最高人民法院关于贯彻宽严相济刑事政策的若干意见》中再次强调：“对于犯罪情节严重的未成年人，也应当依照刑法第十七条第三款（现为第四款）的规定予以从轻或者减轻处罚。对于已满十四周岁不满十六周岁的未成年犯罪人，一般不判处无期徒刑”。

所以在适用刑法第 17 条第 2 款、第 3 款追究未成年人绑架罪刑事责任时，根

① 参见《最高人民法院关于审理未成年人刑事案件具体应用法律若干问题的解释》（法释〔2006〕1 号，于 2005 年 12 月 12 日由最高人民法院审判委员会第 1373 次会议通过，2006 年 1 月 11 日公布，自 2006 年 1 月 23 日起施行）第 2 条。

据前述司法解释和《最高人民法院关于贯彻宽严相济刑事政策的若干意见》的规定，经过分析可以得出如下结论：

因为对不满16周岁的人犯罪一般不判处无期徒刑，对绑架罪而言，以“杀害被绑架人的，或者故意伤害被绑架人，致人重伤、死亡的”情形为例，根据前述司法解释第5条关于罪名的规定，行为人构成故意杀人罪或者故意伤害罪，两个罪最重一档的法定刑内容一致（只是刑种的排列顺序不同），包括10年以上有期徒刑、无期徒刑或者死刑。根据刑法第49条第1款的规定，犯罪的时候不满18周岁的未成年人不适用死刑；司法解释规定一般不判处无期徒刑，那么，检察官提出量刑建议时或者法官裁量刑罚时，要在10年以上有期徒刑的幅度内考量。此时有期徒刑的适用，仍然属于故意杀人罪、故意伤害罪两个罪名中最重一档法定刑的范围，这种处罚就属于对未成年人予以“从轻处罚”的情形。

（二）减轻处罚时的主刑适用

如果需要对未成年行为人予以“减轻处罚”的，则应当在故意杀人罪、故意伤害罪最高法定刑的下一档法定刑范围内提出量刑建议或者裁量刑罚，两个罪名下一档法定刑均为“三年以上十年以下有期徒刑”。

以上关于已满14周岁不满16周岁的未成年人一般不判处无期徒刑的规定，当然适用于刑法第17条第3款刑事责任年龄起点更低的未成年人。最高人民法院应当根据刑法修正案（十一）中关于刑法第17条修订的内容，适时出台或者修订有关审理未成年人刑事案件的相关司法解释，以适应立法变化和司法实务需求。

三、已满16周岁的未成年人构成绑架罪时财产刑的适用

刑法第239条绑架罪的刑事责任中，涉及并处罚金、没收财产两种附加财产刑。关于未成年人财产刑的适用，同样应当遵循刑法第17条第4款的“从轻或者减轻处罚”的这一原则性规定。据此，对于没收财产这一最严厉的财产刑，在绑架罪中，对年满16周岁不满18周岁的未成年人，只有在其罪行极其严重，同时对未成年人予以“从轻处罚”时，才存在适用绑架罪最重一档法定刑的可能性，即才有可能适用“并处没收财产”刑。如果必须对未成年人适用没收财产，则不宜适用没收全部财产。因我国对未成年犯罪人一贯秉持教育为主、惩罚为辅的原则，贯彻教育、感化、挽救的方针，适用财产刑时，不仅应当考虑未成年人的财产状况，还应当考虑其刑罚执行完毕后的生活出路等，进行综合考虑。

如果已满16周岁不满18周岁的未成年人罪行极其严重，根据案件具体情况对其予以“减轻处罚”时，则应当在下一档法定刑即“十年以上有期徒刑或者无期徒刑，并处罚金或者没收财产”的范围内考量，此时，虽然应当并处财产刑，但是对财产刑的刑种可以进行选择，此时，宜优先选择适用罚金。

此外，《最高人民法院关于审理未成年人刑事案件具体应用法律若干问题的解释》第15条对未成年人财产刑的适用作出了明确规定：“对未成年罪犯实施刑法规定的‘并处’没收财产或者罚金的犯罪，应当依法判处相应的财产刑；对未成年罪犯实施刑法规定的‘可以并处’没收财产或者罚金的犯罪，一般不判处财产刑。对未成年罪犯判处罚金刑时，应当依法从轻或者减轻判处，并根据犯罪情节，综合考虑其缴纳罚金的能力，确定罚金数额。但罚金的最低数额不得少于五百元人民币。对被判处罚金刑的未成年罪犯，其监护人或者其他人自愿代为垫付罚金的，人民法院应当允许。”对于并处罚金的从轻或者减轻适用，司法实务中应当遵循。

四、绑架罪中杀害、故意伤害被绑架人，致人重伤、死亡的理解

刑法修正案（九）对刑法第239条进行了第二次修订：“杀害被绑架人的，或者故意伤害被绑架人，致人重伤、死亡的，处无期徒刑或者死刑，并处没收财产。”该修订有两处重大改变：一是将原规定“致使被绑架人死亡或者故意杀害被绑架人”修改为“杀害被绑架人的，或者故意伤害被绑架人，致人重伤、死亡”。1997年刑法修订时本条规定中没有区分致人死亡和故意杀害，虽然造成的危害后果都是被绑架人死亡，但是两者在行为上有重要区别，“致使被绑架人死亡”是故意实施绑架过程中过失导致了被害人的死亡，行为人并非追求或者放任死亡的发生；“故意杀害”则是绑架行为与杀害行为分别符合绑架罪与故意杀人罪两个罪的构成要件，只是刑法将其规定为按照绑架罪一罪处罚；并且犯罪人在主观恶性和人身危险性上也有区别。修订后的文字表述更有利于准确打击犯罪。二是将原来该档法定刑中的单一主刑死刑改为两个主刑。这种刑罚设置更加便于区分具体犯罪的不同情况予以有针对性的处罚，也是更好地实现罚当其罪。

杀害被绑架人的行为，本来是独立于绑架之外的故意杀人行为，已经符合故意杀人罪完整的犯罪构成，但是刑法并未将之单独予以评价，亦不需要数罪并罚，该行为在罪名上从属于绑架罪本身了，为此，刑法规定了比故意杀人罪更为严厉的刑罚，即无期徒刑或者死刑，并处没收财产。结合刑法第 57 条第 1 款的规定，还应当附加剥夺政治权利终身。

故意伤害被绑架人也是同理。故意伤害被绑架人的行为不再单独评价为故意伤害罪，仍然构成绑架罪。这里的故意伤害不包括致人轻伤的情形，只能是致被绑架人重伤、死亡的结果。关于重伤的理解，刑法第 95 条明确了重伤是指“有下列情形之一的伤害：（一）使人肢体残废或者毁人容貌的；（二）使人丧失听觉、视觉或者其他器官机能的；（三）其他对于人身健康有重大伤害的”。

需要特别注意的是，刑法第 239 条第 2 款中的致人重伤、死亡，是行为人在绑架行为之外故意实施的杀人、伤害行为本身直接导致的后果，不包括因为绑架手段如捆绑过紧、麻醉过量等所直接导致的过失致人死亡，或者被绑架人因不堪忍受绑架而自杀、自残的情形，或者因逃跑方式或者逃跑过程中被绑架人自身原因导致的重伤、死亡。

如果被绑架人逃跑或者被施救时被行为人发现，行为人为阻止其逃跑而杀害、故意伤害被绑架人并造成被绑架人重伤、死亡的，则属于绑架罪第 2 款中杀害、故意杀害被绑架人的情形。

五、绑架罪“情节较轻”的理解

绑架罪作为一种危害严重的暴力犯罪，属于刑法予以严厉打击的犯罪，1997 年刑法修订时，规定绑架罪的最低法定刑为 10 年有期徒刑，法定刑起点很高。对犯罪的严惩，有利于维护社会稳定，增强公众的安全感，但是一味地严厉对于绑架罪中存在的轻重有别的犯罪情形有时无法实现精准有效的打击，在一定程度上也不利于对被害人的施救和保护。刑法修正案（七）对绑架罪进行了第一次修改，在刑法第 239 条第 1 款中增加了一档法定刑，即“情节较轻的，处五年以上十年以下有期徒刑，并处罚金”。此次修订后，绑架罪形成了三档轻重不同的责任阶梯，对实施了绑架行为的犯罪人，并非一律从严，而是宽严有度，因此，科学的法定刑设置是贯彻宽严相济刑事政策的体现。

情节较轻的判断，一是不能单纯以是否勒索到财物或者勒索到的财物多少来判断，没有勒索到财物、勒索少量财物的不等于情节较轻，如有的案件虽然行为人没有勒索到财物，或者仅得到少量财物，但是绑架后很快杀害被绑架人（无论是基于被绑架人的反抗起意杀人，还是因不便于看管而杀害，或者完全漠视他人生命而杀害，杀害理由不论），并谎称被绑架人还活着，以此为要挟向第三方勒索财物的，显然是属于绑架罪中后果严重的情形，应当适用刑法第239条第2款予以严惩。二是不能以其他非法目的没有达成来判断情节轻重。三是注重行为手段和危害后果、共同犯罪中不同犯罪人的分工和作用，并结合绑架对象以及行为发生的时间、地点、环境，进行综合判断。

实务中应避免以单一情节作为依据判断情节是否较轻，还必须结合犯本罪对公民人身自由权利和人身安全侵犯的程度轻重，以及其他情节，综合分析。具体来说，应当结合绑架的起因，行为人是否有伤害被绑架人的意图，是否使用了暴力手段，是否存在侮辱、虐待等情节，对被绑架人人身权利侵犯的严重程度，绑架期间对待被绑架人的待遇和态度，绑架时间的长短，是否主动释放人质，是否及时释放人质，勒索情形等综合判断。

六、绑架罪既遂和未遂的认定

关于绑架罪的既遂与未遂，也存在不同观点。讨论该问题，需要明确绑架罪是否是复合行为，即绑架罪是绑架行为和勒索行为共同组成的犯罪，还是绑架罪只要完成绑架这一单一行为即可。本书采纳通说的观点，完成了绑架行为，即为既遂，不问是否勒索到财物或者实现其他非法目的。如果行为人在实施绑架行为时，因被绑架人的激烈反抗，临时起意杀害被绑架人的，如果绑架行为未能完成，此时构成绑架罪的未遂，与故意杀人罪的既遂的竞合，比较轻重，应当按照故意杀人罪追究刑事责任。如果绑架行为已经完成，在运送、看管被绑架人过程中，因被绑架人反抗等原因杀害被绑架人的，应认定为绑架罪，适用刑法第239条第2款处罚。

绑架中的勒索行为，无论是勒索财物还是实现其他非法目的，都是勒索行为的目的指向，属于主观的超过要素。因此，绑架罪的既遂，将完成绑架行为视为成立，不应以绑架与勒索的复合行为来认定既遂。也有观点认为，绑架罪应当将绑架行为完成并且将勒索内容发出后视为既遂，如果没有来得及发出勒索要求的，应当视为未遂。后来该观点也随着刑法修正案（七）的修订发生了改变[①]，在刑法第 239 条增设了情节较轻的一档法定刑后，接受了绑架罪将绑架行为完成视为既遂的通说观点。

七、绑架罪中的共同犯罪问题

绑架罪既可以单个人实施，也可以共同实施。现实中共同实施绑架犯罪的情形并不少见，共同谋划、分工合作使得犯罪从起意、预谋、召集人员到共同实施，往往更容易实现，正因如此，共同犯罪成为刑法打击的一个重点。犯罪中各行为人分工配合，不仅更容易完成犯罪，也给被绑架人的人身安全带来更大的威胁。下面讨论绑架罪共同犯罪中的两个问题：

（一）绑架行为完成后加入，实施勒索行为的认定

对于绑架行为完成后加入进来，犯罪既遂，此时参与后续的勒索行为的人如何认定，有不同的观点，一种观点认为，仅实施了勒索行为，或者勒索兼取财的行为，该人只在敲诈勒索罪的范围内与他人构成共同犯罪，只能认定为敲诈勒索罪；绑架者则构成绑架罪。另一种观点认为，后加入的犯罪人与先前实施了绑架行为的犯罪人构成绑架罪的共同犯罪。本书采取第二种观点。第一种观点没有将绑架罪作为一个整体来认定，绑架罪是持续犯，也称继续犯，在绑架行为实施完成，非法控制住被绑架人后，犯罪处于持续状态，不法行为与不法后果均在持续，此时，无论后续加入的人员是看管被绑架人，还是向第三方发出勒索要求，都是绑架犯罪中的当然组成部分，实施勒索行为的人，正是以被绑架人在手作为要挟和支撑，否则勒索无从而来，也根本无法实现其勒索目的。

（二）共同犯罪人的责任承担

关于共同犯罪人的责任，刑法立法和司法实务中主要是根据各共同犯罪人在共同犯罪中的地位和作用来区分，也要结合行为人的主观恶性和人身危险性，根据事实和证据来确定。以本罪的最高刑死刑为例，我国一贯坚持的是“保留死刑，严格控制和慎重适用死刑”的政策，这也是宽严相济刑事政策的重要体现。为统

---

① 付立庆：《绑架罪既遂标准的重新论证：以刑法修正案（七）的相关修改为背景》，载《法学评论》2012 年第 1 期。

一死刑案件的裁判标准，一方面，我国于 2007 年 1 月 1 日将死刑核准权统一收归最高人民法院。另一方面，最高人民法院、最高人民检察院、公安部、国家安全部、司法部于 2010 年 6 月 13 日发布、自 7 月 1 日起施行《关于办理死刑案件审查判断证据若干问题的规定》和《关于办理刑事案件排除非法证据若干问题的规定》，强调“牢固树立惩罚犯罪与保障人权并重的观念、实体法与程序法并重的观念，依法、全面、客观地收集、审查、判断证据，严把事实关、证据关，切实提高刑事案件审判质量”，这两个规定是统一裁判标准的重要依据。之后随着刑事诉讼法的修订，国家尊重和保障人权被写入刑事诉讼法，非法证据排除也有了明确的法律依据。

在办理绑架案件中，如果涉及可能判处死刑的，要注意：

1. 死刑案件的证据必须得出唯一结论

2010 年 2 月 8 日印发的《最高人民法院关于贯彻宽严相济刑事政策的若干意见》第 29 项强调了死刑案件的证据必须得出唯一结论的要求。“拟判处死刑的具体案件定罪或者量刑的证据必须确实、充分，得出唯一结论。对于罪行极其严重，但只要是依法可不立即执行的，就不应当判处死刑立即执行。”从该内容可见，除证据上结论唯一性的要求外，意见对于死刑的适用，也要求严格依法注意区分是否需要判处死刑立即执行。

2. 对共同犯罪人应区别对待，不能简单地一律判处重刑

除无法区分主从犯、每个参与人均为主犯的情形外，查明共同犯罪人在绑架罪中的地位、作用非常重要，绑架罪通常行为隐蔽，查明犯意提起者、策划者、组织者、指挥者，每个参与者在犯罪中的分工和作用等，在正确区分主从犯的基础上，才能准确确定每个犯罪人的刑事责任，实现区别对待，罚当其罪。《最高人民法院关于贯彻宽严相济刑事政策的若干意见》第 31 项专门针对共同犯罪作出规定，指出不能简单地一律判处重刑：“有多名主犯的，应在主犯中进一步区分出罪行最为严重者。对于多名被告人共同致死一名被害人的案件，要进一步分清各被告人的作用，准确确定各被告人的罪责，以做到区别对待；不能以分不清主次为由，简单地一律判处重刑。”

八、以勒索财物为目的的绑架罪与索债型非法拘禁罪的区别

两罪均为侵犯公民人身权利的故意犯罪，客观上都有剥夺被害人人身自由的行为，控制被害人使其无法按照自己的意志自由行动，两罪的区别主要是：一是侵犯的客体有别，绑架罪除了侵犯他人的人身自由权利之外，还侵犯了被害人的人身安全等。二是客观方面表现不同，绑架罪的客观方面更为复杂，通过暴力、胁迫或者其他手段控制他人后，以被绑架人作为要挟，向第三方勒索财物或者提出实现其他非法目的的要求。暴力手段是绑架的行为方式之一。而非法拘禁罪中，如果使用暴力手段致人伤残、死亡的则转化为故意伤害罪、故意杀人罪。三是主观故意的内容不同，绑架罪要求勒索财物或者实现其他非法目的；非法拘禁罪则是基于非法剥夺他人人身自由的故意。四是犯罪主体上的区别。绑架罪中的故意伤害被绑架人致人重伤、死亡的刑事责任年龄起点低于非法拘禁罪，最低为年满12 周岁。而非法拘禁罪则不属于刑法第 17 条第 2 款、第 3 款规定的严重犯罪的范畴，需要年满 16 周岁承担刑事责任。五是刑事责任轻重不同，绑架罪比非法拘禁罪的危害更大，对他人人身自由的剥夺程度、犯罪手段行为的严重程度，要重于非法拘禁罪，而且有可能危及被绑架人的生命、健康，因此绑架罪的刑事责任重于非法拘禁罪。

实务中应当厘清以勒索财物为目的的绑架罪与索债型非法拘禁罪的区别，因两罪对他人人身权利的侵犯都关涉金钱或者其他财物，有时难以判断。行为人为索取债务非法拘禁他人的，构成非法拘禁罪；如果双方并不存在债务关系，行为人先使用暴力、威胁或者其他手段控制他人后要挟第三方支付赎金的，构成绑架罪。实务中要特别注意查明复杂的经济往来中存在的债务关系，本金以及利息的计算，以及行为人实施犯罪主观故意的具体内容。特别是在双方存在债务关系的前提下非法拘禁他人，并且索要的数额远超债务本身的，要特别慎重。如果同时符合绑架罪构成条件的，则应当以处罚更重的绑架罪定罪处罚。但是，如果行为人不是出于非法占有的目的或者无法证明行为人有非法占有的目的，虽然索要的数额超过债务本金，甚至超过较多，也不能认定为绑架罪。

【办案依据】

一、刑法规定

第十七条 已满十六周岁的人犯罪，应当负刑事责任。

已满十四周岁不满十六周岁的人，犯故意杀人、故意伤害致人重伤或者死亡、强奸、抢劫、贩卖毒品、放火、爆炸、投放危险物质罪的，应当负刑事责任。

已满十二周岁不满十四周岁的人，犯故意杀人、故意伤害罪，致人死亡或者以特别残忍手段致人重伤造成严重残疾，情节恶劣，经最高人民检察院核准追诉的，应当负刑事责任。

对依照前三款规定追究刑事责任的不满十八周岁的人，应当从轻或者减轻处罚。

因不满十六周岁不予刑事处罚的，责令其父母或者其他监护人加以管教；在必要的时候，依法进行专门矫治教育。

第二十条第三款 对正在进行行凶、杀人、抢劫、强奸、绑架以及其他严重危及人身安全的暴力犯罪，采取防卫行为，造成不法侵害人伤亡的，不属于防卫过当，不负刑事责任。

第四十九条 犯罪的时候不满十八周岁的人和审判的时候怀孕的妇女，不适用死刑。

审判的时候已满七十五周岁的人，不适用死刑，但以特别残忍手段致人死亡的除外。

第五十条第二款 对被判处死刑缓期执行的累犯以及因故意杀人、强奸、抢劫、绑架、放火、爆炸、投放危险物质或者有组织的暴力性犯罪被判处死刑缓期执行的犯罪分子，人民法院根据犯罪情节等情况可以同时决定对其限制减刑。

第五十七条 对于被判处死刑、无期徒刑的犯罪分子，应当剥夺政治权利终身。

在死刑缓期执行减为有期徒刑或者无期徒刑减为有期徒刑的时候，应当把附加剥夺政治权利的期限改为三年以上十年以下。

第八十一条第二款 对累犯以及因故意杀人、强奸、抢劫、绑架、放火、爆炸、投放危险物质或者有组织的暴力性犯罪被判处十年以上有期徒刑、无期徒刑的犯罪分子，不得假释。

第一百二十条 组织、领导恐怖活动组织的，处十年以上有期徒刑或者无期徒刑，并处没收财产；积极参加的，处三年以上十年以下有期徒刑，并处罚金；其他参加的，处三年以下有期徒刑、拘役、管制或者剥夺政治权利，可以并处罚金。

犯前款罪并实施杀人、爆炸、绑架等犯罪的，依照数罪并罚的规定处罚。

第二百三十九条 以勒索财物为目的绑架他人的，或者绑架他人作为人质的，处十年以上有期徒刑或者无期徒刑，并处罚金或者没收财产；情节较轻的，处五年以上十年以下有期徒刑，并处罚金。

犯前款罪，杀害被绑架人的，或者故意伤害被绑架人，致人重伤、死亡的，处无期徒刑或者死刑，并处没收财产。

以勒索财物为目的偷盗婴幼儿的，依照前两款的规定处罚。

第三百五十八条 组织、强迫他人卖淫的，处五年以上十年以下有期徒刑，并处罚金；情节严重的，处十年以上有期徒刑或者无期徒刑，并处罚金或者没收财产。

组织、强迫未成年人卖淫的，依照前款的规定从重处罚。

犯前两款罪，并有杀害、伤害、强奸、绑架等犯罪行为的，依照数罪并罚的规定处罚。

二、有关法律问题和重大问题的决定

《全国人民代表大会常务委员会关于严惩拐卖、绑架妇女、儿童的犯罪分子的决定》（2009年8月27日发布并施行）

二、以出卖为目的，使用暴力、胁迫或者麻醉方法绑架妇女、儿童的，处十年以上有期徒刑或者无期徒刑，并处一万元以下罚金或者没收财产；情节特别严重的，处死刑，并处没收财产。

以出卖或者勒索财物为目的，偷盗婴幼儿的，依照本条第一款的规定处罚。

以勒索财物为目的绑架他人的，依照本条第一款的规定处罚。

六、拐卖、绑架妇女、儿童的非法所得予以没收。

罚没收入一律上缴国库。

三、司法解释

（一）《最高人民法院、最高人民检察院关于办理组织、强迫、引诱、容留、介绍卖淫刑事案件适用法律若干问题的解释》（2017年7月21日　法释〔2017〕13号）

第七条　根据刑法第三百五十八条第三款的规定，犯组织、强迫卖淫罪，并有杀害、伤害、强奸、绑架等犯罪行为的，依照数罪并罚的规定处罚。协助组织卖淫行为人参与实施上述行为的，以共同犯罪论处。

根据刑法第三百五十八条第二款的规定，组织、强迫未成年人卖淫的，应当从重处罚。

（二）《最高人民法院关于办理减刑、假释案件具体应用法律的规定》（2016年11月14日　法释〔2016〕23号）

第七条　对符合减刑条件的职务犯罪罪犯，破坏金融管理秩序和金融诈骗犯罪罪犯，组织、领导、参加、包庇、纵容黑社会性质组织犯罪罪犯，危害国家安全犯罪罪犯，恐怖活动犯罪罪犯，毒品犯罪集团的首要分子及毒品再犯，累犯，确有履行能力而不履行或者不全部履行生效裁判中财产性判项的罪犯，被判处十年以下有期徒刑的，执行二年以上方可减刑，减刑幅度应当比照本规定第六条从严掌握，一次减刑不超过一年有期徒刑，两次减刑之间应当间隔一年以上。

对被判处十年以上有期徒刑的前款罪犯，以及因故意杀人、强奸、抢劫、绑架、放火、爆炸、投放危险物质或者有组织的暴力性犯罪被判处十年以上有期徒刑的罪犯，数罪并罚且其中两罪以上被判处十年以上有期徒刑的罪犯，执行二年以上方可减刑，减刑幅度应当比照本规定第六条从严掌握，一次减刑不超过一年有期徒刑，两次减刑之间应当间隔一年六个月以上。

罪犯有重大立功表现的，可以不受上述减刑起始时间和间隔时间的限制。

（三）《最高人民法院关于死刑缓期执行限制减刑案件审理程序若干问题的规定》（2011年4月25日　法释〔2011〕8号）

第一条　根据刑法第五十条第二款的规定，对被判处死刑缓期执行的累犯以及因故意杀人、强奸、抢劫、绑架、放火、爆炸、投放危险物质或者有组织的暴力性犯罪被判处死刑缓期执行的犯罪分子，人民法院根据犯罪情节、人身危险性等情况，可以在作出裁判的同时决定对其限制减刑。

（四）《最高人民法院关于〈中华人民共和国刑法修正案（八）〉时间效力问题的解释》（2011 年 4 月 25 日　法释〔2011〕9 号）

第二条　2011 年 4 月 30 日以前犯罪，判处死刑缓期执行的，适用修正前刑法第五十条的规定。

被告人具有累犯情节，或者所犯之罪是故意杀人、强奸、抢劫、绑架、放火、爆炸、投放危险物质或者有组织的暴力性犯罪，罪行极其严重，根据修正前刑法判处死刑缓期执行不能体现罪刑相适应原则，而根据修正后刑法判处死刑缓期执行同时决定限制减刑可以罚当其罪的，适用修正后刑法第五十条第二款的规定。

第八条　2011 年 4 月 30 日以前犯罪，因具有累犯情节或者系故意杀人、强奸、抢劫、绑架、放火、爆炸、投放危险物质或者有组织的暴力性犯罪并被判处十年以上有期徒刑、无期徒刑的犯罪分子，2011 年 5 月 1 日以后仍在服刑的，能否假释，适用修正前刑法第八十一条第二款的规定；2011 年 4 月 30 日以前犯罪，因其他暴力性犯罪被判处十年以上有期徒刑、无期徒刑的犯罪分子，2011 年 5 月 1 日以后仍在服刑的，能否假释，适用修正后刑法第八十一条第二款、第三款的规定。

（五）《最高人民法院关于审理未成年人刑事案件具体应用法律若干问题的解释》（2006 年 1 月 11 日　法释〔2006〕1 号）

第五条　已满十四周岁不满十六周岁的人实施刑法第十七条第二款规定以外的行为，如果同时触犯了刑法第十七条第二款规定的，应当依照刑法第十七条第二款的规定确定罪名，定罪处罚。

第十三条　未成年人犯罪只有罪行极其严重的，才可以适用无期徒刑。对已满十四周岁不满十六周岁的人犯罪一般不判处无期徒刑。

（六）《最高人民法院关于适用刑法时间效力规定若干问题的解释》（1997 年 9 月 25 日　法释〔1997〕5 号）

第八条　1997 年 9 月 30 日以前犯罪，1997 年 10 月 1 日以后仍在服刑的累犯以及因杀人、爆炸、抢劫、强奸、绑架等暴力性犯罪被判处十年以上有期徒刑、无期徒刑的犯罪分子，适用修订前的刑法第七十三条的规定，可以假释。

四、司法文件

（一）《最高人民法院关于加强新时代未成年人审判工作的意见》（2020年12月24日　法发〔2020〕45号）

7. 下列刑事案件可以由少年法庭审理：

（1）人民法院立案时不满二十二周岁的在校学生犯罪案件；

（2）强奸、猥亵等性侵未成年人犯罪案件；

（3）杀害、伤害、绑架、拐卖、虐待、遗弃等严重侵犯未成年人人身权利的犯罪案件；

（4）上述刑事案件罪犯的减刑、假释、暂予监外执行、撤销缓刑等刑罚执行变更类案件；

（5）涉及未成年人，由少年法庭审理更为适宜的其他刑事案件。

未成年人与成年人共同犯罪案件，一般应当分案审理。

（二）《最高人民法院、最高人民检察院、公安部关于依法适用正当防卫制度的指导意见》（2020年8月28日　法发〔2020〕31号）

16. 准确理解和把握“杀人、抢劫、强奸、绑架”。刑法第二十条第三款规定的“杀人、抢劫、强奸、绑架”，是指具体犯罪行为而不是具体罪名。在实施不法侵害过程中存在杀人、抢劫、强奸、绑架等严重危及人身安全的暴力犯罪行为的，如以暴力手段抢劫枪支、弹药、爆炸物或者以绑架手段拐卖妇女、儿童的，可以实行特殊防卫。有关行为没有严重危及人身安全的，应当适用一般防卫的法律规定。

17. 准确理解和把握“其他严重危及人身安全的暴力犯罪”。刑法第二十条第三款规定的“其他严重危及人身安全的暴力犯罪”，应当是与杀人、抢劫、强奸、绑架行为相当，并具有致人重伤或者死亡的紧迫危险和现实可能的暴力犯罪。

（三）《最高人民法院、最高人民检察院、公安部、司法部关于依法严惩利用未成年人实施黑恶势力犯罪的意见》（2020年3月23日　高检发〔2020〕4号）

一、突出打击重点，依法严惩利用未成年人实施黑恶势力犯罪的行为

（二）利用未成年人实施黑恶势力犯罪，具有下列情形之一的，应当从重处罚：

1. 组织、指挥未成年人实施故意杀人、故意伤害致人重伤或者死亡、强奸、

绑架、抢劫等严重暴力犯罪的；

……

（四）《最高人民法院、最高人民检察院、公安部、司法部关于办理“套路贷”刑事案件若干问题的意见》（自2019年2月28日 法发〔2019〕11号）

一、准确把握“套路贷”与民间借贷的区别

1. “套路贷”，是对以非法占有为目的，假借民间借贷之名，诱使或迫使被害人签订“借贷”或变相“借贷”“抵押”“担保”等相关协议，通过虚增借贷金额、恶意制造违约、肆意认定违约、毁匿还款证据等方式形成虚假债权债务，并借助诉讼、仲裁、公证或者采用暴力、威胁以及其他手段非法占有被害人财物的相关违法犯罪活动的概括性称谓。

……

二、依法严惩“套路贷”犯罪

4. 实施“套路贷”过程中，未采用明显的暴力或者威胁手段，其行为特征从整体上表现为以非法占有为目的，通过虚构事实、隐瞒真相骗取被害人财物的，一般以诈骗罪定罪处罚；对于在实施“套路贷”过程中多种手段并用，构成诈骗、敲诈勒索、非法拘禁、虚假诉讼、寻衅滋事、强迫交易、抢劫、绑架等多种犯罪的，应当根据具体案件事实，区分不同情况，依照刑法及有关司法解释的规定数罪并罚或者择一重处。

（五）《最高人民检察院关于进一步加强未成年人刑事检察工作的通知》（2014年12月2日 高检发诉字〔2014〕28号）

二、进一步履行法定职责，严厉打击侵害未成年人的犯罪，保护救助未成年被害人。为全面落实国家对未成年人司法保护政策，充分体现双向保护原则，各地要结合实际，将性侵害未成年人，拐卖（绑架）儿童，胁迫、诱骗、利用未成年人犯罪等专门针对未成年人的犯罪案件纳入未成年人刑事检察部门受案范围，强化立案监督，积极介入侦查引导取证，依法严厉打击危害未成年人犯罪。在办案中注意讲究方式和技巧，依法保护未成年被害人的名誉权、隐私权等合法权益，避免对其造成二次伤害。要加强与司法行政、民政、教育、卫生等相关部门及未成年人保护组织的联系和协作，共同做好未成年被害人的身体康复、心理疏导、法律援助、司法救助等工作，保证各项特殊保护政策和制度在检察机关得到贯彻落实，更好地保护涉案未成年被害人的合法权益。

（六）《最高人民法院关于贯彻宽严相济刑事政策的若干意见》（2010年2月8日　法发〔2010〕9号）

7. 贯彻宽严相济刑事政策，必须毫不动摇地坚持依法严惩严重刑事犯罪的方针。对于危害国家安全犯罪、恐怖组织犯罪、邪教组织犯罪、黑社会性质组织犯罪、恶势力犯罪、故意危害公共安全犯罪等严重危害国家政权稳固和社会治安的犯罪，故意杀人、故意伤害致人死亡、强奸、绑架、拐卖妇女儿童、抢劫、重大抢夺、重大盗窃等严重暴力犯罪和严重影响人民群众安全的犯罪，走私、贩卖、运输、制造毒品等毒害人民健康的犯罪，要作为严惩的重点，依法从重处罚。尤其对于极端仇视国家和社会，以不特定人为侵害对象，所犯罪行特别严重的犯罪分子，该重判的要坚决依法重判，该判处死刑的要坚决依法判处死刑。

34. ……

对于因犯故意杀人、爆炸、抢劫、强奸、绑架等暴力犯罪，致人死亡或严重残疾而被判处死刑缓期二年执行或无期徒刑的罪犯，要严格控制减刑的频度和每次减刑的幅度，要保证其相对较长的实际服刑期限，维护公平正义，确保改造效果。

……

【指导性案例】

最高人民检察院指导性案例第2号忻某龙绑架案[①]

（2010年12月15日最高人民检察院第十一届检察委员会
第五十三次会议讨论决定，高检发研字〔2010〕12号，2010年12月31日发布）

【要旨】

对于死刑案件的抗诉，要正确把握适用死刑的条件，严格证明标准，依法履

① 《第一批指导性案例——忻某龙绑架案（检例第2号）》，载最高人民检察院网站，https://www.spp.gov.cn/jczdal/201608/t20160811_162301.shtml，2022年3月22日访问。

行刑事审判法律监督职责。

【基本案情】

被告人忻某龙，男，1959年2月1日出生，汉族，浙江省宁波市人，高中文化。2005年9月15日，因涉嫌绑架罪被刑事拘留，2005年9月27日被逮捕。

被告人忻某龙因经济拮据而产生绑架儿童并勒索家长财物的意图，并多次到浙江省慈溪市进行踩点和物色被绑架人。2005年8月18日上午，忻某龙驾驶自己的浙B3C751通宝牌面包车从宁波市至慈溪市浒山街道团圈支路老年大学附近伺机作案。当日下午1时许，忻某龙见女孩杨某某（女，1996年6月1日出生，浙江省慈溪市浒山东门小学三年级学生，因本案遇害，殁年9岁）背着书包独自一人经过，即以“陈老师找你”为由将杨某某骗上车，将其扣在一个塑料洗澡盆下，开车驶至宁波市东钱湖镇“钱湖人家”后山。当晚10时许，忻某龙从杨某某处骗得其父亲的手机号码和家中的电话号码后，又开车将杨某某带至宁波市北仑区新碶镇算山村防空洞附近，采用捂口、鼻的方式将杨某某杀害后掩埋。8月19日，忻某龙乘火车到安徽省广德县购买了一部波导1220型手机，于20日凌晨0时许拨打杨某某家电话，称自己已经绑架杨某某并要求杨某某的父亲于当月25日下午6时前带60万元赎金到浙江省湖州市长兴县交换其女儿。尔后，忻某龙又乘火车到安徽省芜湖市打勒索电话，因其将记录电话的纸条丢失，将被害人家的电话号码后四位2353误记为7353，电话接通后听到接电话的人操宁波口音，而杨某某的父亲讲普通话，由此忻某龙怀疑是公安人员已介入，遂停止了勒索。2005年9月15日忻某龙被公安机关抓获，忻某龙供述了绑架杀人经过，并带领公安人员指认了埋尸现场，公安机关起获了一具尸骨，从其浙B3C751通宝牌面包车上提取了杨某某头发两根（经法医学DNA检验鉴定，是被害人杨某某的尸骨和头发）。公安机关从被告人忻某龙处扣押波导1220型手机一部。

【诉讼过程】

被告人忻某龙绑架一案，由浙江省慈溪市公安局立案侦查，于2005年11月21日移送慈溪市人民检察院审查起诉。慈溪市人民检察院于同年11月22日告知了忻某龙有权委托辩护人等诉讼权利，也告知了被害人的近亲属有权委托诉讼代理人等诉讼权利。按照案件管辖的规定，同年11月28日，慈溪市人民检察院将案件报送宁波市人民检察院审查起诉。宁波市人民检察院依法讯问了被告人忻某龙，审查了全部案件材料。2006年1月4日，宁波市人民检察院以忻某龙涉嫌绑架罪向宁波市中级人民法院提起公诉。

2006年1月17日，浙江省宁波市中级人民法院依法组成合议庭，公开审理了此案。法庭审理认为：被告人忻某龙以勒索财物为目的，绑架并杀害他人，其行为已构成绑架罪。手段残忍、后果严重，依法应予严惩。检察机关指控的罪名成立。

2006年2月7日，宁波市中级人民法院作出一审判决：一、被告人忻某龙犯绑架罪，判处死刑，剥夺政治权利终身，并处没收个人全部财产。二、被告人忻某龙赔偿附带民事诉讼原告人杨某风、张某彬应得的被害人死亡赔偿金317640元、丧葬费11380元，合计人民币329020元。三、供被告人忻某龙犯罪使用的浙B3C751通宝牌面包车一辆及波导1220型手机一部，予以没收。

忻某龙对一审刑事部分的判决不服，向浙江省高级人民法院提出上诉。

2006年10月12日，浙江省高级人民法院依法组成合议庭，公开审理了此案。法庭审理认为：被告人忻某龙以勒索财物为目的，绑架并杀害他人，其行为已构成绑架罪。犯罪情节特别严重，社会危害极大，依法应予严惩。但鉴于本案的具体情况，对忻某龙判处死刑，可不予立即执行。2007年4月28日，浙江省高级人民法院作出二审判决：一、撤销浙江省宁波市中级人民法院（2006）甬刑初字第16号刑事附带民事判决中对忻某龙的量刑部分，维持判决的其余部分；二、被告人忻某龙犯绑架罪，判处死刑，缓期二年执行，剥夺政治权利终身。

被害人杨某某的父亲不服，于2007年6月25日向浙江省人民检察院申诉，请求提出抗诉。

浙江省人民检察院经审查认为，浙江省高级人民法院二审判决改判忻某龙死刑缓期二年执行确有错误，于2007年8月10日提请最高人民检察院按照审判监督程序提出抗诉。最高人民检察院派员到浙江专门核查了案件相关情况。最高人民检察院检察委员会两次审议了该案，认为被告人忻某龙绑架犯罪事实清楚，证据确实、充分，依法应当判处死刑立即执行，浙江省高级人民法院以“鉴于本案具体情况”为由改判忻某龙死刑缓期二年执行确有错误，应予纠正。理由如下：

一、忻某龙绑架犯罪事实清楚，证据确实、充分。本案定案的物证、书证、证人证言、被告人供述、鉴定结论、现场勘查笔录等证据能够形成完整的证据体系。公安机关根据忻某龙的供述找到被害人杨某某尸骨，忻某龙供述的诸多隐蔽细节，如埋尸地点、尸体在土中的姿势、尸体未穿鞋袜、埋尸坑中没有书包、打错勒索电话的原因、打勒索电话的通话次数、通话内容、接电话人的口音等，得到了其他证据的印证。

二、浙江省高级人民法院二审判决确有错误。二审改判是认为本案证据存在两个疑点。一是卖给忻某龙波导1220型手机的证人傅某红在证言中讲该手机的串号与公安人员扣押在案手机的串号不一致，手机的同一性存有疑问；二是证人宋某娟和艾某证实，在案发当天看见一中年妇女将一个与被害人特征相近的小女孩带走，不能排除有他人作案的可能。经审查，这两个疑点均能够排除。一是关于手机同一性问题。经审查，公安人员在询问傅某红时，将波导1220型手机原机主洪某军的身份证号码误记为手机的串号。宁波市人民检察院移送给宁波市中级人民法院的《随案移送物品文件清单》中写明波导1220型手机的串号是35097411438××××，且洪某军将手机卖给傅某红的《旧货交易凭证》等证据，清楚地证明了从忻某龙身上扣押的手机即是索要赎金时使用的手机，且手机就在宁波市中级人民法院，手机同一性的疑点能够排除。二是关于是否存在中年妇女作案问题。案卷原有证据能够证实宋某娟、艾某证言证明的“中年妇女带走小女孩”与本案无关。宋某娟、艾某证言证明的中年妇女带走小女孩的地点在绑架现场东侧200米左右，与忻某龙绑架杨某某并非同一地点。艾某证言证明的是迪欧咖啡厅南边的电脑培训学校门口，不是忻某龙实施绑架的地点；宋某娟证言证明的中年妇女带走小女孩的地点是迪欧咖啡厅南边的十字路口，而不是老年大学北围墙外的绑架现场，因为宋某娟所在位置被建筑物阻挡，看不到老年大学北围墙外的绑架现场，此疑问也已经排除。此外，二人提到的小女孩的外貌特征等细节也与杨某某不符。

三、忻某龙所犯罪行极其严重，对其应当判处死刑立即执行。一是忻某龙精心预谋犯罪、主观恶性极深。忻某龙为实施绑架犯罪进行了精心预谋，多次到慈溪市“踩点”，并选择了相对僻静无人的地方作为行车路线。忻某龙以“陈老师找你”为由将杨某某骗上车实施绑架，与慈溪市老年大学剑桥英语培训班负责人陈老师的姓氏相符。忻某龙居住在宁波市的鄞州区，选择在宁波市的慈溪市实施绑架，选择在宁波市的北仑区杀害被害人，之后又精心实施勒索赎金行为，赴安徽省广德县购买波导1220型手机，使用异地购买的手机卡，赴安徽省宣城市、芜湖市打勒索电话并要求被害人父亲到浙江省长兴县交付赎金。二是忻某龙犯罪后果极其严重、社会危害性极大。忻某龙实施绑架犯罪后，为使自己的罪行不被发现，在得到被害人家庭信息后，当天就将年仅9岁的杨某某杀害，并烧掉了杨某某的书包，扔掉了杨某某挣扎时脱落的鞋子，实施了毁灭罪证的行为。忻某龙归案后认罪态度差。开始不供述犯罪，并隐瞒作案所用手机的来源，后来虽供述犯罪，但编造他人参与共同作案。忻某龙的犯罪行为不仅剥夺了被害人的生命、给被害人家属造成了无法弥补的巨大痛苦，也严重影响了当地群众的安全感。三是二审改判忻某龙死刑缓期二年执行不被被害人家属和当地群众接受。被害人家属强烈要求判处忻某龙死刑立即执行，当地群众对二审改判忻某龙死刑缓期二年执行亦难以接受，要求司法机关严惩忻某龙。

2008年10月22日，最高人民检察院依照《中华人民共和国刑事诉讼法》第二百零五条第三款之规定，向最高人民法院提出抗诉。2009年3月18日，最高人民法院指令浙江省高级人民法院另行组成合议庭，对忻某龙案件进行再审。

2009年5月14日，浙江省高级人民法院另行组成合议庭公开开庭审理本案。法庭审理认为：被告人忻某龙以勒索财物为目的，绑架并杀害他人，其行为已构成绑架罪，且犯罪手段残忍、情节恶劣，社会危害极大，无任何悔罪表现，依法应予严惩。检察机关要求纠正二审判决的意见能够成立。忻某龙及其辩护人要求维持二审判决的意见，理由不足，不予采纳。

2009年6月26日，浙江省高级人民法院依照《中华人民共和国刑事诉讼法》第二百零五条第二款、第二百零六条、第一百八十九条第二项，《中华人民共和国刑法》第二百三十九条第一款、第五十七条第一款、第六十四条之规定，作出判决：一、撤销浙江省高级人民法院（2006）浙刑一终字第146号刑事判决中对原审被告人忻某龙的量刑部分，维持该判决的其余部分和宁波市中级人民法院

(2006) 甬刑初字第16号刑事附带民事判决；二、原审被告人忻某龙犯绑架罪，判处死刑，剥夺政治权利终身，并处没收个人全部财产，并依法报请最高人民法院核准。

最高人民法院复核认为：被告人忻某龙以勒索财物为目的，绑架并杀害他人的行为已构成绑架罪。其犯罪手段残忍，情节恶劣，后果严重，无法定从轻处罚情节。浙江省高级人民法院再审判决认定的事实清楚，证据确实、充分，定罪准确，量刑适当，审判程序合法。

2009年11月13日，最高人民法院依照《中华人民共和国刑事诉讼法》第一百九十九条和《最高人民法院关于复核死刑案件若干问题的规定》第二条第一款之规定，作出裁定：核准浙江省高级人民法院（2009）浙刑再字第3号以原审被告人忻某龙犯绑架罪，判处死刑，剥夺政治权利终身，并处没收个人全部财产的刑事判决。

2009年12月11日，被告人忻某龙被依法执行死刑。

第十一章 拐卖妇女、儿童罪

【立案追诉标准】

拐卖妇女、儿童案（刑法第 240 条）

涉嫌拐卖妇女、儿童的，应予立案。

【犯罪构成及刑事责任】

拐卖妇女、儿童是指以出卖为目的，拐骗、绑架、收买、贩卖、接送、中转妇女、儿童的行为。构成拐卖妇女、儿童罪需要符合以下四个要件：

1. 客体要件。拐卖妇女、儿童罪侵犯的是妇女、儿童的行动自由和人格尊严。拐卖对象限于妇女、儿童，成年男子不是本罪侵犯对象，被拐卖妇女、儿童国籍与身份不影响构成要件要求。

2. 客观要件。拐卖妇女、儿童罪在客观上可以采取暴力、胁迫、欺骗、诱惑等手段，实施拐骗、绑架、收买、贩卖、接送、中转妇女、儿童的行为，行为人只要实施上述行为之一的，就符合拐卖妇女、儿童罪客观构成要件要求，且属于犯罪既遂。

3. 主体要件。拐卖妇女、儿童罪的主体是一般主体，年满 16 周岁、具备刑事责任能力的自然人都可以构成拐卖妇女、儿童罪。

4. 主观要件。拐卖妇女、儿童罪是法定目的犯，主观上不仅要求故意，而且要求以出卖妇女、儿童为目的。行为人以出卖子女的行为构成拐卖儿童犯罪的，主观上要求以营利为目的。

根据刑法第240条的规定，拐卖妇女、儿童的，处5年以上10年以下有期徒刑，并处罚金；有下列8种加重情节之一的，处10年以上有期徒刑或者无期徒刑，并处罚金或者没收财产；情节特别严重的，处死刑，并处没收财产：（1）拐卖妇女、儿童集团的首要分子；（2）拐卖妇女、儿童三人以上的；（3）奸淫被拐卖的妇女的；（4）诱骗、强迫被拐卖的妇女卖淫或者将被拐卖的妇女卖给他人迫使其卖淫的；（5）以出卖为目的，使用暴力、胁迫或者麻醉方法绑架妇女、儿童的；（6）以出卖为目的，偷盗婴幼儿的；（7）造成被拐卖的妇女、儿童或者其亲属重伤、死亡或者其他严重后果的；（8）将妇女、儿童卖往境外的。

【疑难指导】

一、如何认定拐卖“两性畸形”人的行为

（一）拐卖“两性畸形”人的行为不符合拐卖妇女罪的客观构成要件

拐卖妇女、儿童罪的客体是妇女和儿童，已满14周岁的成年男子不能成为犯罪客体。实践中出现拐卖“两性畸形”人的情形，是否应当认定为拐卖妇女罪？对此存在不同认识，司法实践遵循了罪刑法定原则，拐卖成年男子的不构成本罪，如果存在限制人身自由等其他行为的可以考虑是否构成非法拘禁等相关犯罪。《刑事审判参考》第77号指导案例指出，明知是两性人而拐卖的不构成拐卖妇女罪。不知是两性人，以拐卖妇女为目的拐卖两性人的行为构成拐卖妇女罪但属于犯罪未遂。[①]

（二）如何处理事实认识错误的情形

实践中，行为人拐卖“两性畸形”人存在事实认识错误。对于此类情况，是否定罪量刑还需结合行为人的主观明知。在行为人明知被拐卖对象是两性人的情况下，主、客观均不符合拐卖妇女罪的构成要件，不能认定为拐卖妇女罪。但如果行为人并不明知被拐卖的是两性人，主观上对犯罪客体存在认识错误，这一认识错误是同一构成要件内的错误，根据事实认识错误的法定符合说，认识错误不

---

① 参见最高人民法院刑事审判第一、二、三、四五庭编：《刑事审判参考》（总第11辑），人民法院出版社2000年版。

影响行为性质认定。但客观上，由于被拐卖对象不符合女性的构成要件要求，属于因客观原因未能实现犯罪目的，构成拐卖妇女罪未遂。

二、如何认定父母出卖子女的行为

（一）出卖子女的行为构成拐卖儿童罪

子女是法律上独立的个体。父母是子女的监护人，负有照护子女的职责，但是父母不能以监护为名侵害子女人身权利。在出卖子女的情形下，父母以获利为目的，侵害了子女的活动自由，给子女的人身安全造成危害，无论在客观表现还是在犯罪危害上，都与普通拐卖儿童的行为没有本质区别，符合拐卖儿童罪的构成要件要求，应当认定为拐卖儿童罪。这一认定，也已经得到相关司法文件的确认。①

（二）出卖子女与民间送养的区别与认定

司法实践中，分别存在出卖子女与民间送养的情形，应当注重甄别。司法文件明确，父母、养父母出卖子女的行为可以构成拐卖儿童罪，其中主观方面要求行为人以营利或者非法获利为目的，高于其余拐卖妇女、儿童犯罪中以出卖为目的的标准，体现对此类复杂情况，性质认定需严格谨慎的态度。现实中，有的家庭因经济困境等原因送养子女，收取一定财物，但所收财物主要是基于对父母的心理抚慰，属于“感谢费”“营养费”，不同于为出卖子女牟取的利益，实务中应当结合案情甄别认定。为此，《最高人民法院、最高人民检察院、公安部、司法部关于依法惩治拐卖妇女、儿童犯罪的意见》规定，行为人是否具有非法获利目的，应当通过审查将子女“送”人的背景和原因，有无收取钱财以及收取多少、对方是否具有抚养目的以及有无抚养能力等综合判断。此外，该意见还以列举的方式

---

① 《最高人民法院、最高人民检察院、公安部、司法部关于依法惩治拐卖妇女儿童犯罪的意见》第16条规定，以非法获利为目的，出卖亲生子女的，应当以拐卖妇女、儿童罪论处。

明确有非法获利目的的情形，对于拐卖儿童行为性质认定具有指引意义。[①] 同时该意见也规定，对私自送养导致子女身心健康受到严重损害，或者具有其他恶劣情节，符合遗弃罪特征的，可以遗弃罪论处；情节显著轻微危害不大的，可由公安机关依法予以行政处罚。

三、如何认定拐卖妇女、儿童罪的既遂、未遂

拐卖妇女、儿童罪的立法描述采取了叙明罪状的方式，对犯罪的主客观构成要件进行了具体描述，客观方面规定“拐卖妇女、儿童是指以出卖为目的，有拐骗、绑架、收买、贩卖、接送、中转妇女、儿童的行为之一的”。实践中，可能由一个人实施上述拐卖全部过程，也可能由多人分工共同完成，无论个人犯罪还是共同实施，行为人只要实施上述行为之一即认为犯罪着手，但是在何种情况下构成既遂存在争议。在既遂、未遂的争议中，分别出现了实施上述行为之一、将行为对象完成出卖、将行为对象置于支配控制之下等不同标准。分析争议观点，分歧的基础分别在于：一是拐卖妇女、儿童罪是行为犯还是结果犯；二是“以出卖为目的”是否需要对应出卖的结果。

（一）拐卖妇女、儿童罪是行为犯

刑法规定“拐卖妇女、儿童是指以出卖为目的，有拐骗、绑架、收买、贩卖、接送、中转妇女、儿童的行为之一的”，也就是说，行为人只要实施上述行为之一的，就可以构成拐卖妇女、儿童罪，并不要求客观上必须将妇女、儿童卖出。拐卖妇女、儿童犯罪是严重犯罪，实践中经常有各行为人互相衔接配合完成拐卖过程的，有的行为人只参加其中一个环节，如果刻意要求出现出卖结果才能认定犯罪既遂，必然打击不力、罪责不符，也不符合公众对此类犯罪的一般认知和普遍观念。因此，应当认定拐卖妇女、儿童罪是行为犯，而非结果犯。

---

① 《最高人民法院、最高人民检察院、公安部、司法部关于依法惩治拐卖妇女儿童犯罪的意见》第17条第2款规定，具有下列情形之一的，可以认定属于出卖亲生子女，应当以拐卖妇女、儿童罪论处：(1) 将生育作为非法获利手段，生育后即出卖子女的；(2) 明知对方不具有抚养目的，或者根本不考虑对方是否具有抚养目的，为收取钱财将子女“送”给他人的；(3) 为收取明显不属于“营养费”、“感谢费”的巨额钱财将子女“送”给他人的；(4) 其他足以反映行为人具有非法获利目的的“送养”行为的。

（二）“以出卖为目的”是超过的主观要素，不要求对应出卖结果

拐卖妇女、儿童罪是法定的目的犯，要求以出卖为目的。对此，如果要求出卖结果与主观目的相对应，则相应的既遂标准也要求与出卖结果相对应。拐卖妇女、儿童罪虽然在主观上要求以出卖为目的，但必须明确，“以出卖为目的”是拐卖妇女、儿童罪主观的超过要素，是超过“主观故意”的主观要件要素，目的在于限缩处罚范围，并不需要客观事实与之对应，这也恰恰是本罪与拐骗儿童等罪相区别的要点。因此，“以出卖为目的”的主观要件，并不要求以出卖结果作为拐卖妇女、儿童罪的既遂标准。

（三）实施叙明罪状行为之一即为犯罪既遂

由上，拐卖妇女、儿童罪是行为犯，判断既、未遂的标准是行为人是否实施了拐骗、绑架、收买、贩卖、接受、中转妇女、儿童的行为之一。尤其在拐卖妇女、儿童的犯罪集团中，行为人对于实施拐卖妇女、儿童进行行为上的分工，行为人只要实施行为之一的，就应当构成拐卖妇女、儿童罪的既遂，而不以被拐卖妇女、儿童是否被卖出为既遂标准。①

四、共同犯罪的认定与处罚

（一）“接送、中转”行为的认定与处罚

拐卖妇女、儿童罪中的“接送、中转”行为为共同犯罪实施创造条件、帮助实行和完成犯罪，属于帮助性质的行为，在共同犯罪中一般起辅助作用，关于拐卖妇女、儿童罪中，“接送、中转”行为如何认定，关系相关行为人是否为正犯的认定。

1. “接送、中转”行为的认定与处罚的法律规定

根据刑法第240条第2款的规定，拐卖妇女、儿童过程中的“接送、中转”行为是正犯，根据相关司法解释的规定，符合一定条件实施“接送、中转”的行为人应当被作为主犯处理。具体为：刑法第240条第2款将接送、中转行为与拐骗、绑架、收买、贩卖行为并列列出，同等对待。2010年3月15日最高人民法院、最高人民检察院、公安部、司法部联合发布的《关于依法惩治拐卖妇女儿童

---

① 陈兴良：《教义刑法学》，中国人民大学出版社2010年版，第608页。

犯罪的意见》第 23 条第 2 款规定，对于组织、领导、指挥拐卖妇女、儿童的某一个或者某几个犯罪环节，或者积极参与实施拐骗、绑架、收买、贩卖、接送、中转妇女、儿童等犯罪行为，起主要作用的，应当认定为主犯。根据这一规定，在拐卖妇女、儿童犯罪案件中，只实施接送、中转行为的，如果积极实施、起主要作用，就应当认定为主犯。

2. “接送、中转”行为的认定与处罚的司法适用

应当说，上述规定是对一般共同犯罪刑事责任承担规则的突破，但是与拐卖妇女儿童罪的严重危害和侦查难度相对应。实践中拐卖妇女、儿童犯罪通常以共同犯罪的形式实施，各参与共同犯罪的行为人分工明确，往往形成拐取、运送、贩卖“一条龙”的作案体系，拐骗、绑架、收买、贩卖、接受、中转各行为之间相互衔接、相互配合，共同推动拐卖妇女、儿童的结果实现，各类行为对妇女、儿童的自由和身体侵害均具有直接作用，立法的正犯化规定体现了对此类犯罪严厉打击的立场和态度。在立法既定的前提下，对于这类帮助行为，应当作为拐卖妇女、儿童罪的实行行为对待。具体的刑事责任应当根据《关于依法惩治拐卖妇女儿童犯罪的意见》第 23 条的规定，对于拐卖妇女、儿童犯罪的共犯，应当根据各被告人在共同犯罪中的分工、地位、作用、参与拐卖的人数、次数以及分赃数额等，准确区分主、从犯。对于组织、领导、指挥拐卖妇女、儿童的某一个或者某几个犯罪环节，或者积极参与实施拐骗、绑架、收买贩卖、接送、中转妇女、儿童等犯罪行为，起主要作用的，应当认定为主犯。

（二）拐卖妇女、儿童罪帮助犯的认定与处罚

拐卖妇女、儿童罪的共同犯罪存在犯罪团伙或者集团化发展的趋势，实践中往往形成从拐骗、绑架、收买、接送、中转到贩卖的“一条龙”模式。具体共同犯罪除了数名行为人共同拐卖的常见形式外，还表现为存在介绍人参与共同犯罪以及特定行业人员参与共同犯罪的情形。例如，医疗机构、社会福利机构的工作人员参与贩卖抚养、照护的儿童，或者提供证明文件或者居间介绍。对此，应当区别情况分别认定。如果这些人员与拐卖妇女、儿童的人员事先通谋或者出卖儿童的，应当认定为拐卖妇女、儿童罪的共犯，如果仅仅提供证明文件或者居间介绍，作用和获利均较小的，一般认定为从犯。

（三）收买者构成共同犯罪的认定与处罚

拐卖妇女、儿童与收买被拐卖的妇女、儿童系对向犯，并不属于一般意义上的共同犯罪。司法实践中，拐卖妇女、儿童犯罪人与收买被拐卖妇女、儿童犯罪人之间的关系中，存在收买人教唆拐卖妇女、儿童行为的情形，此种情形又可以区分拐卖者事先是否已有犯罪意图两种情况。如果拐卖者事先已有拐卖意图的，或者拐卖意图明显可推断的，收买人向拐卖者提出收买的要求，拐卖者基于委托而实施拐卖行为的，收买者对拐卖人犯意产生没有实质影响，不能认定为教唆犯；但是，如果拐卖者事先并无拐卖妇女、儿童犯罪意图，收买者基于收买的目的致使没有拐卖故意的行为人产生犯罪意图的，成立拐卖妇女、儿童罪的教唆犯。对于行为人同时成立收买被拐卖妇女、儿童罪和拐卖妇女、儿童罪的教唆犯，应当如何处罚存在争议。但不可否认，行为人客观上实施了教唆或者帮助他人拐卖妇女、儿童的行为和收买被拐卖的妇女、儿童两个行为，所有的行为都是为了收买被拐卖妇女、儿童，教唆、帮助拐卖妇女、儿童是其方法行为，两种行为完全符合刑法上的牵连关系，应当从一重处罚。

【办案依据】

一、刑法规定

第二百四十条 拐卖妇女、儿童的，处五年以上十年以下有期徒刑，并处罚金；有下列情形之一的，处十年以上有期徒刑或者无期徒刑，并处罚金或者没收财产；情节特别严重的，处死刑，并处没收财产：

（一）拐卖妇女、儿童集团的首要分子；

（二）拐卖妇女、儿童三人以上的；

（三）奸淫被拐卖的妇女的；

（四）诱骗、强迫被拐卖的妇女卖淫或者将被拐卖的妇女卖给他人迫使其卖淫的；

（五）以出卖为目的，使用暴力、胁迫或者麻醉方法绑架妇女、儿童的；

（六）以出卖为目的，偷盗婴幼儿的；

（七）造成被拐卖的妇女、儿童或者其亲属重伤、死亡或者其他严重后果的；

（八）将妇女、儿童卖往境外的。

拐卖妇女、儿童是指以出卖为目的，有拐骗、绑架、收买、贩卖、接送、中转妇女、儿童的行为之一的。

二、司法解释

（一）《最高人民法院关于审理拐卖妇女儿童犯罪案件具体应用法律若干问题的解释》（2016年12月21日 法释〔2016〕28号）

为依法惩治拐卖妇女、儿童犯罪，切实保障妇女、儿童的合法权益，维护家庭和谐与社会稳定，根据刑法有关规定，结合司法实践，现就审理此类案件具体应用法律的若干问题解释如下：

第一条 对婴幼儿采取欺骗、利诱等手段使其脱离监护人或者看护人的，视为刑法第二百四十条第一款第（六）项规定的“偷盗婴幼儿”。

第二条 医疗机构、社会福利机构等单位的工作人员以非法获利为目的，将所诊疗、护理、抚养的儿童出卖给他人的，以拐卖儿童罪论处。

第三条 以介绍婚姻为名，采取非法扣押身份证件、限制人身自由等方式，或者利用妇女人地生疏、语言不通、孤立无援等境况，违背妇女意志，将其出卖给他人的，应当以拐卖妇女罪追究刑事责任。

以介绍婚姻为名，与被介绍妇女串通骗取他人钱财，数额较大的，应当以诈骗罪追究刑事责任。

第四条 在国家机关工作人员排查来历不明儿童或者进行解救时，将所收买的儿童藏匿、转移或者实施其他妨碍解救行为，经说服教育仍不配合的，属于刑法第二百四十一条第六款规定的“阻碍对其进行解救”。

第五条 收买被拐卖的妇女，业已形成稳定的婚姻家庭关系，解救时被买妇女自愿继续留在当地共同生活的，可以视为“按照被买妇女的意愿，不阻碍其返回原居住地”。

第六条 收买被拐卖的妇女、儿童后又组织、强迫卖淫或者组织乞讨、进行违反治安管理活动等构成其他犯罪的，依照数罪并罚的规定处罚。

第七条 收买被拐卖的妇女、儿童，又以暴力、威胁方法阻碍国家机关工作人员解救被收买的妇女、儿童，或者聚众阻碍国家机关工作人员解救被收买的妇女、儿童，构成妨害公务罪、聚众阻碍解救被收买的妇女、儿童罪的，依照数罪并罚的规定处罚。

第八条 出于结婚目的收买被拐卖的妇女，或者出于抚养目的收买被拐卖的儿童，涉及多名家庭成员、亲友参与的，对其中起主要作用的人员应当依法追究刑事责任。

第九条 刑法第二百四十条、第二百四十一条规定的儿童，是指不满十四周岁的人。其中，不满一周岁的为婴儿，一周岁以上不满六周岁的为幼儿。

第十条 本解释自2017年1月1日起施行。

（二）《最高人民法院关于审理拐卖妇女案件适用法律有关问题的解释》（2000年1月3日 法释〔2000〕1号）

为依法惩治拐卖妇女的犯罪行为，根据刑法和刑事诉讼法的有关规定，现就审理拐卖妇女案件具体适用法律的有关问题解释如下：

第一条 刑法第二百四十条规定的拐卖妇女罪中的“妇女”，既包括具有中国国籍的妇女，也包括具有外国国籍和无国籍的妇女。被拐卖的外国妇女没有身份证明的，不影响对犯罪分子的定罪处罚。

第二条 外国人或者无国籍人拐卖外国妇女到我国境内被查获的，应当根据刑法第六条的规定，适用我国刑法定罪处罚。

第三条 对于外国籍被告人身份无法查明或者其国籍国拒绝提供有关身份证明，人民检察院根据刑事诉讼法第一百二十八条第二款的规定起诉的案件，人民法院应当依法受理。

三、司法文件

《最高人民法院、最高人民检察院、公安部、司法部关于依法惩治拐卖妇女儿童犯罪的意见》（2010年3月15日 法发〔2010〕7号）

为加大对妇女、儿童合法权益的司法保护力度，贯彻落实《中国反对拐卖妇女儿童行动计划（2008-2012）》，根据刑法、刑事诉讼法等相关法律及司法解释的规定，最高人民法院、最高人民检察院、公安部、司法部就依法惩治拐卖妇女、儿童犯罪提出如下意见：

一、总体要求

1. 依法加大打击力度，确保社会和谐稳定。自1991年全国范围内开展打击拐卖妇女、儿童犯罪专项行动以来，侦破并依法处理了一大批拐卖妇女、儿童犯罪案件，犯罪分子受到依法严惩。2008年，全国法院共审结拐卖妇女、儿童犯罪案件1353件，比2007年上升9.91%；判决发生法律效力的犯罪分子2161人，同比增长11.05%，其中，被判处五年以上有期徒刑、无期徒刑至死刑的1319人，同比增长10.1%，重刑率为61.04%，高出同期全部刑事案件重刑率45.27个百分点。2009年，全国法院共审结拐卖妇女、儿童犯罪案件1636件，比2008年上升20.9%；判决发生法律效力的犯罪分子2413人，同比增长11.7%，其中被判处五年以上有期徒刑、无期徒刑至死刑的1475人，同比增长11.83%。

但是，必须清醒地认识到，由于种种原因，近年来，拐卖妇女、儿童犯罪在部分地区有所上升的势头仍未得到有效遏制。此类犯罪严重侵犯被拐卖妇女、儿童的人身权利，致使许多家庭骨肉分离，甚至家破人亡，严重危害社会和谐稳定。人民法院、人民检察院、公安机关、司法行政机关应当从维护人民群众切身利益、确保社会和谐稳定的大局出发，进一步依法加大打击力度，坚决有效遏制拐卖妇女、儿童犯罪的上升势头。

2. 注重协作配合，形成有效合力。人民法院、人民检察院、公安机关应当各司其职，各负其责，相互支持，相互配合，共同提高案件办理的质量与效率，保证办案的法律效果与社会效果的统一；司法行政机关应当切实做好有关案件的法律援助工作，维护当事人的合法权益。各地司法机关要统一思想认识，进一步加强涉案地域协调和部门配合，努力形成依法严惩拐卖妇女、儿童犯罪的整体合力。

3. 正确贯彻政策，保证办案效果。拐卖妇女、儿童犯罪往往涉及多人、多个环节，要根据宽严相济刑事政策和罪责刑相适应的刑法基本原则，综合考虑犯罪分子在共同犯罪中的地位、作用及人身危险性的大小，依法准确量刑。对于犯罪集团的首要分子、组织策划者、多次参与者、拐卖多人者或者具有累犯等从严、从重处罚情节的，必须重点打击，坚决依法严惩。对于罪行严重，依法应当判处重刑乃至死刑的，坚决依法判处。要注重铲除“买方市场”，从源头上遏制拐卖妇女、儿童犯罪。对于收买被拐卖的妇女、儿童，依法应当追究刑事责任的，坚决依法追究。同时，对于具有从宽处罚情节的，要在综合考虑犯罪事实、性质、情节和危害程度的基础上，依法从宽，体现政策，以分化瓦解犯罪，鼓励犯罪人悔过自新。

二、管辖

4. 拐卖妇女、儿童犯罪案件依法由犯罪地的司法机关管辖。拐卖妇女、儿童犯罪的犯罪地包括拐出地、中转地、拐入地以及拐卖活动的途经地。如果由犯罪嫌疑人、被告人居住地的司法机关管辖更为适宜的，可以由犯罪嫌疑人、被告人居住地的司法机关管辖。

5. 几个地区的司法机关都有权管辖的，一般由最先受理的司法机关管辖。犯罪嫌疑人、被告人或者被拐卖的妇女、儿童人数较多，涉及多个犯罪地的，可以移送主要犯罪地或者主要犯罪嫌疑人、被告人居住地的司法机关管辖。

6. 相对固定的多名犯罪嫌疑人、被告人分别在拐出地、中转地、拐入地实施某一环节的犯罪行为，犯罪所跨地域较广，全案集中管辖有困难的，可以由拐出地、中转地、拐入地的司法机关对不同犯罪分子分别实施的拐出、中转和拐入犯罪行为分别管辖。

7. 对管辖权发生争议的，争议各方应当本着有利于迅速查清犯罪事实，及时解救被拐卖的妇女、儿童，以及便于起诉、审判的原则，在法定期间内尽快协商解决；协商不成的，报请共同的上级机关确定管辖。

正在侦查中的案件发生管辖权争议的，在上级机关作出管辖决定前，受案机关不得停止侦查工作。

三、立案

8. 具有下列情形之一，经审查，符合管辖规定的，公安机关应当立即以刑事案件立案，迅速开展侦查工作：

（1）接到拐卖妇女、儿童的报案、控告、举报的；

（2）接到儿童失踪或者已满十四周岁不满十八周岁的妇女失踪报案的；

（3）接到已满十八周岁的妇女失踪，可能被拐卖的报案的；

（4）发现流浪、乞讨的儿童可能系被拐卖的；

（5）发现有收买被拐卖妇女、儿童行为，依法应当追究刑事责任的；

（6）表明可能有拐卖妇女、儿童犯罪事实发生的其他情形的。

9. 公安机关在工作中发现犯罪嫌疑人或者被拐卖的妇女、儿童，不论案件是否属于自己管辖，都应当首先采取紧急措施。经审查，属于自己管辖的，依法立案侦查；不属于自己管辖的，及时移送有管辖权的公安机关处理。

10. 人民检察院要加强对拐卖妇女、儿童犯罪案件的立案监督，确保有案必立、有案必查。

四、证据

11. 公安机关应当依照法定程序，全面收集能够证实犯罪嫌疑人有罪或者无罪、犯罪情节轻重的各种证据。

要特别重视收集、固定买卖妇女、儿童犯罪行为交易环节中钱款的存取证明、犯罪嫌疑人的通话清单、乘坐交通工具往来有关地方的票证、被拐卖儿童的DNA鉴定结论、有关监控录像、电子信息等客观性证据。

取证工作应当及时，防止时过境迁，难以弥补。

12. 公安机关应当高度重视并进一步加强DNA数据库的建设和完善。对失踪儿童的父母，或者疑似被拐卖的儿童，应当及时采集血样进行检验，通过全国DNA数据库，为查获犯罪，帮助被拐卖的儿童及时回归家庭提供科学依据。

13. 拐卖妇女、儿童犯罪所涉地区的办案单位应当加强协作配合。需要到异地调查取证的，相关司法机关应当密切配合；需要进一步补充查证的，应当积极支持。

五、定性

14. 犯罪嫌疑人、被告人参与拐卖妇女、儿童犯罪活动的多个环节，只有部分环节的犯罪事实查证清楚、证据确实、充分的，可以对该环节的犯罪事实依法予以认定。

15. 以出卖为目的强抢儿童，或者捡拾儿童后予以出卖，符合刑法第二百四十条第二款规定的，应当以拐卖儿童罪论处。

以抚养为目的偷盗婴幼儿或者拐骗儿童，之后予以出卖的，以拐卖儿童罪论处。

16. 以非法获利为目的，出卖亲生子女的，应当以拐卖妇女、儿童罪论处。

17. 要严格区分借送养之名出卖亲生子女与民间送养行为的界限。区分的关键在于行为人是否具有非法获利的目的。应当通过审查将子女“送”人的背景和原因、有无收取钱财及收取钱财的多少、对方是否具有抚养目的及有无抚养能力等事实，综合判断行为人是否具有非法获利的目的。

具有下列情形之一的，可以认定属于出卖亲生子女，应当以拐卖妇女、儿童罪论处：

（1）将生育作为非法获利手段，生育后即出卖子女的；

（2）明知对方不具有抚养目的，或者根本不考虑对方是否具有抚养目的，为收取钱财将子女“送”给他人的；

（3）为收取明显不属于“营养费”、“感谢费”的巨额钱财将子女“送”给他人的；

（4）其他足以反映行为人具有非法获利目的的“送养”行为的。

不是出于非法获利目的，而是迫于生活困难，或者受重男轻女思想影响，私自将没有独立生活能力的子女送给他人抚养，包括收取少量“营养费”、“感谢费”的，属于民间送养行为，不能以拐卖妇女、儿童罪论处。对私自送养导致子女身心健康受到严重损害，或者具有其他恶劣情节，符合遗弃罪特征的，可以遗弃罪论处；情节显著轻微危害不大的，可由公安机关依法予以行政处罚。

18. 将妇女拐卖给有关场所，致使被拐卖的妇女被迫卖淫或者从事其他色情服务的，以拐卖妇女罪论处。

有关场所的经营管理人员事前与拐卖妇女的犯罪人通谋的，对该经营管理人员以拐卖妇女罪的共犯论处；同时构成拐卖妇女罪和组织卖淫罪的，择一重罪论处。

19. 医疗机构、社会福利机构等单位的工作人员以非法获利为目的，将所诊疗、护理、抚养的儿童贩卖给他人的，以拐卖儿童罪论处。

20. 明知是被拐卖的妇女、儿童而收买，具有下列情形之一的，以收买被拐卖的妇女、儿童罪论处；同时构成其他犯罪的，依照数罪并罚的规定处罚：

（1）收买被拐卖的妇女后，违背被收买妇女的意愿，阻碍其返回原居住地的；

（2）阻碍对被收买妇女、儿童进行解救的；

（3）非法剥夺、限制被收买妇女、儿童的人身自由，情节严重，或者对被收买妇女、儿童有强奸、伤害、侮辱、虐待等行为的；

(4) 所收买的妇女、儿童被解救后又再次收买，或者收买多名被拐卖的妇女、儿童的；

(5) 组织、诱骗、强迫被收买的妇女、儿童从事乞讨、苦役，或者盗窃、传销、卖淫等违法犯罪活动的；

(6) 造成被收买妇女、儿童或者其亲属重伤、死亡以及其他严重后果的；

(7) 具有其他严重情节的。

被追诉前主动向公安机关报案或者向有关单位反映，愿意让被收买妇女返回原居住地，或者将被收买儿童送回其家庭，或者将被收买妇女、儿童交给公安、民政、妇联等机关、组织，没有其他严重情节的，可以不追究刑事责任。

六、共同犯罪

21. 明知他人拐卖妇女、儿童，仍然向其提供被拐卖妇女、儿童的健康证明、出生证明或者其他帮助的，以拐卖妇女、儿童罪的共犯论处。

明知他人收买被拐卖的妇女、儿童，仍然向其提供被收买妇女、儿童的户籍证明、出生证明或者其他帮助的，以收买被拐卖的妇女、儿童罪的共犯论处，但是，收买人未被追究刑事责任的除外。

认定是否“明知”，应当根据证人证言、犯罪嫌疑人、被告人及其同案人供述和辩解，结合提供帮助的人次，以及是否明显违反相关规章制度、工作流程等，予以综合判断。

22. 明知他人系拐卖儿童的“人贩子”，仍然利用从事诊疗、福利救助等工作的便利或者了解被拐卖方情况的条件，居间介绍的，以拐卖儿童罪的共犯论处。

23. 对于拐卖妇女、儿童犯罪的共犯，应当根据各被告人在共同犯罪中的分工、地位、作用，参与拐卖的人数、次数，以及分赃数额等，准确区分主从犯。

对于组织、领导、指挥拐卖妇女、儿童的某一个或者某几个犯罪环节，或者积极参与实施拐骗、绑架、收买、贩卖、接送、中转妇女、儿童等犯罪行为，起主要作用的，应当认定为主犯。

对于仅提供被拐卖妇女、儿童信息或者相关证明文件，或者进行居间介绍，起辅助或者次要作用，没有获利或者获利较少的，一般可认定为从犯。

对于各被告人在共同犯罪中的地位、作用区别不明显的，可以不区分主从犯。

七、一罪与数罪

24. 拐卖妇女、儿童，又奸淫被拐卖的妇女、儿童，或者诱骗、强迫被拐卖的妇女、儿童卖淫的，以拐卖妇女、儿童罪处罚。

25. 拐卖妇女、儿童，又对被拐卖的妇女、儿童实施故意杀害、伤害、猥亵、侮辱等行为，构成其他犯罪的，依照数罪并罚的规定处罚。

26. 拐卖妇女、儿童或者收买被拐卖的妇女、儿童，又组织、教唆被拐卖、收买的妇女、儿童进行犯罪的，以拐卖妇女、儿童罪或者收买被拐卖的妇女、儿童罪与其所组织、教唆的罪数罪并罚。

27. 拐卖妇女、儿童或者收买被拐卖的妇女、儿童，又组织、教唆被拐卖、收买的未成年妇女、儿童进行盗窃、诈骗、抢夺、敲诈勒索等违反治安管理活动的，以拐卖妇女、儿童罪或者收买被拐卖的妇女、儿童罪与组织未成年人进行违反治安管理活动罪数罪并罚。

八、刑罚适用

28. 对于拐卖妇女、儿童犯罪集团的首要分子，情节严重的主犯，累犯，偷盗婴幼儿、强抢儿童情节严重，将妇女、儿童卖往境外情节严重，拐卖妇女、儿童多人多次、造成伤亡后果，或者具有其他严重情节的，依法从重处罚；情节特别严重的，依法判处死刑。

拐卖妇女、儿童，并对被拐卖的妇女、儿童实施故意杀害、伤害、猥亵、侮辱等行为，数罪并罚决定执行的刑罚应当依法体现从严。

29. 对于拐卖妇女、儿童的犯罪分子，应当注重依法适用财产刑，并切实加大执行力度，以强化刑罚的特殊预防与一般预防效果。

30. 犯收买被拐卖的妇女、儿童罪，对被收买妇女、儿童实施违法犯罪活动或者将其作为牟利工具的，处罚时应当依法体现从严。

收买被拐卖的妇女、儿童，对被收买妇女、儿童没有实施摧残、虐待行为或者与其已形成稳定的婚姻家庭关系，但仍应依法追究刑事责任的，一般应当从轻处罚；符合缓刑条件的，可以依法适用缓刑。

收买被拐卖的妇女、儿童，犯罪情节轻微的，可以依法免予刑事处罚。

31. 多名家庭成员或者亲友共同参与出卖亲生子女，或者“买人为妻”、“买人为子”构成收买被拐卖的妇女、儿童罪的，一般应当在综合考察犯意提起、各行为人在犯罪中所起作用等情节的基础上，依法追究其中罪责较重者的刑事责任。对于其他情节显著轻微危害不大，不认为是犯罪的，依法不追究刑事责任；必要时可以由公安机关予以行政处罚。

32. 具有从犯、自首、立功等法定从宽处罚情节的，依法从轻、减轻或者免除处罚。

对被拐卖的妇女、儿童没有实施摧残、虐待等违法犯罪行为，或者能够协助解救被拐卖的妇女、儿童，或者具有其他酌定从宽处罚情节的，可以依法酌情从轻处罚。

33. 同时具有从严和从宽处罚情节的，要在综合考察拐卖妇女、儿童的手段、拐卖妇女、儿童或者收买被拐卖妇女、儿童的人次、危害后果以及被告人主观恶性、人身危险性等因素的基础上，结合当地此类犯罪发案情况和社会治安状况，决定对被告人总体从严或者从宽处罚。

九、涉外犯罪

34. 要进一步加大对跨国、跨境拐卖妇女、儿童犯罪的打击力度。加强双边或者多边“反拐”国际交流与合作，加强对被跨国、跨境拐卖的妇女、儿童的救助工作。依照我国缔结或者参加的国际条约的规定，积极行使所享有的权利，履行所承担的义务，及时请求或者提供各项司法协助，有效遏制跨国、跨境拐卖妇女、儿童犯罪。

第十二章　诬告陷害罪

【立案追诉标准】

诬告陷害案（刑法第 243 条）

涉嫌捏造事实诬告陷害他人，意图使他人受刑事追究，情节严重的，应予立案。

【犯罪构成及刑事责任】

诬告陷害罪是指捏造事实陷害他人，并向有关机关告发，意图使他人受到刑事追究，情节严重的行为。

1. 客体要件。本罪侵犯的客体，按照通说的观点，是复杂客体，包括他人的人身权利和司法机关的正常刑事诉讼活动。也有观点认为，应当采取择一说，诬告陷害具有其中一种性质即可成立本罪。还有的观点认为，本罪保护的是他人的人身权利，因为立法者将本罪设置在刑法分则第四章而不是第六章第二节妨害司法罪中[①]。本书采取通说的观点。刑法分则罪名放置在某一章中，并不绝对排除有的犯罪存在复杂客体的情形，基于保护的侧重点不同，将某些罪名设置在某一章中，是立法者权衡的结果，这种权衡并不否认对其他利益的保护。人身权利包括人格尊严，也包括人身自由和安全。宪法第 38 条规定："中华人民共和国公民的人格尊严不受侵犯。禁止用任何方法对公民进行侮辱、诽谤和诬告陷害"，虽然该

① 张明楷：《刑法学》（第六版），法律出版社 2021 年版，第 1175 页。

条将诬告陷害与公民的人格尊严联系在一起，但是，因为本罪的捏造并告发行为而启动刑事诉讼程序，使他人的人格、尊严受到损害的同时，也可能使他人因此被司法机关采取强制措施或者被定罪判刑而失去人身自由；同时也必然使国家司法机关的正常刑事诉讼活动受到影响和破坏，国家司法机关为查明案件事实，必然要投入一定的人力、物力，诬告行为必然消耗国家的司法资源，影响正常的打击犯罪的活动。可见，本罪造成的侵害，不仅涉及被诬告者的个人利益，还侵害了国家司法机关的正常刑事诉讼活动。

本罪的犯罪对象是他人，包括我国公民、在我国境内的外国人和无国籍人。《中华人民共和国出境入境管理法》第 3 条第 2 款规定，在中国境内的外国人的合法权益受法律保护。本罪要求诬告行为需指向某个、某些明确的对象，如果行为人虽然捏造犯罪事实，但是司法机关无法依据其捏造的犯罪事实判断出是谁实施的，不能指向具体的人，则无法构成本罪。

2. 客观要件。本罪在客观方面表现为捏造事实诬告陷害，向有关机关告发，并且达到情节严重的行为。本罪的客观方面要求同时具备以下几点：

第一，行为人必须是捏造事实，多数情形下表现为无中生有，凭空捏造，包括将不构成犯罪的一般违法事实捏造为可以构成犯罪的事实，将较轻犯罪的事实捏造为严重犯罪的事实，或者明知不是某人所为仍然将已经存在的犯罪事实诬陷为某人实施，这种将他人诬陷为犯罪人的情形，也可以构成本罪。需要注意的是，捏造的事实必须是能够直接构成犯罪的事实，或者能够使他人受到刑事追究的事实。如果行为人实施了诬告行为，同时主观上也意图使他人受到刑事追究，但是捏造的事实没有达到构成犯罪的严重程度，或者不能使他人受到刑事追究的，不能构成本罪。

第二，捏造犯罪事实后，要向有关单位进行告发，没有告发行为也不能构成本罪。有关单位包括被诬告陷害的人所在单位、监察机关、公安机关、司法机关，或者是有义务将诬告内容移送、报告给监察、公安、司法机关的单位或者部门。

第三，本罪要求诬告行为达到情节严重才能构成，如果行为人实施了捏造犯罪事实予以告发的行为，但是并未达到情节严重的，属于一般违法行为，不构成本罪，不能以本罪追究刑事责任。符合相关政务处分、行政处罚规定的，可以依据相关行政法律、法规予以政务处分或者行政处罚。

3. 主体要件。本罪的犯罪主体为一般主体，刑事责任年龄起点为16周岁。

4. 主观要件。本罪的主观方面是故意。在本罪的认识因素上，需要行为人明知其捏造的是犯罪事实，构成本罪的主观方面，不要求行为人对其捏造并告发的“犯罪事实”有准确的罪名与具体刑罚处罚的认知，只要行为人认识到自己捏造的是犯罪事实即可；在意志因素上，行为人意图使他人受到刑事追究并积极追求或者放任该结果的发生。

本罪的刑事责任分为两档法定刑。根据刑法第243条的规定，捏造事实诬告陷害他人，意图使他人受刑事追究，情节严重的，处3年以下有期徒刑、拘役或者管制；造成严重后果的，处3年以上10年以下有期徒刑。国家机关工作人员犯前款罪的，从重处罚。

不是有意诬陷，而是错告，或者检举失实的，不适用前两款的规定。

【疑难指导】

一、本罪对象的理解

诬告陷害罪的对象为“他人”。捏造事实诬告自己的，无论行为人出于何种意图，均不能构成本罪。如果行为人自己因涉嫌犯罪正在被追诉的过程中，意图使他人受到刑事追究而诬告陷害他人为同案犯的，则可以成立本罪。如果行为人为了使自己减轻罪责、获得较轻的处罚，而虚构并不存在的同案犯，进行所谓的“诬告”，则不能构成本罪。

如果行为人捏造犯罪事实诬告单位，是否能够构成本罪？捏造事实诬告单位，意图使单位受到刑事追究的，在以下两种情形下，有可能触犯本罪。一种情形是捏造的事项虽然没有直接指向单位中的具体人员，但是根据刑法第31条的规定，对单位犯罪的处罚绝大多数是双罚制，既对单位判处罚金，也对单位中直接负责的主管人员和其他直接责任人员判处刑罚，因而，这种表面上看似是诬告单位的行为，实际上可能导致单位中的主管人员和其他直接责任人员受到刑事追究；另一种情形是表面上捏造并诬告的事项指向单位，但是该事项能够直接指向单位中的某个人或者根据诬告的内容可以判断出单位中的具体人员的。以上两种情形都会导致单位中的人员面临受到刑事追究的可能，如果行为人主观上意图使单位和相关人员受到刑事追究，并且达到情节严重，符合本罪犯罪构成条件的，可以构成诬告陷害罪。

二、诬告陷害中“意图”的理解

如前文所述，行为人的捏造事实诬告陷害他人的行为，除要达到情节严重外，在主观上还需要具备使他人受到“刑事追究”的意图，才能构成诬告陷害罪。如何理解本罪的“意图”，是判断诬告陷害行为是否构成本罪的重要方面。诬告陷害罪中“意图”的具体内容，必须是使他人受到“刑事追究”，该意图并不要求行为人对其诬陷的犯罪有足够准确的罪名和犯罪构成的认知，如行为人意欲诬陷他人构成甲罪，而他人被以乙罪追究了，这种情形并不影响诬告陷害罪的成立。构成本罪也不要求行为人的意图必然得以实现，如果经过有关机关的查证，证明被诬陷者并没有犯罪，他人没有因为行为人的诬告陷害而被定罪判刑，但是刑事调查程序、侦查程序已经启动的，仍然可以构成本罪。

如果行为人意图使他人受到刑事追究而诬告陷害他人，但是捏造的事实根本无法构成犯罪，行为人误认为其捏造的是犯罪事实的，则属于认识错误，不能构成本罪。如果行为人诬告陷害他人，但是其意图并非使他人受到刑事追究，而是使他人受到政务处分、行政处罚等，即便有诬告陷害行为，也不构成本罪，其诬告陷害行为违反相关法律、行政法规规定的，应当依照相关规定予以政务处分、行政处罚。

还有一种情形，行为人诬陷的意图广泛，可以包含使他人受到政务处分，也包含使他人受到刑事追究的可能。例如，自 2020 年 7 月 1 日起施行的《中华人民共和国公职人员政务处分法》第 32 条第 4 项规定：“诬告陷害，意图使他人受到名誉损害或者责任追究等不良影响的”，“予以警告、记过或者记大过；情节较重的，予以降级或者撤职；情节严重的，予以开除”。此处的“意图使他人受到责任追究”，可以是使他人受到政务处分方面的责任追究，也可以是使他人受到刑事责任的追究。如果行为人的诬告陷害行为，严重到使他人受到刑事追究的程度，引起了监察机关、公安机关、司法机关对他人刑事程序、调查程序的启动，此时，对于实施了诬告陷害的行为人，其不仅应当受到政务处分，还应当承担诬告陷害罪的刑事责任。这种情形下，政务处分与刑事责任并行不悖，诬告陷害的行为人，其主观上有两种情况：一种情形是意图使他人受到刑事追究，并积极追究这种结果的发生，这符合典型的诬告陷害罪的特征。另一种情形是行为人对于其诬告陷害行为是否会导致他人受到刑事追究，持一种放任的态度，其意图范围广泛，并不限于意图使对方受到政务处分，是意图使他人受到政务处分、刑事追究均可的态度，并不排斥受到刑事追究的可能。所以，政务处分法第 64 条规定："违反本法规定，构成犯罪的，依法追究刑事责任。"该条规定将构成犯罪的诬告陷害行为与刑事责任进行了衔接。

三、本罪"情节严重""造成严重后果"的理解

（一）"情节严重"的理解

情节是否严重是区别本罪与非罪的情节要件，只有情节严重的诬告陷害行为方能构成本罪。本罪的情节严重如何理解？有观点认为，情节严重可以从捏造的犯罪事实严重、诬陷的手段恶劣、造成的后果比较严重等[①]方面判断。多次诬告陷害的，诬告陷害多人的，因诬告陷害而导致启动了监委的调查程序，启动公安机关、人民检察院、人民法院的刑事程序的，均属于情节严重的情形。至于被诬陷的人是否被采取了留置措施或拘留、逮捕等强制措施，是否被定罪判刑甚至执行刑罚等，应属于量刑情节，影响刑事责任的轻重。如果在诬告陷害过程中，其手段行为又触犯了其他罪名，构成牵连犯的，应当从一重罪处断。

从本罪侵犯的对象上分析，诬告陷害未成年人的，应当属于情节严重。国家对未成年人予以特别保护，《中华人民共和国未成年人保护法》第 4 条规定，保护未成年人，应当坚持最有利于未成年人的原则。对未成年人的诬告陷害，必然会给未成年人带来极大的身心伤害，严厉打击针对未年成人的犯罪，有利于未成年人健康成长，是保障未成年人合法权益的重要手段。

对于主观上有诬告的故意，但是未达到情节严重因而不构成本罪的诬告陷害违法行为，可以给予行政处罚或者政务处分。如果诬告陷害违法行为符合治安管理处罚法规定的条件的，可以按照《中华人民共和国治安管理处罚法》第 42 条第

---

① 李希慧：《诬告陷害罪若干问题研析》，载《法学评论》2001 年第 6 期。

3项[1]的规定，对于“捏造事实诬告陷害他人，企图使他人受到刑事追究或者受到治安管理处罚的”予以拘留、罚款的行政处罚。又例如，自2022年5月1日起施行的《信访工作条例》第47条第3款规定，信访人捏造歪曲事实、诬告陷害他人，构成违反治安管理行为的，依法给予治安管理处罚；构成犯罪的，依法追究刑事责任。

此外，对于公职人员实施的不构成犯罪的诬告陷害行为，应当受到相关的政务处分，例如，2021年9月20日起施行的《中华人民共和国监察法实施条例》第276条规定：“控告人、检举人、证人采取捏造事实、伪造材料等方式诬告陷害的，监察机关应当依法给予政务处分，或者移送有关机关处理。构成犯罪的，依法追究刑事责任。”又例如，自2009年12月31日起施行的《人民法院工作人员处分条例》第98条第1款规定：“以殴打、辱骂、体罚、非法拘禁或者诽谤、诬告等方式侵犯他人人身权利的，给予记过或者记大过处分；情节较重的，给予降级或者撤职处分；情节严重的，给予开除处分。”需要注意的是，对于公职人员，如果其诬告陷害行为触犯了刑法，构成本罪的，除应当依法追究刑事责任外，还应当受到政务处分，两种责任并不必然排斥。

（二）“造成严重后果”的理解

“造成严重后果”是诬告陷害罪的加重法定刑情节，适用第二档法定刑。一般来讲包括但不限于下列情形：使他人人身自由被剥夺时间较长的，或者因被追究遭受重大财产损失的，或者使他人被定罪判刑的，被执行刑罚的，或者被害人因被诬告陷害而自杀的，或者引发群体性事件等，以及造成其他恶劣社会影响或者国际影响的等情形。

四、“国家机关工作人员从重处罚”的理解

如果行为人是国家机关工作人员，构成诬告陷害罪的，应当从重处罚。

国家机关是依据宪法和法律设立的、依法承担一定的国家和社会公共事务的

① 《中华人民共和国治安管理处罚法》第42条规定，有下列行为之一的，处5日以下拘留或者500元以下罚款；情节较重的，处5日以上10日以下拘留，可以并处500元以下罚款：……（三）捏造事实诬告陷害他人，企图使他人受到刑事追究或者受到治安管理处罚的；……

管理职责和权力的组织①。刑法中有国家机关工作人员、国家工作人员两个不同的用语，其第93条规定了国家工作人员的范围，包括在国家机关中工作的人员和以国家工作人员论的人员。根据罪刑法定原则的要求，对于诬告陷害罪中国家机关工作人员的范围，应指刑法第93条第1款规定的在国家机关工作的人员。包括在各级国家权力机关、行政机关、监察机关、审判机关、检察机关，以及军事机关等国家机关中从事公务的人员②。该理解属于对国家机关工作人员狭义的理解。至于2002年《全国人民代表大会常务委员会关于〈中华人民共和国刑法〉第九章渎职罪主体适用问题的解释》、2006年《最高人民检察院关于渎职侵权犯罪案件立案标准的规定》附则（三）对渎职侵权案件中的国家机关工作人员的司法解释，是依职权而确定的责任主体的范围，均扩大了国家机关工作人员的范围，专门针对的是渎职侵权犯罪案件。而诬告陷害罪并非属于前述司法解释规定的渎职侵权犯罪案件的范畴，如果需要对诬告陷害罪中的国家机关工作人员作出广义的理解，还需要有权的机关通过合法程序进行解释，目前宜采用狭义的理解。

其他法律中还有“公职人员”的用语和范围界定，公职人员的范围更加广泛，大于刑法中国家工作人员的范围，实务中要注意区分。结合《中华人民共和国公职人员政务处分法》第2条第3款、《中华人民共和国监察法》第15条，公职人员包括下列人员：（1）中国共产党机关、人民代表大会及其常务委员会机关、人民政府、监察委员会、人民法院、人民检察院、中国人民政治协商会议各级委员会机关、民主党派机关和工商业联合会机关的公务员，以及参照《中华人民共和国公务员法》管理的人员；（2）法律、法规授权或者受国家机关依法委托管理公共事务的组织中从事公务的人员；（3）国有企业管理人员；（4）公办的教育、科研、文化、医疗卫生、体育等单位中从事管理的人员；（5）基层群众性自治组织中从事管理的人员；（6）其他依法履行公职的人员。其中第1项中的“参照《中华人民共和国公务员法》管理的人员”，是指2017年修正的《中华人民共和国公务员法》第106条规定的“法律、法规授权的具有公共事务管理职能的事业单位

---

① 王爱立主编：《〈中华人民共和国刑法〉释义》，法律出版社2021年版，第149页。

② 王爱立主编：《〈中华人民共和国刑法〉释义》，法律出版社2021年版，第519页。

中除工勤人员以外的工作人员，经批准参照本法进行管理”。

“从重处罚”，是指在法定刑幅度内，对具有从重处罚情节的行为人，处以比没有从重情节的行为人更重的刑罚[①]。“从重处罚并不意味着在法定刑的‘中间线’以上判处刑罚，从轻处罚也不意味着在法定刑的‘中间线’以下判处刑罚，因为刑法并没有以法定刑的‘中间线’为标准区分从重处罚与从轻处罚。”[②] 本罪的基本法定刑是“三年以下有期徒刑、拘役或者管制”，从重处罚并非只能选择拘役和有期徒刑，并不排斥管制的适用。针对具体案件，检察官提出量刑建议或者法官量刑时，还要结合案件的其他量刑情节，先围绕犯罪事实进行考量，确定责任刑的上限，再考虑预防刑的情节，如是否属于累犯，有无前科等，在不超过责任刑上限的范围内，进行综合分析判断，依法裁量。笔者认为，从重处罚并不必然排斥缓刑的适用，只要不属于刑法第 74 条规定的累犯和犯罪集团的首要分子，就不属于禁止适用缓刑的范畴，要根据案件的具体情况判断是否适用。

五、诬告陷害与错告、检举失实如何区分

刑法第 243 条第 3 款明确规定：“不是有意诬陷，而是错告，或者检举失实的，不适用前两款的规定。”在刑法分则条文中直接规定不构成犯罪的情形，是极为罕见的，只针对本罪有此规定。这是因为公民对国家机关和国家工作人员的批评建议权是受宪法保护的基本权利，公民依法享有控告、申诉、检举等宪法权利，宪法第 41 条第 1 款规定：“中华人民共和国公民对于任何国家机关和国家工作人员，有提出批评和建议的权利；对于任何国家机关和国家工作人员的违法失职行为，有向有关国家机关提出申诉、控告或者检举的权利，但是不得捏造或者歪曲事实进行诬告陷害。”因此，分清楚本罪与错告、检举失实的界限，既是保障公民行使宪法规定的申诉、控告、检举权利所必需的，也是司法机关准确打击诬告陷害犯罪的基本要求。两者在告发的内容上都有不实之处，错告与检举失实也可能因其告发的具体内容涉嫌刑事犯罪而使他人面临受到刑事追究的风险，但是性质上有区别。两者的区别主要表现为：

---

① 陈兴良：《刑法疏议》，中国人民大学出版社 1997 年版，第 161 页。

② 张明楷：《刑法学》（第六版），法律出版社 2021 年版，第 751 页。

一是行为人是否知晓其所告发的内容不真实。错告、检举失实，本质上仍然属于公民合法履行其法定权利的过程，并非故意“错告”，故意失实控告、检举，行为人主观上认为自己控告、检举的内容是真实的，是有事实依据的，并非对自认为不真实的事项进行控告、检举。而诬告陷害罪告发的是捏造的犯罪事实。

二是主观上是否有使他人受到刑事追究的意图。错告、检举失实不具有该意图，只是在行使其申诉、控告、检举权利时，因对相关事实了解不够、不全面，或者理解、判断错误导致的。

如果故意“错告”，故意失实检举、控告等，就要注意查明其主观意图，是使他人受到政务处分、行政处罚，还是使他人受到刑事追究，意图不同，涉及准确区分罪与非罪的问题。

错告、检举失实等会对他人产生非常不利的影响，不仅名誉、荣誉受损，也可能因为他人的错告而导致受到政务处分、行政处罚等不利后果，为此，需要对受到错告、失实检举的人消除影响，澄清事实，还他人以清白。自 2019 年 12 月 30 日施行的《人民检察院刑事诉讼规则》第 174 条规定：“错告对被控告人、被举报人造成不良影响的，人民检察院应当自作出不立案决定之日起一个月以内向其所在单位或者有关部门通报调查核实的结论，澄清事实。”

六、诬告陷害罪与诽谤罪的区别

两罪犯罪主体相同，均为自然人，都是对公民人身权利的侵犯，客观上都有捏造事实的行为，且均以“情节严重”为构成要件。区别主要是：

一是两罪侵犯的客体不同。诬告陷害罪不仅侵犯他人的人格、名誉，还侵犯他人的人身自由和安全，同时也侵犯国家司法机关的正常刑事诉讼活动。诽谤罪侵犯的是他人的人格、名誉。

二是两罪的客观表现不同。诽谤罪表现为捏造并散布足以贬损他人人格、名誉的事实；诬告陷害罪则表现为捏造事实并予以告发。客观上的区别具体而言：（1）在捏造的事实上有区别。诽谤罪只要求捏造能够贬损他人人格、名誉的事实；诬告陷害罪捏造的是足以构成犯罪的事实。（2）捏造后的行为表现不同。诽谤罪要求散布捏造的事实，公之于众，特别是利用网络实施的诽谤罪，更是容易形成众所周知的危害后果，对他人人格、名誉的损害可以在极短的时间内波及更广，所以《最高人民法院、最高人民检察院关于办理利用信息网络实施诽谤等刑事案件适用法律若干问题的解释》[①] 规定，除本人在信息网络上散布捏造的事实外，诽谤还包括组织、指使他人在信息网络上散布的行为，以及明知是捏造的损害他人名誉的事实在信息网络上散布、情节恶劣的，以“捏造事实诽谤他人”论；诬告陷害罪则是在捏造后向有关单位进行告发，这种告发也有可能引起一定范围内社会公众知晓的结果，如因为诬告而引起的有关机关立案、调查，发布了调查公告、发布通缉令等，但是行为人并不是为了追求这种被公知知悉的危害后果，而是为了让他人受到刑事追究。

三是两罪的主观意图不同。两罪都是故意犯罪，但是诬告陷害罪要求意图使他人受到刑事追究为构成犯罪的条件。构成诽谤罪则不要求主观上具备特定意图。

四是两罪的刑事责任不同。诬告陷害罪有加重法定刑情节，刑事责任远重于诽谤罪，最高刑为 10 年有期徒刑。

五是两罪的诉讼方式不同。诬告陷害案件是公诉案件，根据《最高人民法院关于适用〈中华人民共和国刑事诉讼法〉的解释》第 1 条的规定，除其中犯罪轻微、人民检察院没有提起公诉且被害人有证据证明的，可以直接向人民法院提起自诉外，其他案件需要经过公诉程序追诉。诽谤罪则由刑法明确规定为是“告诉才处理”的案件，除严重危害社会秩序和国家利益的外，被害人告诉才处理。根据刑法第 98 条的规定，如果被害人因受强制、威吓无法告诉的，人民检察院和被害人的近亲属也可以告诉，因此诽谤罪以自诉为主。

当行为人捏造的是犯罪事实并予以告发，如通过网络发布的形式告发，事实上也造成了散布该捏造的犯罪事实的情形的，同时符合诬告陷害罪和诽谤罪的犯罪构成的，应当择一重罪处断。

七、诬告陷害罪与伪证罪的界限

两罪都侵犯了国家司法机关的正常刑事诉讼活动，客观上都有捏造事实或者虚假陈述的行为，两罪的区别主要为：

---

① 该解释第 10 条规定：“本解释所称信息网络，包括以计算机、电视机、固定电话机、移动电话机等电子设备为终端的计算机互联网、广播电视网、固定通信网、移动通信网等信息网络，以及向公众开放的局域网络。”

一是侵犯的客体不同。诬告陷害罪侵犯的是复杂客体，包括公民的人身权利和国家司法机关的正常刑事诉讼活动；伪证罪侵犯的是司法机关的正常刑事诉讼活动。二是客观方面的表现不同。诬告陷害罪是捏造犯罪事实并向有关单位予以告发，情节严重的行为；伪证罪是在刑事诉讼中对与案件有重要关系的情节，故意做虚假的证明、鉴定、记录、翻译的行为。三是犯罪主体不同。诬告陷害罪的犯罪主体为一般主体，伪证罪的犯罪主体限于证人、鉴定人、记录人、翻译人。四是主观故意的内容不同。诬告陷害罪是以使他人受到刑事追究为目的。伪证罪的主观方面的意图包括两个方面，可能是诬陷他人，也可能是隐匿罪证使有罪的人逃避刑事追究。

八、诬告陷害罪中的自诉案件

诬告陷害罪属于公诉案件的范围，刑法并没有将诬告陷害罪规定为“告诉才处理”的犯罪，但是，自 2021 年 3 月 1 日起施行的《最高人民法院关于适用〈中华人民共和国刑事诉讼法〉的解释》中，将部分犯罪轻微的侵犯公民人身权利、民主权利的案件规定为自诉案件，当案件符合该司法解释规定的条件时，被害人可以直接向人民法院提起自诉。该司法解释第 1 条规定，人民法院直接受理的自诉案件包括“刑法分则第四章、第五章规定的，可能判处三年有期徒刑以下刑罚的案件”，因诬告陷害罪的最低档法定刑为三年以下有期徒刑、拘役或者管制，如果诬告陷害行为属于“犯罪轻微”的刑事案件，则符合该司法解释自诉案件的范围。

构成诬告陷害罪，被害人可以直接向人民法院提起自诉的条件是：

第一，是人民检察院没有提起公诉的案件；如果人民检察院已经提起公诉，则不能再向人民法院提起自诉。

第二，被害人有证据证明的。

第三，案件构成犯罪但是犯罪轻微的。这里要注意区分，此处的“犯罪轻微”是在行为人构成犯罪的前提下的情节轻微。诬告陷害罪要求情节严重才能构成犯罪，即提起自诉的实质条件，需要行为人的诬告陷害行为达到“情节严重”，已经触犯了刑法第 243 条，因为其犯罪情节轻微，如告发后很快被识破，对他人人身权利侵犯的后果不是特别严重等，构成犯罪要件中的“情节严重”与情节轻微的自诉要求并不矛盾。

第四，案件可能判处三年有期徒刑以下刑罚的。

第五，程序上，被害人直接向人民法院起诉的，人民法院应当依法受理。

需要注意的是，根据前述解释第1条第2款的规定，这种情形下的自诉案件，仍然有两种情形，可以由公安机关受理，一是对其中证据不足的，可以由公安机关受理；二是人民法院认为对被告人可能判处三年有期徒刑以上刑罚的，应当告知被害人向公安机关报案，或者移送公安机关立案侦查。

【办案依据】

一、刑法规定

第二百四十三条　捏造事实诬告陷害他人，意图使他人受刑事追究，情节严重的，处三年以下有期徒刑、拘役或者管制；造成严重后果的，处三年以上十年以下有期徒刑。

国家机关工作人员犯前款罪的，从重处罚。

不是有意诬陷，而是错告，或者检举失实的，不适用前两款的规定。

二、监察法规

《中华人民共和国监察法实施条例》（2021年7月20日国家监察委员会全体会议决定，自2021年9月20日起施行）

第二百七十六条　控告人、检举人、证人采取捏造事实、伪造材料等方式诬告陷害的，监察机关应当依法给予政务处分，或者移送有关机关处理。构成犯罪的，依法追究刑事责任。

监察人员因依法履行职责遭受不实举报、诬告陷害、侮辱诽谤，致使名誉受到损害的，监察机关应当会同有关部门及时澄清事实，消除不良影响，并依法追究相关单位或者个人的责任。

三、司法解释

（一）《最高人民法院关于适用〈中华人民共和国刑事诉讼法〉的解释》（2021年1月26日　法释〔2021〕1号）

第一条　人民法院直接受理的自诉案件包括：

……

（二）人民检察院没有提起公诉，被害人有证据证明的轻微刑事案件：

……

8. 刑法分则第四章、第五章规定的，可能判处三年有期徒刑以下刑罚的案件。

本项规定的案件，被害人直接向人民法院起诉的，人民法院应当依法受理。对其中证据不足，可以由公安机关受理的，或者认为对被告人可能判处三年有期徒刑以上刑罚的，应当告知被害人向公安机关报案，或者移送公安机关立案侦查。

……

（二）《人民检察院刑事诉讼规则》（2019年12月30日　高检发释字〔2019〕4号）

第一百七十四条　错告对被控告人、被举报人造成不良影响的，人民检察院应当自作出不立案决定之日起一个月以内向其所在单位或者有关部门通报调查核实的结论，澄清事实。

属于诬告陷害的，应当移送有关机关处理。

四、司法文件

（一）《最高人民法院、最高人民检察院、公安部、司法部关于办理实施“软暴力”的刑事案件若干问题的意见》（2019年4月9日）

二、“软暴力”违法犯罪手段通常的表现形式有：

（一）侵犯人身权利、民主权利、财产权利的手段，包括但不限于跟踪贴靠、扬言传播疾病、揭发隐私、恶意举报、诬告陷害、破坏、霸占财物等；

（二）扰乱正常生活、工作、生产、经营秩序的手段，包括但不限于非法侵入他人住宅、破坏生活设施、设置生活障碍、贴报喷字、拉挂横幅、燃放鞭炮、播放哀乐、摆放花圈、泼洒污物、断水断电、堵门阻工，以及通过驱赶从业人员、派驻人员据守等方式直接或间接地控制厂房、办公区、经营场所等；

（三）扰乱社会秩序的手段，包括但不限于摆场架势示威、聚众哄闹滋扰、拦路闹事等；

（四）其他符合本意见第一条规定的“软暴力”手段。

通过信息网络或者通讯工具实施，符合本意见第一条规定的违法犯罪手段，应当认定为“软暴力”。

（二）最高人民检察院《关于全面履行检察职能为推进健康中国建设提供有力司法保障的意见》（2016年9月29日　高检发〔2016〕12号）

9. 依法惩治侵害医务人员合法权益的犯罪，维护医务人员的执业安全。加强与卫生计生委、公安等部门的协作配合，深入开展严厉打击涉医违法犯罪专项行动，坚决从严查处涉医突发案件，维护正常医疗秩序，保护医务人员安全。正确区分医疗纠纷与医疗事故、医疗事故罪与非罪界限，依法维护医患双方合法权益与社会和谐稳定，保障医疗服务环境。依法惩治故意伤害、杀害医务人员，公然侮辱或者捏造事实诽谤、诬告陷害医务人员，以及在医疗机构内殴打、追逐、拦截、辱骂、恐吓医务人员或者非法限制医务人员人身自由的犯罪。从严惩处无端猜疑、蓄意发泄，手段残忍、情节恶劣的犯罪；以不特定的医务人员、就诊患者为侮辱、威胁、殴打、伤害、杀害对象，危害医疗场所公共安全的犯罪；利用互联网等媒体恶意炒作，侮辱、诽谤、诬告陷害医务人员，挑拨医患矛盾，引发涉医突发案件、群体性事件或者造成恶劣社会影响的犯罪。

（三）《人民法院落实〈保护司法人员依法履行法定职责规定〉的实施办法》（2017年2月7日　法发〔2017〕4号）

第六条　对法官作出错误处理、处分决定的，在错误被纠正后，当事法官所在人民法院应当及时恢复其职务、岗位、等级和薪酬待遇，积极为其恢复名誉、消除不良影响，视情对造成的经济损失给予赔偿或者补偿，并商请有关机关依法追究诬告陷害者或者滥用职权者的责任。

法官因接受调查暂缓等级晋升，后经有关部门认定不应当追究法律和纪律责任的，其等级晋升时间自暂缓之日起计算。

第十三条　法官因依法履职遭受不实举报、诬告陷害，或者被利用信息网络等方式实施侮辱诽谤，致使名誉受到损害的，其所在人民法院应当通过官方网站、微博、微信公众号或者新闻发布会等形式及时澄清事实，消除不良影响，维护法官良好声誉，并会同有关部门依法追究相关单位或者个人的责任。

（四）《最高人民法院关于完善人民法院司法责任制的若干意见》（2015年9月21日　法发〔2015〕13号）

40. 法官因依法履职遭受不实举报、诬告陷害，致使名誉受到损害的，或者经法官惩戒委员会等组织认定不应追究法律和纪律责任的，人民法院监察部门、新闻宣传部门应当在适当范围以适当形式及时澄清事实，消除不良影响，维护法官良好声誉。

44. 加大对妨碍法官依法行使审判权、诬告陷害法官、藐视法庭权威、严重扰乱审判秩序等违法犯罪行为的惩罚力度，研究完善配套制度，推动相关法律的修改完善。

第十三章　非法搜查罪

【立案追诉标准】

国家机关工作人员利用职权实施的非法搜查案（刑法第 245 条）

国家机关工作人员利用职权非法搜查，涉嫌下列情形之一的，应予立案：

1. 非法搜查他人身体、住宅，并实施殴打、侮辱等行为的；

2. 非法搜查，情节严重，导致被搜查人或者其近亲属自杀、自残造成重伤、死亡，或者精神失常的；

3. 非法搜查，造成财物严重损坏的；

4. 非法搜查 3 人（户）次以上的；

5. 司法工作人员对明知是与涉嫌犯罪无关的人身、住宅非法搜查的；

6. 其他非法搜查应予追究刑事责任的情形。

《最高人民检察院关于渎职侵权犯罪案件立案标准的规定》（2006 年 7 月 26 日）

【犯罪构成及刑事责任】

非法搜查罪，是指非法搜查他人身体、住宅，应受刑罚处罚的行为。

1. 客体要件。本罪侵犯的客体是他人的身体、住宅不受侵犯的权利。宪法第 37 条规定，公民的人身自由不受侵犯、禁止非法搜查公民的身体；宪法第 39 条规定："中华人民共和国公民的住宅不受侵犯。禁止非法搜查……" 身体、住宅不受侵犯，涉及公民的人格尊严、隐私、生活安宁等，是宪法规定的基本权利之一，同时依法受到刑法保护。

搜查的对象，包括身体和住宅。

2. 客观要件。本罪在客观方面表现为非法搜查他人身体、住宅的行为。非法搜查，可以表现为有搜查权的人滥用权力违法搜查，也可以表现为没有搜查权的人对他人的人身、住宅进行非法搜查。

3. 主体要件。本罪的犯罪主体为一般主体，刑事责任年龄起点为 16 周岁。司法工作人员滥用职权非法搜查他人身体、住宅的，从重处罚。

4. 主观要件。本罪在主观方面是故意。

根据刑法第 245 条的规定，非法搜查他人身体、住宅的，处三年以下有期徒刑或者拘役。司法工作人员滥用职权，犯前款罪的，从重处罚。

【疑难指导】

一、准确区分合法搜查与非法搜查

（一）合法搜查应具有合目的性

1. 刑事诉讼中的搜查，是为了收集犯罪证据，查获犯罪人

刑事诉讼中，搜查权属于监察机关、公安机关、国家安全机关、检察机关的职权，刑事诉讼法、监察法明文规定搜查权的设置及行使程序，相关司法解释、监察法规也进一步详细规定了搜查权行使的程序和要求。刑事诉讼法第 136 条规定，为了收集犯罪证据、查获犯罪人，侦查人员可以对犯罪嫌疑人以及可能隐藏罪犯或者犯罪证据的人的身体、物品、住处和其他有关的地方进行搜查。《中华人民共和国监察法实施条例》第 112 条规定，监察机关调查职务犯罪案件，为了收集犯罪证据、查获被调查人，按规定报批后，可以依法对被调查人以及可能隐藏被调查人或者犯罪证据的人的身体、物品、住处、工作地点和其他有关地方进行搜查。《人民检察院刑事诉讼规则》第 203 条规定，为了收集犯罪证据，查获犯罪人，经检察长批准，检察人员可以对犯罪嫌疑人以及可能隐藏罪犯或者犯罪证据的人的身体、物品、住处、工作地点和其他有关的地方进行搜查。

根据上述规定，合法搜查一定符合法定目的的要求，即为了收集犯罪证据，

查获犯罪人的，除法律明确规定的目的外，不得进行搜查。除搜查身体外，关于搜查的场所，根据监察机关和人民检察院的搜查规定，除物品、住处、其他有关场所外，还包括工作地点。

2. 民事诉讼执行中的搜查

民事诉讼法第 255 条规定，被执行人不履行法律文书确定的义务，并隐匿财产的，人民法院有权发出搜查令，对被执行人及其住所或者财产隐匿地进行搜查。有权发出搜查令的前提条件是：被执行人不履行且隐匿财产同时具备。

（二）合法搜查应符合法定程序要求

基本的程序要求包括：应当出示搜查证，两人以上进行，有见证人在场，制作笔录、见证人签名或者盖章，搜查女性身体，应当由女性工作人员进行。

监察机关进行搜查有一些特别规定：一是根据工作需要提请公安机关配合的，公安机关应当依法予以协助。二是全程同步录音录像并保持其完整性的规定：监察法第 41 条第 2 款要求调查人员进行搜查等重要取证工作时“应当对全过程进行录音录像，留存备查”；监察法实施条例第 56 条第 1 款进一步规定录音录像资料的完整性及保管要求：监察机关开展搜查等调查取证工作“应当全程同步录音录像，并保持录音录像资料的完整性。录音录像资料应当妥善保管、及时归档，留存备查”。三是避免特定人员在场的要求。监察法实施条例第 117 条第 1 款特别规定了搜查“应当避免未成年人或者其他不适宜在搜查现场的人在场”。避免特定人员在场，突出了对未成年人的特别保护，以及顾及其他不适宜人员的特殊情况，是一项体现执法“温度”，体现人文关怀的规定。

（三）非法搜查的情形

非法搜查分为两种情形：

一是没有搜查权的人或者没有搜查权的机构中的工作人员，对他人人身、住宅进行的非法搜查。例如，《中华人民共和国消费者权益保护法》第 27 条规定，经营者不得对消费者进行侮辱、诽谤，不得搜查消费者的身体及其携带的物品，不得侵犯消费者的人身自由。第 51 条规定，经营者有侮辱诽谤、搜查身体、侵犯人身自由等侵害消费者或者其他受害人人身权益的行为，造成严重精神损害的，受害人可以要求精神损害赔偿。

二是有搜查权的国家机关工作人员，滥用其搜查权，超越法律规定的权限或者范围，或者违反法律规定的程序进行的搜查。例如，对明知是与涉嫌犯罪无关的人身、住宅进行非法搜查的，即属于滥用职权的情形。

（四）非法搜查与紧急搜查的区别

刑事诉讼法第138条规定，进行搜查，必须向被搜查人出示搜查证。在执行逮捕、拘留的时候，遇有紧急情况，不另用搜查证也可以进行搜查。《公安机关办理刑事案件程序规定》第224条、《人民检察院刑事诉讼规则》第205条均规定，在执行拘留、逮捕的时候，出现下列紧急情况不另用搜查证也可以进行搜查，包括五种情形：可能随身携带凶器的；可能隐藏爆炸、剧毒等危险物品的；可能隐匿、毁弃、转移犯罪证据的；可能隐匿其他犯罪嫌疑人的；以及其他紧急情况。人民检察院还要求搜查结束后，于24小时以内补办有关手续。紧急搜查是刑事诉讼法明文规定的合法搜查行为，首先，在执行拘留、逮捕的时候出现紧急情况才可以无搜查证搜查；其次，只有在符合司法解释或者程序规定的五种紧急情况之一的情形下才可以无搜查证搜查；最后，执行后补办手续的要求。司法工作人员实施的不符合上述紧急条件的无搜查证的搜查，为非法搜查行为。例如，2009年11月30日，某某市公安局决定对李某某以涉嫌买卖国家机关证件罪立案，时任市公安局经侦大队大队长甲决定对李某某实施抓捕。2009年12月4日，其安排经侦大队人员查找李某某，后在李某某女儿家楼下发现李某某的车，甲认定李某某在其女儿家中，17时许，在没有相关搜查手续，且没有见证人的情况下，甲联系开锁公司对李某某女儿家门锁进行技术开锁时，邻居出来询问，甲向其出示了工作证，并称是要抓捕李某某。技术开锁未成功，甲等人破锁进入李某某女儿家后未发现李某某，没有在室内逗留，立即走出。市公安局派出所民警接到李某某女儿邻居报警前来查看时，甲向其出示了工作证，并说明是来抓捕李某某。当天24时左右，甲等人将李某某抓获。法院认为，在侦办案件期间，为了实施抓捕，长时间在李某某女儿家附近蹲守，有时间办理搜查手续，但其不办理，在没有任何搜查手续的情况下，强行搜查，其行为符合《最高人民检察院关于渎职侵权犯罪案件立案标准的规定》中关于非法搜查罪立案情形第6条“其他非法搜查应予以追究刑事责任的情形”的规定，构成非法搜查罪[①]。

（五）非法搜查与强制搜查的区别

《人民检察院刑事诉讼规则》第 206 条第 1 款规定，搜查时“对被搜查人或者其家属说明阻碍搜查、妨碍公务应负的法律责任。”第 207 条规定，如果遇到阻碍，可以强制进行搜查。对以暴力、威胁方法阻碍搜查的，应当予以制止，或者由司法警察将其带离现场。阻碍搜查构成犯罪的，应当依法追究刑事责任。监察法实施条例第 114 条规定，搜查时，应当要求在场人员予以配合，不得进行阻碍。对以暴力、威胁等方法阻碍搜查的，应当依法制止。对阻碍搜查构成违法犯罪的，依法追究法律责任。《公安机关办理刑事案件程序规定》第 225 条也规定了“遇到阻碍搜查的，侦查人员可以强制搜查”。上述各项规定，是在合法搜查遇到非法阻碍甚至暴力、威胁时，赋予有权搜查的机关以强制搜查权，以保障搜查取证工作的顺利进行，因而是合法的搜查行为。

二、非法搜查罪与非罪的界限

根据刑法第 245 条的规定，非法搜查罪是行为犯。但是，并非所有的非法搜查行为一律入罪，实务中要注意区分本罪与非罪的界限。对于不构成犯罪的非法搜查行为的行政处罚，治安管理处罚法第 40 条第 3 项规定，非法侵入他人住宅或者非法搜查他人身体的，处拘留，并处罚款，依情节的不同，拘留的期限和罚款的数额不同。

区分本罪与非罪的标准，主要是刑法第 13 条“但书”的规定，对于属于情节显著轻微，危害不大的非法搜查行为，不认为是犯罪。情节是否显著轻微，要根据本罪的犯罪构成，结合案件的具体情形，进行综合分析判断。第一，从客观行为方式上分析，应考虑非法搜查的手段、非法搜查的人次、非法搜查造成的危害后果等分析判断。结合 2006 年 7 月 26 日《最高人民检察院关于渎职侵权犯罪案件立案标准的规定》可知，非法搜查行为通常伴随着一定的后果，才予以立案，包括非法搜查他人身体、住宅时有殴打、侮辱等行为的，或者造成财物严重损坏的，

---

① 《车某某非法搜查罪一审刑事判决书》，载中国裁判文书网，https://wenshu.court.gov.cn/website/wenshu/181107ANFZ0BXSK4/index.html? docId = 057d3fb561614260883053fd6af9b6-5c，2022 年 4 月 25 日访问。

或者非法搜查三人（户）次以上的，或者对明知是与涉嫌犯罪无关的人身、住宅进行非法搜查的，或者非法搜查情节严重、导致被搜查人或者其近亲属自杀、自残造成重伤、死亡，或者精神失常的情形等，该立案标准设置“其他非法搜查应予追究刑事责任”的兜底性规定，以应对司法实务中可能出现的未能列举非法搜查的情形。第二，客观方面还要从非法搜查的起因上分析行为人进行非法搜查的原因是什么。如果是司法工作人员实施的非法搜查行为，还要查明是否有滥用职权的情形。第三，还要注意分析行为人的主观方面，判断行为人的主观恶性的大小。例如，司法工作人员对明知是与涉嫌犯罪无关的人身、住宅非法搜查的，就属于主观恶性较大的情形。

三、司法工作人员从重处罚的理解

（一）司法工作人员的范围

1. 根据刑法第 94 条的规定，司法工作人员，是指有侦查、检察、审判、监管职责的工作人员。根据刑事诉讼法第 3 条的规定，行使上述职权的机关包括“对刑事案件的侦查、拘留、执行逮捕、预审，由公安机关负责。检察、批准逮捕、检察机关直接受理的案件的侦查、提起公诉，由人民检察院负责。审判由人民法院负责。除法律特别规定的以外，其他任何机关、团体和个人都无权行使这些权力”。

2. 监察法第 3 条规定了调查职责：“各级监察委员会是行使国家监察职能的专责机关，依照本法对所有行使公权力的公职人员（以下称公职人员）进行监察，调查职务违法和职务犯罪”，因此，司法工作人员应包括监察机关中有职务犯罪调查职责的人员。

（二）司法工作人员“滥用职权”的理解

首先要明确，司法工作人员只有“滥用职权”犯非法搜查罪的，才能从重处罚。如果司法工作人员虽然犯非法搜查罪，但是没有滥用职权，则不能予以从重处罚。所谓滥用职权，是指司法工作人员超越法律规定的权限或者范围，或者违反法律规定的程序不正当地行使搜查权，对他人身体和住宅非法搜查的行为。

实务中需要注意的是，如果是司法工作人员滥用职权构成本罪的，除承担刑事责任外，还应承担行政责任，受到政务处分、纪律处分等。

（三）“从重处罚”的理解

从重处罚是指在本罪的法定刑幅度内，先判断不从重处罚时，应如何确定刑罚；在此基础上，比不具有从重处罚情形的刑罚更重一些。因此，从重处罚不等于一定判处法定刑中较重的刑种或者较长的刑期，更不能等于顶格量刑，直接判处最重的刑种或者最长的刑期。也不能为了操作上的简便，而取中间刑以上来裁量，一律取中间刑以上裁量是没有法律根据的。因本罪的法定刑为三年以下有期徒刑或者拘役，从重处罚并不必然排斥缓刑的适用。对于符合缓刑适用条件的，可以依法适用缓刑。

四、非法搜查案件的管辖

非法搜查案件因犯罪主体的不同，以及是否利用职权实施，分别由以下三个机关管辖：

一是非国家工作人员实施的非法搜查案件由公安机关管辖。

二是司法工作人员以外的公职人员利用职权实施的非法搜查案件，由监察机关依法调查，依据是《中华人民共和国监察法实施条例》第27条规定。

三是司法工作人员利用职权实施的非法搜查案件可以由人民检察院侦查。以下三种情形则由监察机关调查：

1. 必要时由监察机关调查。

2. 监察机关在调查司法工作人员涉嫌贪污贿赂等职务犯罪中，可以对其涉嫌的非法搜查犯罪一并调查，并在立案后及时通报同级人民检察院；此处规定的是“可以”一并调查，是否一并调查，由监察机关决定。

3. 人民检察院在办理司法工作人员利用职权实施的非法搜查案件中，发现犯罪嫌疑人同时涉嫌监察机关管辖的其他职务犯罪，经沟通全案移送监察机关管辖的，监察机关应当依法进行调查。这是人民检察院发现有涉嫌监察机关管辖范围的情形，应先与监察机关沟通，此处规定的是监察机关“应当”依法调查。

检察机关的管辖权依据：根据刑事诉讼法第19条第2款的规定，“人民检察院在对诉讼活动实行法律监督中发现的司法工作人员利用职权实施的……非法搜查等侵犯公民权利、损害司法公正的犯罪，可以由人民检察院立案侦查”。需要注意的是，刑事诉讼法规定是“可以”由人民检察院立案侦查，并非必须，也存在由监察机关调查的情形。

监察机关的管辖权依据：监察机关认为必要时或者检察机关发现犯罪嫌疑人同时涉嫌监察机关管辖的其他职务犯罪全案移送的，由监察机关立案调查。依据是《中华人民共和国监察法实施条例》第52条规定，监察机关必要时可以依法调查司法工作人员利用职权实施的涉嫌非法拘禁、刑讯逼供、非法搜查等侵犯公民权利、损害司法公正的犯罪，并在立案后及时通报同级人民检察院。监察机关在调查司法工作人员涉嫌贪污贿赂等职务犯罪中，可以对其涉嫌的前款规定的犯罪一并调查，并及时通报同级人民检察院。人民检察院在办理直接受理侦查的案件中，发现犯罪嫌疑人同时涉嫌监察机关管辖的其他职务犯罪，经沟通全案移送监察机关管辖的，监察机关应当依法进行调查。

关于检察机关与监察机关的案件管辖衔接、移送等机制，《中共中央关于加强新时代检察机关法律监督工作的意见》站在反腐败的高度，明确了加强检察机关与监察机关办案衔接和配合制约。健全衔接顺畅、权威高效的工作机制，推动刑事司法与监察调查的办案程序、证据标准衔接。落实检察机关与监察机关办理职务犯罪案件互相配合、互相制约原则……加强检察机关立案侦查司法工作人员相关职务犯罪与监察机关管辖案件的衔接协调、线索移送和办案协作，不断增强依法反腐合力。

【办案依据】

一、刑法规定

第九十四条 本法所称司法工作人员，是指有侦查、检察、审判、监管职责的工作人员。

第二百四十五条 非法搜查他人身体、住宅，或者非法侵入他人住宅的，处三年以下有期徒刑或者拘役。

司法工作人员滥用职权，犯前款罪的，从重处罚。

二、监察法规

《中华人民共和国监察法实施条例》（2021年7月20日国家监察委员会全体会议决定，自2021年9月20日起施行）

第二十七条　监察机关依法调查公职人员涉嫌滥用职权犯罪，包括滥用职权罪，国有公司、企业、事业单位人员滥用职权罪，滥用管理公司、证券职权罪，食品、药品监管渎职罪，故意泄露国家秘密罪，报复陷害罪，阻碍解救被拐卖、绑架妇女、儿童罪，帮助犯罪分子逃避处罚罪，违法发放林木采伐许可证罪，办理偷越国（边）境人员出入境证件罪，放行偷越国（边）境人员罪，挪用特定款物罪，非法剥夺公民宗教信仰自由罪，侵犯少数民族风俗习惯罪，打击报复会计、统计人员罪，以及司法工作人员以外的公职人员利用职权实施的非法拘禁罪、虐待被监管人罪、非法搜查罪。

第五十二条　监察机关必要时可以依法调查司法工作人员利用职权实施的涉嫌非法拘禁、刑讯逼供、非法搜查等侵犯公民权利、损害司法公正的犯罪，并在立案后及时通报同级人民检察院。

监察机关在调查司法工作人员涉嫌贪污贿赂等职务犯罪中，可以对其涉嫌的前款规定的犯罪一并调查，并及时通报同级人民检察院。人民检察院在办理直接受理侦查的案件中，发现犯罪嫌疑人同时涉嫌监察机关管辖的其他职务犯罪，经沟通全案移送监察机关管辖的，监察机关应当依法进行调查。

三、司法解释

（一）《人民检察院刑事诉讼规则》（2019年12月30日　高检发释字〔2019〕4号）

第十三条　人民检察院在对诉讼活动实行法律监督中发现的司法工作人员利用职权实施的非法拘禁、刑讯逼供、非法搜查等侵犯公民权利、损害司法公正的犯罪，可以由人民检察院立案侦查。

对于公安机关管辖的国家机关工作人员利用职权实施的重大犯罪案件，需要由人民检察院直接受理的，经省级以上人民检察院决定，可以由人民检察院立案侦查。

（二）最高人民检察院《关于人民检察院直接受理立案侦查案件立案标准的规定（试行）》（1999年9月16日　高检发释字〔1999〕2号）

三、国家机关工作人员利用职权实施的侵犯公民人身权利、民主权利犯罪案件

（二）国家机关工作人员利用职权实施的非法搜查案（第245条）

非法搜查罪是指非法搜查他人身体、住宅的行为。

国家机关工作人员涉嫌利用职权非法搜查，具有下列情形之一的，应予立案：

1. 非法搜查他人身体、住宅，手段恶劣的；

2. 非法搜查引起被搜查人精神失常、自杀或者造成财物严重损坏的；

3. 司法工作人员对明知是与涉嫌犯罪无关的人身、场所非法搜查的；

4. 3次以上或者对3人（户）以上进行非法搜查的。

四、司法文件

（一）最高人民法院《人民法院办理刑事案件排除非法证据规程（试行）》（2017年11月27日　法发〔2017〕31号）

第三条　采用非法搜查、扣押等违反法定程序的方法收集物证、书证，可能严重影响司法公正的，应当予以补正或者作出合理解释；不能补正或者作出合理解释的，对有关证据应当予以排除。

（二）《最高人民法院、最高人民检察院、公安部关于依法办理“碰瓷”违法犯罪案件的指导意见》（2020年9月22日　公通字〔2020〕12号）

八、实施“碰瓷”，为索取财物，采取非法拘禁等方法非法剥夺他人人身自由或者非法搜查他人身体，符合刑法第二百三十八条、第二百四十五条规定的，分别以非法拘禁罪、非法搜查罪定罪处罚。

（三）《公安机关办理刑事案件程序规定》（2020年7月20日）

第十四条　根据刑事诉讼法的规定，除下列情形外，刑事案件由公安机关管辖：

（一）监察机关管辖的职务犯罪案件；

（二）人民检察院管辖的在对诉讼活动实行法律监督中发现的司法工作人员利用职权实施的非法拘禁、刑讯逼供、非法搜查等侵犯公民权利、损害司法公正的

犯罪，以及经省级以上人民检察院决定立案侦查的公安机关管辖的国家机关工作人员利用职权实施的重大犯罪案件；

（三）人民法院管辖的自诉案件。对于人民法院直接受理的被害人有证据证明的轻微刑事案件，因证据不足驳回起诉，人民法院移送公安机关或者被害人向公安机关控告的，公安机关应当受理；被害人直接向公安机关控告的，公安机关应当受理；

（四）军队保卫部门管辖的军人违反职责的犯罪和军队内部发生的刑事案件；

（五）监狱管辖的罪犯在监狱内犯罪的刑事案件；

（六）海警部门管辖的海（岛屿）岸线以外我国管辖海域内发生的刑事案件。对于发生在沿海港岙口、码头、滩涂、台轮停泊点等区域的，由公安机关管辖；

（七）其他依照法律和规定应当由其他机关管辖的刑事案件。

第十四章　非法侵入他人住宅罪

【立案追诉标准】

非法侵入他人住宅案（刑法第 245 条）

涉嫌非法侵入他人住宅的，应予立案。

【犯罪构成及刑事责任】

非法侵入他人住宅罪，是指未经同意强行闯入他人住宅，或者在被要求离开他人住宅时拒不离开，依法应受刑罚处罚的行为。

1. 客体要件。本罪侵犯的客体是他人的住宅安全。公民住宅不受侵犯是一项受宪法保护的权利，宪法第 39 条规定，公民的住宅不受侵犯。禁止非法搜查或者非法侵入公民的住宅。公民的住宅安全，是指公民在自己的生活场所享有的按照自己意愿生活、不受他人打扰的权利，包括禁止他人进入和要求他人离开的权利。

2. 客观要件。本罪的客观行为表现为未经他人同意或者在他人不知情的情形下进入他人住宅的，或者在被要求其离开时拒不离开的行为。

3. 主体要件。本罪的犯罪主体为一般主体，刑事责任年龄起点为 16 周岁。司法工作人员滥用职权犯本罪的，从重处罚。

4. 主观要件。本罪在主观方面出于故意，行为人可基于不同的动机实施犯罪，但是犯罪动机不影响本罪的成立。

根据刑法第 245 条的规定，非法侵入他人住宅的，处三年以下有期徒刑或者拘役。司法工作人员滥用职权，犯前款罪的，从重处罚。

【疑难指导】

一、本罪客观行为的分析

本罪在客观上表现为未经同意或者在他人不知情的情况下非法进入他人住宅，或者在被要求离开时拒绝离开他人住宅的行为，现实中也有不少案件，是非法进入和拒绝离开两种行为方式集中在一起犯罪中，即行为人未经同意而非法进入他人住宅，在被要求离开住宅时又拒绝离开。

现实中有一种情形，行为人在屋主并不知情的情况下，非法进入他人住宅居住生活的，如在一起案件中，被告人事先知道对方家中无人后，在 2018 年 8 月初的一天，非法进入对方家中居住，直至同年 8 月 14 日被警方抓获。后行为人因犯非法侵入他人住宅罪被人民法院判处拘役三个月①。对于这种在他人不知情的情形下非法进入他人住宅居住生活的行为，同样侵犯了他人的住宅安全，可以构成非法侵入他人住宅罪。

如果非法侵入他人住宅是为了进一步实施其他犯罪行为，如为了实施故意杀人、故意伤害、抢劫等，而非法侵入他人住宅的，该侵入住宅行为属于后续犯罪的预备行为，虽然也触犯了非法侵入他人住宅罪，但是被其他更严重的犯罪吸收了，不再单独认定本罪，而以其实施的其他犯罪定罪处罚。

二、司法工作人员从重处罚的理解

根据刑法第 245 条第 2 款的规定，司法工作人员滥用职权犯非法侵入他人住宅罪的，从重处罚。

司法工作人员，除刑法第 94 条规定的“有侦查、检察、审判、监管职责的工作人员”，还包括监察机关中有职务犯罪调查职责的人员，以及“有判决、裁定执行职责的国家工作人员”。

司法工作人员只有“滥用职权”犯非法侵入他人住宅罪的，才能从重处罚。如果司法工作人员虽然犯非法侵入他人住宅罪，但没有滥用职权，不能从重处罚。

---

① 《单某盗窃、非法侵入住宅二审刑事判决书》，载中国裁判文书网，https：//wenshucourt.gov.cn/website/wenshu/181107ANFZ0BXSK4/index.html? docId = 098cb2d8302f4446b8d9aa9d00acb-444，2022 年 4 月 29 日访问。

滥用职权，是指司法工作人员超越法律规定的权限或者范围，或者违反法律规定的程序不正当地行使搜查权，非法侵入他人住宅的行为。

实务中需要注意的是，如果是司法工作人员滥用职权构成本罪的，除了承担刑事责任以外，还应承担行政责任，受到政务处分、纪律处分等。

具体可以参照前一章非法搜查罪中对司法工作人员滥用职权从重处罚的理解。

三、本罪与非罪的区分

根据刑法第 245 条的规定，非法侵入他人住宅罪是行为犯。但是，并非所有的非法侵入他人住宅行为一律入罪，实务中要注意区分本罪与非罪的界限。对于不构成犯罪的非法侵入他人住宅行为的行政处罚，治安管理处罚法第 40 条第 3 项作了规定，对非法侵入他人住宅的，处拘留，并处罚款，依情节的不同，拘留的期限和罚款的数额不同。区分的依据，一方面是侵入他人住宅的前提限于债务、邻里两类纠纷；另一方面是根据是否有退出行为来区分行政处罚的情节轻重，无论是因为债务纠纷、邻里纠纷经劝阻而及时退出，还是自行退出的，都表明行为人主观上的违法性较轻。

区分本罪与非罪的标准，主要是实施了非法侵入他人住宅的行为是否符合刑法第 13 条“但书”的规定，对于属于情节显著轻微，危害不大的非法侵入他人住宅行为，不认为是犯罪。情节是否显著轻微的判断，要根据本罪的犯罪构成，结合案件的证据情况，进行综合分析判断。一是从行为方式上，要考虑非法侵入他人住宅的手段，是否有殴打、侮辱、骚扰等行为，侵入他人住宅的时间长短，对他人人身有无限制，是否造成财物严重损坏，是否造成他人人身侵害的后果，非法侵入他人住宅的次数等方面分析判断；二是要查明侵入他人住宅的起因；三是如果是司法工作人员实施非法侵入他人住宅行为的，要查明是否属于滥用职权的情形；四是行为人主观方面的判断，分析行为人非法侵入他人住宅主观恶性的大小。

四、非法侵入他人住宅罪与非法搜查罪的区别

非法搜查罪，是指非法搜查他人身体、住宅，应受刑罚处罚的行为。两罪都可以表现为侵入他人住宅的形式；都是故意实施的犯罪；犯罪主体均为一般主体；刑事责任完全相同，当犯罪主体为司法工作人员并且滥用职权实施犯罪时，都应予以从重处罚。两罪的主要区别是：客观行为表现不完全相同，非法搜查包含搜查他人身体和住宅。对于非法搜查他人住宅的行为，也包含了非法进入他人住宅的情形，但是这种情形下的非法侵入住宅只是非法搜查的先行行为，侵入他人住宅的目的是进行搜查，行为人只构成非法搜查一个犯罪。

五、非法侵入他人住宅罪与催收非法债务罪的区别

刑法第 293 条之一催收非法债务罪是刑法修正案（十一）新增加的罪名，是指以非法方法催收高利放贷等产生的非法债务，情节严重的行为。刑法第 293 条之一采用叙明罪状的方式明文规定了催收非法债务罪的非法方法，是指使用暴力、胁迫方法，或者限制他人人身自由的方法，或者侵入他人住宅的方法，或者恐吓、跟踪、骚扰的方法。所以，非法侵入他人住宅，属于催收非法债务罪的行为手段之一。

两罪都是基于故意实施的犯罪，客观行为方式都可以表现为非法侵入他人住宅的行为。主要区别：

一是犯罪性质和情节要求不同。非法侵入他人住宅罪被规定在刑法分则第四章，属于严重侵犯公民人身权利的犯罪，是行为犯，没有是否情节严重的入罪要求。催收非法债务罪被规定在刑法分则第六章第一节扰乱公共秩序罪，是情节犯，除了具备法定的非法手段外，还要达到情节严重才能构成犯罪。

二是行为手段有所区别。刑法第 245 条没有明文规定非法侵入他人住宅罪的行为手段，按照文字的语义理解，“侵入”是具有冒犯性质的行为，本罪在刑法理论上认为，客观方面包括未经同意强行进入他人住宅或者在他人要求行为人离开时拒不离开的行为。而催收非法债务罪的客观表现限于刑法规定的三种具体催收手段：一是使用暴力、胁迫方法，二是限制他人人身自由或者侵入住宅的方法，三是恐吓、跟踪、骚扰他人的方法。需要注意的是，刑法第 238 条规定的非法拘禁罪中使用了兜底性的表述“其他方法”，而催收非法债务罪中，刑法第 293 条之一没有使用兜底性的文字，这种明确行为方式的立法方式更加便于在司法实务中操作。

三是两罪的犯罪目的有所区别。催收非法债务罪以讨债为目的，且债务的性质是高利贷等非法债务，不包括催收合法债务的情形。非法侵入他人住宅罪没有犯罪目的的要求，行为人可以基于多种不同的目的和动机实施犯罪，有的情形可能与催债有关，例如，有可能因为催讨合法债务而非法侵入他人住宅。

四是两罪刑事责任的轻重有一定区别。两罪的最高量刑都是三年有期徒刑，区别在于，非法侵入他人住宅罪的刑种只有有期徒刑和拘役；催收非法债务罪的刑种包括四种，除三年以下有期徒刑和拘役，还包括管制，并处或者单处罚金。催收非法债务罪的法定刑更轻，法定刑的差别表明，立法者对催收非法债务罪中的侵入他人住宅的处罚更轻，也表明这种手段在用于催收非法债务时，往往比非法侵入他人住宅罪表现得较为缓和。

如果行为人在催收非法债务时，其侵入他人住宅的行为严重到触犯了刑法第245条的规定，应属于刑法中的牵连犯，行为人催讨非法债务的手段行为又触犯了非法侵入他人住宅罪，触犯了两个罪名，应当按照牵连犯从一重处断，应当以非法侵入他人住宅罪追究刑事责任。

【办案依据】

一、刑法规定

第九十四条 本法所称司法工作人员，是指有侦查、检察、审判、监管职责的工作人员。

第二百四十五条 非法搜查他人身体、住宅，或者非法侵入他人住宅的，处三年以下有期徒刑或者拘役。

司法工作人员滥用职权，犯前款罪的，从重处罚。

二、司法解释

《最高人民法院关于适用〈中华人民共和国刑事诉讼法〉的解释》（2021年1月26日　法释〔2021〕1号）

第一条 人民法院直接受理的自诉案件包括：

……

（二）人民检察院没有提起公诉，被害人有证据证明的轻微刑事案件：

……

2. 非法侵入住宅案（刑法第二百四十五条规定的）；

……

本项规定的案件，被害人直接向人民法院起诉的，人民法院应当依法受理。对其中证据不足，可以由公安机关受理的，或者认为对被告人可能判处三年有期徒刑以上刑罚的，应当告知被害人向公安机关报案，或者移送公安机关立案侦查。

三、司法文件

(一)《最高人民法院、最高人民检察院、公安部关于依法适用正当防卫制度的指导意见》(2020年8月28日　法发〔2020〕31号)

二、正当防卫的具体适用

5. 准确把握正当防卫的起因条件。正当防卫的前提是存在不法侵害。不法侵害既包括侵犯生命、健康权利的行为，也包括侵犯人身自由、公私财产等权利的行为；既包括犯罪行为，也包括违法行为。不应将不法侵害不当限缩为暴力侵害或者犯罪行为。对于非法限制他人人身自由、非法侵入他人住宅等不法侵害，可以实行防卫。不法侵害既包括针对本人的不法侵害，也包括危害国家、公共利益或者针对他人的不法侵害。对于正在进行的拉拽方向盘、殴打司机等妨害安全驾驶、危害公共安全的违法犯罪行为，可以实行防卫。成年人对于未成年人正在实施的针对其他未成年人的不法侵害，应当劝阻、制止；劝阻、制止无效的，可以实行防卫。

(二)《最高人民法院、最高人民检察院、公安部、司法部关于办理实施“软暴力”的刑事案件若干问题的意见》(自2019年4月9日施行)

二、“软暴力”违法犯罪手段通常的表现形式有：

(一) 侵犯人身权利、民主权利、财产权利的手段，包括但不限于跟踪贴靠、扬言传播疾病、揭发隐私、恶意举报、诬告陷害、破坏、霸占财物等；

(二) 扰乱正常生活、工作、生产、经营秩序的手段，包括但不限于非法侵入他人住宅、破坏生活设施、设置生活障碍、贴报喷字、拉挂横幅、燃放鞭炮、播放哀乐、摆放花圈、泼洒污物、断水断电、堵门阻工，以及通过驱赶从业人员、派驻人员据守等方式直接或间接地控制厂房、办公区、经营场所等；

(三) 扰乱社会秩序的手段，包括但不限于摆场架势示威、聚众哄闹滋扰、拦路闹事等；

（四）其他符合本意见第一条规定的“软暴力”手段。

通过信息网络或者通讯工具实施，符合本意见第一条规定的违法犯罪手段，应当认定为“软暴力”。

七、以“软暴力”手段非法进入或者滞留他人住宅的，应当认定为《刑法》第二百四十五条规定的“非法侵入他人住宅”，同时符合其他犯罪构成要件的，应当以非法侵入住宅罪定罪处罚。

十一、雇佣、指使他人采用“软暴力”手段强迫交易、敲诈勒索，构成强迫交易罪、敲诈勒索罪的，对雇佣者、指使者，一般应当以共同犯罪中的主犯论处。

为强索不受法律保护的债务或者因其他非法目的，雇佣、指使他人采用“软暴力”手段非法剥夺他人人身自由构成非法拘禁罪，或者非法侵入他人住宅、寻衅滋事，构成非法侵入住宅罪、寻衅滋事罪的，对雇佣者、指使者，一般应当以共同犯罪中的主犯论处；因本人及近亲属合法债务、婚恋、家庭、邻里纠纷等民间矛盾而雇佣、指使，没有造成严重后果的，一般不作为犯罪处理，但经有关部门批评制止或者处理处罚后仍继续实施的除外。

第十五章 诽谤罪

【立案追诉标准】

诽谤案（刑法第246条）

涉嫌捏造事实、诽谤他人，情节严重的，应予立案。

利用信息网络诽谤他人，具有下列情形之一的，应当认定为刑法第二百四十六条第一款规定的“情节严重”：

（一）同一诽谤信息实际被点击、浏览次数达到五千次以上，或者被转发次数达到五百次以上的；

（二）造成被害人或者其近亲属精神失常、自残、自杀等严重后果的；

（三）二年内曾因诽谤受过行政处罚，又诽谤他人的；

（四）其他情节严重的情形。

《最高人民法院、最高人民检察院关于办理利用信息网络实施诽谤等刑事案件适用法律若干问题的解释》（2013年9月6日）

【犯罪构成及刑事责任】

诽谤罪是指捏造事实并散布虚构的事实，足以贬损他人人格、破坏他人名誉，情节严重的行为。构成诽谤罪应当符合四个要件：

1. 客体要件。诽谤罪侵犯的客体是他人的外部名誉，即特定个人的社会评价。

2. 客观要件。诽谤罪在客观方面表现为散布捏造的事实，足以败坏他人名誉的行为。

3. 主体要件。诽谤罪的犯罪主体是一般主体，即年满16周岁，具有刑事责任能力的自然人。

4. 主观要件。诽谤罪主观上出于故意，包括直接故意和间接故意。

根据刑法第246条的规定，以暴力或者其他方法公然侮辱他人或者捏造事实诽谤他人，情节严重的，处三年以下有期徒刑、拘役、管制或者剥夺政治权利。

【疑难指导】

一、如何理解并适用“捏造事实诽谤他人”

诽谤罪的罪状描述为捏造事实诽谤他人，实行行为分为捏造事实和诽谤他人两个部分。

（一）如何理解“捏造事实”

捏造事实一般是无中生有、凭空制造虚假事实。[①] 捏造的事实会使他人产生误信，使社会对个人的评价降低，因此捏造事实构成诽谤罪实行行为的一部分。如果并非捏造事实，而是就真实事件、众所周知的事实进行评价，有的可能夸大事实、负面评价，对他人的社会评价降低有影响，并不符合虚假事实的前提要求，对他人的社会评价也不具有实质侵害，该行为不能认定为诽谤罪的实行行为。实践中，还存在恶意利用真实信息制造虚假“事实”的情形，即行为人并非无中生有，而是利用已有信息剪裁、组合，形成与原信息承载内容不同甚至完全相反的新“事实”，行为人将修改后的“事实”散布并对他人名誉造成严重影响。此种修改后将失真“事实”散布的行为与凭空制造虚假事实散布的行为并无差别，无论从足以使他人误信还是从对他人名誉权的侵害上，都具有实质同一性，应当认定为诽谤罪的客观实行行为。

（二）“捏造事实诽谤他人”的理解与适用

“捏造事实诽谤他人”的罪状描述涉及两个行为：即“捏造”和“诽谤（散布）”。如何理解两种行为的关系，直接影响犯罪认定。诽谤罪的本质在于损害他人的社会评价，单纯捏造不能构成诽谤罪，利用捏造的事实是散布的手段行为，

① 高铭暄、马克昌主编：《刑法学》，北京大学出版社、高等教育出版社2019年版，第475页。

散布才是事实侵害的核心。因此，应当认定诽谤罪是单一行为犯，而不是复数行为犯。不应当将刑法第246条第1款规定的“捏造事实诽谤他人”，理解为先捏造事实、后诽谤他人（或散布事实），而应当解释为“利用捏造的事实诽谤他人”或者“以捏造的事实诽谤他人”。[①] 因此，对于明知是虚假事实，只要为了损害他人而散布达到诽谤效果，情节严重的，也应当认定为诽谤罪。

二、如何确定网络诽谤行为追诉时效起点

（一）一般犯罪行为追诉时效起点

追诉时效是指追究犯罪人刑事责任的有效期限，超过诉讼时效，意味着不能行使求行权、量刑权与行刑权，因而导致刑罚消灭。追诉时效期限的起算点很重要，刑法第89条第1款规定，追诉期限从犯罪之日起计算，犯罪行为有连续或者继续状态的，从犯罪行为终了之日起计算。其中明确追诉期限起算点为犯罪之日。犯罪之日针对行为犯应当认定为行为实施之日，针对结果犯应当认定为结果发生之日，但是在犯罪行为有连续或者继续状态的，规定特殊的起算点为犯罪行为终了之日。其中，继续犯是行为从着手实行到由于某种原因终止以前一直处于持续状态的犯罪，如非法拘禁罪。而状态犯的追诉时效与此不同，状态犯既遂之日犯罪终了，此时追诉时效起算，而无论法益侵害的状态是否存在，例如盗窃罪。继续犯和状态犯的不同在于：继续犯持续的是犯罪行为，而状态犯持续的是法益侵害状态，二者追诉时效起算点不同。

（二）网络诽谤追诉时效起点的特殊性

对于一般的诽谤行为，散布诽谤的实行行为终了，对他人名誉侵犯的不法事实既已形成，诽谤罪即完成既遂，其后被害人名誉被侵害的状态处于持续之中，符合状态犯的客观表现，追诉时效以诽谤完成即散布行为完成为追诉起点。但是在网络诽谤的形态下，行为人将捏造的事实散布到网络上构成既遂，但由于网络空间的特殊性，行为人散布的内容一直在网络上存在，随时可能被不特定人看到，对被害人名誉的侵害一直持续扩大，犯罪行为一直在继续，符合继续犯的客观表征。因此，网络诽谤的追诉时效不应从散布行为完成开始起算，而应当以捏造内容在网络上删除、消失时为时效起算点。

---

① 张明楷：《刑法学》（第六版），法律出版社2021年版，第1196页。

三、诽谤罪违法阻却事由

（一）言论自由与名誉权保护的关系

诽谤罪涉及言论自由与名誉保障之争。名誉体现人的尊严，具有权利属性，应当通过法律规范予以保护。名誉权保护的宪法渊源，一般认为是宪法第38条的规定，即“中华人民共和国公民的人格尊严不受侵犯。禁止用任何方法对公民进行侮辱、诽谤和诬告陷害”。言论自由也是宪法权利，宪法第35条规定：“中华人民共和国公民有言论、出版、集会、结社、游行、示威的自由。”同时，宪法第51条规定：“中华人民共和国公民在行使自由和权利的时候，不得损害国家的、社会的、集体的利益和其他公民的合法的自由和权利。”由此，言论自由与名誉权两项基本权利的关系为，言论自由不能损害他人的合法权利（包括名誉权），但当两项基本权利发生冲突时，需要进行法益衡量。

（二）对公众人物的负面言论构成违法阻却事由

自由发表言论是公民参与社会公共事务管理的重要方式，也是宪法保护公民言论自由的根本原因。公众人物是公共事务中的重要内容，对公共事务的评论很多与公众人物有关，有的评论则直接针对公众人物的名誉。基于公众人物名誉权与公共事务的紧密关联的特性，考虑公民言论自由参与公共事务管理的宪法意义，公众人物的名誉权在一定程度上有必要让渡于公民的言论自由。对公众人物一定程度的负面言论和轻微的不实言论，经过法益衡量，构成诽谤罪的违法阻却事由。只有当行为人针对公众人物陈述的虚假事实没有任何根据，全部内容均为捏造，而且陈述虚假事实的唯一目的是毁损公众人物的名誉，没有任何其他正当目的时，才能认定为诽谤罪。[①]

四、“情节严重”的理解与适用

诽谤罪的构成要件要求捏造事实诽谤他人，只有情节严重才能达到追究刑事责任的标准。对于“情节严重”如何理解，《最高人民法院、最高人民检察院关于办理利用信息网络实施诽谤等刑事案件适用法律若干问题的解释》第2条规定，利用信息网络诽谤他人，具有下列情形之一的，应当认定为刑法第二百四十六条

---

① 张明楷：《刑法学》（第六版），法律出版社2021年版，第1197页。

第一款规定的“情节严重”：（1）同一诽谤信息实际被点击、浏览次数达到五千次以上，或者被转发次数达到五百次以上的；（2）造成被害人或者其近亲属精神失常、自残、自杀等严重后果的；（3）二年内曾因诽谤受过行政处罚，又诽谤他人的；（4）其他情节严重的情形。其中第1项内容引发学界争议，将犯罪情节是否严重决定于他人的转发、浏览等网络行为可能扩大处罚范围。实际上，互联网的时空均具有开放性，诽谤行为一旦利用网络实施，就存在诽谤结果随时被扩大的可能，有观点认为网络诽谤本身就是值得处罚的情节严重的行为。上述观点具有合理性，可以认为，该解释规定的意义更多在于提示与限缩诽谤罪的入刑范围。

五、“严重危害社会秩序和国家利益”的理解与适用

（一）“严重危害社会秩序和国家利益”是诽谤罪自诉转公诉的条件

刑法第246条第2款规定，犯前款罪，告诉的才处理，但是严重危害社会秩序和国家利益的除外。由此看出，“严重危害社会秩序和国家利益”是诽谤罪自诉转为公诉的条件，正确理解、合理适用非常必要。《最高人民法院、最高人民检察院关于办理利用信息网络实施诽谤等刑事案件适用法律若干问题的解释》第3条规定了“严重危害社会秩序和国家利益”的七种情形，分别是：引发群体性事件的；引发公共秩序混乱的；引发民族、宗教冲突的；诽谤多人，造成恶劣社会影响的；损害国家形象，严重危害国家利益的；造成恶劣国际影响的；其他严重危害社会秩序和国家利益的情形。具有上述情形的，应当排除自诉程序，进入公诉程序与领域。

（二）网络诽谤中“其他严重危害社会秩序和国家利益的情形”的适用

网络空间具有特殊性，随着网络的迅速发展，公众对网络的认识也逐渐深入。网络公共空间也构成了一种公共秩序，迨无疑义。公共秩序，也被称为“社会秩序”，是社会公共领域按照一定顺序、布局，组织和合理安排各个构成部分，实现正常运转或者良好状态的局面。凡多人活动构成的公共领域，都存在秩序问题，需要建立规章制度并以一定规范形式防止混乱，网络公共空间也是如此。[①] 对此，相应司法解释也予以了明确。例如，《最高人民法院、最高人民检察院关于办理赌博刑事案件具体应用法律若干问题的解释》，以及《最高人民法院关于办理利用互

---

① 张建伟：《涉嫌诽谤案自诉转公诉的法眼观察》，载《检察日报》2020年12月30日，第3版。

联网、移动通讯终端、声讯台制作、复制、出版、贩卖、传播淫秽电子信息刑事案件具体应用法律若干问题的解释》，都已经将网络空间视为公共场所，网络公共领域的秩序属于公共秩序，对网络空间秩序的破坏隶属于对公共秩序的破坏。

《最高人民法院、最高人民检察院关于办理利用信息网络实施诽谤等刑事案件适用法律若干问题的解释》第3条规定的“严重危害社会秩序和国家利益”的前六项情形，共同特征是发生于网络空间之外，很多是在熟人社会中针对特定个体的诽谤行为，因为对社会秩序和国家利益造成严重后果而应当进入公诉领域。而在网络空间，针对陌生人在不特定群体间诽谤的行为也影响公共秩序，有的甚至严重影响公众安全感，对社会秩序影响的严重程度更不能忽视。因此，应当由司法机关对具体个案全面衡量，根据案件的实质危害决定是否符合“严重危害社会秩序和国家利益”要求，从而决定是否适用公诉程序，以达到同时保护公共利益与个体名誉权的目的。

六、网络诽谤主体如何承担刑事责任

诽谤言论得以在网络上传播，需要凭借发布者、传播者和网络管理者等多方主体。网络诽谤的刑事责任，需要根据诽谤行为和对危害后果的影响区别承担。网络诽谤发布者是捏造虚假事实并利用网络发布和传播的主体，是网络诽谤中最基础、最关键的一环，是网络诽谤危害发生的直接原因，是犯罪的源头，应当承担主要责任。网络上的信息传播者往往就是网络上的公众，传播信息往往不辨真假，转发与分享也并不考虑真实与否，这是互联网阅读与传播的特点，对此不能追究传播者的责任。但是如果传播者主观上出于恶意，在虚假的事实上扩大虚假范围、传播影响，传播导致的侵害远超过原有传播途径，情节严重的，结合具体情况则可以追究刑事责任。网络管理者包括服务器服务商、服务器或专有网络管理者、论坛版主、管理员等，对于网络管理者消极未履行适当管理职责的情形，考虑其即非散布传播的实施者，也对诽谤危害后果缺乏原因力，不应当追究刑事责任。

七、自诉转公诉的程序适用

刑法规定，诽谤罪属于告诉才处理的案件。观察司法实践，诽谤罪面临取证难、举证难、证明难的难题，通过自诉实现救济的效果有限，诉讼效果差强人意。特别是在网络诽谤案件中，公民个人获得证据的难度更大，诉讼诉求很难获得证据支持。但是，随着互联网应用普及，网络诽谤的传播更为广泛，造成的危害更为严重。如上所述，部分案件已经严重妨害公共秩序，严重危害社会秩序和国家利益，可以公诉程序替代自诉程序。近年来，实务中也有影响恶劣的网络诽谤案件，在自诉人提起自诉后，检察机关启动公诉程序，达到了良好的办案效果。此类案件的办理，不仅激活了自诉转公诉程序，也促进了自诉与公诉关系的重新认识。

（一）自诉与公诉的关系

自诉与公诉性质不同，自诉本质上是平等主体之间的诉讼，可以提出反诉，而公诉是公权力机关追究犯罪责任的诉讼程序。关于自诉和公诉，二者并非排斥关系，也非补充关系，自诉案件需要自诉人告诉才能进入诉讼程序。自诉案件具有类似民事诉讼的特点，非自诉人提出不得启动诉讼程序，自然也不存在自诉转公诉的问题。在自诉人提出告诉后，案件启动刑事追究的程序，司法机关也自始获得是否转入公诉的裁量权。自诉转为公诉后，自诉为公诉吸收，自诉人以当事人身份参加诉讼程序，自诉程序不再单独进行。即“自诉程序亦得因检察机关之担当诉讼，而被终结之。如检察机关认为该项刑事追诉涉及公共利益者，则该诉讼程序即由原来之诉讼状态转变为一般的诉讼程序”[①]。

（二）自诉转公诉的程序

在被害人已经提起自诉，案件已经形成诉讼系属关系的情况下，再启动公诉程序，则未免形成同一诉因下的双重审判关系。公诉与自诉并存的局面如何处理，当前司法解释中并未作出规定。实践中考察刑诉法和相关司法解释的规定，提出可能的四种处理方式：被害人撤回起诉、[②] 法院裁定驳回起诉、[③] 合并审理和法院

---

① ［德］罗科信：《刑事诉讼法》，吴丽琪译，法律出版社2003年版，第578页、第582页。

② 依据《最高人民法院关于适用〈中华人民共和国刑事诉讼法〉的解释》第320条的规定，具有下列情形之一的，应当说服自诉人撤回起诉；自诉人不撤回起诉的，裁定不予受理：(1) 不属于本解释第一条规定的案件的；(2) 缺乏罪证的；(3) 犯罪已过追诉时效期限的；(4) 被告人死亡的；(5) 被告人下落不明的；(6) 除因证据不足而撤诉的以外，自诉人撤诉后，就同一事实又告诉的；(7) 经人民法院调解结案后，自诉人反悔，就同一事实再行告诉的。第321条规定，对已经立案，经审查缺乏罪证的自诉案件，自诉人提不出补充证据的，人民法院应当说服其撤回起诉或者裁定驳回起诉；自诉人撤回起诉或者被驳回起诉后，又提出了新的足以证明被告人有罪的证据，再次提起自诉的，人民法院应当受理。

③ 依据《最高人民法院关于适用〈中华人民共和国刑事诉讼法〉的解释》第264条。

直接裁定终止审理。最终理论和实务均采取了第一种处理方式，即由被害人撤回起诉，更符合司法实践和诉讼经济原则，在法律上也有据可循。[①] 而对于公诉程序，则采用了公诉优先的做法，即从刑事立案侦查开始，同一案件不再受理自诉；而在法院已经受理自诉的情况下，则根据公诉优先的做法，由公诉程序吸收自诉，公诉程序启动后吸收自诉程序，自诉程序终止审理，被害人以当事人身份参与诉讼。另外，在启动侦查后，如果公安机关撤案或者检察机关不起诉，应当允许被害人根据刑事诉讼法第210条第3项提起自诉救济。

【办案依据】

一、刑法规定

第二百四十六条 以暴力或者其他方法公然侮辱他人或者捏造事实诽谤他人，情节严重的，处三年以下有期徒刑、拘役、管制或者剥夺政治权利。

前款罪，告诉的才处理，但是严重危害社会秩序和国家利益的除外。

通过信息网络实施第一款规定的行为，被害人向人民法院告诉，但提供证据确有困难的，人民法院可以要求公安机关提供协助。

二、司法解释

（一）《最高人民法院、最高人民检察院关于办理利用信息网络实施诽谤等刑事案件适用法律若干问题的解释》（2013年9月6日　法释〔2013〕21号）

为保护公民、法人和其他组织的合法权益，维护社会秩序，根据《中华人民共和国刑法》《全国人民代表大会常务委员会关于维护互联网安全的决定》等规定，对办理利用信息网络实施诽谤、寻衅滋事、敲诈勒索、非法经营等刑事案件适用法律的若干问题解释如下：

第一条 具有下列情形之一的，应当认定为刑法第二百四十六条第一款规定的“捏造事实诽谤他人”：

（一）捏造损害他人名誉的事实，在信息网络上散布，或者组织、指使人员在信息网络上散布的；

---

① 张建伟：《涉嫌诽谤案自诉转公诉的法眼观察》，载《检察日报》2020年12月30日，第3版。

（二）将信息网络上涉及他人的原始信息内容篡改为损害他人名誉的事实，在信息网络上散布，或者组织、指使人员在信息网络上散布的；

明知是捏造的损害他人名誉的事实，在信息网络上散布，情节恶劣的，以“捏造事实诽谤他人”论。

第二条 利用信息网络诽谤他人，具有下列情形之一的，应当认定为刑法第二百四十六条第一款规定的“情节严重”：

（一）同一诽谤信息实际被点击、浏览次数达到五千次以上，或者被转发次数达到五百次以上的；

（二）造成被害人或者其近亲属精神失常、自残、自杀等严重后果的；

（三）二年内曾因诽谤受过行政处罚，又诽谤他人的；

（四）其他情节严重的情形。

第三条 利用信息网络诽谤他人，具有下列情形之一的，应当认定为刑法第二百四十六条第二款规定的“严重危害社会秩序和国家利益”：

（一）引发群体性事件的；

（二）引发公共秩序混乱的；

（三）引发民族、宗教冲突的；

（四）诽谤多人，造成恶劣社会影响的；

（五）损害国家形象，严重危害国家利益的；

（六）造成恶劣国际影响的；

（七）其他严重危害社会秩序和国家利益的情形。

第四条 一年内多次实施利用信息网络诽谤他人行为未经处理，诽谤信息实际被点击、浏览、转发次数累计计算构成犯罪的，应当依法定罪处罚。

第五条 利用信息网络辱骂、恐吓他人，情节恶劣，破坏社会秩序的，依照刑法第二百九十三条第一款第（二）项的规定，以寻衅滋事罪定罪处罚。

编造虚假信息，或者明知是编造的虚假信息，在信息网络上散布，或者组织、指使人员在信息网络上散布，起哄闹事，造成公共秩序严重混乱的，依照刑法第二百九十三条第一款第（四）项的规定，以寻衅滋事罪定罪处罚。

第六条 以在信息网络上发布、删除等方式处理网络信息为由，威胁、要挟他人，索取公私财物，数额较大，或者多次实施上述行为的，依照刑法第二百七十四条的规定，以敲诈勒索罪定罪处罚。

第七条 违反国家规定，以营利为目的，通过信息网络有偿提供删除信息服务，或者明知是虚假信息，通过信息网络有偿提供发布信息等服务，扰乱市场秩序，具有下列情形之一的，属于非法经营行为“情节严重”，依照刑法第二百二十五条第（四）项的规定，以非法经营罪定罪处罚：

（一）个人非法经营数额在五万元以上，或者违法所得数额在二万元以上的；

（二）单位非法经营数额在十五万元以上，或者违法所得数额在五万元以上的。

实施前款规定的行为，数额达到前款规定的数额五倍以上的，应当认定为刑法第二百二十五条规定的“情节特别严重”。

第八条 明知他人利用信息网络实施诽谤、寻衅滋事、敲诈勒索、非法经营等犯罪，为其提供资金、场所、技术支持等帮助的，以共同犯罪论处。

第九条 利用信息网络实施诽谤、寻衅滋事、敲诈勒索、非法经营犯罪，同时又构成刑法第二百二十一条规定的损害商业信誉、商品声誉罪，第二百七十八条规定的煽动暴力抗拒法律实施罪，第二百九十一条之一规定的编造、故意传播虚假恐怖信息罪等犯罪的，依照处罚较重的规定定罪处罚。

第十条 本解释所称信息网络，包括以计算机、电视机、固定电话机、移动电话机等电子设备为终端的计算机互联网、广播电视网、固定通信网、移动通信网等信息网络，以及向公众开放的局域网络。

（二）《最高人民法院关于审理非法出版物刑事案件具体应用法律若干问题的解释》（1998年12月17日　法释〔1998〕30号）

第六条 在出版物中公然侮辱他人或者捏造事实诽谤他人，情节严重的，依照刑法第二百四十六条的规定，分别以侮辱罪或者诽谤罪定罪处罚。

三、司法文件

《最高人民法院、最高人民检察院、公安部、司法部、国家卫生和计划生育委员会关于依法惩处涉医违法犯罪维护正常医疗秩序的意见》（2014年4月22日　法发〔2014〕5号）

二、严格依法惩处涉医违法犯罪

（四）公然侮辱、恐吓医务人员的，依照治安管理处罚法第四十二条的规定处罚；采取暴力或者其他方法公然侮辱、恐吓医务人员情节严重（恶劣），构成侮辱罪、寻衅滋事罪的，依照刑法的有关规定定罪处罚。

【指导性案例】

最高人民检察院指导性案例第137号郎某、何某诽谤案[①]

（经2021年12月14日最高人民检察院第十三届检察委员会第八十二次会议决定，供参照适用，2022年1月26日发布）

【关键词】

网络诽谤　严重危害社会秩序　能动司法　自诉转公诉

【要旨】

利用信息网络诽谤他人，破坏公众安全感，严重扰乱网络社会秩序，符合刑法第二百四十六条第二款“严重危害社会秩序”的，检察机关应当依法履行追诉职责，作为公诉案件办理。对公安机关未立案侦查，被害人已提出自诉的，检察机关应当处理好由自诉向公诉程序的转换。

【基本案情】

被告人郎某，男，1993年出生，个体工商户。

被告人何某，男，1996年出生，务工。

被害人谷某，女，1992年出生，务工。

2020年7月7日18时许，郎某在杭州市余杭区某小区东门快递驿站内，使用手机偷拍正在等待取快递的被害人谷某，并将视频发布在某微信群。后郎某、何某分别假扮快递员和谷某，捏造谷某结识快递员并多次发生不正当性关系的微信聊天记录。为增强聊天记录的可信度，郎某、何某还捏造“赴约途中”“约会现

---

① 《第三十四批指导性案例——郎某、何某诽谤案（检例第137号）》，载最高人民检察院网站，https：//www. spp. gov. cn/spp/jczdal/202202/t20220221_545125. shtml，2022年4月24日访问。

场”等视频、图片。7月7日至7月16日期间，郎某将上述捏造的微信聊天记录截图39张及视频、图片陆续发布在该微信群，引发群内大量低俗、侮辱性评论。

8月5日，上述偷拍的视频以及捏造的微信聊天记录截图27张被他人合并转发，并相继扩散到110余个微信群（群成员约2.6万）、7个微信公众号（阅读数2万余次）及1个网站（浏览量1000次）等网络平台，引发大量低俗、侮辱性评论，严重影响了谷某的正常工作生活。

8月至12月，此事经多家媒体报道引发网络热议，其中，仅微博话题“被造谣出轨女子至今找不到工作”阅读量就达4.7亿次、话题讨论5.8万人次。该事件在网络上广泛传播，给广大公众造成不安全感，严重扰乱了网络社会公共秩序。

【检察履职情况】

（一）推动案件转为公诉程序办理

2020年8月7日，谷某就郎某、何某涉嫌诽谤向浙江省杭州市公安局余杭分局报案。8月13日，余杭分局作出对郎某、何某行政拘留9日的决定。10月26日，谷某委托诉讼代理人向浙江省杭州市余杭区人民法院提起刑事自诉，并根据法院通知补充提交了相关材料。12月14日，法院立案受理并对郎某、何某采取取保候审强制措施。

因相关事件及视频在网络上进一步传播、蔓延，案件情势发生重大变化。检察机关认为，郎某、何某的行为不仅侵害被害人的人格权，而且经网络迅速传播，已经严重扰乱网络社会公共秩序。由于本案被侵害对象系随意选取，具有不特定性，任何人都可能成为被侵害对象，严重破坏了广大公众安全感。对此类案件，由自诉人收集证据并达到事实清楚，证据确实、充分的证明标准难度很大，只有通过公诉程序追诉才能及时、有效收集、固定证据，依法惩罚犯罪、维护社会公共秩序。12月22日，浙江省杭州市余杭区人民检察院建议公安机关立案侦查。

12月25日，余杭分局对郎某、何某涉嫌诽谤罪立案侦查。12月26日，谷某向余杭区人民法院撤回起诉。

（二）引导侦查取证

余杭区人民检察院围绕诽谤罪“情节严重”的标准以及“严重危害社会秩

序”的公诉情形，向公安机关提出对诽谤信息传播侵害被害人人格权与社会秩序、公众安全感遭受破坏的相关证据一并收集固定的意见。公安机关经侦查，及时收集、固定了诽谤信息传播扩散情况、引发的低俗评论以及该案给广大公众造成的不安全感等关键证据。

（三）审查起诉

2021 年 1 月 20 日，余杭分局将该案移送审查起诉。余杭区人民检察院审查认为，郎某、何某为寻求刺激、博取关注，捏造损害他人名誉的事实，在网络上散布，造成该信息被大量阅读、转发，严重侵害谷某的人格权，导致谷某被公司劝退，随后多次求职被拒，使谷某遭受一定经济损失，社会评价也遭受严重贬损，且二被告人侵害对象选择随意，造成不特定公众恐慌和社会安全感、秩序感下降；诽谤信息在网络上大范围流传，引发大量低俗评论，对网络公共秩序造成严重冲击，严重危害社会秩序，符合刑法第二百四十六条第二款“严重危害社会秩序”的规定。

2 月 26 日，余杭区人民检察院依法对郎某、何某以涉嫌诽谤罪提起公诉。鉴于二被告人认罪认罚，对被害人进行赔偿并取得谅解，余杭区人民检察院对二被告人提出有期徒刑一年，缓刑二年的量刑建议。

（四）指控与证明犯罪

2021 年 4 月 30 日，余杭区人民法院依法公开开庭审理本案。庭审中，二被告人再次表示认罪认罚。

辩护人对检察机关指控事实、定性均无异议。郎某的辩护人提出，诽谤信息的传播介入了他人的编辑、转发，属于多因一果。公诉人答辩指出，郎某作为成年人应当知道网络具有开放性、不可控性，诽谤信息会被他人转发或者评论，因此，他人的扩散行为应当由其承担责任。而且，被他人转发，恰恰说明该诽谤信息对社会秩序的破坏。

（五）处理结果

余杭区人民法院审理后当庭宣判，采纳检察机关指控的犯罪事实和量刑建议，判决二被告人有期徒刑一年，缓刑二年。宣判后，二被告人未提出上诉，判决已生效。

【指导意义】

（一）准确把握网络诽谤犯罪“严重危害社会秩序”的认定条件。网络涉及面广、浏览量大，一旦扩散，往往造成较大社会影响，与传统的发生在熟人之间、社区传播形式的诽谤案件不同，通过网络诽谤他人，诽谤信息经由网络广泛传播，严重损害被害人人格权，如果破坏了公序良俗和公众安全感，严重扰乱网络社会公共秩序的，应当认定为《最高人民法院、最高人民检察院关于办理利用信息网络实施诽谤等刑事案件适用法律若干问题的解释》第三条规定的“其他严重危害社会秩序的情形”。对此，可以根据犯罪方式、对象、内容、主观目的、传播范围和造成后果等，综合全案事实、性质、情节和危害程度等予以评价。

（二）坚持能动司法，依法惩治网络诽谤犯罪。网络诽谤传播广、危害大、影响难消除，被害人往往面临举证难、维权难，通过自诉很难实现权利救济，更无法通过自诉有效追究犯罪嫌疑人刑事责任。如果网络诽谤犯罪侵害了社会公共利益，就应当适用公诉程序处理。检察机关要适应新时代人民群众对人格尊严保护的更高需求，针对网络诽谤犯罪的特点，积极主动履职，加强与其他执法司法机关沟通协调，依法启动公诉程序，及时有效打击犯罪，加强对公民人格权的刑法保护，维护网络社会秩序，营造清朗网络空间。

（三）被害人已提起自诉的网络诽谤犯罪案件，因同时侵害公共利益需要适用公诉程序办理的，应当依法处理好程序转换。对自诉人已经提起自诉的网络诽谤犯罪案件，检察机关审查认为属于“严重危害社会秩序”，应当适用公诉程序的，应当履行法律监督职责，建议公安机关立案侦查。在公安机关立案后，对自诉人提起的自诉案件，人民法院尚未受理的，检察机关可以征求自诉人意见，由其撤回起诉。人民法院对自诉人的自诉案件受理以后，公安机关又立案的，检察机关可以征求自诉人意见，由其撤回起诉，或者建议人民法院依法裁定终止自诉案件的审理，以公诉案件审理。

【相关规定】

《中华人民共和国刑法》第二百四十六条

《中华人民共和国民法典》第九百九十条、第九百九十一条、第一千零二十四条

《最高人民法院、最高人民检察院关于办理利用信息网络实施诽谤等刑事案件适用法律若干问题的解释》第二条、第三条

《最高人民法院关于适用〈中华人民共和国刑事诉讼法〉的解释》第一条、第三百二十条

第十六章　刑讯逼供罪

【立案追诉标准】

刑讯逼供案（刑法第247条）

涉嫌下列情形之一的，应予立案：

1. 以殴打、捆绑、违法使用械具等恶劣手段逼取口供的；

2. 以较长时间冻、饿、晒、烤等手段逼取口供，严重损害犯罪嫌疑人、被告人身体健康的；

3. 刑讯逼供造成犯罪嫌疑人、被告人轻伤、重伤、死亡的；

4. 刑讯逼供，情节严重，导致犯罪嫌疑人、被告人自杀、自残造成重伤、死亡，或者精神失常的；

5. 刑讯逼供，造成错案的；

6. 刑讯逼供3人次以上的；

7. 纵容、授意、指使、强迫他人刑讯逼供，具有上述情形之一的；

8. 其他刑讯逼供应予追究刑事责任的情形。

《最高人民检察院关于渎职侵权犯罪案件立案标准的规定》（2006年7月26日）

【犯罪构成及刑事责任】

刑讯逼供罪是指司法工作人员对犯罪嫌疑人、被告人使用肉刑或者变相肉刑逼取口供的行为。

1. 客体要件。本罪侵犯的客体是犯罪嫌疑人、被告人的人身权利，以及司法活动的正当性。一方面，刑讯逼供不仅使犯罪嫌疑人、被告人在肉体上遭受难以忍受的痛苦和折磨，同时对其精神也是一种残酷的摧残。犯罪嫌疑人和被告人的人身权利受法律的保障，我国宪法和刑事诉讼法先后规定了“尊重和保障人权”的内容，禁止刑讯逼供是我国刑事诉讼尊重和保障人权，依法追诉犯罪，保障司法公信力的基本要求。另一方面，司法活动是行使国家公权力的体现，刑事诉讼定案的所有证据均应依法取得，口供取得的正当性是通过严格的诉讼程序要求和实体规范制约和保障的。刑讯逼供为法律所明文禁止，是严重侵犯司法活动的正当性的犯罪。刑事诉讼法第 56 条第 1 款规定：“采用刑讯逼供等非法方法收集的犯罪嫌疑人、被告人供述……应当予以排除。”这一规定是刑事诉讼法通过非法证据排除规则的设置，用以遏制刑讯逼供犯罪。

本罪的犯罪对象为犯罪嫌疑人、被告人，是指在刑事案件的调查、侦查、起诉、审判过程中的犯罪嫌疑人、被告人，在对国家工作人员实施的职务犯罪进行调查的程序中，被调查人属于本罪中的犯罪嫌疑人的范围。犯罪嫌疑人、被告人最终是否构成犯罪，不影响刑讯逼供罪的成立。

2. 客观要件。本罪在客观方面表现为对犯罪嫌疑人、被告人使用肉刑或者变相肉刑逼取口供，使对方遭受难以忍受的疼痛和痛苦的行为。无论肉刑还是变相肉刑，都是能够给被害人带来肉体和精神上剧烈疼痛和痛苦的行为。

3. 主体要件。本罪的犯罪主体为特殊主体，即司法工作人员。根据刑法第 94 条的规定，司法工作人员“是指有侦查、检察、审判、监管职责的工作人员”。另外，应包括判决、裁定执行职责的人员。本罪的犯罪主体还应包括依法对国家工作人员职务犯罪有调查权的监察人员。

4. 主观要件。本罪在主观方面出于故意，并以逼取口供为目的，犯罪动机不影响本罪的成立。在绝大多数情形下，是为了逼取犯罪嫌疑人和被告人做有罪供述。即便行为人逼取口供所获取的有罪供述经事后证明符合案件客观事实，逼取的有罪供述为真，也不影响本罪的成立。而且我国刑事诉讼法第 52 条、第 56 条第 1 款明确规定，严禁刑讯逼供，不得强迫任何人证实自己有罪；采用刑讯逼供等非法方法收集的犯罪嫌疑人、被告人供述，应当予以排除。

根据刑法第247条的规定，司法工作人员对犯罪嫌疑人、被告人实行刑讯逼供的，处3年以下有期徒刑或者拘役。致人伤残、死亡的，依照本法第234条、第232条的规定定罪从重处罚。

【疑难指导】

一、本罪犯罪主体的范围和适用

我国刑法对刑讯逼供罪主体的规定，在刑法于1997年修订前后发生了较大变化。1979年刑法第136条规定的刑讯逼供罪犯罪主体是“国家工作人员”，范围远大于修订后的刑法第247条规定的“司法工作人员”，经1997年修订的刑法，限缩了本罪犯罪主体的范围。具体而言包括以下人员：

一是根据刑法第94条的规定，有侦查、检察、审判、监管职责的人员。

二是依法具有职务犯罪调查职责的监察人员。“监察人员在办理职务犯罪案件或者监管职务犯罪嫌疑人时属于刑法中的司法工作人员。”[①] 这种观点有相关法律为依据，《中华人民共和国监察法》《中华人民共和国监察官法》都规定了对被调查人（或者涉案人员）的逼供等违法行为，构成犯罪的，依法追究刑事责任。《中华人民共和国监察法》第65条第4项、第66条规定，监察机关及其工作人员，“对被调查人或者涉案人员逼供、诱供，或者侮辱、打骂、虐待、体罚或者变相体罚”构成犯罪的，依法追究刑事责任。自2022年1月1日起施行的《中华人民共和国监察官法》第52条第7项规定，监察官“对被调查人或者涉案人员逼供、诱供，或者侮辱、打骂、虐待、体罚、变相体罚”构成犯罪的，依法追究刑事责任。可见，本罪的主体还应包括依法行使职务犯罪调查权的监察人员。

三是具有判决、裁定执行职责的国家工作人员。

本罪的犯罪主体为典型的身份犯，不具有侦查、检察、审判、监管职责的人员不能独立构成本罪，需要注意的是，刑法第94条规定的是具有“职责”，而不是限于特定身份。因此，对本罪犯罪主体的判断不应直接以是否具有相关身份来确定，在实务中，需要准确判断行为人是否具有相关的职责。如果不具有相关法

---

① 张明楷：《刑法学》（第六版），法律出版社2021年版，第1184页。

定职责的行为人，在具有侦查、检察、审判、监管职责人员的教唆、策划、纵容、授意、指使下实施刑讯逼供行为，或者参与实施刑讯逼供，符合共同犯罪成立条件的，可以构成本罪的共犯。如果不具有相关法定职责的人员独立实施了逼供行为，则不能构成本罪，如果触犯刑法其他罪名的，应当按照其所触犯的刑法条文追究刑事责任。

我国刑法、刑事诉讼法自立法以来，始终“严禁刑讯逼供”，相关法律也均明文规定禁止刑讯逼供，如海警法、检察官法、人民警察法、治安管理处罚法、监狱法等。司法实务中，最高司法机关也一直通过发布相关司法解释和司法文件，不断重申禁止刑讯逼供的理念和各项要求。

二、本罪犯罪对象的理解

刑讯逼供罪的犯罪对象为犯罪嫌疑人、被告人，包括因涉嫌职务犯罪而被各级监察机关依法调查的被调查人。如果是对犯罪嫌疑人、被告人之外的证人、被监管人或者其他人实施暴力行为，可能构成暴力取证罪、虐待被监管人罪，或者故意伤害罪等。根据我国刑事诉讼法及相关法律的规定，公诉案件的犯罪嫌疑人和被告人是因为涉嫌犯罪而被监察机关、公安机关、检察机关、审判机关调查、侦查、起诉、审判的人，因其所处的刑事诉讼阶段不同而称谓不同：在职务犯罪的调查阶段被称为被调查人，在其他犯罪的侦查和审查起诉阶段被称为犯罪嫌疑人，在检察机关提起公诉之后被称为被告人。如果正在监狱等刑罚执行场所服刑的人员，因涉嫌其他犯罪又再次进入刑事诉讼程序的，就其涉嫌的犯罪而言，其具有了犯罪嫌疑人、被告人的身份和诉讼地位，依法享有犯罪嫌疑人和被告人的各项合法权利，不被刑讯逼供的权利受到法律的保障，对其实施刑讯逼供的人构成刑讯逼供罪。

根据我国刑事诉讼法第 112 条的规定，人民法院、人民检察院或者公安机关对于报案、控告、举报和自首的材料，应当按照管辖范围，迅速进行审查，认为有犯罪事实需要追究刑事责任的时候，应当立案；认为没有犯罪事实，或者犯罪事实显著轻微，不需要追究刑事责任的时候，不予立案，如果司法工作人员认为自首的人、被控告人、被举报人涉嫌犯罪，而对其实施了肉刑或者变相肉刑以获取其陈述的，此时因处于立案前的审查过程中，被刑讯的人还不是刑事诉讼法上严格意义的犯罪嫌疑人，但是司法人员的手段和目的，符合刑讯逼供罪的构成要件，也应构成刑讯逼供罪。

三、本罪犯罪目的的理解

构成刑讯逼供罪要求行为人主观上具有逼取口供的目的。刑讯逼供所要逼取的口供，是行为人希望对方按照自己先入为主的思路作出供述，司法实践证明，在绝大多数情形下，刑讯逼供等行为人都是以获取犯罪嫌疑人、被告人的有罪供述为目的，即让对方开口认罪；也有犯罪嫌疑人、被告人已经认罪的，但是司法工作人员认为对方“不老实”，供述“不真实”，没有按照自己认为的“犯罪过程”认罪，不符合自己主观臆断的认知，进而实施刑讯逼供的情形；但是，也不排除特殊情形下逼取无罪辩解。其核心是，迫使对方违背意愿做出供述。《人民检察院刑事诉讼规则》第67条、《最高人民法院关于适用〈中华人民共和国刑事诉讼法〉的解释》第123条均规定，刑讯逼供是使犯罪嫌疑人、被告人遭受难以忍受的痛苦而违背意愿作出供述。口供在漫长的人类司法史上曾经作为“证据之王”合法存在过相当长的时间，人类废除刑讯逼供行为的努力也颇费时日。我国历史上明确在法律上禁止刑讯逼供是在清朝末期，距今已经有100多年，仍未完全禁绝。事实已经证明，刑讯逼供往往是造成冤案的直接原因，不仅使无辜者陷入冤狱，也使真正的犯罪人逍遥法外。

本罪的犯罪动机无论是获取有罪供述以便尽快结案，还是挟私报复，滥用权力，均不影响本罪的成立。所谓的“为公”的“动机”，不能成为免责的理由。刑讯逼供不仅会造成冤错案件，甚至还会造成犯罪嫌疑人、被告人的人身伤亡的严重后果，这也是对司法公信力的极大破坏，严重妨害刑事诉讼的正常进行。

四、本罪行为方式的理解

刑讯逼供罪在客观方面表现为对犯罪嫌疑人、被告人实施肉刑和变相肉刑的行为。

肉刑是用直接作用于身体的暴力行为，给他人身体带来难以忍受的疼痛和痛苦的折磨，以此逼迫犯罪嫌疑人、被告人做出供述。2006年的《最高人民检察院关于渎职侵权犯罪案件立案标准的规定》中列举了殴打、捆绑、违法使用械具等恶劣手段。2019年的《人民检察院刑事诉讼规则》、2021年的《最高人民法院关于适用〈中华人民共和国刑事诉讼法〉的解释》、2021 年 9 月 20 日起施行的《中华人民共和国监察法实施条例》第 65 条仅列举了两种方式，即“殴打、违法使用械具等暴力方法”。但并不局限于此，刑讯中暴力的表现形式可以多种多样，也不局限于一种恶劣手段，往往多种手段并用。

变相肉刑并不直接对身体施加暴力，如较长时间的冻、饿、晒、烤，保持某个姿势不许移动、不许变化，不让睡觉，不给水喝等，当这种手段达到身体难以承受的极限时，犯罪嫌疑人、被告人被迫做出供述。变相肉刑也常常伴随着肉刑同时实施，如为了使犯罪嫌疑人、被告人保持固定的体位和姿势，往往进行捆绑或者使用械具；长时间的冻、饿、晒、烤等也常常先实行捆绑等。

最高人民检察院指导性案例第 27 号“王某雷不批准逮捕案”中，王某雷本来是报案人，因发现有村民死亡去报案，却被错误认定为犯罪嫌疑人，并遭受刑讯逼供。“顺平县人民检察院办案人员首次提审王某雷时发现，其右臂被石膏固定、活动吃力，在询问该伤情原因时，其极力回避，虽然对杀人行为予以供认，但供述内容无法排除案件存在的疑点。在顺平县人民检察院驻所检察室人员发现王某雷胳膊打了绷带并进行询问时，王某雷自称是骨折旧伤复发。”① 这种明显可见的外伤，加上证据之间的疑点，使检察官及时发现刑讯逼供的线索，依法履行侦查监督职责，得以在审查逮捕时能够及时纠正这起错案。最高人民检察院将该案例作为指导性案例发布，对于早发现、早遏制刑讯逼供行为具有非常重要的意义。

变相肉刑比肉刑更为隐蔽，更难以被发现，但是给犯罪嫌疑人、被告人造成的身体疼痛和精神折磨并不必然比肉刑轻，严重的也会造成被刑讯者的重伤、死亡、精神失常等。需要注意的是，在具体案件中，往往并不限于使用一种刑讯逼供的手段，有的案件同时使用肉刑和变相肉刑。在纠正的错案中，也不难发现，有的案件行为人往往多次对犯罪嫌疑人实施刑讯逼供。

五、刑讯逼供转化犯的认定

刑法第 247 条规定，刑讯逼供致人伤残、死亡的，依照本法第 234 条、第 232

---

① 《第七批指导性案例——王某雷不批准逮捕案（检例第 27 号）》，载最高人民检察院网站，https：//www. spp. gov. cn/spp/jczdal/201608/t20160811_163240. shtml，2022 年 4 月 29 日访问。

条的规定定罪从重处罚。这一规定，理论上称为转化犯，是指故意犯罪从较轻的犯罪向较重的犯罪的转化，行为人因实施刑讯逼供行为造成加重危害后果，其行为亦完全符合其他犯罪构成，因而导致罪名发生了变化，以更为严重的故意伤害罪、故意杀人罪定罪，并且要从重处罚。

需要注意以下几点：一是主观方面，行为人的主观故意已经从逼取口供转化为故意伤害罪和故意杀人罪的主观故意了，即故意损害他人身体健康、故意非法剥夺他人生命。二是转化后的故意伤害罪、故意杀人罪，都可能造成犯罪嫌疑人、被告人伤残、死亡这两种危害后果。实务中不能直接以结果定罪，被害人伤残的结果，可能构成故意杀人罪的未遂，或者故意伤害罪；被害人死亡的结果，可能构成故意伤害罪中的致人死亡，或者故意杀人罪。因此，一定要根据在案证据分析行为人的行为符合哪个罪的犯罪构成，进而准确认定罪名。三是要注意区别虽然造成对方伤残、死亡，但是不属于故意伤害罪和故意杀人罪的情形，如犯罪嫌疑人、被告人因受到刑讯逼供不堪忍受而自杀、自残造成伤残、死亡、精神失常的，行为人则不属于转化犯的情形，仍然构成刑讯逼供罪。四是从刑罚来看，刑讯逼供罪的法定最高刑为三年有期徒刑，故意杀人罪的最低刑为三年有期徒刑。刑讯逼供转化为故意伤害罪的，要注意，只能适用刑法第 234 条第 2 款，因为故意伤害罪的第一款法定刑是造成他人轻伤害应承担的刑事责任，为 3 年以下有期徒刑，拘役或者管制，最低刑低于刑讯逼供罪。

刑法第 247 条中的“致人伤残”，应当理解为造成重伤或者造成残疾。残疾是重伤里能够形成伤残等级的情形，共有十级。《工伤保险条例》第 22 条规定，“劳动能力鉴定是指劳动功能障碍程度和生活自理障碍程度的等级鉴定。劳动功能障碍分为十个伤残等级，最重的为一级，最轻的为十级”。“致人死亡”，是指因实施肉刑或者变相肉刑而导致被害人当场死亡或者经抢救无效死亡。

六、刑讯逼供罪与非罪的界限

根据刑法第 247 条的规定，本罪既是身份犯，也是行为犯，没有情节、危害后果的要求，只要实施了刑讯逼供行为，同时不属于刑法第 13 条中“但书”的情形，就可以构成本罪。因此，原则上，本罪与非罪的区分标准是：是否属于刑法第 13 条“情节显著轻微，危害不大”不认为是犯罪的，不属于这种情形的，就可以追究刑事责任。

《最高人民检察院关于渎职侵权犯罪案件立案标准的规定》是从刑讯的手段，变相肉刑持续的时间，造成他人人身危害后果，是否因刑讯逼供造成了错案，刑讯逼供的人次，纵容、授意、指使、强迫他人刑讯逼供符合上述情形的，以及其他手段符合上述情形这一兜底性规定。其中，造成危害后果只是立案标准之一，对于没有造成犯罪嫌疑人、被告人人身损害，但是有“以殴打、捆绑、违法使用械具等恶劣手段逼取口供的”肉刑行为或者变相肉刑行为的，同样可以直接立案侦查。

有关法律、司法文件也有规定刑讯逼供刑事责任与其他责任区分的情形，例如，治安管理处罚法第116条规定，人民警察办理治安案件，有刑讯逼供、体罚、虐待、侮辱他人的行为的，依法给予行政处分；构成犯罪的，依法追究刑事责任。检察官法第47条规定检察官有刑讯逼供行为的，应当给予处分；构成犯罪的，依法追究刑事责任。以上规定均区分了实施刑讯逼供的刑事责任及尚不构成犯罪时的行政责任、纪律责任。

七、刑讯逼供与诱供、骗供的区别

刑讯逼供、诱供、骗供都是非法取证的行为，是我国刑事诉讼法和相关法律明确禁止的行为。除刑事诉讼法的禁止性规定外，禁止非法收集证据的法律还包括治安管理处罚法、监察法、监察官法、公职人员政务处分法。

（一）刑讯逼供与诱供、骗供在《中华人民共和国刑事诉讼法》上的法律后果不同

刑事诉讼法第52条规定，审判人员、检察人员、侦查人员必须依照法定程序，收集能够证实犯罪嫌疑人、被告人有罪或者无罪、犯罪情节轻重的各种证据。严禁刑讯逼供和以威胁、引诱、欺骗以及其他非法方法收集证据，不得强迫任何人证实自己有罪。

刑讯逼供、诱供、骗供这三种非法方法都是为了获取口供，因此取得的供述都违背了犯罪嫌疑人、被告人的意愿。虽然都属于非法取证的方法，但是它们在实施手段上和是否应当予以排除的法律后果上有所不同。在实施手段上，刑讯逼供是通过肉刑或者变相肉刑的恶劣手段实施的，诱供、骗供则是通过引诱、欺骗

的非法方法获取供述；在法律后果上，刑事诉讼法明确规定刑讯逼供获得的供述应当予以排除，但是对诱供、骗供获得的供述刑事诉讼法则没有明文规定予以排除。

司法解释有排除“诱供”的规定；部分在司法文件中规定：严格排除诱供、骗供获得的犯罪嫌疑人、被告人供述。

（二）刑事诉讼法明确规定刑讯逼供等非法证据的排除

对刑讯逼供的遏制，与非法证据排除规则的确立密切相关，刑事诉讼法第 56 条规定，采用刑讯逼供等非法方法收集的犯罪嫌疑人、被告人供述……应当予以排除，在侦查、审查起诉、审判时发现有应当排除的证据的，应当依法予以排除，不得作为起诉意见、起诉决定和判决的依据。刑事诉讼法第 60 条规定，对于经过法庭审理，确认或者不能排除存在本法第五十六条规定的以非法方法收集证据情形的，对有关证据应当予以排除。

刑事诉讼法规定的对犯罪嫌疑人、被告人供述予以排除的非法方法，是“刑讯逼供等”方法，“等”如何理解？应当是与其前面的用语“暴力或者变相肉刑”或者“以暴力或者严重损害本人及其近亲属合法权益等相威胁”相当的非法方法。因为引诱、欺骗手段与暴力、变相肉刑、威胁相比有较大不同，引诱、欺骗显然在行为表现上无法与暴力、威胁具有“相当性”。刑讯的手段严重侵犯了公民的人身权利，诱供、骗供所具有的引诱性、欺骗性虽然也可能使犯罪嫌疑人、被告人违背意愿作出供述，但是其手段与刑讯的肉刑和变相肉刑的恶劣还是有所差别的。因此，从刑事诉讼法的文本中，尚无法得出应当排除“诱供”“骗供”的情形。

可以说，用引诱、欺骗的非法方法收集的供述是否应当排除，刑事诉讼法并没有明文规定。

（三）司法解释对“刑讯逼供”取得供述的排除

1. 司法解释对刑讯逼供取得供述予以排除的细化

最高人民法院、最高人民检察院通过司法解释统一了排除非法证据的具体表述方式，从《人民检察院刑事诉讼规则》第 67 条和《最高人民法院关于适用〈中华人民共和国刑事诉讼法〉的解释》第 123 条的规定分析，排除的犯罪嫌疑人、被告人供述是指：采用暴力或者变相肉刑的恶劣手段、以暴力或者严重损害本人及其近亲属合法权益等相威胁的方法，使犯罪嫌疑人、被告人遭受难以忍受的痛苦而违背意愿作出的供述，或者采用非法拘禁等非法限制人身自由的方法收集的供述。上述两个司法解释排除规定，源于自2017年6月27日实施的《最高人民法院、最高人民检察院、公安部、国家安全部、司法部关于办理刑事案件严格排除非法证据若干问题的规定》第2条至第4条的规定。

最高人民法院、最高人民检察院各自司法解释中的“非法拘禁等”非法方法，“等”应作何理解？是否能够包含诱供、骗供？“等”应当是与其前面的用语“暴力或者变相肉刑”“以暴力或者严重损害本人及其近亲属合法权益等相威胁”“非法拘禁”相当的非法方法。因为诱供、骗供与暴力、变相肉刑、威胁、非法拘禁这些严重侵犯人身权利和人身自由的手段相比，有较大不同，引诱、欺骗与上述非法方法尚不具有“相当性”。

2. 司法解释对刑讯逼供“重复性供述”的排除以及除外规定

关于重复性供述的排除和例外情形，《最高人民法院关于适用〈中华人民共和国刑事诉讼法〉的解释》第124条规定：“采用刑讯逼供方法使被告人作出供述，之后被告人受该刑讯逼供行为影响而作出的与该供述相同的重复性供述，应当一并排除，但下列情形除外：（一）调查、侦查期间，监察机关、侦查机关根据控告、举报或者自己发现等，确认或者不能排除以非法方法收集证据而更换调查、侦查人员，其他调查、侦查人员再次讯问时告知有关权利和认罪的法律后果，被告人自愿供述的；（二）审查逮捕、审查起诉和审判期间，检察人员、审判人员讯问时告知诉讼权利和认罪的法律后果，被告人自愿供述的。”该条规定的属于自愿供述的两种情形，在调查、侦查期间需要同时具备以下条件：更换调查、侦查人员；再次讯问时告知诉讼权利；告知认罪的法律后果；自愿供述。《人民检察院刑事诉讼规则》第68条也作了含义基本相同的排除与例外规定，区别是在告知权利部分，规定的是“告知诉讼权利和认罪认罚的法律规定”。上述规定脱胎于2017年6月27日《最高人民法院、最高人民检察院、公安部、国家安全部、司法部关于办理刑事案件严格排除非法证据若干问题的规定》第5条的规定。

（四）最高人民法院司法解释对“诱供”的排除

《最高人民法院关于适用〈中华人民共和国刑事诉讼法〉的解释》第141条规

定，“根据被告人的供述、指认提取到了隐蔽性很强的物证、书证，且被告人的供述与其他证明犯罪事实发生的证据相互印证，并排除串供、逼供、诱供等可能性的，可以认定被告人有罪”。该条规定是指因供述、指认提取了“隐蔽性很强的物证、书证”的情形，用副词“很”修饰和强调因供述而获得隐蔽证据的强度，不仅要排除刑讯逼供的可能性，还要排除串供、诱供的可能性，才可以与其他证据相互印证认定有罪。这一排除“诱供”的情形，是基于刑事诉讼中准确认定和打击犯罪，保障人权的需要。

（五）司法文件中排除诱供、骗供的演变

迄今为止明确规定排除诱供、骗供的规定，集中在最高人民法院发布或者与其他机关共同发布的司法文件中。

1. 将引诱、欺骗与刑讯逼供并列排除的规定

2004 年 9 月 6 日《最高人民法院、最高人民检察院、公安部关于严格依法履行职责，切实保障刑事案件办案质量的通知》规定“以刑讯逼供或者威胁、引诱、欺骗等非法的方法收集的犯罪嫌疑人、被告人供述、证人证言、被害人陈述，绝不能作为定案的根据”。

2. 死刑案件明确规定排除“诱供”的规定

2010 年 7 月 1 日实施的最高人民法院、最高人民检察院、公安部、国家安全部、司法部发布《关于办理死刑案件审查判断证据若干问题的规定》和《关于办理刑事案件排除非法证据若干问题的规定》，其中《关于办理死刑案件审查判断证据若干问题的规定》第 34 条明确规定了根据供述、指认提取的“隐蔽性很强”的“物证、书证”用于认定有罪时，应排除“诱供”可能：“根据被告人的供述、指认提取到了隐蔽性很强的物证、书证，且与其他证明犯罪事实发生的证据互相印证，并排除串供、逼供、诱供等可能性的，可以认定有罪。”该规定从案件性质来看是针对死刑案件规定对诱供的排除，是基于生命刑的这一最为严厉的刑罚设置了更为严格的非法证据的排除，是依法、公正、准确、慎重地办理死刑案件的必然要求。该规定后来被 2012 年《最高人民法院关于适用〈中华人民共和国刑事诉讼法〉的解释》（已随着新解释的出台而废止）所吸收，又被 2021 年新的解释继续保留。

（六）认罪认罚从宽制度适用中对刑讯逼供非法证据的排除

《最高人民法院、最高人民检察院、公安部、国家安全部、司法部关于适用认罪认罚从宽制度的指导意见》第 28 条、第 39 条明确了人民检察院、人民法院审查认罪认罚的自愿性、合法性的时候，对“存在刑讯逼供等非法取证行为的，依照法律规定处理”。此处的“处理”，包含排除非法证据的内容。

八、刑讯逼供案件的管辖

刑讯逼供案件的管辖权有以下两种不同情形：

（一）可以由人民检察院侦查

根据 2018 年 10 月 26 日修订的《中华人民共和国刑事诉讼法》第 19 条第 2 款的规定，人民检察院在对诉讼活动实行法律监督中发现的刑讯逼供案件，可以由人民检察院立案侦查。需要注意的是，刑事诉讼法规定的是“可以”由人民检察院立案侦查，而不是“应当”，因此，除检察机关有侦查权外，还存在由监察机关调查的情形。

（二）由监察机关调查

根据 2021 年 9 月 20 日起施行的《中华人民共和国监察法实施条例》第 52 条的规定，监察机关调查刑讯逼供案件时具体又分为三种情形：

1. 必要时由监察机关调查。监察机关认为必要时可以依法调查刑讯逼供案件。这种情形下，监察机关需要在立案后，及时通报同级人民检察院。

2. 一并调查：监察机关在调查司法工作人员涉嫌贪污贿赂等职务犯罪中，可以对其涉嫌的刑讯逼供犯罪一并进行调查。当监察机关决定一并调查时，也需要及时通报同级人民检察院。注意，此处监察法实施条例规定为“可以”一并调查，也就是说，存在两种情形，即监察机关可以调查，也可以对司法人员涉嫌的刑讯逼供案件进行管辖。

3. 检察机关移送检察机关的管辖：人民检察院在办理刑讯逼供案件过程中，发现犯罪嫌疑人同时涉嫌监察机关管辖的其他职务犯罪的情形时，经沟通全案移送监察机关管辖的，监察机关应当依法进行调查。这种情形检察机关需要与监察机关及时进行沟通，并需要将全案移送给监察机关，由监察机关进行调查。注意，此处监察法实施条例规定的是，监察机关“应当”依法调查。

【办案依据】

一、刑法规定

第九十四条 本法所称司法工作人员，是指有侦查、检察、审判、监管职责的工作人员。

第二百三十二条 故意杀人的，处死刑、无期徒刑或者十年以上有期徒刑；情节较轻的，处三年以上十年以下有期徒刑。

第二百三十四条 故意伤害他人身体的，处三年以下有期徒刑、拘役或者管制。

犯前款罪，致人重伤的，处三年以上十年以下有期徒刑；致人死亡或者以特别残忍手段致人重伤造成严重残疾的，处十年以上有期徒刑、无期徒刑或者死刑。本法另有规定的，依照规定。

第二百四十七条 司法工作人员对犯罪嫌疑人、被告人实行刑讯逼供或者使用暴力逼取证人证言的，处三年以下有期徒刑或者拘役。致人伤残、死亡的，依照本法第二百三十四条、第二百三十二条的规定定罪从重处罚。

二、监察法规

《中华人民共和国监察法实施条例》（2021年7月20日国家监察委员会全体会议决定，自2021年9月20日起施行）

第五十二条 监察机关必要时可以依法调查司法工作人员利用职权实施的涉嫌非法拘禁、刑讯逼供、非法搜查等侵犯公民权利、损害司法公正的犯罪，并在立案后及时通报同级人民检察院。

监察机关在调查司法工作人员涉嫌贪污贿赂等职务犯罪中，可以对其涉嫌的前款规定的犯罪一并调查，并及时通报同级人民检察院。人民检察院在办理直接受理侦查的案件中，发现犯罪嫌疑人同时涉嫌监察机关管辖的其他职务犯罪，经沟通全案移送监察机关管辖的，监察机关应当依法进行调查。

第六十四条 严禁以暴力、威胁、引诱、欺骗以及非法限制人身自由等非法方法收集证据，严禁侮辱、打骂、虐待、体罚或者变相体罚被调查人、涉案人员和证人。

第六十五条 对于调查人员采用暴力、威胁以及非法限制人身自由等非法方法收集的被调查人供述、证人证言、被害人陈述，应当依法予以排除。

前款所称暴力的方法，是指采用殴打、违法使用戒具等方法或者变相肉刑的恶劣手段，使人遭受难以忍受的痛苦而违背意愿作出供述、证言、陈述；威胁的方法，是指采用以暴力或者严重损害本人及其近亲属合法权益等进行威胁的方法，使人遭受难以忍受的痛苦而违背意愿作出供述、证言、陈述。

收集物证、书证不符合法定程序，可能严重影响案件公正处理的，应当予以补正或者作出合理解释；不能补正或者作出合理解释的，对该证据应当予以排除。

第二百七十八条　监察人员在履行职责中有下列行为之一的，依法严肃处理；构成犯罪的，依法追究刑事责任：

（一）贪污贿赂、徇私舞弊的；

（二）不履行或者不正确履行监督职责，应当发现的问题没有发现，或者发现问题不报告、不处置，造成严重影响的；

（三）未经批准、授权处置问题线索，发现重大案情隐瞒不报，或者私自留存、处理涉案材料的；

（四）利用职权或者职务上的影响干预调查工作的；

（五）违法窃取、泄露调查工作信息，或者泄露举报事项、举报受理情况以及举报人信息的；

（六）对被调查人或者涉案人员逼供、诱供，或者侮辱、打骂、虐待、体罚或者变相体罚的；

（七）违反规定处置查封、扣押、冻结的财物的；

（八）违反规定导致发生办案安全事故，或者发生安全事故后隐瞒不报、报告失实、处置不当的；

（九）违反规定采取留置措施的；

（十）违反规定限制他人出境，或者不按规定解除出境限制的；

（十一）其他职务违法和职务犯罪行为。

三、司法解释

（一）《最高人民法院关于适用〈中华人民共和国刑事诉讼法〉的解释》（2021年1月26日　法释〔2021〕1号）

第九十三条　对被告人供述和辩解应当着重审查以下内容：

……

（五）有无以刑讯逼供等非法方法收集被告人供述的情形；

……

第一百二十三条 采用下列非法方法收集的被告人供述，应当予以排除：

（一）采用殴打、违法使用戒具等暴力方法或者变相肉刑的恶劣手段，使被告人遭受难以忍受的痛苦而违背意愿作出的供述；

（二）采用以暴力或者严重损害本人及其近亲属合法权益等相威胁的方法，使被告人遭受难以忍受的痛苦而违背意愿作出的供述；

（三）采用非法拘禁等非法限制人身自由的方法收集的被告人供述。

第一百二十四条 采用刑讯逼供方法使被告人作出供述，之后被告人受该刑讯逼供行为影响而作出的与该供述相同的重复性供述，应当一并排除，但下列情形除外：

（一）调查、侦查期间，监察机关、侦查机关根据控告、举报或者自己发现等，确认或者不能排除以非法方法收集证据而更换调查、侦查人员，其他调查、侦查人员再次讯问时告知有关权利和认罪的法律后果，被告人自愿供述的；

（二）审查逮捕、审查起诉和审判期间，检察人员、审判人员讯问时告知诉讼权利和认罪的法律后果，被告人自愿供述的。

（二）《人民检察院刑事诉讼规则》（2019年12月30日　高检发释字〔2019〕4号）

第十三条 人民检察院在对诉讼活动实行法律监督中发现的司法工作人员利用职权实施的非法拘禁、刑讯逼供、非法搜查等侵犯公民权利、损害司法公正的犯罪，可以由人民检察院立案侦查。

对于公安机关管辖的国家机关工作人员利用职权实施的重大犯罪案件，需要由人民检察院直接受理的，经省级以上人民检察院决定，可以由人民检察院立案侦查。

第六十六条 对采用刑讯逼供等非法方法收集的犯罪嫌疑人供述和采用暴力、威胁等非法方法收集的证人证言、被害人陈述，应当依法排除，不得作为移送审查逮捕、批准或者决定逮捕、移送起诉以及提起公诉的依据。

第六十七条 对采用下列方法收集的犯罪嫌疑人供述，应当予以排除：

（一）采用殴打、违法使用戒具等暴力方法或者变相肉刑的恶劣手段，使犯罪嫌疑人遭受难以忍受的痛苦而违背意愿作出的供述；

（二）采用以暴力或者严重损害本人及其近亲属合法权益等进行威胁的方法，使犯罪嫌疑人遭受难以忍受的痛苦而违背意愿作出的供述；

（三）采用非法拘禁等非法限制人身自由的方法收集的供述。

第六十八条 对采用刑讯逼供方法使犯罪嫌疑人作出供述，之后犯罪嫌疑人受该刑讯逼供行为影响而作出的与该供述相同的重复性供述，应当一并排除，但下列情形除外：

（一）侦查期间，根据控告、举报或者自己发现等，公安机关确认或者不能排除以非法方法收集证据而更换侦查人员，其他侦查人员再次讯问时告知诉讼权利和认罪认罚的法律规定，犯罪嫌疑人自愿供述的；

（二）审查逮捕、审查起诉期间，检察人员讯问时告知诉讼权利和认罪认罚的法律规定，犯罪嫌疑人自愿供述的。

第一百二十条 对于公安机关、人民法院决定指定居所监视居住的案件，由人民检察院负责刑事执行检察的部门对指定居所监视居住的执行活动是否合法实行监督。发现存在下列违法情形之一的，应当及时提出纠正意见：

（一）执行机关收到指定居所监视居住决定书、执行通知书等法律文书后不派员执行或者不及时派员执行的；

（二）在执行指定居所监视居住后二十四小时以内没有通知被监视居住人的家属的；

（三）在羁押场所、专门的办案场所执行监视居住的；

（四）为被监视居住人通风报信、私自传递信件、物品的；

（五）违反规定安排辩护人同被监视居住人会见、通信，或者违法限制被监视居住人与辩护人会见、通信的；

（六）对被监视居住人刑讯逼供、体罚、虐待或者变相体罚、虐待的；

（七）有其他侵犯被监视居住人合法权利行为或者其他违法行为的。

被监视居住人及其法定代理人、近亲属或者辩护人认为执行机关或者执行人员存在上述违法情形，提出控告或者举报的，人民检察院应当受理。

人民检察院决定指定居所监视居住的案件，由负责控告申诉检察的部门对指定居所监视居住的执行活动是否合法实行监督。

第一百七十六条 人民检察院办理直接受理侦查的案件，应当全面、客观地收集、调取犯罪嫌疑人有罪或者无罪、罪轻或者罪重的证据材料，并依法进行审查、核实。办案过程中必须重证据，重调查研究，不轻信口供。严禁刑讯逼供和以威胁、引诱、欺骗以及其他非法方法收集证据，不得强迫任何人证实自己有罪。

第一百八十七条第四款 讯问时，对犯罪嫌疑人提出的辩解要认真查核。严禁刑讯逼供和以威胁、引诱、欺骗以及其他非法的方法获取供述。

（三）《最高人民法院关于国家赔偿案件立案工作的规定》（2012年1月13日 法释〔2012〕1号）

第一条 本规定所称国家赔偿案件，是指国家赔偿法第十七条、第十八条、第二十一条、第三十八条规定的下列案件：

……

（五）刑讯逼供或者以殴打、虐待等行为或者唆使、放纵他人以殴打、虐待等行为造成公民身体伤害或者死亡的；

……

（四）《最高人民法院关于国家赔偿案件案由的规定》（2012年1月13日 法〔2012〕32号）

为正确适用法律，根据《中华人民共和国国家赔偿法》，结合国家赔偿工作实际，对国家赔偿案件案由规定如下：

六、刑讯逼供致伤、致死赔偿（国家赔偿法第十七条第（四）项）。刑讯逼供造成公民身体伤害或者死亡的赔偿案件。

八、违法使用武器、警械致伤、致死赔偿（国家赔偿法第十七条第（五）项）。违法使用武器、警械造成公民身体伤害或者死亡的赔偿案件。

四、司法文件

（一）《最高人民检察院、公安部关于加强和规范补充侦查工作的指导意见》（2020年3月27日 高检发〔2020〕6号）

第十一条 人民检察院在审查起诉过程中，具有下列情形之一，自行补充侦查更为适宜的，可以依法自行开展侦查工作：

……

（三）有证据证明或者有迹象表明侦查人员可能存在利用侦查活动插手民事、经济纠纷、实施报复陷害等违法行为和刑讯逼供、非法取证等违法行为，不宜退回补充侦查的；

……

人民检察院开展自行侦查工作应依法规范开展。

（二）《最高人民法院、最高人民检察院、公安部、国家安全部、司法部关于适用认罪认罚从宽制度的指导意见》（2019年10月11日　高检发〔2019〕13号）

28. 自愿性、合法性审查。对侦查阶段认罪认罚的案件，人民检察院应当重点审查以下内容：

（一）犯罪嫌疑人是否自愿认罪认罚，有无因受到暴力、威胁、引诱而违背意愿认罪认罚；

（二）犯罪嫌疑人认罪认罚时的认知能力和精神状态是否正常；

（三）犯罪嫌疑人是否理解认罪认罚的性质和可能导致的法律后果；

（四）侦查机关是否告知犯罪嫌疑人享有的诉讼权利，如实供述自己罪行可以从宽处理和认罪认罚的法律规定，并听取意见；

（五）起诉意见书中是否写明犯罪嫌疑人认罪认罚情况；

（六）犯罪嫌疑人是否真诚悔罪，是否向被害人赔礼道歉。

经审查，犯罪嫌疑人违背意愿认罪认罚的，人民检察院可以重新开展认罪认罚工作。存在刑讯逼供等非法取证行为的，依照法律规定处理。

39. 审判阶段认罪认罚自愿性、合法性审查。办理认罪认罚案件，人民法院应当告知被告人享有的诉讼权利和认罪认罚的法律规定，听取被告人及其辩护人或者值班律师的意见。庭审中应当对认罪认罚的自愿性、具结书内容的真实性和合法性进行审查核实，重点核实以下内容：

（一）被告人是否自愿认罪认罚，有无因受到暴力、威胁、引诱而违背意愿认罪认罚；

（二）被告人认罪认罚时的认知能力和精神状态是否正常；

（三）被告人是否理解认罪认罚的性质和可能导致的法律后果；

（四）人民检察院、公安机关是否履行告知义务并听取意见；

（五）值班律师或者辩护人是否与人民检察院进行沟通，提供了有效法律帮助或者辩护，并在场见证认罪认罚具结书的签署。

庭审中审判人员可以根据具体案情，围绕定罪量刑的关键事实，对被告人认罪认罚的自愿性、真实性等进行发问，确认被告人是否实施犯罪，是否真诚悔罪。

被告人违背意愿认罪认罚，或者认罪认罚后又反悔，依法需要转换程序的，应当按照普通程序对案件重新审理。发现存在刑讯逼供等非法取证行为的，依照法律规定处理。

（三）最高人民法院《人民法院办理刑事案件排除非法证据规程（试行）》（2017年11月27日　法发〔2017〕31号）

第一条　人民法院适用普通程序审理刑事案件，对于证据材料较多、案情疑难复杂、社会影响重大或者控辩双方对事实证据存在较大争议等情形的，可以决定在开庭审理前召开庭前会议。

控辩双方可以申请人民法院召开庭前会议。申请召开庭前会议的，应当说明需要处理的事项。人民法院经审查认为有必要的，应当决定召开庭前会议；决定不召开庭前会议的，应当告知申请人。

被告人及其辩护人在开庭审理前申请排除非法证据，并依照法律规定提供相关线索或者材料的，人民法院应当召开庭前会议。

第十一条　被告人及其辩护人对案件管辖提出异议，应当说明理由。人民法院经审查认为异议成立的，应当依法将案件退回人民检察院或者移送有管辖权的人民法院；认为本院不宜行使管辖权的，可以请求上一级人民法院处理。人民法院经审查认为异议不成立的，应当依法驳回异议。

（四）《最高人民法院、最高人民检察院、公安部、国家安全部、司法部关于办理刑事案件严格排除非法证据若干问题的规定》（2017年6月20日　法发〔2017〕15号）

第一条　严禁刑讯逼供和以威胁、引诱、欺骗以及其他非法方法收集证据，不得强迫任何人证实自己有罪。对一切案件的判处都要重证据，重调查研究，不轻信口供。

第五条　采用刑讯逼供方法使犯罪嫌疑人、被告人作出供述，之后犯罪嫌疑人、被告人受该刑讯逼供行为影响而作出的与该供述相同的重复性供述，应当一并排除，但下列情形除外：

（一）侦查期间，根据控告、举报或者自己发现等，侦查机关确认或者不能排除以非法方法收集证据而更换侦查人员，其他侦查人员再次讯问时告知诉讼权利和认罪的法律后果，犯罪嫌疑人自愿供述的；

（二）审查逮捕、审查起诉和审判期间，检察人员、审判人员讯问时告知诉讼权利和认罪的法律后果，犯罪嫌疑人、被告人自愿供述的。

第十四条第三款　对重大案件，人民检察院驻看守所检察人员应当在侦查终结前询问犯罪嫌疑人，核查是否存在刑讯逼供、非法取证情形，并同步录音录像。经核查，确有刑讯逼供、非法取证情形的，侦查机关应当及时排除非法证据，不得作为提请批准逮捕、移送审查起诉的根据。

第十七条　审查逮捕、审查起诉期间，犯罪嫌疑人及其辩护人申请排除非法证据，并提供相关线索或者材料的，人民检察院应当调查核实。调查结论应当书面告知犯罪嫌疑人及其辩护人。

人民检察院在审查起诉期间发现侦查人员以刑讯逼供等非法方法收集证据的，应当依法排除相关证据并提出纠正意见，必要时人民检察院可以自行调查取证。

人民检察院对审查认定的非法证据，应当予以排除，不得作为批准或者决定逮捕、提起公诉的根据。被排除的非法证据应当随案移送，并写明为依法排除的非法证据。

第十九条　犯罪嫌疑人、被告人申请提供法律援助的，应当按照有关规定指派法律援助律师。

法律援助值班律师可以为犯罪嫌疑人、被告人提供法律帮助，对刑讯逼供、非法取证情形代理申诉、控告。

（五）《最高人民检察院关于对检察机关办案部门和办案人员违法行使职权行为纠正、记录、通报及责任追究的规定》（2015年12月15日　高检发〔2015〕16号）

第四条　违法行使职权行为是指以下情形：

……

（六）刑讯逼供、暴力取证，或者以其他非法方法获取证据的；

……

（六）《最高人民法院关于建立健全防范刑事冤假错案工作机制的意见》（2013年10月9日　法发〔2013〕11号）

二、严格执行法定证明标准，强化证据审查机制

6. 定罪证据不足的案件，应当坚持疑罪从无原则，依法宣告被告人无罪，不得降格作出“留有余地”的判决。

定罪证据确实、充分，但影响量刑的证据存疑的，应当在量刑时作出有利于被告人的处理。

死刑案件，认定对被告人适用死刑的事实证据不足的，不得判处死刑。

7. 重证据，重调查研究，切实改变“口供至上”的观念和做法，注重实物证据的审查和运用。只有被告人供述，没有其他证据的，不能认定被告人有罪。

8. 采用刑讯逼供或者冻、饿、晒、烤、疲劳审讯等非法方法收集的被告人供述，应当排除。

除情况紧急必须现场讯问以外，在规定的办案场所外讯问取得的供述，未依法对讯问进行全程录音录像取得的供述，以及不能排除以非法方法取得的供述，应当排除。

（七）《人民检察院国家赔偿工作规定》（2010年11月22日　高检发〔2010〕29号）

第四十八条　人民检察院赔偿后，根据国家赔偿法第三十一条的规定，应当向有下列情形之一的检察人员追偿部分或者全部赔偿费用：

（一）刑讯逼供或者殴打、虐待等或者唆使、放纵他人殴打、虐待等造成公民身体伤害或者死亡的；

（二）违法使用武器、警械造成公民身体伤害或者死亡的；

（三）在处理案件中有贪污受贿、徇私舞弊、枉法追诉行为的。

对有前款规定情形的责任人员，人民检察院应当依照有关规定给予处分；构成犯罪的，应当依法追究刑事责任。

（八）最高人民法院、最高人民检察院、公安部、国家安全部、司法部《关于办理死刑案件审查判断证据若干问题的规定》和《关于办理刑事案件排除非法证据若干问题的规定》（2010年6月13日　法发〔2010〕20号）

《关于办理死刑案件审查判断证据若干问题的规定》

第十八条　对被告人供述和辩解应当着重审查以下内容：

……

（四）被告人的供述有无以刑讯逼供等非法手段获取的情形，必要时可以调取被告人进出看守所的健康检查记录、笔录。

……

第十九条　采用刑讯逼供等非法手段取得的被告人供述，不能作为定案的根据。

第三十四条　根据被告人的供述、指认提取到了隐蔽性很强的物证、书证，且与其他证明犯罪事实发生的证据互相印证，并排除串供、逼供、诱供等可能性的，可以认定有罪。

《关于办理刑事案件排除非法证据若干问题的规定》

第一条　采用刑讯逼供等非法手段取得的犯罪嫌疑人、被告人供述和采用暴力、威胁等非法手段取得的证人证言、被害人陈述，属于非法言词证据。

第二条　经依法确认的非法言词证据，应当予以排除，不能作为定案的根据。

第三条　人民检察院在审查批准逮捕、审查起诉中，对于非法言词证据应当依法予以排除，不能作为批准逮捕、提起公诉的根据。

第七条　经审查，法庭对被告人审判前供述取得的合法性有疑问的，公诉人应当向法庭提供讯问笔录、原始的讯问过程录音录像或者其他证据，提请法庭通知讯问时其他在场人员或者其他证人出庭作证，仍不能排除刑讯逼供嫌疑的，提请法庭通知讯问人员出庭作证，对该供述取得的合法性予以证明。公诉人当庭不能举证的，可以根据刑事诉讼法第一百六十五条的规定，建议法庭延期审理。

经依法通知，讯问人员或者其他人员应当出庭作证。

公诉人提交加盖公章的说明材料，未经有关讯问人员签名或者盖章的，不能作为证明取证合法性的证据。

控辩双方可以就被告人审判前供述取得的合法性问题进行质证、辩论。

（九）《最高人民法院关于全面推进以审判为中心的刑事诉讼制度改革的实施意见》（2017年2月17日　法发〔2017〕5号）

四、完善证据认定规则，切实防范冤假错案

21. 采取刑讯逼供、暴力、威胁等非法方法收集的言词证据，应当予以排除。

收集物证、书证不符合法定程序，可能严重影响司法公正，不能补正或者作出合理解释的，对有关证据应当予以排除。

22. 被告人在侦查终结前接受检察人员对讯问合法性的核查询问时，明确表示侦查阶段不存在刑讯逼供、非法取证情形，在审判阶段又提出排除非法证据申请，法庭经审查对证据收集的合法性没有疑问的，可以驳回申请。

检察人员在侦查终结前未对讯问合法性进行核查，或者未对核查过程全程同步录音录像，被告人在审判阶段提出排除非法证据申请，人民法院经审查对证据收集的合法性存在疑问的，应当依法进行调查。

（十）《最高人民检察院关于充分履行检察职能加强产权司法保护的意见》（2017年1月6日　高检发〔2017〕1号）

五、强化刑事诉讼监督，保障涉案产权主体的合法权益

12. **加强立案监督和侦查活动监督。**加强对刑事立案活动的监督，重点监督侦查机关以刑事手段插手经济纠纷、选择性执法等妨害产权平等保护的问题，加大对该立不立、不该立乱立等执法不严、司法不公问题的监督纠正力度。加强对侦查活动的监督，贯彻落实非法证据排除等办案制度，坚决纠正刑讯逼供、非法取证、漏捕漏诉、滥用强制措施、查封扣押冻结财物不当等侦查违法行为。对于因涉嫌犯罪被逮捕的各种所有制组织的投资者、生产者、经营者、专业技术人员等，切实履行好羁押必要性审查职责，发现不需要继续羁押的，应当依法予以释放或者变更强制措施。

（十一）《最高人民法院、最高人民检察院、公安部、国家安全部、司法部关于推进以审判为中心的刑事诉讼制度改革的意见》（2016年7月20日　法发〔2016〕18号）

四、侦查机关应当全面、客观、及时收集与案件有关的证据。

侦查机关应当依法收集证据。对采取刑讯逼供、暴力、威胁等非法方法收集

的言词证据，应当依法予以排除。侦查机关收集物证、书证不符合法定程序，可能严重影响司法公正，不能补正或者作出合理解释的，应当依法予以排除。

对物证、书证等实物证据，一般应当提取原物、原件，确保证据的真实性。需要鉴定的，应当及时送检。证据之间有矛盾的，应当及时查证。所有证据应当妥善保管，随案移送。

五、完善讯问制度，防止刑讯逼供，不得强迫任何人证实自己有罪。严格按照有关规定要求，在规范的讯问场所讯问犯罪嫌疑人。严格依照法律规定对讯问过程全程同步录音录像，逐步实行对所有案件的讯问过程全程同步录音录像。

探索建立重大案件侦查终结前对讯问合法性进行核查制度。对公安机关、国家安全机关和人民检察院侦查的重大案件，由人民检察院驻看守所检察人员询问犯罪嫌疑人，核查是否存在刑讯逼供、非法取证情形，并同步录音录像。经核查，确有刑讯逼供、非法取证情形的，侦查机关应当及时排除非法证据，不得作为提请批准逮捕、移送审查起诉的根据。

【指导性案例】

最高人民检察院指导性案例第 27 号王某雷不批准逮捕案①

（经 2016 年 5 月 13 日最高人民检察院第十二届
检察委员会第五十一次会议决定，自 2016 年 5 月 31 日实施）

【关键词】

侦查活动监督　排除非法证据　不批准逮捕

【基本案情】

王某雷，男，1968 年 3 月生，河北省顺平县人。

2014 年 2 月 18 日 22 时许，河北省顺平县公安局接王某雷报案称：当日 22 时

---

① 《第七批指导性案例——王某雷不批准逮捕案（检例第 27 号）》，载最高人民检察院网站，http：//www. spp. gov. cn/spp/jczdzl/201608/t20160811_163240. shml，2022 年 4 月 24 日访问。

许，其在回家路上发现一名男子躺在地上，旁边有血迹。次日，顺平县公安局对此案立案侦查。经排查，顺平县公安局认为报案人王某雷有重大嫌疑，遂于2014年3月8日以涉嫌故意杀人罪对王某雷刑事拘留。

【诉讼过程】

2014年3月15日，顺平县公安局提请顺平县人民检察院批准逮捕王某雷。顺平县人民检察院办案人员在审查案件时，发现该案事实证据存在许多疑点和矛盾。在提讯过程中，王某雷推翻了在公安机关所作的全部有罪供述，称有罪供述系被公安机关对其采取非法取证手段后作出。顺平县人民检察院认为，该案事实不清，证据不足，不符合批准逮捕条件。鉴于案情重大，顺平县人民检察院向保定市人民检察院进行了汇报。保定市人民检察院同意顺平县人民检察院的意见。2014年3月22日，顺平县人民检察院对王某雷作出不批准逮捕的决定。

【不批准逮捕理由】

顺平县人民检察院在审查公安机关的报捕材料和证据后认为：

一、该案主要证据之间存在矛盾，案件存在的疑点不能合理排除。公安机关认为王某雷涉嫌故意杀人罪，但除王某雷的有罪供述外，没有其他证据证实王某雷实施了杀人行为，且有罪供述与其他证据相互矛盾。王某雷先后九次接受侦查机关询问、讯问，其中前五次为无罪供述，后四次为有罪供述，前后供述存在矛盾；在有罪供述中，对作案工具有斧子、锤子、刨锛三种不同说法，但去向均未查明；供述的作案工具与尸体照片显示的创口形状不能同一认定。

二、影响定案的相关事实和部分重要证据未依法查证，关键物证未收集在案。侦查机关在办案过程中，对以下事实和证据未能依法查证属实：被害人尸检报告没有判断出被害人死亡的具体时间，公安机关认定王某雷的作案时间不足信；王某雷作案的动机不明；现场提取的手套没有进行DNA鉴定；王某雷供述的三种凶器均未收集在案。

三、犯罪嫌疑人有罪供述属非法言词证据，应当依法予以排除。2014年3月18日，顺平县人民检察院办案人员首次提审王某雷时发现，其右臂被石膏固定、活动吃力，在询问该伤情原因时，其极力回避，虽然对杀人行为予以供认，但供述内容无法排除案件存在的疑点。在顺平县人民检察院驻所检察室人员发现王某雷胳膊打了绷带并进行询问时，王某雷自称是骨折旧伤复发。监所检察部门认为公安机关可能存在违法提讯情况，遂通报顺平县人民检察院侦查监督部门，提示在批捕过程中予以关注。鉴于王某雷伤情可疑，顺平县人民检察院办案人员向检察长进行了汇报，检察长在阅卷后，亲自到看守所提审犯罪嫌疑人，并对讯问过程进行全程录音录像。经过耐心细致的思想疏导，王某雷消除顾虑，推翻了在公安机关所作的全部有罪供述，称被害人王某被杀不是其所为，其有罪供述系被公安机关采取非法取证手段后作出。

2014 年 3 月 22 日，顺平县人民检察院检察委员会研究认为，王某雷有罪供述系采用非法手段取得，属于非法言词证据，依法应当予以排除。在排除王某雷有罪供述后，其他在案证据不能证实王某雷实施了犯罪行为，因此不应对其作出批准逮捕决定。

【案件结果】

2014 年 3 月 22 日，顺平县人民检察院对王某雷作出不批准逮捕决定。后公安机关依法解除王某雷强制措施，予以释放。

顺平县人民检察院对此案进行跟踪监督，依法引导公安机关调查取证并抓获犯罪嫌疑人王某。2014 年 7 月 14 日，顺平县人民检察院以涉嫌故意杀人罪对王某批准逮捕。2015 年 1 月 17 日，保定市中级人民法院以故意杀人罪判处被告人王某死刑，缓期二年执行，剥夺政治权利终身。被告人王某未上诉，一审判决生效。

【要旨】

检察机关办理审查逮捕案件，要严格坚持证据合法性原则，既要善于发现非法证据，又要坚决排除非法证据。非法证据排除后，其他在案证据不能证明犯罪嫌疑人实施犯罪行为的，应当依法对犯罪嫌疑人作出不批准逮捕的决定。要加强对审查逮捕案件的跟踪监督，引导侦查机关全面及时收集证据，促进侦查活动依法规范进行。

【指导意义】

1. 严格坚持非法证据排除规则。根据我国刑事诉讼法第七十九条规定，逮捕的证据条件是“有证据证明有犯罪事实”，这里的“证据”必须是依法取得的合法证据，不包括采取刑讯逼供、暴力取证等非法方法取得的证据。检察机关在审查逮捕过程中，要高度重视对证据合法性的审查，如果接到犯罪嫌疑人及其辩护人或者证人、被害人等关于刑讯逼供、暴力取证等非法行为的控告、举报及提供的线索，或者在审查案件材料时发现可能存在非法取证行为，以及刑事执行检察部门反映可能存在违法提讯情况的，应当认真进行审查，通过当面讯问犯罪嫌疑人、查看犯罪嫌疑人身体状况、识别犯罪嫌疑人供述是否自然可信以及调阅提审登记表、犯罪嫌疑人入所体检记录等途径，及时发现非法证据，坚决排除非法证据。

2. 严格把握作出批准逮捕决定的条件。构建以客观证据为核心的案件事实认定体系，高度重视无法排除合理怀疑的矛盾证据，注意利用收集在案的客观证据验证、比对全案证据，守住“犯罪事实不能没有、犯罪嫌疑人不能搞错”的逮捕底线。要坚持惩罚犯罪与保障人权并重的理念，重视犯罪嫌疑人不在犯罪现场、没有作案时间等方面的无罪证据以及侦查机关可能存在的非法取证行为的线索。综合审查全案证据，不能证明犯罪嫌疑人实施了犯罪行为的，应当依法作出不批准逮捕的决定。要结合办理审查逮捕案件，注意发挥检察机关侦查监督作用，引导侦查机关及时收集、补充其他证据，促进侦查活动依法规范进行。

【相关法律规定】

《中华人民共和国刑事诉讼法》

第五十四条 采用刑讯逼供等非法方法收集的犯罪嫌疑人、被告人供述和采用暴力、威胁等非法方法收集的证人证言、被害人陈述，应当予以排除。收集物证、书证不符合法定程序，可能严重影响司法公正的，应当予以补正或者作出合理解释；不能补正或者作出合理解释的，对该证据应当予以排除。

在侦查、审查起诉、审判时发现有应当排除的证据的，应当依法予以排除，不得作为起诉意见、起诉决定和判决的依据。

第七十九条　对有证据证明有犯罪事实，可能判处徒刑以上刑罚的犯罪嫌疑人、被告人，采取取保候审尚不足以防止发生下列社会危险性的，应当予以逮捕：

（一）可能实施新的犯罪的；

（二）有危害国家安全、公共安全或者社会秩序的现实危险的；

（三）可能毁灭、伪造证据，干扰证人作证或者串供的；

（四）可能对被害人、举报人、控告人实施打击报复的；

（五）企图自杀或者逃跑的。

对有证据证明有犯罪事实，可能判处十年有期徒刑以上刑罚的，或者有证据证明有犯罪事实，可能判处徒刑以上刑罚，曾经故意犯罪或者身份不明的，应当予以逮捕。

被取保候审、监视居住的犯罪嫌疑人、被告人违反取保候审、监视居住的规定，情节严重的，可以予以逮捕。

第八十六条　人民检察院审查批准逮捕，可以讯问犯罪嫌疑人；有下列情形之一的，应当讯问犯罪嫌疑人：

（一）对是否符合逮捕条件有疑问的；

（二）犯罪嫌疑人要求向检察人员当面陈述的；

（三）侦查活动可能有重大违法行为的。

人民检察院审查批准逮捕，可以询问证人等诉讼参与人，听取辩护律师的意见；辩护律师提出要求的，应当听取辩护律师的意见。

第八十八条　人民检察院对于公安机关提请批准逮捕的案件进行审查后，应当根据情况分别作出批准逮捕或者不批准逮捕的决定。对于批准逮捕的决定，公安机关应当立即执行，并且将执行情况及时通知人民检察院。对于不批准逮捕的，人民检察院应当说明理由，需要补充侦查的，应当同时通知公安机关。

第十七章　暴力取证罪

【立案追诉标准】

暴力取证案（刑法第247条）

涉嫌下列情形之一的，应予立案：

1. 以殴打、捆绑、违法使用械具等恶劣手段逼取证人证言的；

2. 暴力取证造成证人轻伤、重伤、死亡的；

3. 暴力取证，情节严重，导致证人自杀、自残造成重伤、死亡，或者精神失常的；

4. 暴力取证，造成错案的；

5. 暴力取证3人次以上的；

6. 纵容、授意、指使、强迫他人暴力取证，具有上述情形之一的；

7. 其他暴力取证应予追究刑事责任的情形。

《最高人民检察院关于渎职侵权犯罪案件立案标准的规定》（2006年7月26日）

【犯罪构成及刑事责任】

暴力取证罪，是指司法工作人员以暴力逼取证人证言、被害人陈述，依法应受刑罚处罚的行为。

1. 客体要件。本罪侵犯的客体是证人、被害人的人身权利，以及司法活动的正当性。暴力取证始终是司法严格禁止的行为，证人、被害人的人身不受来自司法权滥用的暴力侵害；司法人员取证过程中禁止任何针对人身的暴力侵害行为，应当严格依照法律规定的程序规范取证，这是司法正当性的基本要求，刑事诉讼法第56条明确规定："……采用暴力、威胁等非法方法收集的证人证言、被害人陈述，应当予以排除。"这一规定表明非法取证因其不具有法律规定的正当性，因而产生被依法排除的不利后果，这也是刑事诉讼法对暴力取证的一种有效遏制。

本罪的犯罪对象"证人"应作广义理解，包括证人和其他可能知道案件情况的人。具体理由在后文中阐述。

2. 客观要件。本罪在客观方面表现为使用暴力逼取证人证言、被害人陈述，使之遭受难以忍受的痛苦的行为。暴力的表现形式多样，通常表现为对证人、被害人的身体直接施加的强制力，相关立案标准中列举了殴打、捆绑、违法使用械具等恶劣手段；暴力取证致人伤亡的；或者情节严重，导致证人自杀、自残造成重伤、死亡，或者精神失常的；造成错案的；暴力取证三人次以上的；纵容、授意、指使、强迫他人暴力取证具有上述情形的；以及其他暴力取证应予追究刑事责任的情形。笔者认为，变相肉刑也属于本罪的非法方法，具体理由在后文中阐述。

3. 主体要件。本罪的犯罪主体为司法工作人员。根据刑法第94条的规定，司法工作人员，是指有侦查、检察、审判、监管职责的工作人员。根据刑事诉讼法第3条的规定，行使上述各项职权的机关是"对刑事案件的侦查、拘留、执行逮捕、预审，由公安机关负责。检察、批准逮捕、检察机关直接受理的案件的侦查、提起公诉，由人民检察院负责。审判由人民法院负责。除法律特别规定的以外，其他任何机关、团体和个人都无权行使这些权力"。刑事诉讼法第108条第1项规定，"侦查"是指公安机关、人民检察院对于刑事案件，依照法律进行的收集证据、查明案情的工作和有关的强制性措施。此外，监察法第3条规定了调查职责："各级监察委员会是行使国家监察职能的专责机关，依照本法对所有行使公权力的公职人员（以下称公职人员）进行监察，调查职务违法和职务犯罪，开展廉政建设和反腐败工作，维护宪法和法律的尊严。"因此，监察机关中有职务犯罪调查职责的人员应当属于本罪主体的范围之内。

根据上述规定，本罪主体的完整表述应当是有侦查、调查、检察、审判、监管、刑事判决、裁定执行职责的人员。

4. 主观要件。本罪在主观方面是故意，并有逼取证人和被害人违背意愿做出证言和陈述的目的。犯罪动机不影响本罪主观方面的构成；证人证言和被害人陈述是否符合案件事实，也不影响本罪主观方面的认定，即便通过暴力手段取得的证人证言和被害人陈述符合案件事实，也不能阻却本罪的构成，该证据也应当被依法排除。

根据刑法第247条的规定，司法工作人员使用暴力逼取证人证言的，处3年以下有期徒刑或者拘役。致人伤残、死亡的，依照本法第234条、第232条的规定定罪从重处罚。

【疑难指导】

一、关于本罪的犯罪对象问题

暴力取证罪的对象是个争论问题，争议主要集中在刑法第247条“证人证言”中“证人”的范围，争议的实质是对“证人”作广义还是狭义的理解不同，即本罪中的“证人”是否包含被害人以及其他可能知道案件情况的人。笔者认为，暴力取证罪中的证人应当作广义的理解。本罪的精确表述应该是“暴力逼取言词证据”，是指除犯罪嫌疑人、被告人的供述和辩解外的其他言词证据，而不能只限于狭义上的“证人证言”。

刑事诉讼法第50条对证据种类的规定非常细致，对证人证言和被害人陈述作了区分，分属于两种证据种类。同时，刑事诉讼法第62条第1款规定，凡是知道案件情况的人，都有作证的义务。从该条对证人的定义可见，被害人、无能力作证的人被误认为有作证能力的人、不知道案件情况却被误认为知道案件情况的人又可以列入“知道案件情况的人”之列。笔者认为，暴力取证罪中“证人证言”的范围，应当是指除犯罪嫌疑人、被告人的供述和辩解外的、一切以获取言词证据为目的，以暴力手段进行逼取的，都应列入暴力取证罪的范畴。

从刑法设置刑讯逼供、暴力取证、虐待被监管人罪这几个犯罪的目的出发，保护处于司法公权力实施对象的一方的人身权利不受暴力等非法司法行为的侵犯，保障司法权力的正当行使，也是司法活动顺利进行的应有之义，因而应当是一体保护的逻辑，如果说刑法保护犯罪嫌疑人、被告人不受刑讯逼供的侵犯，保护狭义证人不受暴力取证的侵犯，但是不保护案件中的被害人、其他被司法工作人员认为是知道案件情况的人所受到的暴力侵害，而该侵害是为了获取司法工作人员主观期望的言词证据的，则无法形成逻辑自洽，也无法实现刑法保护刑事诉讼中相关人员人身权利不受暴力侵害的目的。以被害人为例进一步分析：如果暴力取证中暴力的对象不包括被害人，那么，对被害人的暴力侵犯，可以考虑是否构成故意伤害罪，但是故意伤害罪以被害人构成轻伤为入罪条件，对于没有造成轻伤害以上后果的殴打、捆绑、违法使用械具等恶劣手段实施暴力的，则无法以故意伤害罪追究刑事责任，而这种针对被害人的暴力，对被害人人身权利的侵犯和对司法活动正当性的危害，均无法通过刑法受到保护。假设以暴力逼取被害人陈述的情形，即便造成被害人轻伤以上的后果且能够以故意伤害罪追究刑事责任，但是故意伤害罪无法体现对司法活动正当性的保护，无法体现对司法工作人员滥用司法权这一身份犯的惩处。当然，如果司法工作人员因为与被害人存在个人恩怨，不是出于获取言词证据的目的，而是出于个人报复等动机对被害人等实施暴力的，则不能构成暴力取证罪。构成其他犯罪的，应按照其所触犯的罪名追究刑事责任。

另外，以监察法的规定为例，监察法对非法证据的排除中，将暴力获取的证人证言与被害人陈述并列规定，该法对暴力方法的规定，也将殴打等手段与变相肉刑的恶劣手段一并规定，对象上包括“使人遭受难以忍受的痛苦而违背意愿作出供述、证言、陈述”，所以从监察法的规定来看，将因遭受暴力违背意愿作出的三类言词证据都包括在内了，因而可以得出被害人陈述属于被暴力逼取的范围这一认识。

此外，刑事诉讼法第 62 条第 2 款规定的“生理上、精神上有缺陷或者年幼，不能辨别是非、不能正确表达的人，不能作证人”，对于上述不具有作证资格的人或者不知道案件情况的人，但是被司法工作人员误认为是能够辨别是非、能够正确表达的人，是知道案件情况的人而实施暴力逼取“证言”的，也可能成为本罪的对象。这种对行为对象的认识错误，不影响本罪的成立。

因此，暴力取证罪中的证人，应作广义的理解，不能仅指证据种类中“证人证言”中的证人，还应包括除犯罪嫌疑人、被告人外的被认为知道案件情况而被暴力逼取作证的人。有观点认为①，民事诉讼、行政诉讼中的证人，也能成为本罪中的证人。笔者赞同该观点。

二、暴力取证客观行为的认定

暴力取证罪中的暴力行为，是否包括变相肉刑？笔者认为，应当包括变相肉刑。

首先，法律和司法解释中没有规定本罪中的暴力包括“变相肉刑”。本罪在刑法第247条中采取了简明罪状的立法方式，没有规定暴力的具体含义。有关刑事司法解释只规定了“变相肉刑”为刑讯逼供罪的行为手段之一。2019年《人民检察院刑事诉讼规则》第67条、2021年《最高人民法院关于适用〈中华人民共和国刑事诉讼法〉的解释》第123条，以及最高人民检察院的立案标准：2006年的《最高人民检察院关于渎职侵权犯罪案件立案标准的规定》中规定“变相肉刑”为刑讯逼供罪的行为手段之一，暴力取证罪的立案标准中没有这一内容。

其次，分析变相肉刑是否具有暴力的属性。根据《人民检察院刑事诉讼规则》第67条、《最高人民法院关于适用〈中华人民共和国刑事诉讼法〉的解释》第123条对犯罪嫌疑人、被告人使用“变相肉刑”的规定可知：

一是“变相肉刑”为恶劣手段；

二是“变相肉刑”使犯罪嫌疑人、被告人遭受难以忍受的痛苦；

三是犯罪嫌疑人、被告人因为难以忍受“变相肉刑”的痛苦而违背意愿做出了供述。

在相关司法解释和司法文件中，“变相肉刑”通常表述为较长时间的冻、饿、晒、烤、疲劳审讯等，这些恶劣手段除能够施用于犯罪嫌疑人、被告人外，同样也可以针对证人和被害人施加，意图使证人、被害人身体处于难以忍受的生理极限而违背意愿做出证言和陈述。综上，一方面，“变相肉刑”与殴打、捆绑、违法使用械具等手段一样，性质上都属于恶劣手段；另一方面，使用“变相肉刑”摧残身体的方式所带来的痛苦和疼痛并不亚于直接对他人身体实施的暴力，人体对冻、饿、晒、烤、缺乏饮食和水、长时间不睡眠的承受度都是有限的，超过一定

① 张明楷：《刑法学》（第六版），法律出版社2021年版，第1186页。

时间和强度的“变相肉刑”同样会给身体和精神带来严重的损害，甚至死亡的后果。因此，从强度和后果两个方面，都应当将“变相肉刑”列入暴力取证的行为手段之一。

再次，监察法规明确规定获取证言和陈述的暴力方法包含“变相肉刑”。自2021年9月20日起施行的《中华人民共和国监察法实施条例》第65条第2款规定“前款所称暴力的方法，是指采用殴打、违法使用戒具等方法或者变相肉刑的恶劣手段，使人遭受难以忍受的痛苦而违背意愿作出供述、证言、陈述……”这一规定，一是明确了“变相肉刑”在行为性质上属于恶劣手段；二是“变相肉刑”可以适用于暴力获取的证言和陈述，与被调查人的供述并列加以规定；三是直接将“变相肉刑”归入暴力的范畴。监察调查，是对行使公权力的公职人员因职务违法和职务犯罪而进行的调查，这是我国第一次明确将“变相肉刑”纳入暴力取证罪暴力手段的规定。

最后，希望相关部门在今后修订、完善相关司法解释的时候，能够明确规定暴力取证罪中的暴力包括“变相肉刑”。

三、暴力取证罪之转化犯

刑法第247条规定，使用暴力逼取证人证言，致人伤残、死亡的，依照本法第234条、第232条的规定定罪从重处罚。这一规定，理论上称为转化犯，是指故意犯罪从较轻的犯罪向较重的犯罪的转化，行为人因实施暴力取证行为造成加重危害后果，其行为亦完全符合其他犯罪构成，因而导致罪名发生了变化，以刑事责任更重的故意伤害罪、故意杀人罪定罪，并且要从重处罚。

需要注意以下几点：

一是主观方面，行为人的主观故意已经从逼取证言转化为故意伤害罪和故意杀人罪的主观故意了，即故意损害他人身体健康、故意非法剥夺他人生命。这与暴力取证罪的行为手段密切相关，行为人在实施暴力行为时，对于该行为可能导致的他人伤残、死亡的后果，在认识因素上是能够预见的，在意志因素上，对致人伤残的结果是希望或者放任的态度，对致人死亡的结果是一种放任的态度。

二是转化后的故意伤害罪、故意杀人罪，都可能造成他人伤残、死亡这两种危害后果。实务中不能直接以结果定罪，致人伤残的结果，可能构成故意杀人罪的未遂，或者故意伤害罪；致人死亡的结果，可能构成故意伤害罪中的致人死亡，或者故意杀人罪。

三是要注意厘清暴力取证罪中的人身伤亡后果与转化犯中的致人伤残、死亡的区别。如果证人、被害人因不堪忍受暴力行为而自杀、自残造成伤残、死亡、精神失常的，不属于本罪的转化犯，只构成暴力取证罪。

四是从刑事责任来看，暴力取证转化为故意伤害罪的，只能适用刑法第 234 条第 2 款的规定，因为故意伤害罪的第 1 款法定刑是造成他人轻伤害应承担的刑事责任，为 3 年以下有期徒刑，拘役或者管制，最低刑低于暴力取证罪，因而不能适用，因为转化犯不能向一个更轻的刑罚处罚的犯罪转化。

五是刑法第 247 条中的“致人伤残”，应当理解为造成重伤或者造成残疾。残疾是重伤里能够形成伤残等级的情形，分为十个等级。《工伤保险条例》第 22 条规定，劳动能力鉴定是指劳动功能障碍程度和生活自理障碍程度的等级鉴定。劳动功能障碍分为十个伤残等级，最重的为一级，最轻的为十级。“致人死亡”，是指因实施了暴力取证行为直接导致他人当场死亡或者经抢救无效死亡。

六是对本罪“从重处罚”的理解。故意伤害罪第 2 款、故意杀人罪各有两档法定刑。从重处罚是指在故意伤害罪第 2 款、故意杀人罪的法定刑幅度内，先确定适用哪一档法定刑，然后再考量同样后果的故意伤害、故意杀人行为，不属于本罪转化犯的情形下，应如何确定刑罚；在此基础上，比不具有从重处罚情形的刑罚更重一些。因此，从重处罚不等于一定判处法定刑中较重的刑种或者较长的刑期，更不能等于顶格量刑，直接判处最重的刑种或者最长的刑期。也不能为了操作上的简便，而取中间刑以上来裁量，一律取中间刑以上裁量是没有法律根据的。

四、暴力取证与非法证据排除

刑事诉讼中的非法证据排除规则是我国于 2012 年修订的刑事诉讼法中明确规定的，此前在多个司法文件中，最高人民法院、最高人民检察院均强调要坚决排除通过非法方法收集的被害人陈述、证人证言。

首先，刑事诉讼法规定要排除暴力、威胁等手段取得的证人证言、被害人陈述。2018 年修订的刑事诉讼法第 56 条规定：“……采用暴力、威胁等非法方法收集的证人证言、被害人陈述，应当予以排除。”特别要注意的是刑事诉讼法第60条的规定，对于经过法庭审理，确认或者不能排除存在本法第56条规定的以非法方法收集证据情形的，对有关证据应当予以排除。对于经庭审无法排除存在非法取证情形的证据“应当”排除这一严格的规定，对确保准确依法认定犯罪，保障人权，具有非常重要的意义。

其次，为了落实刑事诉讼法关于排除非法证据的规定，司法解释中也重申或者细化了排除暴力取证获得的证据。《人民检察院刑事诉讼规则》第69条规定：“采用暴力、威胁以及非法限制人身自由等非法方法收集的证人证言、被害人陈述，应当予以排除。”《最高人民法院关于适用〈中华人民共和国刑事诉讼法〉的解释》第125条规定：“采用暴力、威胁以及非法限制人身自由等非法方法收集的证人证言、被害人陈述，应当予以排除。”

再次，《中华人民共和国监察法实施条例》第65条第1款明确规定应依法排除暴力取得的证人证言和被害人陈述：“对于调查人员采用暴力、威胁以及非法限制人身自由等非法方法收集的被调查人供述、证人证言、被害人陈述，应当依法予以排除。”

最后，2018年1月1日实施的《人民法院办理刑事案件排除非法证据规程（试行）》第2条、2017年6月27日实施的《最高人民法院、最高人民检察院、公安部、国家安全部、司法部关于办理刑事案件严格排除非法证据若干问题的规定》第6条规定：“采用暴力、威胁以及非法限制人身自由等非法方法收集的证人证言、被害人陈述，应当予以排除。”

五、暴力取证罪与非罪的界限

根据刑法第247条的规定，本罪为行为犯，没有情节、危害后果的要求，只要实施了暴力取证行为，同时不符合刑法第13条中“但书”的情形，就可以构成本罪。因此，原则上，本罪与非罪的区分标准是：是否属于“情节显著轻微，危害不大”不认为是犯罪的情形。司法实务中判断是否构成暴力取证罪，应当从本罪的犯罪构成上完整把握，才能准确区分罪与非罪。

首先，从客观方面分析，从司法解释的规定可见，并非造成一定的危害后果的才构成本罪，对于实施了殴打、捆绑、违法使用械具等暴力行为的也可以直接立案侦查。《最高人民检察院关于渎职侵权犯罪案件立案标准的规定》是从暴力取证的手段，造成他人人身危害后果，是否因暴力取证造成错案，暴力取证是否达到三人次、纵容、授意、指使、强迫他人暴力取证符合上述情形的，以及其他暴力取证的情形（其他情形是兜底性的规定）规定的。其中，造成他人伤亡、精神失常的危害后果只是立案标准之一，对于没有造成证人、被害人轻伤及轻伤以上人身损害的暴力取证行为，也没有造成错案的，但是其暴力是以殴打、捆绑、违法使用械具等恶劣手段实施的，手段的恶劣能够表明行为人实施暴力的程度，对证人、被害人的侵害程度，因而手段恶劣的，即使没有造成他人身体损害也可以直接立案侦查。其次，从主观方面分析，要根据在案证据分析行为人的主观恶性的大小。

有关司法文件也有规定暴力取证刑事责任与其他责任区分的情形，如 2016 年 11 月 11 日最高人民法院、最高人民检察院、公安部、国家安全部、司法部《关于在部分地区开展刑事案件认罪认罚从宽制度试点工作的办法》第 24 条规定了人民法院、人民检察院、公安机关工作人员在办理认罪认罚案件中，有……暴力取证……情形，构成犯罪的，依法追究刑事责任；尚不构成犯罪的，依法给予行政处分或者纪律处分。该规定区分了暴力取证行为的刑事责任和不构成犯罪时应承担的行政责任、纪律责任。

【办案依据】

一、刑法规定

第九十四条 本法所称司法工作人员，是指有侦查、检察、审判、监管职责的工作人员。

第二百三十二条 故意杀人的，处死刑、无期徒刑或者十年以上有期徒刑；情节较轻的，处三年以上十年以下有期徒刑。

第二百三十四条 故意伤害他人身体的，处三年以下有期徒刑、拘役或者管制。

犯前款罪，致人重伤的，处三年以上十年以下有期徒刑；致人死亡或者以特别残忍手段致人重伤造成严重残疾的，处十年以上有期徒刑、无期徒刑或者死刑。本法另有规定的，依照规定。

第二百四十七条　司法工作人员对犯罪嫌疑人、被告人实行刑讯逼供或者使用暴力逼取证人证言的，处三年以下有期徒刑或者拘役。致人伤残、死亡的，依照本法第二百三十四条、第二百三十二条的规定定罪从重处罚。

二、监察法规

《中华人民共和国监察法实施条例》（2021年7月20日国家监察委员会全体会议决定，自2021年9月20日起施行）

第六十四条　严禁以暴力、威胁、引诱、欺骗以及非法限制人身自由等非法方法收集证据，严禁侮辱、打骂、虐待、体罚或者变相体罚被调查人、涉案人员和证人。

第六十五条　对于调查人员采用暴力、威胁以及非法限制人身自由等非法方法收集的被调查人供述、证人证言、被害人陈述，应当依法予以排除。

前款所称暴力的方法，是指采用殴打、违法使用戒具等方法或者变相肉刑的恶劣手段，使人遭受难以忍受的痛苦而违背意愿作出供述、证言、陈述；威胁的方法，是指采用以暴力或者严重损害本人及其近亲属合法权益等进行威胁的方法，使人遭受难以忍受的痛苦而违背意愿作出供述、证言、陈述。

收集物证、书证不符合法定程序，可能严重影响案件公正处理的，应当予以补正或者作出合理解释；不能补正或者作出合理解释的，对该证据应当予以排除。

三、司法解释

（一）《最高人民法院关于适用〈中华人民共和国刑事诉讼法〉的解释》（2021）（2021年1月26日　法释〔2021〕1号）

第一百二十五条　采用暴力、威胁以及非法限制人身自由等非法方法收集的证人证言、被害人陈述，应当予以排除。

（二）《人民检察院刑事诉讼规则》（2019年12月30日　高检发释字〔2019〕4号）

第六十六条　对采用刑讯逼供等非法方法收集的犯罪嫌疑人供述和采用暴力、威胁等非法方法收集的证人证言、被害人陈述，应当依法排除，不得作为移送审查逮捕、批准或者决定逮捕、移送起诉以及提起公诉的依据。

第六十九条　采用暴力、威胁以及非法限制人身自由等非法方法收集的证人证言、被害人陈述，应当予以排除。

第一百九十四条 询问证人，应当问明证人的基本情况以及与当事人的关系，并且告知证人应当如实提供证据、证言和故意作伪证或者隐匿罪证应当承担的法律责任，但是不得向证人泄露案情，不得采用拘禁、暴力、威胁、引诱、欺骗以及其他非法方法获取证言。

询问重大或者有社会影响的案件的重要证人，应当对询问过程实行全程录音、录像，并在询问笔录中注明。

第五百六十七条 人民检察院应当对侦查活动中是否存在以下违法行为进行监督：

……

（三）采用暴力、威胁以及非法限制人身自由等非法方法收集证人证言、被害人陈述，或者以暴力、威胁等方法阻止证人作证或者指使他人作伪证的；

……

四、司法文件

（一）《人民法院办理刑事案件排除非法证据规程（试行）》（2017 年 11 月 27 日 法发〔2017〕31 号）

第二条 庭前会议中，人民法院可以就与审判相关的问题了解情况，听取意见，依法处理回避、出庭证人名单、非法证据排除等可能导致庭审中断的事项，组织控辩双方展示证据，归纳争议焦点，开展附带民事调解。

（二）《最高人民法院、最高人民检察院、公安部、国家安全部、司法部关于办理刑事案件严格排除非法证据若干问题的规定》（2017 年 6 月 20 日 法发〔2017〕15 号）

第六条 采用暴力、威胁以及非法限制人身自由等非法方法收集的证人证言、被害人陈述，应当予以排除。

（三）最高人民法院、最高人民检察院、公安部、国家安全部、司法部《关于办理死刑案件审查判断证据若干问题的规定》和《关于办理刑事案件排除非法证据若干问题的规定》（2010 年 6 月 13 日 法发〔2010〕20 号）

《关于办理死刑案件审查判断证据若干问题的规定》

第十一条 对证人证言应当着重审查以下内容：

……

（四）证言的取得程序、方式是否符合法律及有关规定：有无使用暴力、威胁、引诱、欺骗以及其他非法手段取证的情形；有无违反询问证人应当个别进行的规定；笔录是否经证人核对确认并签名（盖章）、捺指印；询问未成年证人，是否通知了其法定代理人到场，其法定代理人是否在场等。

……

第十二条第一款　以暴力、威胁等非法手段取得的证人证言，不能作为定案的根据。

《关于办理刑事案件排除非法证据若干问题的规定》

第一条　采用刑讯逼供等非法手段取得的犯罪嫌疑人、被告人供述和采用暴力、威胁等非法手段取得的证人证言、被害人陈述，属于非法言词证据。

第二条　经依法确认的非法言词证据，应当予以排除，不能作为定案的根据。

第三条　人民检察院在审查批准逮捕、审查起诉中，对于非法言词证据应当依法予以排除，不能作为批准逮捕、提起公诉的根据。

第十八章　虐待被监管人罪

【立案追诉标准】

虐待被监管人案（刑法第248条）

涉嫌下列情形之一的，应予立案：

1. 以殴打、捆绑、违法使用械具等恶劣手段虐待被监管人的；

2. 以较长时间冻、饿、晒、烤等手段虐待被监管人，严重损害其身体健康的；

3. 虐待造成被监管人轻伤、重伤、死亡的；

4. 虐待被监管人，情节严重，导致被监管人自杀、自残造成重伤、死亡，或者精神失常的；

5. 殴打或者体罚虐待3人次以上的；

6. 指使被监管人殴打、体罚虐待其他被监管人，具有上述情形之一的；

7. 其他情节严重的情形。

《最高人民检察院关于渎职侵权犯罪案件立案标准的规定》（2006年7月26日）

【犯罪构成及刑事责任】

虐待被监管人罪是指监狱、拘留所、看守所、拘役所、少年犯管教所、社区矫正机构，以及其他监管机构的监管人员对被监管人进行殴打或者体罚虐待，情节严重的行为。

1. 客体要件。本罪侵犯的客体是被监管人的人身权利和监管活动的正当性。

本罪的犯罪对象是被监管人，即在刑事诉讼的侦查、调查、检察、审判、执行过程中被监管的人员，以及被民事拘留、行政拘留、监管的人员等。具体包括下列人员：被监管的犯罪嫌疑人、被调查人、被告人，服刑人员，被民事拘留、行政拘留的人员，被强制隔离戒毒的人员以及其他依法被监管的人员。

2. 客观要件。本罪在客观方面表现为殴打、体罚虐待被监管人、情节严重的行为。“殴打、体罚虐待”行为包括以殴打、捆绑、违法使用戒具、械具等恶劣手段虐待被监管人的行为，以及以较长时间冻、饿、晒、烤、固定体位等手段虐待被监管人、严重损害其身体健康的行为，强制过度劳动等，以及指令、唆使被监管人对其他被监管人实施上述殴打、体罚虐待行为的情形。同时上述行为还必须达到“情节严重”才能构成本罪。“情节严重”为本罪入罪的基本法定刑情节，“情节特别严重”为加重法定刑情节。

3. 主体要件。本罪的犯罪主体为特殊主体，指监狱、拘役所、看守所、拘留所等监管机构的监管人员。“等”监管机构，是指依法定职权可以剥夺、限制、约束他人人身自由的机构，包括但不限于监察机关的留置场所、少年犯管教所、强制隔离戒毒所、社区矫正机构，上述机构的监管人员可以成为本罪的主体。

4. 主观要件。本罪在主观方面是故意。犯罪动机不影响本罪的构成。

根据刑法第 248 条的规定，监狱、拘留所、看守所等监管机构的监管人员对被监管人进行殴打或者体罚虐待，情节严重的，处 3 年以下有期徒刑或者拘役；情节特别严重的，处 3 年以上 10 年以下有期徒刑。致人伤残、死亡的，依照本法第 234 条、第 232 条的规定定罪从重处罚。

监管人员指使被监管人殴打或者体罚虐待其他被监管人的，依照前款的规定处罚。

【疑难指导】

一、虐待被监管人罪犯罪主体的范围

本罪的犯罪主体为监管人员。具体包括下列人员：

第一，根据刑法第 94 条的规定，司法工作人员，是指有侦查、检察、审判、

监管职责的工作人员。根据刑事诉讼法第 3 条的规定，行使上述各项职权的机关规定如下：“对刑事案件的侦查、拘留、执行逮捕、预审，由公安机关负责。检察、批准逮捕、检察机关直接受理的案件的侦查、提起公诉，由人民检察院负责。审判由人民法院负责。除法律特别规定的以外，其他任何机关、团体和个人都无权行使这些权力。”监管职责并不限于刑事诉讼中，《中华人民共和国禁毒法》第 44 条第 3 款规定，强制隔离戒毒场所管理人员不得体罚、虐待或者侮辱戒毒人员。我国对吸毒成瘾人员进行戒毒治疗，实行社区戒毒和强制隔离戒毒。第 69 条第 2 项规定，公安机关、司法行政部门或者其他有关主管部门的工作人员在禁毒工作中，对戒毒人员有体罚、虐待、侮辱等行为的；构成犯罪的，依法追究刑事责任；尚不构成犯罪的，依法给予处分。2015 年 2 月 15 日施行的《最高人民检察院关于强制隔离戒毒所工作人员能否成为虐待被监管人罪主体问题的批复》指出，根据有关法律规定，强制隔离戒毒所是对符合特定条件的吸毒成瘾人员限制人身自由，进行强制隔离戒毒的监管机构，其履行监管职责的工作人员属于刑法第 248 条规定的监管人员。对于强制隔离戒毒所监管人员殴打或者体罚虐待戒毒人员，或者指使戒毒人员殴打、体罚虐待其他戒毒人员，情节严重的，应当适用刑法第 248 条的规定，以虐待被监管人罪追究刑事责任；造成戒毒人员伤残、死亡后果的，应当依照刑法第 234 条、第 232 条的规定，以故意伤害罪、故意杀人罪从重处罚。

第二，包括监察机关中有职务犯罪调查职责的人员。监察法第 40 条第 2 款规定，严禁侮辱、打骂、虐待、体罚或者变相体罚被调查人和涉案人员。第 65 条第 4 项和第 66 条规定，监察机关及其工作人员对被调查人或者涉案人员……侮辱、打骂、虐待、体罚或者变相体罚的，对负有责任的领导人员和直接责任人员依法给予处理；构成犯罪的，依法追究刑事责任。自 2022 年 1 月 1 日起施行的《中华人民共和国监察官法》第 52 条第 7 项规定，监察官“对被调查人或者涉案人员……侮辱、打骂、虐待、体罚、变相体罚”构成犯罪的，依法追究刑事责任。

可见，本罪的主体还应包括依法行使职务犯罪调查权的监察人员。

第三，包括有判决、裁定执行职责的国家工作人员。

关于判决、裁定的执行，法律作了明确规定。刑事诉讼法第 264 条规定，罪犯被交付执行刑罚的时候，应当由交付执行的人民法院在判决生效后十日以内将有关的法律文书送达公安机关、监狱或者其他执行机关。对被判处死刑缓期二年执行、无期徒刑、有期徒刑的罪犯，由公安机关依法将该罪犯送交监狱执行刑罚。对被判处有期徒刑的罪犯，在被交付执行刑罚前，剩余刑期在三个月以下的，由看守所代为执行。对被判处拘役的罪犯，由公安机关执行。对未成年犯应当在未成年犯管教所执行刑罚。附加刑的执行，对被判处剥夺政治权利的罪犯，由公安机关执行。财产刑由人民法院执行。

刑事诉讼法第 269 条规定，对被判处管制、宣告缓刑、假释或者暂予监外执行的罪犯，依法实行社区矫正，由社区矫正机构负责执行。2020 年 7 月 1 日施行的《中华人民共和国社区矫正法》第 29 条规定，社区矫正对象有下列情形之一的，经县级司法行政部门负责人批准，可以使用电子定位装置，加强监督管理：(1) 违反人民法院禁止令的；(2) 无正当理由，未经批准离开所居住的市、县的；(3) 拒不按照规定报告自己的活动情况，被给予警告的；(4) 违反监督管理规定，被给予治安管理处罚的；(5) 拟提请撤销缓刑、假释或者暂予监外执行收监执行的。并对电子定位装置的使用期限、解除、继续使用、期限延长等都作了明确规定。该条是对社区矫正对象人身自由一定程度的约束。社区矫正法第 61 条规定了体罚、虐待矫正对象的责任：社区矫正机构工作人员和其他国家工作人员，体罚、虐待社区矫正对象的，应当给予处分；构成犯罪的，依法追究刑事责任。因此，有判决、裁定执行职责的社区矫正人员，也可以构成本罪。

二、虐待被监管人罪的行为和情节

(一) 本罪的行为表现

本罪的客观行为方式，刑法第 248 条表述为“殴打或者体罚虐待”。

1. “殴打”的理解。殴打是对他人身体实施的暴力，是直接施加于他人身体、给他人带来疼痛和痛苦的行为方式。殴打是一种恶劣的行为手段，根据有关立案标准的司法解释，捆绑、违法使用械具等都属于与殴打性质相同的手段恶劣的虐待行为，都属于暴力手段。对被监管人员的戒具、械具使用，应当具有合法性依据，为虐待被监管人而违法使用戒具、械具的行为，符合本罪犯罪构成的，应当以本罪追究刑事责任。对于被监管人违反监管管理规定的行为，有关法律、条例规定了相应的管理措施，对于严重的违规行为可以依法使用械具、戒具，但是违法使用则有可能构成本罪。《中华人民共和国监狱法》第四章第三节专门规定了戒具和武器的使用，第45条规定，监狱有四种情形可以使用戒具：“（一）罪犯有脱逃行为的；（二）罪犯有使用暴力行为的；（三）罪犯正在押解途中的；（四）罪犯有其他危险行为需要采取防范措施的。”当上述“情形消失后，应当停止使用戒具”。《中华人民共和国看守所条例》第17条和第21条对械具的使用、批准、解除有明确规定，对“有事实表明可能行凶、暴动、脱逃、自杀的”以及押解途中的被羁押人员，经看守所所长批准，可以使用械具。以上规定明确了合法使用戒具、械具的程序和权限。为了依法监管和执行刑罚，维护在押人员、服刑人员合法权益，维护监管秩序稳定，保障刑事诉讼和刑罚执行的顺利进行，2008年3月23日最高人民检察院发布了相关文件，对监管人员违法使用戒具、械具的，依法履行法律监督职责。

2.“体罚虐待”的理解。刑法将“体罚”与虐待并列规定，从词义上分析，体罚属于虐待的表现形式之一，同时也是最常见的虐待方式，但是并不排除还有其他的虐待方式。有关立案标准的司法解释规定，“以较长时间冻、饿、晒、烤等手段虐待被监管人，严重损害其身体健康的”为立案标准之一。这种行为属于变相肉刑的虐待方式，与直接对被监管人实施暴力的表现形式不同，但是同样会给被监管人带来身体上的严重损害和严重危害后果，如导致被监管人自杀、自残、精神失常，或者致人重伤、死亡。

实务中在同一个案件中殴打行为与体罚虐待行为往往交织在一起。

3. 指使行为。刑法第248条第2款规定，监管人员指使被监管人殴打或者体罚虐待其他被监管人的，依照前款的规定处罚。监管人员没有直接实施殴打或者体罚虐待被监管人的行为，而是“指使”被监管人实施的，行为性质仍然构成虐待，达到情节严重的情形的，构成本罪的共同犯罪，并且在共同犯罪中是犯意的发起者，是起主要作用的主犯。“指使”可以表现为强硬的要求、命令，也可以表现为看似缓和的唆使；可以用语言表示，也可以用举动示意。

（二）本罪的“情节严重”与“情节特别严重”

1.“情节严重”是本罪入罪的客观要素之一，没有达到情节严重的虐待被监管人的行为不构成犯罪，属于一般违法行为。需要注意的是，情节严重并非一定以造成被监管人的身体损伤为判断依据，殴打、捆绑、违法使用械具等属于手段恶劣的虐待行为，这种行为本身就已符合情节严重的入罪标准。具体可根据 2006 年《最高人民检察院关于渎职侵权犯罪案件立案标准的规定》关于本罪的部分进行判断。具体内容见本章【立案追诉标准】。

2. “情节特别严重”是本罪的加重法定刑情节。虐待被监管人案件的重大和特大案件的立案标准：重大案件包括致使被监管人重伤或者精神失常的、对被监管人五人以上或五次以上实施虐待的两种情形。特大案件包括致使被监管人死亡的、对被监管人七人以上或七次以上实施虐待的情形。

三、虐待被监管人罪之转化犯

刑法第 248 条第 1 款规定，致人伤残、死亡的，依照本法第 234 条、第 232 条的规定定罪从重处罚。本罪的转化犯不仅罪名发生变化，而且要从重处罚。

本罪的法定刑分为两档，“情节严重的，处三年以下有期徒刑或者拘役；情节特别严重的，处三年以上十年以下有期徒刑”。因此，本罪在转化为故意伤害罪、故意杀人罪的时候，应当适用的是这两个罪名中十年以上的法定刑档次。

第一，本罪的致人伤残与刑法第 247 条刑讯逼供罪和暴力取证罪（最高刑为三年有期徒刑）有所不同，本罪转化适用刑法第 234 条故意伤害罪时，只能适用刑法第 234 条第 2 款规定的法定刑，即“致人死亡或者以特别残忍手段致人重伤造成严重残疾的，处十年以上有期徒刑、无期徒刑或者死刑”。刑法第 248 条中的“致人伤残”，应当理解为造成重伤或者造成残疾。残疾是重伤里能够形成伤残等级的情形，分为十个等级。《工伤保险条例》第 22 条规定，劳动能力鉴定是指劳动功能障碍程度和生活自理障碍程度的等级鉴定。劳动功能障碍分为十个伤残等级，最重的为一级，最轻的为十级。因此，六级为严重残疾的起点。

“致人死亡”，是指因实施殴打或者体罚虐待行为而导致被监管人当场死亡或者经抢救无效死亡。

第二，需要注意的是，在转化后的罪名适用上，首先，要判断行为人的主观故意，已经转化为故意伤害罪和故意杀人罪的主观故意，即故意损害他人身体健康、故意非法剥夺他人生命。这与殴打、体罚虐待的行为手段密切相关，行为人在实施殴打、体罚虐待行为时，对于该行为可能导致的被害人的伤残、死亡的后果，在认识因素上是能够预见的，在意志因素上，是持希望或者放任的态度。其次，是转化后的故意伤害罪、故意杀人罪，都可能造成被害人伤残、死亡这两种危害后果。实务中不能直接以结果定罪，被害人伤残的结果，可能构成故意杀人罪的未遂，或者故意伤害罪；被害人死亡的结果，可能构成故意伤害罪中的致人死亡，或者故意杀人罪。

第三，要注意本罪中被监管人的人身伤亡后果与转化犯中的致人伤残、死亡的区别。如被监管人因不堪忍受暴力行为而自杀、自残造成伤残、死亡、精神失常的，不属于本罪的转化犯，只构成暴力取证罪。

第四，本罪“从重处罚”的理解。转化后的两个罪名的法定刑，包括三个刑种，为十年以上有期徒刑、无期徒刑、死刑。先考量同样后果的故意伤害、故意杀人行为，致人伤残、死亡的情节，在不属于本罪转化犯的情形下，应如何确定刑罚；在此基础上，比不具有从重处罚情形的刑罚更重一些。因此，本罪转化后的从重处罚，不等于一定判处无期徒刑或者死刑，更不能一律顶格量刑，直接判处最重的刑罚。因此，本罪的从重处罚，并不排除有期徒刑的适用。

四、虐待被监管人罪与侮辱罪的区别

侮辱罪是指以暴力或者其他方法公然贬损他人人格，破坏他人名誉，情节严重的行为。两罪都是故意实施的犯罪，客观上都可以用暴力手段实施，且都要求情节严重才能构成犯罪。虐待被监管人罪的殴打、体罚虐待手段也同时伴随着贬损和侮辱他人人格的危害。两罪的区别主要是：一是犯罪对象的范围不同。侮辱罪的犯罪对象更加广泛，没有限制，任何人均可成为侮辱罪的受害方。虐待被监管人罪的犯罪对象为被监管的特定人员。二是实施犯罪的手段、方式不同。虽然两罪都包括暴力手段，但是侮辱罪也可以适用其他非暴力的手段。但是侮辱罪是公然实施的，行为人追求在更大的范围内贬损被害人，使他人公然受辱，可能是利用网络实施的侮辱犯罪，也可能是隐藏自身而公然实施侮辱行为，将侮辱的内容公开。虐待被监管人罪不要求公然实施，可以在一定范围内公然实施，主要受限于监管场所，也可发生在隐蔽性较强的地方，不易被其他人察觉或者发现。三是犯罪主体不同。侮辱罪犯罪主体的范围更广，为一般主体。虐待被监管人罪的犯罪主体是监管机构的监管人员。四是两罪的刑事责任轻重不同，虐待被监管人罪的法定刑重于侮辱罪。实务中难以区分的情形是，监管人员对被监管人使用暴力实施的公然侮辱行为的认定，如果行为人的行为同时符合两罪的犯罪构成，应当择一重罪处断，因虐待被监管人罪的法定刑重于侮辱罪，因而应当以虐待被监管人罪定罪处罚。

五、虐待被监管人罪与刑讯逼供罪的区别

两罪都是严重侵犯他人人身权利的犯罪且行为手段同质，表现形式都包括殴打、捆绑、违法使用械具等恶劣手段，较长时间冻、饿、晒、烤等变相肉刑的恶劣手段；行为对象都包括犯罪嫌疑人、被告人；主观上都是基于故意实施的犯罪；犯罪主体都是司法工作人员。并且致人伤残、死亡的，都转化为故意伤害罪、故意杀人罪。两罪主要区别是，一是犯罪对象不同，虐待被监管人罪中的被监管人的范围，要大于刑讯逼供罪中的犯罪嫌疑人、被告人的范围。二是犯罪目的不同，刑讯逼供罪要求以逼取口供为目的，虐待被监管人罪没有犯罪目的的要求。三是情节要求不同，虐待被监管人罪必须情节严重才能构成犯罪，刑讯逼供罪是行为犯，情节是否严重是适用刑罚时考量的因素，除情节显著轻微危害不大的不认为是犯罪的外，情节不影响定罪。四是刑事责任不同，虐待被监管人罪中“情节特别严重”的法定刑重于刑讯逼供罪。当犯罪对象为犯罪嫌疑人、被告人时，准确区分两罪，关键要看行为人是否有逼取口供的目的。

【办案依据】

一、刑法规定

第九十四条 本法所称司法工作人员，是指有侦查、检察、审判、监管职责的工作人员。

第二百三十二条 故意杀人的，处死刑、无期徒刑或者十年以上有期徒刑；情节较轻的，处三年以上十年以下有期徒刑。

第二百三十四条 故意伤害他人身体的，处三年以下有期徒刑、拘役或者管制。

犯前款罪，致人重伤的，处三年以上十年以下有期徒刑；致人死亡或者以特别残忍手段致人重伤造成严重残疾的，处十年以上有期徒刑、无期徒刑或者死刑。本法另有规定的，依照规定。

第二百四十八条 监狱、拘留所、看守所等监管机构的监管人员对被监管人进行殴打或者体罚虐待，情节严重的，处三年以下有期徒刑或者拘役；情节特别严重的，处三年以上十年以下有期徒刑。致人伤残、死亡的，依照本法第二百三十四条、第二百三十二条的规定定罪从重处罚。

监管人员指使被监管人殴打或者体罚虐待其他被监管人的，依照前款的规定处罚。

二、监察法规

《中华人民共和国监察法实施条例》（2021年7月20日国家监察委员会全体会议决定，自2021年9月20日起施行）

第二十七条 监察机关依法调查公职人员涉嫌滥用职权犯罪，包括滥用职权罪，国有公司、企业、事业单位人员滥用职权罪，滥用管理公司、证券职权罪，食品、药品监管渎职罪，故意泄露国家秘密罪，报复陷害罪，阻碍解救被拐卖、绑架妇女、儿童罪，帮助犯罪分子逃避处罚罪，违法发放林木采伐许可证罪，办理偷越国（边）境人员出入境证件罪，放行偷越国（边）境人员罪，挪用特定款物罪，非法剥夺公民宗教信仰自由罪，侵犯少数民族风俗习惯罪，打击报复会计、统计人员罪，以及司法工作人员以外的公职人员利用职权实施的非法拘禁罪、虐待被监管人罪、非法搜查罪。

第六十四条 严禁以暴力、威胁、引诱、欺骗以及非法限制人身自由等非法方法收集证据，严禁侮辱、打骂、虐待、体罚或者变相体罚被调查人、涉案人员和证人。

第二百七十八条 监察人员在履行职责中有下列行为之一的，依法严肃处理；构成犯罪的，依法追究刑事责任：

（一）贪污贿赂、徇私舞弊的；

（二）不履行或者不正确履行监督职责，应当发现的问题没有发现，或者发现问题不报告、不处置，造成严重影响的；

（三）未经批准、授权处置问题线索，发现重大案情隐瞒不报，或者私自留存、处理涉案材料的；

（四）利用职权或者职务上的影响干预调查工作的；

（五）违法窃取、泄露调查工作信息，或者泄露举报事项、举报受理情况以及举报人信息的；

（六）对被调查人或者涉案人员逼供、诱供，或者侮辱、打骂、虐待、体罚或者变相体罚的；

（七）违反规定处置查封、扣押、冻结的财物的；

（八）违反规定导致发生办案安全事故，或者发生安全事故后隐瞒不报、报告失实、处置不当的；

（九）违反规定采取留置措施的；

（十）违反规定限制他人出境，或者不按规定解除出境限制的；

（十一）其他职务违法和职务犯罪行为。

三、司法解释

（一）《人民检察院刑事诉讼规则》（2019 年 12 月 30 日　高检发释字〔2019〕4 号）

第一百二十条　对于公安机关、人民法院决定指定居所监视居住的案件，由人民检察院负责刑事执行检察的部门对指定居所监视居住的执行活动是否合法实行监督。发现存在下列违法情形之一的，应当及时提出纠正意见：

（六）对被监视居住人刑讯逼供、体罚、虐待或者变相体罚、虐待的；

……

第六百四十三条　人民检察院发现社区矫正执法活动具有下列情形之一的，应当依法提出纠正意见：

（五）对社区矫正对象有殴打、体罚、虐待、侮辱人格、强迫其参加超时间或者超体力社区服务等侵犯其合法权利行为的；

……

第六百五十七条　人民检察院发现看守所、监狱等监管场所有殴打、体罚、虐待、违法使用戒具、违法适用禁闭等侵害在押人员人身权利情形的，应当依法提出纠正意见。

（二）《最高人民检察院关于强制隔离戒毒所工作人员能否成为虐待被监管人罪主体问题的批复》（2015 年 2 月 15 日　高检发释字〔2015〕2 号）

河北省人民检察院：

你院冀检呈字〔2014〕46号《关于强制隔离戒毒所工作人员能否成为刑法第二百四十八条虐待被监管人罪主体的请示》收悉。经研究，批复如下：

根据有关法律规定，强制隔离戒毒所是对符合特定条件的吸毒成瘾人员限制人身自由，进行强制隔离戒毒的监管机构，其履行监管职责的工作人员属于刑法第二百四十八条规定的监管人员。

对于强制隔离戒毒所监管人员殴打或者体罚虐待戒毒人员，或者指使戒毒人员殴打、体罚虐待其他戒毒人员，情节严重的，应当适用刑法第二百四十八条的规定，以虐待被监管人罪追究刑事责任；造成戒毒人员伤残、死亡后果的，应当依照刑法第二百三十四条、第二百三十二条的规定，以故意伤害罪、故意杀人罪从重处罚。

此复。

（三）《最高人民法院关于国家赔偿案件立案工作的规定》（2012年1月13日 法释〔2012〕1号）

第一条 本规定所称国家赔偿案件，是指国家赔偿法第十七条、第十八条、第二十一条、第三十八条规定的下列案件：

（五）刑讯逼供或者以殴打、虐待等行为或者唆使、放纵他人以殴打、虐待等行为造成公民身体伤害或者死亡的；

……

四、司法文件

（一）《最高人民法院关于国家赔偿案件案由的规定》（2012年1月13日 法〔2012〕32号）

为正确适用法律，根据《中华人民共和国国家赔偿法》，结合国家赔偿工作实际，对国家赔偿案件案由规定如下：

七、殴打、虐待致伤、致死赔偿（国家赔偿法第十七条第（四）项）。以殴打、虐待等行为或者唆使、放纵他人以殴打、虐待等行为造成公民身体伤害或者死亡的赔偿案件。

八、违法使用武器、警械致伤、致死赔偿（国家赔偿法第十七条第（五）项）。违法使用武器、警械造成公民身体伤害或者死亡的赔偿案件。

（二）《人民检察院国家赔偿工作规定》（2010 年 11 月 22 日　高检发〔2010〕29 号）

第四十八条　人民检察院赔偿后，根据国家赔偿法第三十一条的规定，应当向有下列情形之一的检察人员追偿部分或者全部赔偿费用：

（一）刑讯逼供或者殴打、虐待等或者唆使、放纵他人殴打、虐待等造成公民身体伤害或者死亡的；

（二）违法使用武器、警械造成公民身体伤害或者死亡的；

（三）在处理案件中有贪污受贿、徇私舞弊、枉法追诉行为的。

对有前款规定情形的责任人员，人民检察院应当依照有关规定给予处分；构成犯罪的，应当依法追究刑事责任。

五、其他法规

（一）《中华人民共和国社区矫正法》（中华人民共和国第十三届全国人民代表大会常务委员会第十五次会议于 2019 年 12 月 28 日通过，自 2020 年 7 月 1 日起施行）

第六十一条　社区矫正机构工作人员和其他国家工作人员有下列行为之一的，应当给予处分；构成犯罪的，依法追究刑事责任：

（三）体罚、虐待社区矫正对象，或者违反法律规定限制或者变相限制社区矫正对象的人身自由的；

……

（二）《中华人民共和国禁毒法》（中华人民共和国第十届全国人民代表大会常务委员会第三十一次会议于 2007 年 12 月 29 日通过，自 2008 年 6 月 1 日起施行）

第四十四条第三款　强制隔离戒毒场所管理人员不得体罚、虐待或者侮辱戒毒人员。

第六十九条　公安机关、司法行政部门或者其他有关主管部门的工作人员在禁毒工作中有下列行为之一，构成犯罪的，依法追究刑事责任；尚不构成犯罪的，依法给予处分：

（二）对戒毒人员有体罚、虐待、侮辱等行为的；

……

（三）《戒毒条例》（2011年6月26日中华人民共和国国务院令第597号公布 根据2018年9月18日《国务院关于修改部分行政法规的决定》修订）

第四十五条 强制隔离戒毒场所的工作人员有下列行为之一的，依法给予处分；构成犯罪的，依法追究刑事责任：

（一）侮辱、虐待、体罚强制隔离戒毒人员的；

……

第十九章 侵犯公民个人信息罪

【立案追诉标准】

侵犯公民个人信息案（刑法第253条之一）

第五条 非法获取、出售或者提供公民个人信息，具有下列情形之一的，应当认定为刑法第二百五十三条之一规定的“情节严重”：

（一）出售或者提供行踪轨迹信息，被他人用于犯罪的；

（二）知道或者应当知道他人利用公民个人信息实施犯罪，向其出售或者提供的；

（三）非法获取、出售或者提供行踪轨迹信息、通信内容、征信信息、财产信息五十条以上的；

（四）非法获取、出售或者提供住宿信息、通信记录、健康生理信息、交易信息等其他可能影响人身、财产安全的公民个人信息五百条以上的；

（五）非法获取、出售或者提供第三项、第四项规定以外的公民个人信息五千条以上的；

（六）数量未达到第三项至第五项规定标准，但是按相应比例合计达到有关数量标准的；

（七）违法所得五千元以上的；

（八）将在履行职责或者提供服务过程中获得的公民个人信息出售或者提供给他人，数量或者数额达到第三项至第七项规定标准一半以上的；

（九）曾因侵犯公民个人信息受过刑事处罚或者二年内受过行政处罚，又非法获取、出售或者提供公民个人信息的；

（十）其他情节严重的情形。

……

第六条　为合法经营活动而非法购买、收受本解释第五条第一款第三项、第四项规定以外的公民个人信息，具有下列情形之一的，应当认定为刑法第二百五十三条之一规定的“情节严重”：

（一）利用非法购买、收受的公民个人信息获利五万元以上的；

（二）曾因侵犯公民个人信息受过刑事处罚或者二年内受过行政处罚，又非法购买、收受公民个人信息的；

（三）其他情节严重的情形。

实施前款规定的行为，将购买、收受的公民个人信息非法出售或者提供的，定罪量刑标准适用本解释第五条的规定。

第七条　单位犯刑法第二百五十三条之一规定之罪的，依照本解释规定的相应自然人犯罪的定罪量刑标准，对直接负责的主管人员和其他直接责任人员定罪处罚，并对单位判处罚金。

《最高人民法院、最高人民检察院关于办理侵犯公民个人信息刑事案件适用法律若干问题的解释》（2017 年 6 月 1 日）（本章以下简称《个人信息刑事案件解释》）

【犯罪构成及刑事责任】

侵犯公民个人信息罪，是指违反国家有关规定，向他人出售或者提供公民个人信息、将在履行职责或者提供服务过程中获得的公民个人信息出售或者提供给他人，以及窃取或者以其他方法非法获取公民个人信息，情节严重的行为。

1. 客体要件。关于本罪的保护法益多有争论。有学者指出，公民个人信息罪的保护法益为“个人‘匿名性’存在方面的权益”，具有“一体两面性”，“既指向个体权利层面又指向社会权利层面。”[①] 另有学者梳理了本罪争议的观点，观点一：侵犯公民个人信息罪保护的核心法益的重要方面为隐私和生活安宁；观点二：核心法益为公民人格尊严与个人自由；观点三：独立的个人信息权；观点四：个人信息权中的信息自决权。[②] 笔者采取个人信息安全说，本罪侵犯的客体是公民个人信息的安全。在信息社会，“对数据的渴求就像对石油的渴求一样”[③]，个人信息安全随着技术进步和普及而风险叠加，风险的“种类与规模”与传统社会相比早已不可同日而语。[④] 公民个人信息，尤其是敏感个人信息，与公民的人格尊严、人身安全、财产安全密切相关，个人信息安全成为人们生活、工作中须臾不可分离的一部分。公民个人信息安全，是指能够没有危险地、合法地、合理地使用和处理个人信息。

本罪的犯罪对象是公民的个人信息。关于公民个人信息的理解，将在下文中进行分析。

2. 客观要件。本罪的客观方面，刑法第 253 条之一采取了叙明罪状的方式加以规定。

（1）本罪可以表现为以下三种行为方式之一：

①违反国家有关规定，向他人出售或者提供公民个人信息的行为。出售，是行为人将他人信息出卖给他人以牟利；提供，是指供给的行为，在本罪中还包括“发布”的行为，以及将合法收集的信息予以非法提供的行为。具体是指：《个人信息刑事案件解释》第 3 条规定的“向特定人提供公民个人信息，以及通过信息网络或者其他途径发布公民个人信息的”行为，以及“未经被收集者同意，将合法收集的公民个人信息向他人提供的”行为，该司法解释还规定了合法收集者的除外情形：“经过处理无法识别特定个人且不能复原的除外”，这种除外情形需要

① 劳东燕：《个人信息法律保护体系的基本目标与归责机制》，载《政法论坛》2021 年第 6 期。

② 王哲：《侵犯公民个人信息罪中“个人信息”的限定》，载《青少年犯罪问题》2021 年第 3 期。

③ ［英］詹姆斯·布莱德尔著：《新黑暗时代：科技与未来的终结》，宋平、梁余音译，广东人民出版社 2019 年版，第 267 页。

④ ［德］尼克拉斯·卢曼著：《风险社会学》，孙一洲译，广西人民出版社 2020 年版，第 147 页。

同时具备以下条件：一是未经被收集者同意，二是经处理无法识别特定个人，三是不能复原。如果经处理虽然无法识别特定个人，但是信息能够被复原的，标志着其仍然具有识别特定个人的功能，属于非法提供的行为。

②违反国家有关规定，将在履行职责或者提供服务过程中获得的公民个人信息出售或者提供给他人的行为。是指依法享有公权力的机关、机构在履行职责过程中，或者提供公共服务的机构在服务过程中，对获得的公民个人信息予以出售、非法提供的行为。构成该情形的侵犯公民个人信息的犯罪，应当从重处罚。

③窃取或者以其他方法非法获取公民个人信息的行为。根据《个人信息刑事案件解释》第4条的规定，“其他方法”是指“违反国家有关规定，通过购买、收受、交换等方式获取公民个人信息，或者在履行职责、提供服务过程中收集公民个人信息”的行为。

（2）以上三种行为方式，构成本罪均要求达到“情节严重”。《个人信息刑事案件解释》第5条、第6条规定了情节严重的认定标准，有的情形要求达到个人信息条数的数量标准（不同内容的信息情节严重的条数标准不同）、违法所得数额、获利数额三类的数量、数额标准，而“曾因侵犯公民个人信息受过刑事处罚或者二年内受过行政处罚，又非法获取、出售或者提供公民个人信息的”、行踪轨迹信息被他人用于犯罪，以及“知道或者应当知道他人利用公民个人信息实施犯罪”，本身就属于情节严重的情形，因而没有条数和违法所得的数额限制。最后，该司法解释第6条用“其他情节严重的情形”作为兜底性规定，以应对没有明文列举的情形发生。

（3）本罪中的“他人”，包括自然人和单位。

3. 主体要件。本罪的犯罪主体包括自然人和单位，自然人主体的刑事责任年龄起点为16周岁。

4. 主观要件。本罪的主观方面为故意，行为人明知自己实施的是违反国家有关规定的行为，仍然向他人出售、非法提供公民个人信息。至于行为人是基于牟利的目的，还是为了其他意图，并不影响本罪主观方面的构成。

本罪的刑事责任分为两档法定刑。根据刑法第253条之一的规定，违反国家有关规定，向他人出售或者提供公民个人信息，情节严重的，处3年以下有期徒刑或者拘役，并处或者单处罚金；情节特别严重的，处 3 年以上 7 年以下有期徒刑，并处罚金。

违反国家有关规定，将在履行职责或者提供服务过程中获得的公民个人信息，出售或者提供给他人的，依照前款的规定从重处罚。

窃取或者以其他方法非法获取公民个人信息的，依照第 1 款的规定处罚。

单位犯前三款罪的，对单位判处罚金，并对其直接负责的主管人员和其他直接责任人员，依照各该款的规定处罚。

【疑难指导】

一、公民个人信息的理解

（一）立法机关在法律、决定中规定的“个人信息”

近年来，我国在立法上不断加大对公民个人信息的保护力度，为了促进个人信息的合理、规范使用，相关立法陆续颁布，着力“推动形成政府、企业、相关社会组织、公众共同参与个人信息保护的良好环境”[①]。法典、法律、决定中明确规定自然人个人信息的定义和保护范围的，沿着时间线列举如下：

1. 最早对个人信息作出保护规定的是 2012 年 12 月 28 日的《全国人民代表大会常务委员会关于加强网络信息保护的决定》，当时并未使用“公民个人信息”这一用语，而是表述为“公民个人电子信息”，并在第 1 条明确了国家对个人电子信息的保护以及个人电子信息能够识别个人身份的特点，并针对个人电子信息的非法行为作出了禁止性规定：“国家保护能够识别公民个人身份和涉及公民个人隐私的电子信息。任何组织和个人不得窃取或者以其他非法方式获取公民个人电子信息，不得出售或者非法向他人提供公民个人电子信息。”个人电子信息的范围，是一个窄于个人信息的词语。此后的相关法律均使用的是“公民个人信息”的表述。决定强调了个人电子信息的身份识别特征，并在两处提到对公民个人隐私信息的保护。

---

① 《中华人民共和国个人信息保护法》（以下简称《个人信息保护法》）第 11 条规定，国家建立健全个人信息保护制度，预防和惩治侵害个人信息权益的行为，加强个人信息保护宣传教育，推动形成政府、企业、相关社会组织、公众共同参与个人信息保护的良好环境。

2. 接着是 2016 年 11 月 7 日公布、自 2017 年 6 月 1 日施行的《中华人民共和国网络安全法》（以下简称《网络安全法》），该法在附则中规定了个人信息的定义，第 76 条第 5 项规定“个人信息，是指以电子或者其他方式记录的能够单独或者与其他信息结合识别自然人个人身份的各种信息，包括但不限于自然人的姓名、出生日期、身份证件号码、个人生物识别信息、住址、电话号码等”。该法采取了概括加列举的方式加以规定，关于自然人个人信息的范围，使用了“包括但不限于……等”这一具有兜底性质的文字表述，将立法时未能列举的其他形式的个人信息也囊括进来，一并进行规范和保护。

3. 然后是自 2021 年 1 月 1 日起施行的《中华人民共和国民法典》第 1034 条第 2 款“个人信息是以电子或者其他方式记录的能够单独或者与其他信息结合识别特定自然人的各种信息，包括自然人的姓名、出生日期、身份证件号码、生物识别信息、住址、电话号码、电子邮箱、健康信息、行踪信息等”的规定，并在该条第 3 款指出不同类型的个人信息保护的规定不同：“个人信息中的私密信息，适用有关隐私权的规定；没有规定的，适用有关个人信息保护的规定。”民法典中首次出现了“私密信息”的用语，是作为隐私权①的内容之一加以规定，因而适用隐私权的有关规定。该用语后来在 2020 年修订的《中华人民共和国未成年人保护法》中使用过②，规定网络服务提供者对未成年人私密信息要采取必要保护措施的特定义务，以强化对未成年人私密信息的特别保护。

4. 最新的一部专门立法是自 2021 年 11 月 1 日起施行的《个人信息保护法》，该法第 4 条第 1 款规定了什么是个人信息：“个人信息是以电子或者其他方式记录的与已识别或者可识别的自然人有关的各种信息，不包括匿名化处理后的信息”。这是一个高度概括性的定义，用“各种信息”予以全面涵盖，避免了列举式规定可能带来的保护疏漏，但是也排除了“匿名化处理后的信息”，可以说这一定义是

---

① 《中华人民共和国民法典》第 1032 条规定，自然人享有隐私权。任何组织或者个人不得以刺探、侵扰、泄露、公开等方式侵害他人的隐私权。隐私是自然人的私人生活安宁和不愿为他人知晓的私密空间、私密活动、私密信息。

② 《中华人民共和国未成年人保护法》第 73 条规定，网络服务提供者发现未成年人通过网络发布私密信息的，应当及时提示，并采取必要的保护措施。

具有科学性的。同时，该法第 28 条第 1 款用列举的方式规定了“敏感个人信息”的定义和范围：“敏感个人信息是一旦泄露或者非法使用，容易导致自然人的人格尊严受到侵害或者人身、财产安全受到危害的个人信息，包括生物识别、特定身份、医疗健康、金融账户、行踪轨迹等信息，以及不满十四周岁未成年人的个人信息。”明确了敏感个人信息关乎人格尊严、人身安全和财产安全，采用列举式规定更加直观，更便于理解和适用，这是首次在法律中出现“敏感个人信息”的用语，并将不满 14 周岁未成年人的个人信息列入敏感个人信息的范畴，予以特别保护。个人信息保护法在第二章第二节对敏感个人信息规定了更加严格的处理规则，第 28 条第 2 款明确规定“只有在具有特定的目的和充分的必要性，并采取严格保护措施的情形下，个人信息处理者方可处理敏感个人信息”。以上两个条文必须结合起来，才能全面、准确地理解个人信息保护法中个人信息的保护范围。

上述法律、决定关于个人信息的规定，虽然在具体列举内容的表述上略有差别，但是其共同点非常鲜明：

一是记录方式上，个人信息是以电子方式或者其他方式记录的；

二是功能特征上，个人信息是能够“识别自然人（身份）的”；

三是识别形式上，个人信息可以单独识别，也可以与其他信息结合进行识别。

（二）刑事司法中“公民个人信息”的范围

刑法对公民个人信息的保护与前述决定、法律的规定相比，起步较早，2009 年刑法修正案（七）[①] 增设刑法第 253 条之一，增加了两个公民个人信息方面的犯罪：“出售、非法提供公民个人信息罪”和“非法获取公民个人信息罪”，对情节严重的违反国家规定出售、非法提供公民个人信息，以及窃取或者以其他方法非法获取公民个信息的行为予以刑罚处罚。之后经过 2015 年 11 月 1 日施行的刑法修正案

---

① 2009 年 2 月 28 日发布并实施的《中华人民共和国刑法修正案（七）》规定，七、在刑法第 253 条后增加一条，作为第 253 条之一：“国家机关或者金融、电信、交通、教育、医疗等单位的工作人员，违反国家规定，将本单位在履行职责或者提供服务过程中获得的公民个人信息，出售或者非法提供给他人，情节严重的，处三年以下有期徒刑或者拘役，并处或者单处罚金。

“窃取或者以其他方法非法获取上述信息，情节严重的，依照前款的规定处罚。

“单位犯前两款罪的，对单位判处罚金，并对其直接负责的主管人员和其他直接责任人员，依照各该款的规定处罚。”

（九）的修改，将“违反国家规定”修改为“违反国家有关规定”，同时扩大了第253条之一犯罪主体的范围，不再局限于国家机关或者特定单位的工作人员，并通过《最高人民法院、最高人民检察院关于执行〈中华人民共和国刑法〉确定罪名的补充规定（六）》，取消第253条之一原来分设的“出售、非法提供公民个人信息罪、非法获取公民个人信息罪”两个罪名，形成了目前的“侵犯公民个人信息罪”。

刑法并没有规定公民个人信息的定义和范围，最高人民法院于2017年通过司法解释的方式界定了刑事案件中个人信息的范围：自2017年6月1日起施行的《个人信息刑事案件解释》第1条规定，刑法第253条之一规定的“公民个人信息”，是指以电子或者其他方式记录的能够单独或者与其他信息结合识别特定自然人身份或者反映特定自然人活动情况的各种信息，包括姓名、身份证件号码、通信通讯联系方式、住址、账号密码、财产状况、行踪轨迹等。其他如打击网络犯罪的相关司法文件中，也涉及有关公民个人信息的一些规定。结合这些司法解释和司法文件，下面探讨两个方面的问题：

1. 如何理解《个人信息刑事案件解释》中的“行踪轨迹”信息

司法实务中对个人信息范围的理解，有个变化的过程。2017年的《个人信息刑事案件解释》则将个人信息表述为“识别特定自然人身份或者反映特定自然人活动情况的信息”，由此也引发了不同的理解。个人行踪轨迹作为能够反映特定自然人活动情况的信息，是否能够识别特定自然人的身份？如前文所述，在网络安全法、民法典、个人信息保护法中，关于个人信息的功能特征，其共性是能够“识别自然人（身份）”，并未出现“反映特定自然人活动情况”这样的文字表述，但是，民法典已经明文规定“行踪信息”属于个人信息，具有识别特定自然人的功能；个人信息保护法将“金融账户、行踪轨迹”列入“敏感个人信息”的保护范围，是更为重要、更为核心的个人信息，保护的程度更高，使用敏感个人信息的规则更加严格。

通过《个人信息刑事案件解释》中对“情节严重”认定标准的规定可见，侵犯公民行踪轨迹信息是予以重点打击的范围，该解释规定有四类“敏感”个人信息[①]：

---

① 此处本文借用个人信息保护法中的“敏感个人信息”的用法，《个人信息刑事案件解释》中并未出现该用语。

“行踪轨迹信息、通信内容、征信信息、财产信息”，行踪轨迹信息位列敏感信息首位。特别提到行踪轨迹信息情节严重的规定有两处：“出售或者提供行踪轨迹信息，被他人用于犯罪的”“非法获取、出售或者提供行踪轨迹信息、通信内容、征信信息、财产信息五十条以上的”，行踪轨迹信息的入罪条数是门槛最低的标准。这是因为行踪轨迹信息，往往会进一步引发其他犯罪行为，如实施诈骗、敲诈勒索、诽谤、利用“软暴力”实施的犯罪活动等，甚至是为了绑架、故意杀人等严重暴力犯罪，进一步侵害被害人的合法权利和社会安宁稳定。因而，在刑事司法中，个人行踪信息，是与被害人的身份密切相关的信息，具有识别特定人身份的功能，确定他人行踪信息并非为了确认而确认，往往是为了进一步实施侵害他人合法权益的犯罪，因而，个人行踪信息并未脱离识别特定自然人身份这一个人信息的核心要素，虽然字面含义可以直接得出其属于反映他人活动情况的信息，但是《个人信息刑事案件解释》的规定方式，并不必然排除个人行踪信息所具有的与特定自然人身份的关联，因为个人信息并非一定是独立识别特定自然人身份，也可以与其他个人信息相结合进行识别。因而，不能因个人行踪信息能够反映活动情况而否定其不具有识别特定自然人身份的功能。

2. 能否对“生物识别信息”进行刑事保护

2016 年的网络安全法最早规定了“生物识别信息”，但是最高人民法院、最高人民检察院在 2017 年《个人信息刑事案件解释》中并没有将个人生物识别信息列入。之后民法典将“私密信息”列入隐私权保护的内容，个人信息保护法第 28 条更是将生物识别信息归属于“敏感个人信息”，是作为更重要的个人信息加以保护的，凸显了其重要性，因“一旦泄露或者非法使用，容易导致自然人的人格尊严受到侵害或者人身、财产安全受到危害”。能否对“生物识别信息”进行刑事保护？答案是肯定的。理由如下：

一方面，从刑法第 253 条之一规定的本罪构成中需要具备“违反国家有关规定”这一条件，网络安全法、民法典、个人信息保护法等关于个人信息的内容作为刑法判断行为性质是否违反国家有关规定的前置法，“从法秩序统一性原理”出发，上述法律关于“个人信息外延的框定，为定罪提供支撑，同时成为刑法保护个人信息的最大边界”[①]。另一方面，刑法对个人信息法保护范围并非必然要与前置的民事、行政法律保持一致，刑法从自身保护目的出发，通常其保护的范围要窄于前置法的规定。那么，为何“生物识别信息”一定要纳入刑事司法的保护范围?

第一，随着互联网的迅速普及以及技术突飞猛进发展导致互联网功能的急剧扩张，个人信息被越来越广泛地使用到各个领域中，因而被侵犯的领域也在不断扩大，对个人信息的认识必然会发生变化，我国对个人信息保护的法律在规定个人信息的范围时都使用了“等”这一兜底文字，也是立法者权衡后的考量。对于司法实务而言，对个人信息的理解必然也会随着立法的变化和犯罪的实际情况而发生变化。第二，从危害后果上看，“生物识别信息”作为个人信息中的核心内容之一的敏感个人信息，受到侵犯后给被害人带来的后果会更加严重，如果对这类个人信息的侵害程度达到情节严重的，应当属于刑法保护的范围。第三，刑法作为其他部门法的保护法，在对严重损害保护法益的行为用其他责任仍不足以规制的情形下，需要通过适用刑罚加以处罚。而“生物识别信息”因其更容易对个人权益中的人格尊严、人身安全和财产安全造成侵害，当前置法保护不足时，可纳入刑事保护。另外，在司法实务中，已经通过司法文件的方式明确了“生物识别信息”属于个人信息的范畴。自 2021 年 6 月 17 日施行的《最高人民法院、最高人民检察院、公安部关于办理电信网络诈骗等刑事案件适用法律若干问题的意见（二）》指出，“生物识别信息”属于刑法第 253 条之一的对象范围，该意见第 5 条第 1 款规定“非法获取、出售、提供具有信息发布、即时通讯、支付结算等功能的互联网账号密码、个人生物识别信息，符合刑法第二百五十三条之一规定的，以侵犯公民个人信息罪追究刑事责任”。上述两个司法文件虽然在性质上不能等同于司法解释，但是司法实务中会遵照执行，也表明了最高人民法院将“生物识别信息”列入个人信息刑事司法保护范围的认识和态度。

在得出理应对“生物识别信息”予以刑事保护的肯定结论后，与此密切相随的问题是“生物识别信息”具体包括哪些信息。2020 年修正的《公安机关办理刑

---

① 周光权:《侵犯公民个人信息罪的行为对象》，载《清华法学》2021 年第 3 期。

事案件程序规定》第 217 条[①]规定，人体生物识别信息包括“肖像、指纹等”。最高人民检察院自 2021 年 1 月 22 日施行的《人民检察院办理网络犯罪案件规定》[②]第 62 条第 6 项规定，“生物识别信息”这一用语“是指计算机利用人体所固有的生理特征（包括人脸、指纹、声纹、虹膜、DNA 等）或者行为特征（步态、击键习惯等）来进行个人身份识别的信息”，这是迄今为止，司法文件中对“生物识别信息”最为全面的一个规定，不仅包括生理特征，还包括行为特征。另外，国家互联网信息办公室通过、自 2021 年 10 月 1 日起施行的《汽车数据安全管理若干规定（试行）》第 9 条规定，汽车数据处理者具有增强行车安全的目的和充分的必要性，方可收集指纹、声纹、人脸、心律等生物识别特征信息。针对汽车数据这一类特殊性质的数据，该规定将“心律”列入具有生物识别特征信息。

二、“违反国家有关规定”的理解

在 2009 年刑法第 253 条之一设立之时，规定的是“违反国家规定”，刑法第 96 条明确了什么是违反国家规定，是指违反全国人民代表大会及其常务委员会制定的法律和决定，国务院制定的行政法规、规定的行政措施、发布的决定和命令。无论在立法上还是司法实务中，部门规章均不属于“国家规定”的范畴。

刑法第 253 条之一在 2015 年经刑法修正案（九）修改后，由原来的“违反国家规定”修改为违反国家“有关”规定，一般认为，违反国家“有关”规定的范围要比违反“国家规定”的范围更大。《个人信息刑事案件解释》第 2 条将侵犯公民个人信息罪的“违反国家有关规定”理解为“违反法律、行政法规、部门规章有关公民个人信息保护的规定的”行为。与刑法第 96 条的规定相比较，该司法解释增加了“部门规章”这一效力级别更低的规范性文件。

法律方面，除民法典和专门的个人信息保护法外，目前已经有几十部法律中规定了相关机构及其工作人员不得泄露、出售或者非法提供个人信息，其中下列

---

① 《公安机关办理刑事案件程序规定》第 217 条规定，为了确定被害人、犯罪嫌疑人的某些特征、伤害情况或者生理状态，可以对人身进行检查，依法提取、采集肖像、指纹等人体生物识别信息……

② 《人民检察院办理网络犯罪案件规定》将网络犯罪的范围规定为，网络犯罪是指针对信息网络实施的犯罪，利用信息网络实施的犯罪，以及其他上下游关联犯罪。

法律中均明确了“违反本法规定，构成犯罪的，依法追究刑事责任”的规定：审计法、兵役法、医师法、数据安全法、预防未成年人犯罪法、未成年人保护法、档案法、社会保险法、公共图书馆法、旅游法、电子商务法、国家情报法、核安全法、网络安全法、出入境管理法、居民身份证法、护照法、统计法、消费者权益保护法、反洗钱法。例如，《中华人民共和国电子商务法》规定，电子商务经营者应当履行个人信息保护方面的义务，对依法收集、使用的个人信息应“严格保密，不得泄露、出售或者非法向他人提供”。上述法律中比较特殊的是反洗钱法，该法中并没有出现“个人信息”用语，而是使用“客户身份资料和交易信息”的表述，这里就包含对公民个人信息保密、非依法不得提供的内容，反洗钱法第3条、第5条规定，在我国境内设立的金融机构，应当“建立健全客户身份识别制度、客户身份资料和交易记录保存制度、大额交易和可疑交易报告制度，履行反洗钱义务”“对依法履行反洗钱职责或者义务获得的客户身份资料和交易信息，应当予以保密；非依法律规定，不得向任何单位和个人提供。”对于这些资料和信息，行政部门“只能用于反洗钱行政调查”，司法机关“只能用于反洗钱刑事诉讼”，严格限定了有关机关在履行职责过程中对个人信息和资料的使用权限。

行政法规方面，自2021年9月1日起施行的《关键信息基础设施安全保护条例》第14条、第15条规定，运营者应当设置专门安全管理机构，其职责的第6项为“履行个人信息和数据安全保护责任，建立健全个人信息和数据安全保护制度”，并规定了出现“较大规模个人信息泄露”事件时的报告义务①。此外，《医疗保障基金使用监督管理条例》《国务院关于在线政务服务的若干规定》《社会救助暂行办法》《缺陷汽车产品召回管理条例》《戒毒条例》《全国经济普查条例》

---

① 《关键信息基础设施安全保护条例》第18条规定，关键信息基础设施发生重大网络安全事件或者发现重大网络安全威胁时，运营者应当按照有关规定向保护工作部门、公安机关报告。发生关键信息基础设施整体中断运行或者主要功能故障、国家基础信息以及其他重要数据泄露、较大规模个人信息泄露、造成较大经济损失、违法信息较大范围传播等特别重大网络安全事件或者发现特别重大网络安全威胁时，保护工作部门应当在收到报告后，及时向国家网信部门、国务院公安部门报告。

《人力资源市场暂行条例》《残疾人教育条例》《地图管理条例》《居住证暂行条例》《征信业管理条例》《彩票管理条例》《现役军人和人民武装警察居民身份证申领发放办法》等均明确有保护个人信息，不得泄露的规定。

部门规章方面，是数量较多的部分，本文不一一列举。其中《儿童个人信息网络保护规定》《电信和互联网用户个人信息保护规定》《未成年人学校保护规定》《网络交易监督管理办法》《公共航空运输旅客服务管理规定》《侵害消费者权益行为处罚办法》都是非常重要的涉及个人信息保护的部门规章，此外，《征信业务管理办法》《市场监督管理行政处罚信息公示规定》《税务稽查案件办理程序规定》《小微型客车租赁经营服务管理办法》《重大税务案件审理办法》《医疗保障行政处罚程序暂行规定》等也都规定了对个人信息的保护。例如，自2021年2月1日起施行的《互联网保险业务监管办法》第38条规定，“保险机构应承担客户信息保护的主体责任，收集、处理及使用个人信息应遵循合法、正当、必要的原则，保证信息收集、处理及使用的安全性和合法性：（一）建立客户信息保护制度，明确数据安全责任人，构建覆盖全生命周期的客户信息保护体系，防范信息泄露……”该办法针对保险业务等特点，要求保险机构设置“覆盖全生命周期的客户信息保护体系”。有的部门规章还特别规定了敏感个人信息，国家互联网信息办公室审议通过、自2021年10月1日起施行的《汽车数据安全管理若干规定（试行）》第3条第5款规定，敏感个人信息，是指一旦泄露或者非法使用，可能导致车主、驾驶人、乘车人、车外人员等受到歧视或者人身、财产安全受到严重危害的个人信息，包括车辆行踪轨迹、音频、视频、图像和生物识别特征等信息。

三、“情节严重”和“情节特别严重”的理解

（一）《个人信息刑事案件解释》中对个人信息的种类划分

此处是本文基于叙述的方便根据解释第5条进行的分类。

1. 敏感个人信息：行踪轨迹信息、通信内容、征信信息、财产信息。

2. 重要个人信息：住宿信息、通信记录、健康生理信息、交易信息等其他可能影响人身、财产安全的公民个人信息。

3. 其他个人信息：除前述两种之外的个人信息。

（二）本罪中的“情节严重”

“情节严重”是本罪的基本法定刑情节，是入罪的条件之一。

《个人信息刑事案件解释》第 5 条和第 6 条规定了本罪情节严重的各项标准，该标准因行为方式和信息的具体内容不同而区别设置。

1. 未规定数量、数额标准的情形

（1）行踪信息，作为敏感个人信息之一，出售或者提供后被他人用于犯罪的，即属于“情节严重”，没有数量和违法所得、牟利等要求。

（2）知道或者应当知道他人利用公民个人信息实施犯罪，向其出售或者提供的；

（3）曾因侵犯公民个人信息受过刑事处罚或者二年内受过行政处罚，又非法获取、出售或者提供公民个人信息的；

（4）为合法经营活动而非法购买、收受其他个人信息，曾因侵犯公民个人信息受过刑事处罚或者二年内受过行政处罚，又非法购买、收受公民个人信息的；

（5）其他情节严重的情形。

2. 条数、数额标准

（1）非法获取、出售或者提供敏感个人信息五十条以上的；

（2）非法获取、出售或者提供重要个人信息五百条以上的；

（3）非法获取、出售或者提供个人信息五千条以上的；

（4）数量未达到前述条数标准，但是按相应比例合计达到有关数量标准的；

（5）违法所得五千元以上的；

（6）将在履行职责或者提供服务过程中获得的公民个人信息出售或者提供给他人，数量或者数额达到前述规定标准一半以上的；

（7）为合法经营活动而非法购买、收受其他个人信息，利用非法购买、收受的公民个人信息获利五万元以上的；

3. 条数的计算

《个人信息刑事案件解释》第 11 条规定，针对同一信息，有以下几种情形：

（1）不重复计算的情形：非法获取公民个人信息后又出售或者提供的。

（2）累计计算的情形：向不同单位或者个人分别出售、提供同一公民个人信息的。

（3）批量公民个人信息的情形：条数根据查获的数量直接认定，但是有证据证明信息不真实或者重复的除外。

（二）本罪中的“情节特别严重”

“情节特别严重”是本罪的加重法定刑情节，是法定刑升格的情节。《个人信息刑事案件解释》第5条第2款规定的“情节特别严重”有四项：

（1）造成被害人死亡、重伤、精神失常或者被绑架等严重后果的；

（2）造成重大经济损失或者恶劣社会影响的；

（3）数量或者数额达到规定标准十倍以上的；

（4）其他情节特别严重的情形。

四、本罪从宽处罚的适用

（一）从宽处罚的条件

《个人信息刑事案件解释》第10条规定，对于实施了本罪，如果同时符合以下条件，可以从宽处罚：

（1）行为人系初犯；

（2）全部退赃；

（3）确有悔罪表现的；

（4）不属于情节特别严重的情形。

（二）从宽处罚的幅度

符合本罪基本犯罪构成的，本罪的从宽处罚有以下两种情形：

（1）符合上述条件的，可以认定为情节轻微，不起诉或者免予刑事处罚；

（2）确有必要判处刑罚的，应当从宽处罚。

可见，从宽幅度以不予刑事处罚为主，即不起诉或者免予刑事处罚。犯本罪符合从宽处罚条件、确有必要予以刑罚处罚的，适用本罪的第一档法定刑，即“三年以下有期徒刑或者拘役，并处或者单处罚金”。

（三）还应考量认罪认罚从宽制度的适用

对于确有必要判处刑罚的，还应结合认罪认罚从宽制度的适用，来考量刑罚的适用。

认罪认罚从宽制度已经于2018年修改刑事诉讼法时正式加以规定，该法第15条规定："犯罪嫌疑人、被告人自愿如实供述自己的罪行，承认指控的犯罪事实，愿意接受处罚的，可以依法从宽处理。"

五、本罪从重处罚的适用

第253条之一第2款规定，违反国家有关规定，将在履行职责或者提供服务过程中获得的公民个人信息，出售或者提供给他人的，依照前款的规定从重处罚。

本罪在2009年设立之初，虽然犯罪主体包括自然人和单位，但是限定为国家机关、金融、电信、交通、教育、医疗等单位的工作人员。后来，本罪的犯罪主体修改为自然人和单位，不再限定特定领域及其工作人员。同时规定，"在履行职责或者提供服务过程中"获得的个人信息，各个义务主体有保密、保护的义务，不得泄露、出售和非法提供。

（一）从重处罚需要具备的条件

1. 违反国家有关规定。相关主体的职责与服务范围、保护公民个人信息的义务必须在先有国家有关规定，包括法律、行政法规、部门规章。

2. 主体为履行职责或者提供服务的机关、机构、公司等，及其工作人员。例如，《中华人民共和国数据安全法》第38条规定："国家机关……对在履行职责中知悉的个人隐私、个人信息、商业秘密、保密商务信息等数据应当依法予以保密，不得泄露或者非法向他人提供"。第52条第2款规定："违反本法规定，构成违反治安管理行为的，依法给予治安管理处罚；构成犯罪的，依法追究刑事责任。"根据上述规定，国家机关及其工作人员在履职过程中，如果将知悉的公民个人信息非法向他人提供，达到情节严重，构成本罪，需要追究刑事责任的，就属于应当从重处罚的情形。

3. 公民个人信息系在履行职责或者提供服务过程中获得，如果行为人获得的公民个人信息与职责或者提供服务无关，则不能适用从重处罚的规定。

4. 有出售或者提供给他人的行为。

5. 达到情节严重。

（二）如何从重处罚

"从重处罚"，笔者赞同下列观点，一是在法定刑幅度内，对具有从重处罚情节的行为人，处以比没有从重处罚情节的行为人更重的刑罚①。同时注意，“从重处罚并不意味着在法定刑的‘中间线’以上判处刑罚，从轻处罚也不意味着在法定刑的‘中间线’以下判处刑罚，因为刑法并没有以法定刑的‘中间线’为标准区分从重处罚与从轻处罚”②。也有观点表述为“不是一律判处最高刑或者一律适用较重的刑种、较长的刑期或者一律在法定刑的平均刑期以上判处刑罚”③。总之，不能简单地直接适用较重的刑种或者较长的刑期。

从入罪标准来看，对于需要通过数量、数额标准判断的情形，从重处罚的数额标准减半。《个人信息刑事案件解释》第 5 条第 1 款第 8 项规定，将在履行职责或者提供服务过程中获得的公民个人信息出售或者提供给他人，数量或者数额达到第三项至第七项规定标准一半以上的，属于情节严重的情形。

关于罚金刑的适用，虽然刑法第 253 条之一规定的是无限额罚金，但是《个人信息刑事案件解释》第 12 条还是作了一般性的限制，规定本罪的“罚金数额一般在违法所得的一倍以上五倍以下。”罚金刑适用的时候，要“综合考虑犯罪的危害程度、犯罪的违法所得数额以及被告人的前科情况、认罪悔罪态度等”，依法判处罚金。

六、侵犯公民个人信息罪与其他相关犯罪之间的关系

《个人信息刑事案件解释》第 8 条和第 9 条还涉及非法利用信息网络罪、拒不履行信息网络安全管理义务罪两个罪名，对于“设立用于实施非法获取、出售或者提供公民个人信息违法犯罪活动的网站、通讯群组，情节严重的”，应当依照刑法第 287 条之一的规定，以非法利用信息网络罪定罪处罚。刑法第 287 条之一第 3 款规定，触犯该罪同时构成其他犯罪的，依照处罚较重的规定定罪处罚。因非法利用信息网络罪只有一个法定刑档次，与侵犯公民个人信息罪的第一档法定刑没有区别，但是后者有加重法定刑情节，最高可以判处 7 年有期徒刑，因而，同时构成侵犯公民个人信息罪的，依照侵犯公民个人信息罪定罪处罚。

对于“网络服务提供者拒不履行法律、行政法规规定的信息网络安全管理义

① 陈兴良：《刑法疏议》，中国人民大学出版社 1997 年版，第 161 页。

② 张明楷：《刑法学》（第六版），法律出版社 2021 年版，第 751 页。

③ 王爱立主编：《〈中华人民共和国刑法〉释义》，法律出版社 2021 年版，第 97 页。

务，经监管部门责令采取改正措施而拒不改正，致使用户的公民个人信息泄露，造成严重后果的”，应当依照刑法第286条之一的规定，以拒不履行信息网络安全管理义务罪定罪处罚。

【办案依据】

一、刑法规定

第九十六条 本法所称违反国家规定，是指违反全国人民代表大会及其常务委员会制定的法律和决定，国务院制定的行政法规、规定的行政措施、发布的决定和命令。

第二百五十三条之一 违反国家有关规定，向他人出售或者提供公民个人信息，情节严重的，处三年以下有期徒刑或者拘役，并处或者单处罚金；情节特别严重的，处三年以上七年以下有期徒刑，并处罚金。

违反国家有关规定，将在履行职责或者提供服务过程中获得的公民个人信息，出售或者提供给他人的，依照前款的规定从重处罚。

窃取或者以其他方法非法获取公民个人信息的，依照第一款的规定处罚。

单位犯前三款罪的，对单位判处罚金，并对其直接负责的主管人员和其他直接责任人员，依照各该款的规定处罚。

二、司法解释

（一）《人民法院在线诉讼规则》（2021年6月16日 法释〔2021〕12号）

为推进和规范在线诉讼活动，完善在线诉讼规则，依法保障当事人及其他诉讼参与人等诉讼主体的合法权利，确保公正高效审理案件，根据《中华人民共和国刑事诉讼法》《中华人民共和国民事诉讼法》《中华人民共和国行政诉讼法》等相关法律规定，结合人民法院工作实际，制定本规则。

第二条 人民法院开展在线诉讼应当遵循以下原则：

（一）公正高效原则。严格依法开展在线诉讼活动，完善审判流程，健全工作机制，加强技术保障，提高司法效率，保障司法公正。

（二）合法自愿原则。尊重和保障当事人及其他诉讼参与人对诉讼方式的选择权，未经当事人及其他诉讼参与人同意，人民法院不得强制或者变相强制适用在线诉讼。

（三）权利保障原则。充分保障当事人各项诉讼权利，强化提示、说明、告知义务，不得随意减少诉讼环节和减损当事人诉讼权益。

（四）便民利民原则。优化在线诉讼服务，完善诉讼平台功能，加强信息技术应用，降低当事人诉讼成本，提升纠纷解决效率。统筹兼顾不同群体司法需求，对未成年人、老年人、残障人士等特殊群体加强诉讼引导，提供相应司法便利。

（五）安全可靠原则。依法维护国家安全，保护国家秘密、商业秘密、个人隐私和个人信息，有效保障在线诉讼数据信息安全。规范技术应用，确保技术中立和平台中立。

第三十八条 参与在线诉讼的相关主体应当遵守数据安全和个人信息保护的相关法律法规，履行数据安全和个人信息保护义务。除人民法院依法公开的以外，任何人不得违法违规披露、传播和使用在线诉讼数据信息。出现上述情形的，人民法院可以根据具体情况，依照法律和司法解释关于数据安全、个人信息保护以及妨害诉讼的规定追究相关单位和人员法律责任，构成犯罪的，依法追究刑事责任。

（二）《最高人民法院、最高人民检察院关于办理侵犯公民个人信息刑事案件适用法律若干问题的解释》（2017 年 5 月 8 日　法释〔2017〕10 号）

为依法惩治侵犯公民个人信息犯罪活动，保护公民个人信息安全和合法权益，根据《中华人民共和国刑法》《中华人民共和国刑事诉讼法》的有关规定，现就办理此类刑事案件适用法律的若干问题解释如下：

第一条 刑法第二百五十三条之一规定的“公民个人信息”，是指以电子或者其他方式记录的能够单独或者与其他信息结合识别特定自然人身份或者反映特定自然人活动情况的各种信息，包括姓名、身份证件号码、通信通讯联系方式、住址、账号密码、财产状况、行踪轨迹等。

第二条 违反法律、行政法规、部门规章有关公民个人信息保护的规定的，应当认定为刑法第二百五十三条之一规定的“违反国家有关规定”。

第三条 向特定人提供公民个人信息，以及通过信息网络或者其他途径发布公民个人信息的，应当认定为刑法第二百五十三条之一规定的“提供公民个人信息”。

未经被收集者同意，将合法收集的公民个人信息向他人提供的，属于刑法第二百五十三条之一规定的“提供公民个人信息”，但是经过处理无法识别特定个人且不能复原的除外。

第四条 违反国家有关规定，通过购买、收受、交换等方式获取公民个人信息，或者在履行职责、提供服务过程中收集公民个人信息的，属于刑法第二百五十三条之一第三款规定的“以其他方法非法获取公民个人信息”。

第五条 非法获取、出售或者提供公民个人信息，具有下列情形之一的，应当认定为刑法第二百五十三条之一规定的“情节严重”：

（一）出售或者提供行踪轨迹信息，被他人用于犯罪的；

（二）知道或者应当知道他人利用公民个人信息实施犯罪，向其出售或者提供的；

（三）非法获取、出售或者提供行踪轨迹信息、通信内容、征信信息、财产信息五十条以上的；

（四）非法获取、出售或者提供住宿信息、通信记录、健康生理信息、交易信息等其他可能影响人身、财产安全的公民个人信息五百条以上的；

（五）非法获取、出售或者提供第三项、第四项规定以外的公民个人信息五千条以上的；

（六）数量未达到第三项至第五项规定标准，但是按相应比例合计达到有关数量标准的；

（七）违法所得五千元以上的；

（八）将在履行职责或者提供服务过程中获得的公民个人信息出售或者提供给他人，数量或者数额达到第三项至第七项规定标准一半以上的；

（九）曾因侵犯公民个人信息受过刑事处罚或者二年内受过行政处罚，又非法获取、出售或者提供公民个人信息的；

（十）其他情节严重的情形。

实施前款规定的行为，具有下列情形之一的，应当认定为刑法第二百五十三条之一第一款规定的“情节特别严重”：

（一）造成被害人死亡、重伤、精神失常或者被绑架等严重后果的；

（二）造成重大经济损失或者恶劣社会影响的；

（三）数量或者数额达到前款第三项至第八项规定标准十倍以上的；

（四）其他情节特别严重的情形。

第六条 为合法经营活动而非法购买、收受本解释第五条第一款第三项、第四项规定以外的公民个人信息，具有下列情形之一的，应当认定为刑法第二百五十三条之一规定的“情节严重”：

（一）利用非法购买、收受的公民个人信息获利五万元以上的；

（二）曾因侵犯公民个人信息受过刑事处罚或者二年内受过行政处罚，又非法购买、收受公民个人信息的；

（三）其他情节严重的情形。

实施前款规定的行为，将购买、收受的公民个人信息非法出售或者提供的，定罪量刑标准适用本解释第五条的规定。

第七条 单位犯刑法第二百五十三条之一规定之罪的，依照本解释规定的相应自然人犯罪的定罪量刑标准，对直接负责的主管人员和其他直接责任人员定罪处罚，并对单位判处罚金。

第八条 设立用于实施非法获取、出售或者提供公民个人信息违法犯罪活动的网站、通讯群组，情节严重的，应当依照刑法第二百八十七条之一的规定，以非法利用信息网络罪定罪处罚；同时构成侵犯公民个人信息罪的，依照侵犯公民个人信息罪定罪处罚。

第九条 网络服务提供者拒不履行法律、行政法规规定的信息网络安全管理义务，经监管部门责令采取改正措施而拒不改正，致使用户的公民个人信息泄露，造成严重后果的，应当依照刑法第二百八十六条之一的规定，以拒不履行信息网络安全管理义务罪定罪处罚。

第十条 实施侵犯公民个人信息犯罪，不属于“情节特别严重”，行为人系初犯，全部退赃，并确有悔罪表现的，可以认定为情节轻微，不起诉或者免予刑事处罚；确有必要判处刑罚的，应当从宽处罚。

第十一条 非法获取公民个人信息后又出售或者提供的，公民个人信息的条数不重复计算。

向不同单位或者个人分别出售、提供同一公民个人信息的，公民个人信息的条数累计计算。

对批量公民个人信息的条数，根据查获的数量直接认定，但是有证据证明信息不真实或者重复的除外。

第十二条 对于侵犯公民个人信息犯罪，应当综合考虑犯罪的危害程度、犯罪的违法所得数额以及被告人的前科情况、认罪悔罪态度等，依法判处罚金。罚金数额一般在违法所得的一倍以上五倍以下。

第十三条 本解释自2017年6月1日起施行。

（三）《最高人民法院、最高人民检察院关于执行〈中华人民共和国刑法〉确定罪名的补充规定（六）》（2015年10月30日 法释〔2015〕20号）

刑法条文	罪 名
第二百五十三条之一 （《刑法修正案（九）》第十七条）	侵犯公民个人信息罪 （取消出售、非法提供公民个人信息罪和非法获取公民个人信息罪罪名）

（四）《最高人民法院、最高人民检察院关于执行〈中华人民共和国刑法〉确定罪名的补充规定（四）》（2009年10月14日 法释〔2009〕13号）

刑法条文	罪 名
第253条之一第1款 （《刑法修正案（七）》第7条第1款）	出售、非法提供公民个人信息罪
第253条之一第2款 （《刑法修正案（七）》第7条第2款）	非法获取公民个人信息罪

三、部门规章

《汽车数据安全管理若干规定（试行）》（2021年8月16日）

第三条 本规定所称汽车数据，包括汽车设计、生产、销售、使用、运维等过程中的涉及个人信息数据和重要数据。

汽车数据处理，包括汽车数据的收集、存储、使用、加工、传输、提供、公开等。

汽车数据处理者，是指开展汽车数据处理活动的组织，包括汽车制造商、零部件和软件供应商、经销商、维修机构以及出行服务企业等。

个人信息，是指以电子或者其他方式记录的与已识别或者可识别的车主、驾驶人、乘车人、车外人员等有关的各种信息，不包括匿名化处理后的信息。

敏感个人信息，是指一旦泄露或者非法使用，可能导致车主、驾驶人、乘车人、车外人员等受到歧视或者人身、财产安全受到严重危害的个人信息，包括车辆行踪轨迹、音频、视频、图像和生物识别特征等信息。

重要数据是指一旦遭到篡改、破坏、泄露或者非法获取、非法利用，可能危害国家安全、公共利益或者个人、组织合法权益的数据，包括：

（一）军事管理区、国防科工单位以及县级以上党政机关等重要敏感区域的地理信息、人员流量、车辆流量等数据；

（二）车辆流量、物流等反映经济运行情况的数据；

（三）汽车充电网的运行数据；

（四）包含人脸信息、车牌信息等的车外视频、图像数据；

（五）涉及个人信息主体超过10万人的个人信息；

（六）国家网信部门和国务院发展改革、工业和信息化、公安、交通运输等有关部门确定的其他可能危害国家安全、公共利益或者个人、组织合法权益的数据。

第七条 汽车数据处理者处理个人信息应当通过用户手册、车载显示面板、语音、汽车使用相关应用程序等显著方式，告知个人以下事项：

（一）处理个人信息的种类，包括车辆行踪轨迹、驾驶习惯、音频、视频、图像和生物识别特征等；

（二）收集各类个人信息的具体情境以及停止收集的方式和途径；

（三）处理各类个人信息的目的、用途、方式；

（四）个人信息保存地点、保存期限，或者确定保存地点、保存期限的规则；

（五）查阅、复制其个人信息以及删除车内、请求删除已经提供给车外的个人信息的方式和途径；

（六）用户权益事务联系人的姓名和联系方式；

（七）法律、行政法规规定的应当告知的其他事项。

第八条 汽车数据处理者处理个人信息应当取得个人同意或者符合法律、行政法规规定的其他情形。

因保证行车安全需要，无法征得个人同意采集到车外个人信息且向车外提供的，应当进行匿名化处理，包括删除含有能够识别自然人的画面，或者对画面中的人脸信息等进行局部轮廓化处理等。

第九条 汽车数据处理者处理敏感个人信息，应当符合以下要求或者符合法律、行政法规和强制性国家标准等其他要求：

（一）具有直接服务于个人的目的，包括增强行车安全、智能驾驶、导航等；

（二）通过用户手册、车载显示面板、语音以及汽车使用相关应用程序等显著方式告知必要性以及对个人的影响；

（三）应当取得个人单独同意，个人可以自主设定同意期限；

（四）在保证行车安全的前提下，以适当方式提示收集状态，为个人终止收集提供便利；

（五）个人要求删除的，汽车数据处理者应当在十个工作日内删除。

汽车数据处理者具有增强行车安全的目的和充分的必要性，方可收集指纹、声纹、人脸、心律等生物识别特征信息。

第十一条 重要数据应当依法在境内存储，因业务需要确需向境外提供的，应当通过国家网信部门会同国务院有关部门组织的安全评估。未列入重要数据的涉及个人信息数据的出境安全管理，适用法律、行政法规的有关规定。

我国缔结或者参加的国际条约、协定有不同规定的，适用该国际条约、协定，但我国声明保留的条款除外。

第十八条 汽车数据处理者违反本规定的，由省级以上网信、工业和信息化、公安、交通运输等有关部门依照《中华人民共和国网络安全法》、《中华人民共和国数据安全法》等法律、行政法规的规定进行处罚；构成犯罪的，依法追究刑事责任。

四、司法文件

（一）《最高人民法院、最高人民检察院、公安部关于办理电信网络诈骗等刑事案件适用法律若干问题的意见（二）》（2021年6月17日　法发〔2021〕22号）

五、非法获取、出售、提供具有信息发布、即时通讯、支付结算等功能的互联网账号密码、个人生物识别信息，符合刑法第二百五十三条之一规定的，以侵犯公民个人信息罪追究刑事责任。

对批量前述互联网账号密码、个人生物识别信息的条数，根据查获的数量直接认定，但有证据证明信息不真实或者重复的除外。

（二）《最高人民法院、最高人民检察院、公安部关于办理电信网络诈骗等刑事案件适用法律若干问题的意见》（2016 年 12 月 19 日　法发〔2016〕32 号）

三、全面惩处关联犯罪

（二）违反国家有关规定，向他人出售或者提供公民个人信息，窃取或者以其他方法非法获取公民个人信息，符合刑法第二百五十三条之一规定的，以侵犯公民个人信息罪追究刑事责任。

（三）《最高人民法院、最高人民检察院、公安部、司法部关于办理“套路贷”刑事案件若干问题的意见》（2019 年 2 月 28 日　法发〔2019〕11 号）

5. 多人共同实施“套路贷”犯罪，犯罪嫌疑人、被告人在所参与的犯罪中起主要作用的，应当认定为主犯，对其参与或组织、指挥的全部犯罪承担刑事责任；起次要或辅助作用的，应当认定为从犯。

明知他人实施“套路贷”犯罪，具有以下情形之一的，以相关犯罪的共犯论处，但刑法和司法解释等另有规定的除外：

……

（3）出售、提供、帮助获取公民个人信息的；

……

上述规定中的“明知他人实施‘套路贷’犯罪”，应当结合行为人的认知能力、既往经历、行为次数和手段、与同案人、被害人的关系、获利情况、是否曾因“套路贷”受过处罚、是否故意规避查处等主客观因素综合分析认定。

（四）《最高人民法院、最高人民检察院、公安部关于办理电信网络诈骗等刑事案件适用法律若干问题的意见》（自 2016 年 12 月 19 日实施　法发〔2016〕32 号）

一、总体要求

近年来，利用通讯工具、互联网等技术手段实施的电信网络诈骗犯罪活动持续高发，侵犯公民个人信息，扰乱无线电通讯管理秩序，掩饰、隐瞒犯罪所得、犯罪所得收益等上下游关联犯罪不断蔓延。此类犯罪严重侵害人民群众财产安全和其他合法权益，严重干扰电信网络秩序，严重破坏社会诚信，严重影响人民群众安全感和社会和谐稳定，社会危害性大，人民群众反映强烈。

人民法院、人民检察院、公安机关要针对电信网络诈骗等犯罪的特点，坚持全链条全方位打击，坚持依法从严从快惩处，坚持最大力度最大限度追赃挽损，进一步健全工作机制，加强协作配合，坚决有效遏制电信网络诈骗等犯罪活动，努力实现法律效果和社会效果的高度统一。

三、全面惩处关联犯罪

（一）在实施电信网络诈骗活动中，非法使用“伪基站”“黑广播”，干扰无线电通讯秩序，符合刑法第二百八十八条规定的，以扰乱无线电通讯管理秩序罪追究刑事责任。同时构成诈骗罪的，依照处罚较重的规定定罪处罚。

（二）违反国家有关规定，向他人出售或者提供公民个人信息，窃取或者以其他方法非法获取公民个人信息，符合刑法第二百五十三条之一规定的，以侵犯公民个人信息罪追究刑事责任。

使用非法获取的公民个人信息，实施电信网络诈骗犯罪行为，构成数罪的，应当依法予以并罚。

四、准确认定共同犯罪与主观故意

（三）明知他人实施电信网络诈骗犯罪，具有下列情形之一的，以共同犯罪论处，但法律和司法解释另有规定的除外：

1. 提供信用卡、资金支付结算账户、手机卡、通讯工具的；

2. 非法获取、出售、提供公民个人信息的；

……

（五）《最高人民法院、最高人民检察院、公安部、工业和信息化部、中国人民银行、中国银行业监督管理委员会关于防范和打击电信网络诈骗犯罪的通告》（2016年9月23日）

六、严禁任何单位和个人非法获取、非法出售、非法向他人提供公民个人信息。对泄露、买卖个人信息的违法犯罪行为，坚决依法打击。对互联网上发布的贩卖信息、软件、木马病毒等要及时监控、封堵、删除，对相关网站和网络账号要依法关停，构成犯罪的依法追究刑事责任。

五、其他法规

（一）《中华人民共和国个人信息保护法》（2021年8月20日第十三届全国人民代表大会常务委员会第三十次会议通过，自2021年11月1日起施行）

第四条第一款 个人信息是以电子或者其他方式记录的与已识别或者可识别的自然人有关的各种信息，不包括匿名化处理后的信息。

第二十八条第一款 敏感个人信息是一旦泄露或者非法使用，容易导致自然人的人格尊严受到侵害或者人身、财产安全受到危害的个人信息，包括生物识别、宗教信仰、特定身份、医疗健康、金融账户、行踪轨迹等信息，以及不满十四周岁未成年人的个人信息。

第六十四条第二款 履行个人信息保护职责的部门在履行职责中，发现违法处理个人信息涉嫌犯罪的，应当及时移送公安机关依法处理。

第七十一条 违反本法规定，构成违反治安管理行为的，依法给予治安管理处罚；构成犯罪的，依法追究刑事责任。

（二）《中华人民共和国数据安全法》（2021年6月10日第十三届全国人民代表大会常务委员会第二十九次会议通过，自2021年9月1日起施行）

第三十八条 国家机关为履行法定职责的需要收集、使用数据，应当在其履行法定职责的范围内依照法律、行政法规规定的条件和程序进行；对在履行职责中知悉的个人隐私、个人信息、商业秘密、保密商务信息等数据应当依法予以保密，不得泄露或者非法向他人提供。

第四十五条第二款 违反国家核心数据管理制度，危害国家主权、安全和发展利益的，由有关主管部门处二百万元以上一千万元以下罚款，并根据情况责令暂停相关业务、停业整顿、吊销相关业务许可证或者吊销营业执照；构成犯罪的，依法追究刑事责任。

第五十二条 违反本法规定，给他人造成损害的，依法承担民事责任。

违反本法规定，构成违反治安管理行为的，依法给予治安管理处罚；构成犯罪的，依法追究刑事责任。

第五十三条 开展涉及国家秘密的数据处理活动，适用《中华人民共和国保守国家秘密法》等法律、行政法规的规定。

在统计、档案工作中开展数据处理活动，开展涉及个人信息的数据处理活动，还应当遵守有关法律、行政法规的规定。

（三）《中华人民共和国网络安全法》（2016年11月7日第十二届全国人民代表大会常务委员会第二十四次会议通过，自2017年6月1日起施行）

第六十三条第三款 违反本法第二十七条规定，受到治安管理处罚的人员，五年内不得从事网络安全管理和网络运营关键岗位的工作；受到刑事处罚的人员，终身不得从事网络安全管理和网络运营关键岗位的工作。

第七十四条 违反本法规定，给他人造成损害的，依法承担民事责任。

违反本法规定，构成违反治安管理行为的，依法给予治安管理处罚；构成犯罪的，依法追究刑事责任。

（四）《全国人民代表大会常务委员会关于加强网络信息保护的决定》（2012年12月28日第十一届全国人民代表大会常务委员会第三十次会议通过，自2012年12月28日施行）

为了保护网络信息安全，保障公民、法人和其他组织的合法权益，维护国家安全和社会公共利益，特作如下决定：

一、国家保护能够识别公民个人身份和涉及公民个人隐私的电子信息。

任何组织和个人不得窃取或者以其他非法方式获取公民个人电子信息，不得出售或者非法向他人提供公民个人电子信息。

二、网络服务提供者和其他企业事业单位在业务活动中收集、使用公民个人电子信息，应当遵循合法、正当、必要的原则，明示收集、使用信息的目的、方式和范围，并经被收集者同意，不得违反法律、法规的规定和双方的约定收集、使用信息。

网络服务提供者和其他企业事业单位收集、使用公民个人电子信息，应当公开其收集、使用规则。

三、网络服务提供者和其他企业事业单位及其工作人员对在业务活动中收集的公民个人电子信息必须严格保密，不得泄露、篡改、毁损，不得出售或者非法向他人提供。

四、网络服务提供者和其他企业事业单位应当采取技术措施和其他必要措施，确保信息安全，防止在业务活动中收集的公民个人电子信息泄露、毁损、丢失。在发生或者可能发生信息泄露、毁损、丢失的情况时，应当立即采取补救措施。

五、网络服务提供者应当加强对其用户发布的信息的管理，发现法律、法规禁止发布或者传输的信息的，应当立即停止传输该信息，采取消除等处置措施，保存有关记录，并向有关主管部门报告。

六、网络服务提供者为用户办理网站接入服务，办理固定电话、移动电话等入网手续，或者为用户提供信息发布服务，应当在与用户签订协议或者确认提供服务时，要求用户提供真实身份信息。

七、任何组织和个人未经电子信息接收者同意或者请求，或者电子信息接收者明确表示拒绝的，不得向其固定电话、移动电话或者个人电子邮箱发送商业性电子信息。

八、公民发现泄露个人身份、散布个人隐私等侵害其合法权益的网络信息，或者受到商业性电子信息侵扰的，有权要求网络服务提供者删除有关信息或者采取其他必要措施予以制止。

九、任何组织和个人对窃取或者以其他非法方式获取、出售或者非法向他人提供公民个人电子信息的违法犯罪行为以及其他网络信息违法犯罪行为，有权向有关主管部门举报、控告；接到举报、控告的部门应当依法及时处理。被侵权人可以依法提起诉讼。

十、有关主管部门应当在各自职权范围内依法履行职责，采取技术措施和其他必要措施，防范、制止和查处窃取或者以其他非法方式获取、出售或者非法向他人提供公民个人电子信息的违法犯罪行为以及其他网络信息违法犯罪行为。有关主管部门依法履行职责时，网络服务提供者应当予以配合，提供技术支持。

国家机关及其工作人员对在履行职责中知悉的公民个人电子信息应当予以保密，不得泄露、篡改、毁损，不得出售或者非法向他人提供。

十一、对有违反本决定行为的，依法给予警告、罚款、没收违法所得、吊销许可证或者取消备案、关闭网站、禁止有关责任人员从事网络服务业务等处罚，记入社会信用档案并予以公布；构成违反治安管理行为的，依法给予治安管理处罚。构成犯罪的，依法追究刑事责任。侵害他人民事权益的，依法承担民事责任。

十二、本决定自公布之日起施行。

【指导性案例】

（一）最高人民检察院指导性案例第 34 号李某杰等破坏计算机信息系统案[①]

（2017 年 10 月 10 日最高人民检察院第十二届检察委员会
第七十次会议决定，2017 年 10 月 12 日发布）

【关键词】

破坏计算机信息系统　删改购物评价　购物网站评价系统

【基本案情】

被告人李某杰，男，1985 年 7 月生，原系浙江杭州某网络公司员工。

被告人胡某，男，1975 年 1 月生，原系江西省九江市公安局民警。

被告人黄某权，男，1987 年 9 月生，务工。

被告人董某，男，1983 年 5 月生，无业。

被告人王某昭，女，1988 年 11 月生，务工。

2011 年 5 月至 2012 年 12 月，被告人李某杰在工作单位及自己家中，单独或伙同他人通过聊天软件联系需要修改中差评的某购物网站卖家，并从被告人黄某权等处购买发表中差评的该购物网站买家信息 300 余条。李某杰冒用买家身份，骗取客服审核通过后重置账号密码，登录该购物网站内部评价系统，删改买家的中差评 347 个，获利 9 万余元。

经查：被告人胡某利用职务之便，将获取的公民个人信息分别出售给被告人黄某权、董某、王某昭。

2012 年 12 月 11 日，被告人李某杰被公安机关抓获归案。此后，因涉嫌出售公民个人信息、非法获取公民个人信息，被告人胡某、黄某权、董某、王某昭等人也被公安机关先后抓获。

---

① 《第九批指导性案例——李某杰等破坏计算机信息系统案（检例第 34 号）》，载最高人民检察院网站，https://www.spp.gov.cn/jczdal/201710/t20171017_202593.shtml，2022 年 4 月 7 日访问。

【诉讼过程和结果】

本案由浙江省杭州市滨江区人民检察院于2014年3月24日以被告人李某杰犯破坏计算机信息系统罪、被告人胡某犯出售公民个人信息罪、被告人黄某权等人犯非法获取公民个人信息罪，向浙江省杭州市滨江区人民法院提起公诉。2015年1月12日，杭州市滨江区人民法院作出判决，认定被告人李某杰的行为构成破坏计算机信息系统罪，判处有期徒刑五年；被告人胡某的行为构成出售公民个人信息罪，判处有期徒刑十个月，并处罚金人民币二万元；被告人黄某权、董某、王某昭的行为构成非法获取公民个人信息罪，分别判处有期徒刑、拘役，并处罚金。一审宣判后，被告人董某提出上诉。杭州市中级人民法院二审裁定驳回上诉，维持原判。判决已生效。

【要旨】

冒用购物网站买家身份进入网站内部评价系统删改购物评价，属于对计算机信息系统内存储数据进行修改操作，应当认定为破坏计算机信息系统的行为。

【指导意义】

购物网站评价系统是对店铺销量、买家评价等多方面因素进行综合计算分值的系统，其内部储存的数据直接影响到搜索流量分配、推荐排名、营销活动报名资格、同类商品在消费者购买比较时的公平性等。买家在购买商品后，根据用户体验对所购商品分别给出好评、中评、差评三种不同评价。所有的评价都是以数据形式存储于买家评价系统之中，成为整个购物网站计算机信息系统整体数据的重要组成部分。

侵入评价系统删改购物评价，其实质是对计算机信息系统内存储的数据进行删除、修改操作的行为。这种行为危害到计算机信息系统数据采集和流量分配体系运行，使网站注册商户及其商品、服务的搜索受到影响，导致网站商品、服务评价功能无法正常运作，侵害了购物网站所属公司的信息系统安全和消费者的知情权。行为人因删除、修改某购物网站中差评数据违法所得25000元以上，构成破坏计算机信息系统罪，属于“后果特别严重”的情形，应当依法判处五年以上有期徒刑。

【相关法律规定】

《中华人民共和国刑法》

第二百八十六条　违反国家规定，对计算机信息系统功能进行删除、修改、增加、干扰，造成计算机信息系统不能正常运行，后果严重的，处五年以下有期徒刑或者拘役；后果特别严重的，处五年以上有期徒刑。

违反国家规定，对计算机信息系统中存储、处理或者传输的数据和应用程序进行删除、修改、增加的操作，后果严重的，依照前款的规定处罚。

《最高人民法院、最高人民检察院关于办理危害计算机信息系统安全刑事案件应用法律若干问题的解释》

第四条　破坏计算机信息系统功能、数据或者应用程序，具有下列情形之一的，应当认定为刑法第二百八十六条第一款和第二款规定的“后果严重”：

……

（三）违法所得五千元以上或者造成经济损失一万元以上的；

……

实施前款规定行为，具有下列情形之一的，应当认定为破坏计算机信息系统“后果特别严重”：

（一）数量或者数额达到前款第（一）项至第（三）项规定标准五倍以上的；

……

《计算机信息网络国际联网安全保护管理办法》

第六条　任何单位和个人不得从事下列危害计算机信息网络安全的活动：

（一）未经允许，进入计算机信息网络或者使用计算机信息网络资源的；

（二）未经允许，对计算机信息网络功能进行删除、修改或者增加的；

（三）未经允许，对计算机信息网络中存储、处理或者传输的数据和应用程序进行删除、修改或者增加的；

（四）故意制作、传播计算机病毒等破坏性程序的；

（五）其他危害计算机信息网络安全的。

（二）最高人民检察院指导性案例第140号柯某侵犯公民个人信息案[①]

（经2021年12月14日最高人民检察院第十三届检察委员会第八十二次会议决定，供参照适用，2022年1月26日发布）

【关键词】

侵犯公民个人信息 业主房源信息 身份识别 信息主体另行授权

【要旨】

业主房源信息是房产交易信息和身份识别信息的组合，包含姓名、通信通讯联系方式、住址、交易价格等内容，属于法律保护的公民个人信息。未经信息主体另行授权，非法获取、出售限定使用范围的业主房源信息，系侵犯公民个人信息的行为，情节严重、构成犯罪的，应当依法追究刑事责任。检察机关办理案件时应当对涉案公民个人信息具体甄别，筛除模糊、无效及重复信息，准确认定侵犯公民个人信息数量。

【基本案情】

被告人柯某，男，1980年出生，系安徽某信息技术有限公司经营者，开发了“房利帮”网站。

2016年1月起，柯某开始运营“房利帮”网站并开发同名手机APP，以对外售卖上海市二手房租售房源信息为主营业务。运营期间，柯某对网站会员上传真实业主房源信息进行现金激励，吸引掌握该类信息的房产中介人员（另案处理）注册会员并向网站提供信息，有偿获取了大量包含房屋门牌号码及业主姓名、电话等非公开内容的业主房源信息。

---

① 《第三十四批指导性案例——柯某侵犯公民个人信息案（检例第140号）》，载最高人民检察院网站，https://www.spp.gov.cn/spp/jczdal/202202/t20220221_545125.shtml，2022年4月24日访问。

柯某在获取上述业主房源信息后，安排员工冒充房产中介人员逐一电话联系业主进行核实，将有效的信息以会员套餐形式提供给网站会员付费查询使用。上述员工在联系核实信息过程中亦未如实告知业主获取、使用业主房源信息的情况。

自2016年1月至案发，柯某通过运营“房利帮”网站共非法获取业主房源信息30余万条，以会员套餐方式出售获利达人民币150余万元。

上海市公安局金山分局在侦办一起侵犯公民个人信息案时，发现该案犯罪嫌疑人非法出售的部分信息购自“房利帮”网站，根据最高人民法院、最高人民检察院、公安部《关于办理网络犯罪案件适用刑事诉讼法若干问题的意见》的规定，柯某获取的均为上海地区的业主信息，遂对柯某立案侦查。

【检察履职情况】

（一）引导侦查取证

2017年11月17日，金山分局以柯某涉嫌侵犯公民个人信息罪向上海市金山区人民检察院提请批准逮捕。

11月24日，金山区人民检察院作出批准逮捕决定，并建议公安机关从电子数据、言词证据两方面，针对信息性质和经营模式继续取证。公安机关根据建议，一是调取了完整的运营数据库进行鉴定，确认了信息数量；二是结合“房利帮”网站员工证言，进一步向柯某确认了该公司是由其个人控制经营，以有偿获取、出售个人信息为业，查明本案属自然人犯罪而非单位犯罪。

（二）审查起诉

2018年1月19日，金山分局将本案移送审查起诉。经退回补充侦查并完善证据，查清了案件事实。一是对信息数据甄别去重，结合网站的资金支出和柯某供述，进一步明确了有效业主房源信息的数量；二是对相关业主开展随机调查，证实房产中介人员向“房利帮”网站上传信息未经业主事先同意或者另行授权，以及业主在信息泄露后频遭滋扰等情况。

7月27日，金山区人民检察院以柯某涉嫌侵犯公民个人信息罪提起公诉。

（三）指控与证明犯罪

2019年1月16日，上海市金山区人民法院依法公开开庭审理本案。审理中，柯某及其辩护人对柯某的业务模式、涉案信息数量等事实问题无异议，但认为柯某的行为不构成犯罪。

辩护人提出，第一，房源信息是用于房产交易的商用信息，部分信息没有业主实名，不属于刑法保护的公民个人信息；第二，网站的房源信息多由房产中介人员上传，房产中介人员获取该信息时已得到业主许可，系公开信息，网站属合理使用，无须另行授权；第三，网站对信息核实后，将真实房源信息整合，主要向房产中介人员出售，促进房产交易，符合业主意愿和利益。

公诉人答辩指出，柯某的行为依法构成犯罪。第一，业主房源信息中的门牌号码、业主电话，组合后足以识别特定自然人，且部分信息有业主姓名，符合刑法对公民个人信息的界定；第二，业主委托房产中介时提供姓名、电话等，目的是供相对的房产中介提供服务时联系使用，不能以此视为业主同意或者授权中介对社会公开；第三，柯某安排员工冒充房产中介向业主核实时，仍未如实告知信息获取的途径及用途。而且，该网站并不从事中介业务帮助业主寻找交易对象，只是将公民个人信息用于倒卖牟利。

（四）处理结果

2019 年 12 月 31 日，金山区人民法院作出判决，采纳金山区人民检察院指控的犯罪事实和意见，以侵犯公民个人信息罪判处柯某有期徒刑三年，缓刑四年，并处罚金人民币一百六十万元。宣判后，柯某未提出上诉，判决已生效。

【指导意义】

（一）包含房产信息和身份识别信息的业主房源信息属于公民个人信息。公民个人信息，是指以电子或者其他方式记录的能够单独或者与其他信息结合识别特定自然人身份或者反映特定自然人活动情况的各种信息，包括姓名、身份证件号码、通信通讯联络方式、住址、账号密码、财产状况、行踪轨迹等。业主房源信息包括房产坐落区域、面积、售租价格等描述房产特征的信息，也包含门牌号码、业主电话、姓名等具有身份识别性的信息，上述信息组合，使业主房源信息符合公民个人信息“识别特定自然人”的规定。上述信息非法流入公共领域存在较大风险。现实生活中，被害人因信息泄露被频繁滋扰，更有大量信息进入黑灰产业链，被用于电信网络诈骗、敲诈勒索等犯罪活动，严重威胁公民人身财产安全、社会公共利益，甚至危及国家信息安全，应当依法惩处。

（二）获取限定使用范围的信息需信息主体同意、授权。对生物识别、宗教信仰、特定身份、医疗健康、金融账户、行踪轨迹等敏感个人信息，进行信息处理须得到信息主体明确同意、授权。对非敏感个人信息，如上述业主电话、姓名等，应当根据具体情况作出不同处理。信息主体自愿、主动向社会完全公开的信息，可以认定同意他人获取，在不侵犯其合法利益的情况下可以合法、合理利用。但限定用途、范围的信息，如仅提供给中介供服务使用的，他人在未经另行授权的情况下，非法获取、出售，情节严重的，应当以侵犯公民个人信息罪追究刑事责任。

（三）认定公民个人信息数量，应当在全面固定数据基础上有效甄别。侵犯公民个人信息案件中，信息一般以电子数据形式存储，往往数据庞杂、真伪交织、形式多样。检察机关应当把握公民个人信息“可识别特定自然人身份或者反映特定自然人活动情况”的标准，准确提炼出关键性的识别要素，如家庭住址、电话号码、姓名等，对信息数据有效甄别。对包含上述信息的认定为有效的公民个人信息，以准确认定信息数量。

【相关规定】

《中华人民共和国刑法》第二百五十三条之一

《中华人民共和国网络安全法》第四十一条、第四十二条

《最高人民法院、最高人民检察院关于办理侵犯公民个人信息刑事案件适用法律若干问题的解释》第一条、第二条、第三条、第四条、第十一条

主要参考文献

一、著作类

1. 张明楷：《刑法学》（第六版），法律出版社 2021 年版。

2. 周光权：《刑法各论》，中国人民大学出版社 2021 年版。

3. 劳东燕主编：《刑法修正案（十一）条文要义》，中国法制出版社 2021 年版。

4. 王爱立主编：《〈中华人民共和国刑法〉释义》，法律出版社 2021 年版。

5. 高铭暄、马克昌主编：《刑法学》，北京大学出版社、高等教育出版社 2019 年版。

6. 马克昌主编：《百罪通论》（上卷），北京大学出版社 2015 年版。

7. 林山田：《刑法各罪论》（上册），北京大学出版社 2012 年版。

8. 高铭暄、马克昌主编：《刑法学》，北京大学出版社 2010 年版。

9. 陈兴良：《教义刑法学》，中国人民大学出版社 2010 年版。

10. 陈兴良：《判例刑法学》（下册），中国人民大学出版社 2009 年版。

11. 中国人民大学刑事法律科学研究中心组织编写：《刑事法学的当代展开》，中国检察出版社 2008 年版。

12. 张明楷：《外国刑法纲要》，清华大学出版社 2007 年版。

13. 陈兴良、周光权：《刑法学的现代展开》，中国人民大学出版社 2006 年版。

14. 林崇德等编：《心理学大词典》，上海教育出版社 2003 年版。

15. 陈兴良：《刑法疏议》，中国人民大学出版社 1997 年版。

16. 冯军：《刑事责任论》，法律出版社 1996 年版。

二、论文类

1. 劳东燕：《个人信息法律保护体系的基本目标与归责机制》，载《政法论坛》2021年第6期。

2. 周光权：《侵犯公民个人信息罪的行为对象》，载《清华法学》2021年第3期。

3. 王哲：《侵犯公民个人信息罪中“个人信息”的限定》，载《青少年犯罪问题》2021年第3期。

4. 张建伟：《涉嫌诽谤案自诉转公诉的法眼观察》，载《检察日报》2020年12月30日。

5. 温登平：《先前行为作为义务来源否定说批判》，载陈兴良主编：《刑事法评论》（第41卷），北京大学出版社2018年版。

6. 陈兴良：《正当防卫如何才能避免沦为僵尸条款》，载《法学家》2017年第5期。

7. 孙运梁：《以客观归责理论限定不作为犯的先行行为》，载《中外法学》2017年第5期。

8. 郑泽善：《不纯正不作为犯新论》，载《求索》2016年第2期。

9. 李川：《不作为因果关系的理论流变与研究进路》，载《法律科学》2016年第1期。

10. 陈兴良：《防卫与互殴的界限》，载《法学》2015年第6期。

11. 黎宏：《排他支配设定：不真正不作为犯论的困境与出路》，载《中外法学》2014年第6期。

12. 周光权：《教唆、帮助自杀行为的定性——“法外空间说”的展开》，载《中外法学》2014年第5期。

13. 王莹：《先行行为作为义务之理论谱系规整及其界定》，载《中外法学》2013年第2期。

14. 王钢：《自杀行为违法性之否定》，载《清华法学》2013年第3期。

15. 彭文华：《目的理论的体系性梳理——兼谈主观超过要素之否定》，载《法学评论》2012年第5期。

16. 王钢：《自杀的认定及其相关行为的刑法评价》，载《法学研究》2012 年第 4 期。

17. 陈兴良：《不作为犯论的生成》，载《中外法学》2012 年第 4 期。

18. 付立庆：《绑架罪既遂标准的重新论证：以刑法修正案（七）的相关修改为背景》，载《法学评论》2012 年第 1 期。

19. 张明楷：《不作为犯中的先前行为》，载《法学研究》2011 年第 6 期。

20. 曾宇、胡军旸：《对故意伤害罪主观故意的理解与推定》，载《中国检察官》2009 年第 3 期。

21. 谢绍华：《作为义务来源的实质化》，载《政法论坛》2008 年第 2 期。

22. 林亚刚、赵慧：《经济体育中伤害行为的刑法评价》，载《政治与法律》2005 年第 2 期。

23. 刘士心：《不纯正不作为犯的等价性问题研究》，载《法商研究》2004 年第 3 期。

24. 李希慧：《诬告陷害罪若干问题研析》，载《法学评论》2001 年第 6 期。

25. 张明楷：《故意伤害罪探疑》，载《中国法学》2001 年第 3 期。

26. 钟文彬：《教唆他人自杀定性新探》，载《现代法学》1988 年第 4 期。

三、译著类

1. ［德］尼克拉斯·卢曼著：《风险社会学》，孙一洲译，广西人民出版社 2020 年版。

2. ［英］詹姆斯·布莱德尔著：《新黑暗时代：科技与未来的终结》，宋平、梁余音译，广东人民出版社 2019 年版。

3. ［德］罗科信著：《刑事诉讼法》，吴丽琪译，法律出版社 2003 年版。

4. ［日］大谷实著：《刑法各论》，黎宏译，法律出版社 2003 年版。

图书在版编目（CIP）数据

侵犯公民人身权利罪立案追诉标准与疑难指导 / 朱丽欣，王翠杰著；国家检察官学院职务犯罪研究所编. —北京：中国法制出版社，2022. 7

刑法常见罪名立案追诉标准与疑难指导 / 缪树权主编

ISBN 978-7-5216-2779-4

Ⅰ. ①侵… Ⅱ. ①朱… ②王… ③国… Ⅲ. ①侵犯人身权利罪-研究-中国 Ⅳ. ①D924. 344

中国版本图书馆 CIP 数据核字（2022）第 126701 号

策划编辑：陈兴　谢雯　　责任编辑：谢雯　　封面设计：周黎明

侵犯公民人身权利罪立案追诉标准与疑难指导

QINFAN GONGMIN RENSHEN QUANLIZUI LI'AN ZHUISU BIAOZHUN YU YINAN ZHIDAO

著者/朱丽欣　王翠杰

编者/国家检察官学院职务犯罪研究所

经销/新华书店

印刷/三河市紫恒印装有限公司

开本/730 毫米×1030 毫米　16 开　　印张/ 22. 5　字数/ 289 千

版次/2022 年 7 月第 1 版　　2022 年 7 月第 1 次印刷

中国法制出版社出版

书号 ISBN 978-7-5216-2779-4　　定价：86. 00 元

北京市西城区西便门西里甲 16 号西便门办公区

邮政编码：100053　　传真：010-63141600

网址：http：//www. zgfzs. com　　编辑部电话：010-63141792

市场营销部电话：010-63141612　　印务部电话：010-63141606

（如有印装质量问题，请与本社印务部联系。）